AMPÉLOGRAPHIE

FRANÇAISE.

Paris. — Imprimerie de L. MARTINET, rue Mignon, 2.

AMPÉLOGRAPHIE
FRANÇAISE

COMPRENANT

LA STATISTIQUE,
LA DESCRIPTION DES MEILLEURS CÉPAGES,
L'ANALYSE CHIMIQUE DU SOL,
ET LES PROCÉDÉS DE CULTURE ET DE VINIFICATION
DES PRINCIPAUX VIGNOBLES DE LA FRANCE,

PAR

VICTOR RENDU

INSPECTEUR GÉNÉRAL DE L'AGRICULTURE.

Vitem nos cæteris stirpibus jure
præponimus.
(COLUMELLA, lib. III, cap. 1.)

Deuxième Édition

PARIS
LIBRAIRIE DE VICTOR MASSON
PLACE DE L'ÉCOLE-DE-MÉDECINE
M DCCC LVII

Droit de traduction réservé.

PRÉFACE.

La France consacre à la culture de la vigne près de deux millions d'hectares qui fournissent chaque année 36,783,223 hectolitres de vin et 1,088,802 hectolitres d'eau-de-vie, représentant, en moyenne, une valeur annuelle de 478,088,302 francs. A cet égard, aucun pays ne peut nous disputer la prééminence, soit pour l'importance de la production viticole, soit pour l'excellence et la variété de nos vins.

Dans ces derniers temps, de nombreux ouvrages ont enrichi la viticulture ; mais, jusqu'ici, les auteurs français qui ont écrit sur la vigne ne nous ont donné que des traités généraux ou se sont renfermés dans des monographies locales ; aucun d'eux n'a fait de nos grands vignobles l'objet d'une étude spéciale : ce sujet, cependant, était bien digne de leur talent. C'est surtout par

a

ses crus d'élite que la France mérite le nom de terre privilégiée. Où trouver ailleurs une collection de vignobles dont le renom soit aussi universel ? Qui ne connaît les grands vins de Bordeaux, de Bourgogne et de Champagne ; les vins de l'Ermitage, les rancios des Pyrénées-Orientales, les vins secs de la Côte-du-Rhône ; les vins généreux de la Malgue, Saint-Georges, Limoux et Jurançon ? Nos Muscats de Rivesaltes, Lunel, Frontignan et Maraussan ; l'excellent Mont-bazillac ; les vins de paille du Dauphiné, du Jura et de l'Alsace, sont sans rivaux. En présence de tant de richesses œnologiques, on serait tenté de s'étonner de ce que nos grands vignobles n'ont point encore trouvé d'historien spécial, si l'on ne savait combien d'obstacles entourent un pareil travail.

L'auteur de ces études n'aurait pas eu la témérité de les entreprendre, s'il n'avait reçu la mission officielle de s'y dévouer. Cinq années de voyages, la connaissance des principales régions viticoles de la France devenue familière après quinze années d'inspection, l'étude sur les lieux mêmes des vignobles les plus renommés, et, par-dessus tout, la bienveillance toute française qu'on est sûr de rencontrer lorsqu'il s'agit des intérêts du pays, n'ont pas peu contribué à diminuer les périls d'une tâche fort lourde : le patronage d'un ministre éclairé a fait le reste ; c'est sous ses auspices que l'*Ampélographie française* est offerte au public.

Cet ouvrage comprend la description des principaux cépages de nos grands vignobles, la statistique de nos meilleurs crus, l'analyse chimique de leur sol, et les modes de culture et de vinification qui s'y pratiquent.

Dans un sujet si divers et si délicat, il convenait de bien observer les faits. L'auteur s'est fait un devoir de relever scrupuleusement les us et coutumes de chaque contrée, préférant au rôle dangereux de censeur le rôle, plus modeste et plus utile peut-être, de narrateur fidèle : il raconte donc sans commentaires, mais dans tous leurs détails, les procédés consacrés par le temps et le succès.

La synonymie des cépages présentait plus d'un écueil et réclamait une attention particulière ; il est si difficile de reconnaître les véritables caractères d'une espèce au milieu de toutes ces variétés qui changent, pour ainsi dire, à chaque pas, de nom et d'aspect ! Nous avons cherché à y obvier, en décrivant, au sein même des vignobles en renom, les cépages types, source des grands vins.

L'analyse chimique du sol de nos vignobles d'élite

a exercé les patientes recherches de M. le professeur Peplowski ; ses travaux, en confirmant les données d'une pratique éclairée, prouvent, une fois de plus, l'heureuse alliance de la science et de l'agriculture pour la solution des questions complexes de l'économie rurale : nous sommes heureux de le remercier ici, publiquement, de son zèle désintéressé. Qu'il nous soit aussi permis de témoigner notre gratitude aux nombreux propriétaires qui ont bien voulu nous éclairer de leurs renseignements, de leurs conseils et de leur expérience ! Associés par dévouement à notre travail, ils peuvent, à bon droit, en revendiquer la meilleure part ; nous n'avons fait que glaner sous leur habile direction.

VICTOR RENDU.

Paris, le 8 février 1857.

CONSIDÉRATIONS GÉNÉRALES

SUR LA VIGNE.

La vigne (*Vitis vinifera*, Linn.), originaire de l'Asie, selon toute probabilité, et introduite par les Phéniciens d'abord en Grèce, ensuite en Sicile et en Italie, puis dans la Gaule, aux environs de Marseille, par les Phocéens, est rangée par les botanistes dans les Ampélidées, famille qui a pour caractères distinctifs : un calice à cinq dents ; des pétales au nombre de cinq, souvent adhérents par le sommet et se détachant comme une coiffe ; des étamines au nombre de cinq, et une baie uniloculaire.

La vigne, à l'état sauvage, abandonnée à ses allures naturelles, est une plante extrêmement rustique. Loin de ramper à la surface du sol comme dans nos vignobles, lorsqu'elle n'est pas soutenue par des tuteurs artificiels, elle grimpe et s'élance sur les arbres placés à sa proximité ; elle jette ses nombreux sarments, semblables à des bras puissants, à travers leurs branches ; elle les enve-

loppe et les enlace de toutes parts, au point de cou-
ronner leur cime et de les étouffer souvent sous son dôme
de feuillage. Ses produits sont d'autant plus abondants,
qu'elle végète vigoureusement sans contrainte à l'air
libre, sous un climat chaud.

Au delà du 50° degré de latitude, la culture de la vigne
cesse d'être profitable. Le véritable climat de la vigne est
celui où elle fructifie en plaine et sans abri.

D'après M. de Gasparin, pour que la vigne amène ses
fruits à une maturité complète, il faut qu'entre l'époque
de la floraison et celle où la température moyenne
de l'atmosphère est descendue à 12 degrés, le climat
réunisse une chaleur totale (atmosphérique et solaire)
de 2 680 degrés au moins pour les variétés les plus
hâtives de raisins rouges, et de 2 600 degrés pour les
variétés de raisins blancs; toutefois l'exposition sur des
pentes inclinant au midi fait exception à cette loi, elle
transporte le terrain incliné dans un climat plus méridional : la vigne, dans ce cas, ne représente plus une
culture générale du pays, elle n'est que l'expression de
certaines expositions privilégiées. Mais, si une chaleur
insuffisante empêche la vigne de fructifier, une température trop élevée ne s'oppose pas moins à sa réussite.
Sous l'équateur la végétation de la vigne est incessante;
pendant une partie de l'année, c'est une succession non
interrompue de feuilles, de fleurs et de fruits à divers
degrés de maturité : le même cep présente à la fois tous
les phénomènes de la végétation. Aussi cette inégalité
dans la fructification empêche-t-elle d'en obtenir un

résultat utile. C'est entre le 35° et le 50° degré de latitude que la culture de la vigne présente le plus d'avantages ; les grands vignobles, ceux qui produisent les meilleurs vins, ne dépassent pas ces bornes climatériques. La Providence, en plaçant la France entre ces deux limites extrêmes, en a fait une terre toute spéciale pour la vigne, elle a mis entre ses mains le sceptre des grands vins.

Cependant la culture de la vigne ne saurait être déterminée par la considération seule du climat ; il faut encore tenir compte de plusieurs causes importantes, comme l'altitude, les abris, l'exposition, le terrain.

L'élévation au-dessus du niveau de la mer, en abaissant la température moyenne de l'atmosphère, ressèrre, il est vrai, la région de la vigne et la ferme même à certains cépages, dont le fruit mûrit tard ; mais, d'un autre côté, l'altitude, en plaçant la vigne dans un milieu où l'air, moins chargé de brumes, est plus pur, permet à cette plante de dépasser le point qu'elle n'atteindrait pas sans cette circonstance particulière. Dans la Côte-d'Or, tous les grands crus sont à une altitude de 15 à 78 mètres au-dessus du niveau de la plaine qui s'étend à leur pied : au-dessous et au-dessus, on ne récolte plus que des vins de moindre qualité. Les meilleurs quartiers de l'Ermitage règnent à 60 mètres au-dessus du niveau du Rhône ; plus bas, les vins de ce vignoble sont loin d'avoir la même valeur : il en est de même à Banyuls, Frontignan, etc.

On sait quelle influence les abris exercent sur la vigne.

Ici des vallées profondes, préservées des courants froids et des vents violents du nord–ouest, doivent cette précieuse culture à leurs abris naturels : telles sont, entre autres, la plupart des vallées des Hautes-Alpes et les gorges nombreuses des montagnes au pied desquelles roule la Durance. Là, comme dans les vallées du Rhin et de la Moselle, les abris étendent la culture de la vigne au delà de ses limites naturelles. Ailleurs, comme dans les pays élevés ou montagneux, les abris combattent victorieusement les rigueurs d'un climat sévère : la plupart des vignobles de la Suisse n'existent que grâce à leurs abris tutélaires et à leur exposition au midi, sur un plan incliné.

On est loin d'être d'accord sur la meilleure exposition à assigner à la vigne. Sans nul doute, celle du midi donne la plus grande chaleur totale; mais, si la contrée est sujette aux gelées blanches, cette exposition devient très dangereuse : comme le soleil la frappe dès son lever au printemps, les dégels s'y opèrent brusquement et occasionnent de graves désordres dans la contexture du végétal. A part cette considération, l'exposition du midi semble la meilleure pour la vigne. L'exposition de l'est présente à peu près les mêmes avantages et les mêmes inconvénients que celle du midi relativement aux gelées blanches; elle a, sur l'exposition de l'ouest, l'avantage de mieux répartir la chaleur entre les différentes heures du jour. Le couchant, en revanche, préserve mieux la vigne des gelées blanches du printemps, parce que le dégel, au lieu d'y être subit, s'y fait à l'ombre, par degrés.

Le nord est regardé comme une mauvaise exposition pour la vigne ; cette proscription, cependant, n'est pas absolue : le meilleur cru des Arsures, dans le Jura, est au nord ; d'excellents vignobles de la montagne de Reims sont aussi tournés vers cette exposition ; c'est également l'orientation de plusieurs crus fameux du Médoc. Néanmoins, par rapport à la majorité de nos vignobles, ce ne sont là que des exceptions. En France, les expositions du sud, du sud-est et du sud-ouest passent généralement pour les meilleures : les vignes d'Ay, d'Épernay, en Champagne ; tous les grands crus de la Côte-d'Or ; Condrieux, Côte-Rôtie, l'Ermitage, Frontignan, Rivesaltes, Banyuls, Collioure, un grand nombre de vignobles du Bordelais, etc., sont plantés à cette exposition.

L'influence du sol sur la vigne ne saurait être mise en question ; mais, en présence de la variété prodigieuse de terrains où cette plante prospère, n'y aurait-il pas témérité à déterminer d'une manière absolue le sol par excellence que préfère la vigne ? En France, en effet, on la voit réussir dans les crayons de la Marne, et résister parfaitement aux sols lourds et marneux tels que ceux des meilleurs crus du Jura ; elle fait la richesse des calcaires oolithiques de la Côte-d'Or ; les débris granitiques ne lui sont pas moins favorables, les excellents vins de Côte-Rôtie et de l'Ermitage sont là pour l'attester ; les vignes de la Malgue sont assises sur le schiste ainsi que celles de Banyuls ; le vignoble de Cap-Breton repose sur un sable presque pur, et les vignes du Médoc végètent dans l'*alios* (sable quartzeux agglutiné). Chaque espèce de terrain, pour ainsi dire, se trouve donc représentée dans nos grands vignobles, et semble apte à fournir un vin distingué lorsque le cépage est bien choisi, c'est-à-dire parfaitement approprié au sol et au climat. Le choix du cépage combiné avec celui du terrain, voilà, en définitive, le grand secret pour obtenir des vins remarquables sous un climat propre à la vigne; on ne peut se dissimuler, pourtant, que certaines bases minéralogiques n'aient aussi une part prépondérante dans la production des vins fins.

C'est ainsi que l'oxyde de fer se rencontre toujours en proportion plus ou moins forte dans les vignobles les plus célèbres : on le trouve, par exemple, dans tous les grands crus de la Côte-d'Or, dans ceux de la Marne, de l'Ermitage, du Médoc, du Roussillon, etc. Le carbonate de chaux existe aussi dans tous ces vignobles, mais sa présence ne semble pas liée aussi intimement à celle des grands vins : Côte-Rôtie, l'Ermitage, le Médoc, Cap-Breton, montrent à peine quelques traces de calcaire. N'est-il pas permis d'en conclure que l'oxyde de fer est un des éléments constitutifs de tout vin qui offre de la distinction? En ajoutant à cette considération celle non moins importante des propriétés physiques du sol qui le rendent apte à recevoir et à retenir une dose plus ou moins forte d'humidité, on a, suivant nous, l'explication la plus vraisemblable des analogies et des dissemblances qui rapprochent ou séparent les produits des différents crus.

La vigne, pendant les deux premières années de son

existence, croît lentement, mais, après ce laps de temps, son essor est rapide. A peine le bourgeon embryonnaire s'est-il montré au dehors, la plante enfonce de plus en plus ses racines dans le sol; plus tard, des racines adventives naissent des tuméfactions de la tige qui plonge en terre. Cette tige grossit, s'emplit d'une moelle abondante, et porte extérieurement des feuilles alternes à chaque entre-nœud d'un rameau. Les feuilles, de formes très diverses, dentées, tantôt entières, tantôt divisées et partagées en trois ou cinq lobes plus ou moins profonds, s'épanouissent en une lame à fibration palmée; elles sont stipulées et munies d'un pétiole généralement long. Au fur et à mesure que la végétation herbacée se développe, des vrilles (organe fructifère avorté), à l'aide desquelles la vigne s'accroche aux corps environnants, apparaissent de distance en distance; la grappe se montre entourée de bractées. Si l'on analyse cette grappe qui est composée et thyrsoïde, on y découvre : au bas, le pédicelle; au-dessus, le tube des sépales unis, persistants; plus haut, en dedans, les cinq filets des étamines surmontés de leurs anthères biloculaires; à la base des filets et alternes avec eux, on aperçoit cinq glandes entourant la base du capitel; enfin, au centre, ce capitel couronné par le stigmate. Lorsqu'il est mûr, il présente trois parties distinctes : 1° l'enveloppe ou pellicule extérieure; 2° une partie pulpeuse, c'est le mésocarpe, et 3° la graine ou pepin.

Tant que la température n'a pas atteint 9 degrés de chaleur moyenne, la vigne sommeille, ses organes foliacés dorment dans le bourgeon. Mais lorsque l'atmosphère est suffisamment réchauffée et qu'un certain degré de chaleur a pénétré le sol, la plante entre en mouvement ; elle s'abreuve d'une lymphe abondante qui bientôt s'épanche sous la forme d'un liquide séveux désigné sous le nom de *pleurs de la vigne*. En même temps que la température s'élève, les bourgeons se tuméfient. L'enveloppe cotonneuse qui protégeait leurs organes se déchire, elle s'ouvre pour donner passage aux ramuscules qu'elle renferme. Leurs progrès suivent ceux de la température. Celle-ci a-t-elle atteint une moyenne de 13 degrés, les jeunes rameaux ont déjà 8 à 10 centimètres de longueur sous leur état herbacé ; gorgés qu'ils sont de sucs séveux, ils courent les plus grands risques : si les nuits sont claires et calmes, ils ont à redouter les gelées blanches qui les tuent et les noircissent en un instant. Grand est le dommage, mais non irréparable ; un sous-œil providentiel est là, à côté du bourgeon éteint, prêt à réparer le mal ; une seconde pousse ne tarde pas à remplacer celle qui a été détruite, et lorsque l'année n'est pas trop avancée à l'époque où la gelée blanche a sévi, et si la saison se montre favorable, on peut encore espérer, parfois, une demi-récolte.

La floraison de la vigne coïncide, en général, avec une température moyenne de 16 degrés, elle est dans toute sa plénitude à 18 degrés ; au delà de ce terme, lorsque la température s'est élevée à 19 degrés, la vigne a *passé fleur*. Un temps sec et chaud favorise la floraison ; la fleur, au contraire, est sujette à *couler* quand des temps froids et pluvieux la surprennent dans cette phase critique. A partir de la floraison jusqu'aux approches de la maturité, la vigne se montre peu difficile sur la température, elle supporte parfaitement toutes ses alternatives ; cependant elle n'y est pas absolument indifférente, loin de là. Elle s'arrange mieux, par exemple, d'un temps sec et chaud, que d'une saison humide et froide ; elle résiste très bien à la sécheresse, et d'autant plus aisément qu'elle végète dans une terre plus riche ou dans un sol ameubli par de fréquentes cultures et exempt de mauvaises herbes. Une température élevée, rafraîchie de temps à autre par quelques pluies, est celle qui convient le mieux à la vigne depuis la floraison jusqu'aux approches de la maturation. Sa végétation, il est vrai, n'a plus, dans cette période, l'essor impétueux que lui avait imprimé l'action des premières chaleurs du printemps ; elle a suivi une marche plus régulière, et elle s'est développée graduellement sous l'influence des conditions calmes et normales qui la régissaient. Sa séve, après son premier épanchement, a perdu cette exubérance dont la source principale gisait dans le sol ; devenue moins aqueuse, son cours s'est ralenti à mesure qu'elle avait à se distribuer dans un plus grand nombre de canaux ; l'élongation des rameaux a diminué de plus en plus, mais au profit des sarments dont la vigueur et la consistance se sont accrues. La période de maturité venue, il se produit comme une espèce de temps d'arrêt dans le développement de l'arbuste : la séve,

alors, se concentre particulièrement sur la grappe pour
former et développer le fruit.

L'époque de la maturité du raisin n'a rien de fixe,
elle varie suivant le climat, suivant les cépages, suivant
le sol et suivant les années. Parvenus à ce terme,
les raisins augmentent, chaque jour, en volume; ils
perdent peu à peu leur apparence verdâtre, changent
d'aspect, et revêtent enfin la couleur qu'ils doivent conserver jusqu'à leur maturité parfaite. Cette évolution
commence en France, pour la plupart des espèces,
dans le mois d'août, et, suivant les pays, se poursuit en
septembre et même jusqu'à la fin d'octobre ou le commencement de novembre dans certains vignobles plantés en cépages tardifs (Château-Châlons, Jurançon). En
général, les vendanges précoces sont celles qui fournissent les vins de qualité supérieure, et les bonnes
années sont celles où la vigne parcourt le plus rapidement toutes les phases de sa végétation, mais presque toujours c'est au détriment de l'abondance de la
récolte.

La longévité de la vigne dépend de causes fort diverses, qu'il serait impossible d'embrasser dans leur
ensemble; elle se lie principalement à la fertilité du sol,
au climat et aux soins plus ou moins bien entendus
qu'on lui consacre. Dans l'état de nature, quand l'art ne
l'a ni mutilée, ni pliée à ses caprices, la vigne est douée
d'une vigueur et d'une durée extraordinaires; elle
résiste mieux à l'inclémence des saisons et aux maladies
que la vigne cultivée. Celle-ci, dans nos vignobles, est

d'autant plus fertile, qu'elle trouve un terrain plus riche, mieux préparé, et qu'elle est bien conduite. Les engrais développent chez elle des produits abondants, mais toujours au préjudice de la qualité du fruit; par compensation, ils prolongent son existence utile, ils forment un contre-poids nécessaire à toutes les épreuves auxquelles la vigne est assujettie entre les mains de l'homme : les engrais sont pour elle un élément réparateur dont elle ne peut plus se passer quand une fois elle l'a reçu, sous peine de dégénérer et de dépérir rapidement. Ainsi soutenue et dirigée avec intelligence, ou bien placée dans des terres privilégiées et sous un climat favorable, la vigne dure très longtemps et paie largement les sueurs du vigneron. Dans des sols d'une fertilité médiocre, ses produits atteignent, en général, leur maximum d'élévation de la sixième à la quinzième année, à compter de la plantation, puis ils vont baissant. Quand la vigne n'est sustentée ou surexcitée par aucun engrais artificiel, lorsqu'elle emprunte exclusivement sa nourriture à l'atmosphère ou au sol remué par de fréquentes cultures, c'est alors que ses produits parviennent à leur plus haute distinction : dans cet état de choses, ils sont ordinairement peu abondants, mais ils se soutiennent jusqu'à ce que les ceps, vieillis, rabougris, contournés et déformés par des tailles sans nombre, soient réduits à l'état de squelette végétal, et ne laissent plus passer qu'à grand'peine la séve dans leurs canaux obstrués, oblitérés. Le temps de la décrépitude est alors venu pour la vigne, l'heure de sa mort a sonné. Le sol n'est pas absolument épuisé des principes nécessaires à la nutrition, mais la vie utile de la plante a cessé. Quand il n'y a plus espoir de la régénérer par le recepage et la greffe, il convient de songer à d'autres ressources : le but de la culture de la vigne a été complétement atteint ; l'homme doit chercher dans d'autres produits une compensation aux présents de la vigne qui lui font défaut et dont cette plante l'avait si généreusement comblé pendant sa longue carrière.

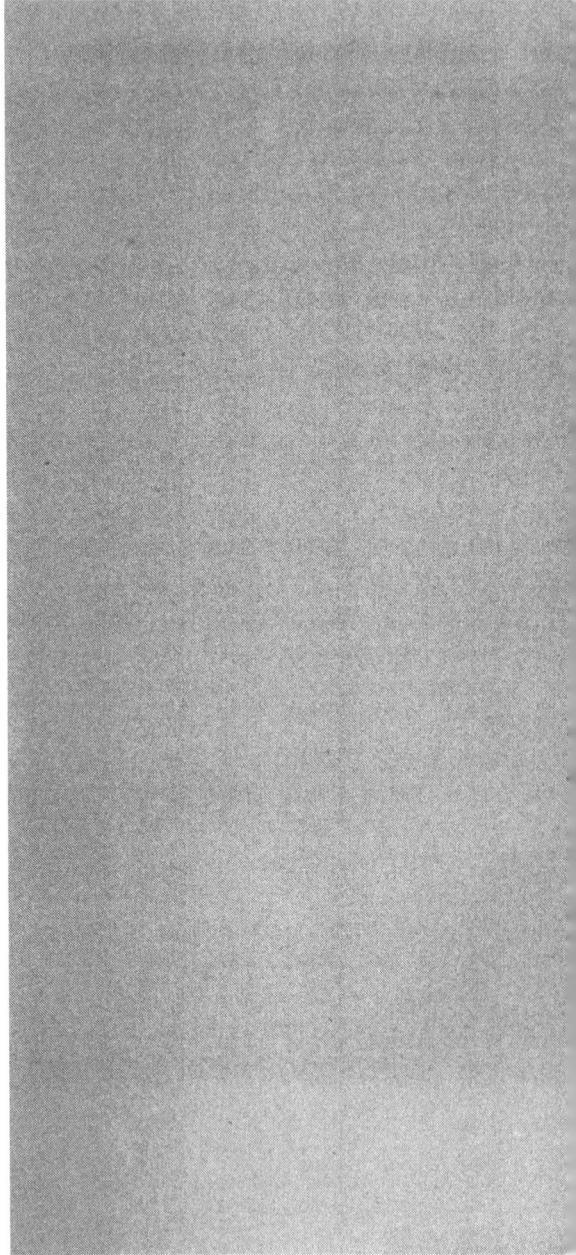

CARTE VITICOLE DE LA FRANCE

VILLE DE LYON

Legend:

- pas de Vignes
- Vins communs.
- Région du Sud
- **2** Région du Sud-Est.
- **3** Région de l'Est.
- **4** Région du Centre.
- **5** Région de l'Ouest.
- Région du Sud-Ouest.

Procédé Chromo-Lithog. d'Avril frères
rue des Bernardins 18, Paris

Lith. Hangard Maugé, rue Honé.-Chevalier, 5.

AMPÉLOGRAPHIE

FRANÇAISE.

DIVISION VITICOLE DE LA FRANCE.

Considérée exclusivement sous le rapport de la culture de la vigne, la France se prête à six divisions principales : la région du sud, celle du sud–est, de l'est, du centre, de l'ouest et du sud–ouest.

La région du sud se compose de huit départements, savoir : la Corse, les Pyrénées-Orientales, l'Aude, l'Hérault, la plus grande partie du Gard, les Bouches-du-Rhône, le Var et les Basses-Alpes.

La région du sud-est comprend les deux rives du Rhône, depuis Tavel et Roquemaure jusqu'aux portes de Lyon; elle renferme, d'un côté, une petite portion du Gard, l'Ardèche, la Loire et la partie sud du département du Rhône; de l'autre, Vaucluse, la Drôme, les Hautes-Alpes et l'Isère.

La région de l'est commence à Lyon et embrasse les départements de l'Ain, du Jura, du Doubs, du Haut et du Bas–Rhin, de la Moselle, de la Meurthe, de la Meuse, de la Marne, de la Haute–Marne, de l'Aube, de l'Yonne, de Saône-et-Loire et de la Côte–d'Or.

1

Six départements constituent la région du centre : on y trouve le Loiret, Loir-et-Cher, le Cher, la Nièvre, l'Allier et le Puy-de-Dôme.

La région de l'ouest ne réunit que quatre départements : Indre-et-Loire, Maine-et-Loire et les deux Charentes.

La sixième région s'étend à onze départements : la Gironde, la Dordogne, les Landes, les Basses et Hautes-Pyrénées, le Gers, la Haute-Garonne, le Lot, et Lot-et-Garonne.

Sur les quatre-vingt-six départements qui se partagent le territoire français, onze ne cultivent pas la vigne ; tels sont : la Creuse, le Nord, le Pas-de-Calais, la Somme, la Seine-Inférieure, le Calvados, la Manche, les Côtes-du-Nord, le Finistère et le Morbihan, auxquels il faut joindre l'Ille-et-Vilaine, où la culture de la vigne est réduite à quelques hectares seulement. Vingt-cinq départements ne produisent que des vins communs ; ce sont : la Haute-Saône, les Vosges, les Ardennes, l'Aisne, Seine-et-Marne, la Seine, Seine-et-Oise, l'Oise, l'Eure, Eure-et-Loir, l'Orne, la Sarthe, la Mayenne, la Loire-Inférieure, la Vendée, les Deux-Sèvres, la Vienne, l'Indre, la Haute-Vienne, la Corrèze, le Cantal, la Haute-Loire, la Lozère, l'Aveyron et l'Ariége. Les cinquante autres départements possèdent des crus plus ou moins renommés et fournissent des vins estimés tant pour la consommation intérieure que pour l'exportation.

RÉGION DU SUD.

Cette région, la plus méridionale de toute la France, comprise entre le 41ᵉ et le 44ᵉ degré de latitude, renferme huit départements : la Corse, les Pyrénées-Orientales, l'Aude, l'Hérault, le Gard, les Bouches-du-Rhône, le Var et les Basses-Alpes. Les principaux vins qu'elle livre au commerce sont :

> Les vins de Corse ;
> Les vins du Roussillon ;
> Les vins du Languedoc ;
> Et les vins de Provence.

VINS DE CORSE.

La Corse, sentinelle avancée de la France dans la Méditerranée, heureusement placée entre l'Italie et la Sardaigne, sous un ciel magnifique, jouissant de toutes les températures et favorisée d'un sol et d'un climat éminemment propres à la vigne, pourrait devenir une des plus riches contrées de l'Europe et disputer le commerce des vins secs et des vins de liqueur à l'Espagne, au Portugal et à l'Italie, si l'industrie de ses habitants répondait aux avantages d'une position privilégiée. Mais il n'en est rien. Faute d'un bon choix de cépages, d'une culture soignée, et surtout d'une manipulation intelligente dans la confection du vin, la Corse est reléguée presque aux derniers degrés de l'échelle viticole ; à peine suffit-elle à sa propre consommation, malgré quelques exportations partielles. La plupart de ses vins, quoique doués naturellement d'une grande puissance alcoolique, restent confondus dans la classe des vins communs ; ils supportent difficilement le transport et tournent souvent à l'aigre dès les premières chaleurs de l'été : il est vrai, caves et vaisseaux vinaires mal tenus les prédisposent singulièrement à l'acescence. Quelques bons crus, cependant, font honneur à cette île. Parmi les plus distingués, il faut citer, en vins rouges, *Bassanèse*, *Machione*, l'*Apreto*, quartiers remarquables du vignoble de Bastia ; au vignoble de Sollacaro, *Crizzo*, *Stellato*, *Pazera ; San-Giovanni* et *Casella*, à Sari d'Orcino ; aux environs d'Ajaccio, le quartier de *Bacciochi ; Casone* et *Suartello* produisent, avec le *Sciacarello*, d'excellents vins secs, très capiteux ; à Corte, on obtient aux environs de la ville un joli vin léger, très agréable à l'œil et au goût ; enfin les meilleurs vins de l'arrondissement de Calvi se fabriquent aux environs de la ville, près de l'*Algajola*, à *Calenzana*, et *Monte maggiore*. Quel que soit le mérite de ces vins trop peu connus, le plus estimé, celui qui les domine tous par une incontestable supériorité, c'est le vin de Tallano, dans l'arrondissement de Sartène.

Ce vignoble, en pente douce, à l'exposition du midi,

est assis sur le terrain granitique; ses meilleurs quartiers sont *Castello, Radica, Casanova* et la *Capella di San-Giovanni;* il présente la composition chimique suivante :

Oxyde de fer.	4,075
Alumine	3,049
Magnésie.	1,015
Silice soluble	0,068
Acide phosphorique	0,079
Potasse et soude	0,083
Carbonate de chaux	0,091
Matières organiques	9,087
Résidu insoluble.	77,055
	100,000

A Tallano, comme dans presque toute la Corse, on ne plante jamais sans défoncer le sol à 1 mètre 25 centimètres. On creuse des fossés transversalement à la pente du terrain, et l'on y plante des boutures à 75 centimètres les unes des autres depuis novembre jusqu'en mars, sans aucune fumure : le plant, mis en place, laisse passer deux yeux hors de terre. Les cépages dominants à Tallano sont le *Montanaccio*, le *Cargajolo nero* et le *Vermentino*. La première année, on ne donne aucune façon à la plantation; la seconde année, on bine légèrement dans le courant de l'hiver et en mars, afin de détruire les mauvaises herbes : pendant ces deux premières années, la vigne est abandonnée à sa végétation spontanée, la taille ne commence qu'à la troisième pousse. On ouvre alors une rigole de 15 centimètres dans le fossé qui a reçu le plant; tous les ceps sont déchaussés; on choisit, sur chacun d'eux, deux yeux destinés à former la tête de la souche ; les années suivantes, on les établit sur deux ou trois coursons taillés à deux yeux en janvier et février : à six ans, la vigne est considérée comme faite. Quand on veut provigner, on ouvre des fossés de 1 mètre de profondeur, on y couche trois ou quatre sarments, suivant le nombre de pieds qu'on veut remplacer, puis on comble les fossés aux deux tiers; la seconde année, on chausse légèrement le provin, et, la troisième année, on ferme complétement la fosse. Les seules façons que reçoit la vigne consistent en un labour à la pioche et un simple binage ; on ébourgeonne en mai ; dès la sixième année, la vigne donne une demi-récolte et une récolte entre huit et dix ans. La vendange a lieu ordinairement au commencement d'octobre. On n'égrappe pas; on foule et on laisse cuver pendant une quinzaine de jours, quelquefois pendant plus d'un mois. Il n'est pas d'usage de soutirer ; cette précaution n'est employée qu'autant que le propriétaire ne vend pas tout son vin dans le courant de l'année et qu'il en garde une certaine portion : dans ce cas, le soutirage a lieu en novembre ou janvier. Le vin de réserve est logé dans de petites barriques contenant 1 hectolitre, il y séjourne pendant trois ou quatre ans; après ce temps, on le transvase dans des dames-jeannes ou bien on le met en bouteilles. Le vin de Tallano est extrêmement foncé en couleur les quatre premières années; il peut être bu entre huit et dix ans, mais ce n'est qu'à quinze ans qu'il acquiert toutes ses qualités.

Arrivé à cet âge, il se dépouille complétement pour
prendre une belle teinte vermeille ; à vingt ans, il
devient jaune-paille, et passe au rancio : c'est alors un
excellent vin, d'une grande finesse, plein de feu et doué
d'un bouquet remarquable. Dans cet état, il peut entrer
en comparaison avec les Rancios des Pyrénées-Orientales, il ne leur cède pas en générosité : sa conservation est indéfinie. Le vieux Tallano est toujours rare ;
le commerce ne le connaît pas dans sa perfection ; les
propriétaires aisés ne le vendent pas à cet âge, ils l'offrent
en présent ou en font les honneurs de leur table
hospitalière.

Outre ses vins rouges, dont le principal commerce est
concentré dans les arrondissements de Bastia et de Sartène, la Corse livre encore à la consommation des vins
secs et des vins de liqueur dont plusieurs méritent d'être
cités : tels sont, entre autres, le vin blanc façon Madère,
le vin cuit façon Malaga, et le Muscat du cap Corse.
Cette partie de l'île, la plus laborieuse, la plus morale,
la plus intelligente, la plus riche et la plus avancée en
civilisation, a, pour ainsi dire, le monopole de cette
branche d'industrie ; c'est là aussi que la vigne se cultive le mieux et que le vin est fabriqué avec le plus de
soin. Les principaux vignobles sont assis sur une chaîne
de montagnes tournée généralement vers l'est et le couchant ; le sol, en beaucoup de points, est argilo-calcaire,
granitique sur quelques autres. Les meilleurs cépages
qu'on y rencontre sont le *Genovese*, la *Biancolella*, le
Vermentino, la *Malvasia*, le *Creminese* et le *Moscatello*.

Avant de planter, on défonce le terrain représenté le plus souvent par une friche plus ou moins boisée, connue dans le pays sous le nom de *macchia*. Le défoncement n'est que partiel : il consiste à creuser des fossés transversaux de 60 à 70 centimètres de profondeur sur autant de large, dans lesquels on place sans engrais des boutures ; celles-ci sont distribuées sur deux rangs aux deux côtés de la jauge, à 75 centimètres de distance les unes des autres ; une partie des sarments est couchée horizontalement au fond de la jauge, tandis que les autres se relèvent à angle droit. La première année de la plantation, les fossés ne sont rechargés qu'aux deux tiers ; l'intervalle qui les sépare se cultive en légumes et parfois aussi en céréales. La seconde année, on comble entièrement les fossés, et l'on donne un simple labour à la pioche. La troisième année, on place les tuteurs de manière à donner le moins de prise possible au vent, surtout au *libeccio*, qui souffle avec fureur dans ces parages. C'est aussi vers la troisième année que commence la taille ; elle a lieu depuis décembre jusqu'en mars. A la quatrième année, la vigne commence à produire quelques raisins ; mais ce n'est réellement qu'à partir de la septième feuille que son rendement a de l'importance. Un piochage en mars, un sarclage en mai et le rognage qui précède la maturité, constituent les seules façons données à la vigne pendant sa végétation. Les vendanges coïncident avec la fin de septembre ; elles n'offrent rien de particulier, non plus que la fabrication du vin ordinaire. Il en est autrement de la confection

des vins spéciaux du cap Corse : autre est l'art de faire
le vin cuit façon Malaga, autre l'art de fabriquer le vin
façon Madère ; le vin muscat, à son tour, s'obtient par
des procédés particuliers.

Plusieurs variétés de raisins entrent dans la composition du vin cuit façon Malaga : ce sont la Malvasia, le
Genovese et la Biancolella, cueillis tous à leur parfaite
maturité. Les uns les mettent sous le pressoir au sortir
même du vignoble ; les autres, plus jaloux de la qualité
du vin, les exposent pendant trois ou quatre jours à
l'action du soleil, étendus sur des claies, avant de les
presser : cette opération préalable achève de leur enlever ce qui leur reste d'eau de végétation, et rend la
liqueur plus sucrée.

Le moût qui s'écoule du pressoir est divisé en deux
parts ; on entonne la première, et on soumet l'autre à la
cuisson. A mesure que la température s'élève et que les
matières étrangères que contient le liquide montent à
la surface, on les enlève à l'aide d'un petit balai de
bruyère ; la coction est graduée et doit être portée
jusqu'à l'ébullition dans l'espace de trois quarts d'heure
à une heure : sous cette influence, le moût se réduit
aux deux tiers de son volume. Arrivé à ce point, le feu
doit cesser progressivement de flamber ; on entretient la
chaleur par un feu de braise, en évitant, avec le plus
grand soin, le retour de l'ébullition, de peur que le
moût déjà sirupeux ne se colle et ne brûle au fond du
récipient : il contracterait alors un goût d'amertume et
le communiquerait au vin. Quand le but proposé est

atteint, on mélange le vin cuit avec le moût entonné
dans la proportion de 17 pour 100, et on l'abandonne à
lui-même pendant trois semaines; au bout de ce temps,
on ferme hermétiquement la bonde. Dans les premiers
jours de janvier, on procède à un premier soutirage;
cette opération se répète un mois après. Au mois de
septembre, on revient au soutirage et l'on y recourt encore pendant deux années consécutives. Le vin est mis
en bouteilles sans collage et sans autre préparation, si ce
n'est qu'on verse la valeur d'un petit verre à liqueur
d'alcool dans chaque bouteille. Le vin cuit du cap Corse
se paie ordinairement depuis 1 franc jusqu'à 1 fr. 50 c.
la bouteille; il s'en exporte en Italie.

Le vin blanc façon Madère s'obtient par le procédé
suivant. Deux cépages en font la base, la Biancolella ou
Galga et le Genovese. Après les avoir exposés sur des
claies à l'action du soleil pendant quatre ou cinq jours,
on les met sous le pressoir. Le moût est entonné immédiatement, il fermente pendant douze ou quinze jours;
on bonde ensuite. L'ouillage n'a lieu qu'une seule fois,
en novembre; le soutirage, au contraire, se répète deux
fois, à un an d'intervalle, d'un printemps à l'autre. Cela
fait, on répartit le vin dans des tonneaux de 80 à
150 litres, et, plus tard, dans des dames-jeannes, d'où on
l'extrait, vers la troisième ou quatrième année, pour le
mettre en bouteilles : ainsi qu'au vin cuit, on y ajoute
un petit verre d'alcool par chaque bouteille. Ce vin,
fabriqué aux environs de Bastia, et notamment à Luri,
constitue un bon vin sec qui joue assez heureusement

le Madère : on le vend en Corse le même prix que le vin cuit ; il ne s'exporte pas. Le vin blanc des environs d'Ajaccio, et notamment celui qu'on obtient sur le domaine de l'Olmo avec le Sciacarello, peut rivaliser avec le meilleur Xérès; huit ou dix ans suffisent pour lui communiquer cette précieuse qualité.

Le vin muscat du cap Corse est loin d'avoir la finesse et le parfum des Muscats de Rivesaltes, de Frontignan, et de Maraussan ; le raisin avec lequel on le fabrique est excellent, mais on lui enlève une partie de son bouquet en mélangeant maladroitement le Muscat avec un dixième environ de Genovese, qui ne contribue qu'à rendre le vin plus alcoolique. Sa préparation est fort simple ; elle se borne à faire pansir les raisins au soleil pendant plusieurs jours : ce premier degré de coction naturelle obtenu, on les presse, le moût est versé dans des tonneaux ; on l'y laisse fermenter pendant quinze ou vingt jours, puis on bonde. On ouille une fois en novembre, et, pendant les trois années qui suivent, on soutire en janvier : passé ce temps, on met le vin en bouteilles sans collage ni addition d'alcool. Le vin muscat de Corse se consomme exclusivement dans le pays; il vaut 1 franc le litre.

VINS DU ROUSSILLON

(PYRÉNÉES-ORIENTALES).

Les vins désignés sous ce nom proviennent de l'ancienne province de Roussillon, composant, pour la plus
grande partie, le département actuel des Pyrénées-
Orientales. La vigne forme sa principale richesse; elle y
couvre plus de 50,000 hectares. Ce département produit des vins de liqueur, des vins secs et des vins de
commerce fort recherchés, dont le caractère commun
est d'être corsés, riches en couleur, très généreux ; ce
qui en fait des vins de garde, de transport et les rend
particulièrement propres aux coupages. Ses vignobles
les plus renommés sont ceux de Banyuls-sur-Mer, Collioure, Port-Vendres, Rivesaltes et Perpignan.

VIGNOBLE DE BANYULS-SUR-MER.

Ce vignoble tire son nom de la commune de Banyuls-
sur-Mer, dont il occupe une partie du territoire cultivé.
Situé au sud-est de Perpignan, dans la zone la plus
chaude des Pyrénées-Orientales, et confinant à la frontière espagnole, il comprend environ 4,500 hectares.
Les trois quarts des vignes occupent des coteaux abrupts,
plus ou moins élevés et supportés par des terrasses; le
reste s'étend en plaine. Dans la partie basse, le sol est
formé par les alluvions; dans la partie élevée, où se

récoltent les meilleurs vins de Banyuls, le sol est schisteux ; soumis à l'analyse chimique, il renferme :

Oxyde de fer.	10,746
Alumine.	5,020
Magnésie.	0,882
Silice soluble.	0,963
Acide phosphorique	0,109
Sels alcalins	1,235
Carbonate de chaux	0,909
Matières organiques	4,478
Résidu insoluble.	75,657
	100,100

Deux cépages, le *Grenache noir* et la *Carignane*, sont presque exclusivement cultivés à Banyuls–sur-Mer. Le Grenache, planté généralement sur les hauteurs dans le Roussillon, se reconnaît à ses sarments pointillés, noués court, à ses feuilles bien développées, généralement trilobées, d'un vert gai ; à ses grappes irrégulières, ramassées, ailées, souvent déformées par la coulure, à laquelle il est sujet dans la plaine, garnies de grains peu serrés, arrondis, noir bleuâtre, très fleuris, d'une saveur fine, sucrée et parfumée, à peau mince et d'une maturité précoce : il produit un vin de liqueur très estimé. La Carignane, moins fertile, mais plus rustique et résistant mieux à l'humidité et à la coulure, occupe les basfonds ; elle donne un vin sec. Les caractères sont : sarments noués court ; feuilles grandes, à cinq lobes très profonds, d'un beau vert ; grappes allongées, chargées de grains arrondis, inégaux, très serrés, noir bleuâtre,

très fleuris, enveloppés d'une peau assez épaisse, moins
sucrés que ceux du Grenache, mûrissant tard. De la
réunion de ces deux cépages, dans la proportion de
deux tiers Grenache contre un tiers Carignane, résulte
le *Banyuls ordinaire*, recherché pour l'exportation.
Deux autres cépages se rencontrent encore accidentellement dans le vignoble de Banyuls : ce sont le *Mataro*
et le *Picpoule*. Le Mataro, appelé Mourvède dans le Var
et les Bouches-du-Rhône, Carignane dans l'Hérault et
le Gard, a les sarments relevés de nœuds médiocrement
écartés ; ses feuilles, de moyenne grandeur, varient de
trois à cinq lobes peu profonds, d'un beau vert à la
face supérieure, feutrées au-dessous ; sa grappe est belle,
irrégulière, ailée, munie de grains de moyenne grosseur, serrés, égaux, ronds, d'un noir bleuâtre, très
fleuris, très sucrés et à peau épaisse ; d'une maturité
précoce. Le Picpoule se distingue par ses sarments à
nœuds assez écartés ; ses feuilles épaisses, à cinq lobes ;
ses grappes de moyenne grosseur, ailées, garnies de
grains serrés, inégaux, légèrement ovalaires, noir violacé, d'une saveur peu sucrée, à peau fine : il en existe
une variété rose.

En dehors de la nature du sol et de l'altitude, l'exposition la plus méridionale et la plus abritée du nord
détermine la supériorité des différents quartiers composant le vignoble de Banyuls.

Le mode de culture est partout le même, sauf de
légères variantes.

Le défoncement, dans la plaine, n'a lieu que lorsque

le sol n'a point été soumis à la culture; il s'opère alors, comme sur les coteaux, à la pioche : l'outil pénètre à 0ᵐ,25 de profondeur. La plantation a lieu depuis décembre jusqu'en avril, mais ordinairement elle s'effectue en janvier et février. Le pal descend à 0ᵐ,50 ou 60. On ne se sert que de boutures. Le seul moyen employé pour faciliter leur première végétation consiste à faire glisser un peu de terre dans le trou ouvert par le pal, encore ce procédé est-il exceptionnel; généralement on ne fait usage d'aucun engrais en plantant. Sur les coteaux et dans les terrains maigres de la plaine, les ceps sont placés à 1 mètre en tout sens; les cultures se font à la bêche. Dans les bonnes terres d'alluvion, ils sont à 1ᵐ,25 les uns des autres ; les cultures s'effectuent parfois avec la charrue. La première et la seconde année, la plantation reçoit trois ou quatre façons. La première s'exécute en décembre; la seconde, en mars et avril; la troisième, avant la vendange, et la quatrième après que celle-ci est terminée. A partir de la seconde année de la plantation, on ne donne plus que deux façons : l'une en décembre ou janvier, l'autre en mars ou avril. Le provignage se pratique ordinairement en couchant en terre le sarment de l'année à une profondeur qui varie suivant la nature du sol. On ne greffe que les cépages reconnus de mauvaise qualité; on greffe en fente, entre deux terres, à l'époque où la vigne est sur le point d'entrer en séve. C'est après la seconde feuille qu'on dresse la vigne; on l'établit sur trois coursons. La taille a lieu depuis novembre jusqu'en avril ;

on laisse généralement deux yeux. L'épamprement et
l'ébourgeonnement ne sont pas usités. On a coutume de
pratiquer de petites cuvettes au pied de la souche à la
seconde façon, notamment dans les vignes qui se labou-
rent. Sur les coteaux, la vigne entre en rapport dès la
troisième année de la plantation; dans la plaine, la production ne commence qu'à la quatrième feuille : partout
elle est en bon rapport de huit à dix. La vendange,
à Banyuls-sur-Mer, commence ordinairement dans les
premiers jours d'octobre. L'hectare, sur le coteau,
donne en moyenne 15 hectolitres de vin; la plaine
rend 25 hectolitres. La fabrication du vin subit différentes modifications, suivant les qualités qu'on veut
obtenir. Pour les vins rouges, ou *Banyuls ordinaires*, on
foule au fur et à mesure que la vendange est transportée
à la cuve. Le raisin est écrasé avec les pieds dans une
caisse longue appelée *treuil*; généralement on n'égrappe
pas. La plupart des propriétaires font cuver dans des
foudres. Le cuvage dure vingt jours dans les tonneaux
de petite capacité, et trente ou quarante jours dans les
grands foudres. Les cuves ne sont pas couvertes. Ce n'est
que par exception qu'on fait une addition de plâtre dans
la cuvée. On ne bonde qu'en mars, après le soutirage.

Le vin de Grenache, objet d'un commerce important
à Banyuls, donne lieu à une fabrication particulière. Le
raisin de Grenache entre seul dans sa composition. Au
lieu de le fouler après avoir vendangé, on le porte immédiatement au pressoir. On ne laisse subir aucune fermentation au marc, mais on y ajoute 2 litres de trois-six

par 100 litres de liquide. Quinze jours après avoir mis
le vin en tonneaux, on soutire ; cette opération, qui doit
être faite par un temps sec, se renouvelle à diverses
reprises pendant les six premiers mois. Le Grenache
n'est bien dépouillé qu'après quinze ans de séjour en
tonneaux.

Mêmes sols, même exposition, mêmes cépages, mêmes
procédés de culture et de fabrication qu'à Banyuls ; les
légères différences qu'on y observe méritent à peine
d'être signalées. Le vignoble de .Collioure compte
800 hectares ; celui de Port-Vendres, 600. Les premiers
crus se rencontrent sur les coteaux les mieux exposés au
midi. Les bons vins rouges de cette zone sont acceptés
et traités sur le même pied que le vin de Banyuls par le
commerce ; les vrais connaisseurs, cependant, établis-
sent un degré de supériorité en faveur des premiers crus
de la commune de Banyuls. Les Collioure ont une belle
robe, du corps, beaucoup de générosité et tiennent le milieu entre les vins de liqueur et les vins secs ; en vieillissant, ils acquièrent de la finesse et un bouquet prononcé.
Ils gagnent beaucoup à rester en tonneaux ; aussi ne doit-
on les mettre en bouteilles qu'après dix ans d'âge : ils se
sont alors dépouillés, ils sont devenus paillets, et ont pris
une belle teinte dorée en passant à l'état de vins vieux
ou *rancios*, qualité qui les rapproche, pour le goût, des
vins d'Espagne désignés sous ce nom et avec lesquels ils
peuvent rivaliser.

En général, les vins nouveaux de Banyuls, Collioure
et Port-Vendres sont enlevés d'une année à l'autre ; ce

2

n'est que par exception que les propriétaires en laissent
vieillir de petites quantités dans leurs caves. Leur prix,
lorsque le vin n'est pas très vieux, suit toujours le cours
des vins nouveaux. Ceux-ci, à Banyuls, Collioure et
Port-Vendres, valent, en moyenne, 15 francs l'hectolitre ; à dix ans, le vin se paie 60 francs, à quinze ans
80 francs, et à vingt ans de 100 à 150 francs l'hectolitre.
Leurs principaux débouchés sont les États-Unis pour les
vins en liqueur, le Brésil pour les vins secs ; puis, Paris,
Châlon, Gray, la Suisse, Cette et Marseille.

Le vignoble de Rivesaltes est le plus important des
Pyrénées-Orientales ; il ne comprend pas moins de
10,500 hectares, dont un peu plus de la moitié se
trouve en coteaux. Son exposition regarde le midi.

Les terres de la plaine présentent la composition suivante :

Oxyde de fer.	5,407
Alumine	4,851
Magnésie.	0,430
Silice soluble.	0,600
Acide phosphorique	0,074
Sels alcalins.	1,852
Carbonate de chaux	0,785
Matières organiques	4,637
Résidu insoluble.	82,164
	100,000

Cinq cépages principaux peuplent ce vignoble : la
Carignane, le *Grenache*, le *Mataro*, le *Picpoule noir*, et
la *Clairette*, improprement appelée *Blanquette*. Cette

dernière, caractérisée par ses sarments roux-cannelle, à nœuds rapprochés, ses feuilles de moyenne grandeur, à trois et cinq lobes, d'un beau vert en dessus, très feutrées en dessous, ses grappes pyramidales, ailées, très fournies de grains ovalaires, demi-transparents, blond doré et fleuris, croquants, d'une saveur sucrée et à peau épaisse, tardifs à mûrir, donne un vin fin, petillant, doux d'abord, ensuite sec et susceptible d'être tiré en mousseux.

La Carignane entre pour les trois quarts dans les plantations de Rivesaltes; elle contribue, avec le Mataro, à donner du corps et une belle couleur aux vins de cette contrée. Le Grenache, mélangé avec ces deux espèces de raisins, communique au vin du moelleux et de la vivacité; mais, en général, on met sa vendange à part pour faire ce qu'on appelle les *Roussillons doux-noirs.*

La plantation en plaine ou en coteau est rarement précédée du défoncement; on se contente d'ouvrir le sol par un bon labour et l'on trace ensuite les sillons pour la plantation à l'aide du rayonneur.

Les meilleures époques pour planter, à Rivesaltes, sont décembre, janvier et février. Le sarment de l'année est employé sans avoir préalablement passé par la pépinière. On plante au pal en descendant depuis 0^m,25 jusqu'à 0^m,50 de profondeur, selon que le sous-sol est plus ou moins résistant. Les vignes, soit au labour, soit à la bêche, sont généralement à 1^m,25 ou 1^m,50 en tous sens; elles ne sont jamais fumées.

La première et la seconde année, on donne quatre façons au plantier. A partir de la troisième année, on ne donne plus que deux façons à la vigne : la première a lieu de novembre en mars, la seconde de mai en juin. Quand la façon d'hiver est donnée avec la charrue, on a soin de creuser des cuvettes au pied des souches, on les comble au commencement de l'été. Vers la troisième ou la quatrième feuille, la vigne est dressée sur plusieurs branches ; on la taille, depuis décembre jusqu'au 15 mars, en général sur deux yeux, et exceptionnellement sur trois. Elle commence à donner quelques produits à sa troisième année et est en plein rapport à quinze ans. La vendange arrive ordinairement du 25 septembre au 1er octobre, et dure à peu près un mois. Le rendement moyen est de 15 hectolitres par hectare.

La fabrication du vin à Rivesaltes offre la plus grande analogie avec les procédés employés à Banyuls, Port-Vendres et Collioure. Dès que la vendange est apportée au cellier, on la foule avec les pieds ; généralement on n'égrappe pas. Selon les variétés de vins qu'on se propose d'obtenir, le cuvage dure plus ou moins longtemps ; on laisse cuver pendant un mois pour les vins noirs de commerce, et seulement de huit à quinze jours pour ceux destinés à la consommation : dans la plupart des exploitations, les cuves sont de bois et percées d'un trou carré de $0^m,25$ à 0^m50 qui reste ouvert pendant le temps de la cuvaison. La vendange reçoit ordinairement un peu de plâtre au moment du foulage, principalement lorsque les vins sont destinés au commerce. On fait aussi parfois, mais rarement, une addition de moût bouillant dans les vins blancs, pour leur donner un plus fort degré de liqueur. En général, on n'ouille pas. Les vins de commerce sont rarement soutirés; les vins en liqueur et ceux destinés à vieillir le sont tous les trois ou quatre mois.

Le prix du vin varie selon l'âge. A un an, il se vend ordinairement 12 francs l'hectolitre ; de 25 à 30 francs quand il a quatre ou cinq ans ; 50 francs de cinq à dix ans, et 100 francs de dix à trente ans.

Les vins de commerce forment la principale richesse du vignoble de Rivesaltes. Les vins de Salces, Baixas, Rivesaltes, conviennent surtout pour l'Amérique, Paris et le département de l'Hérault, par suite de leur couleur foncée et brillante, leur plein et leur vinosité. Ceux d'Espira joignent à une magnifique couleur beaucoup de finesse et de franchise de goût ; ils sont fort recherchés dans l'est de la France, où on les marie heureusement avec les produits de cette région.

En dehors de ses vins de commerce, Rivesaltes fabrique des vins fins qui jouissent d'une réputation universelle : tels sont le Muscat, le Maccabeo, le Malvoisie, le Grenache et le Rancio. 80 hectares de vignes sont consacrés à cette production spéciale, qui se résume, chaque année, en 300 hectolitres environ de vin Muscat, 60 hectolitres de Maccabeo, 40 hectolitres de Malvoisie, et une quantité assez considérable de Grenache et de Rancio.

Le *Muscat* de Rivesaltes est une variété caractérisée

par ses sarments à nœuds très rapprochés, ses feuilles petites, à peine lobées, ses grappes exiguës, à grains ronds, très serrés, d'une saveur et d'un parfum très prononcés.

Le *Maccabeo* se reconnaît à ses feuilles fines, de moyenne dimension, à peine lobées ; à ses grappes bien fournies, pyramidales, régulières, ramassées, ailées, à grains ronds, de moyenne grosseur, dorés, bruinés et transparents, d'une saveur sucrée, revêtus d'une peau fine.

La *Malvoisie* a les feuilles petites, fines, tourmentées, presque arrondies, à cinq lobes peu accusés, d'un vert jaunâtre ; sa fleur coule peu ; sa grappe, de moyenne grosseur, est ailée, allongée et garnie de grains peu serrés, gros, légèrement ovales, d'une belle couleur dorée, transparents, d'une saveur exquise, à peau fine et mûrissant de bonne heure.

Ces différents cépages ne sont pas mêlés aux autres cépages dans les vignobles. Leur culture n'offre rien de particulier, si ce n'est qu'à la taille on laisse sur chaque souche un sarment de l'année de 0^m,50 de long pour le Muscat, et de 0^m,25 seulement pour le Maccabeo et la Malvoisie : c'est le vieux bois qui produit presque tout le fruit, dans le Muscat surtout. Soumis à la taille ordinaire, ces cépages rendent fort peu en Roussillon.

Les vins Muscat, de Maccabeo et de Malvoisie s'obtiennent à l'aide de procédés fort simples.

Pour le Muscat, on laisse le raisin sur la souche, ou on l'expose sur des claies au soleil jusqu'à ce que sa peau

soit ridée et qu'il ait pris l'aspect de raisin sec; dans
cet état, il est propre à être converti en liqueur. On le
foule avec les pieds ou bien à l'aide de fouloirs à cylindre,
sans l'égrapper; cette opération finie, on le porte immédiatement au pressoir. Le moût qu'on en extrait
offre une grande densité : il marque, au sortir du pressoir, de 20 à 25 degrés au pèse-sirop; on le verse dans
des tonneaux et on l'abandonne ensuite à lui-même.
On n'ouille pas, mais, lorsque la fermentation est à peu
près terminée, on soutire. La première année, le Muscat
de Rivesaltes ressemble plus, pour ainsi dire, à du sirop
qu'à du vin; mais, dès la seconde année, il devient plus
limpide et acquiert cette finesse, ce feu et surtout ce
bouquet musqué qui en font le premier des vins de
liqueur de France. C'est avec raison que Jullien le tient
pour un des meilleurs vins de l'univers, lorsqu'il provient
d'une bonne année et qu'il a vieilli; toutefois, malgré
l'autorité d'un si bon juge, il ne faut pas l'attendre trop
longtemps, si l'on veut jouir de toute la fraîcheur de
son parfum. Le bouquet du Muscat est très fugace, il
s'altère et se transforme avec l'âge, bien que ce vin
revête d'autres qualités précieuses. Il est dans toute sa
richesse à dix ans; c'est le moment de le boire. Le prix
moyen du Rivesaltes varie depuis 80 jusqu'à 120 francs
l'hectolitre, selon l'âge et la qualité.

La vinification du Maccabeo et du Malvoisie diffère
de celle du Muscat par certaines particularités.

Ordinairement on ne laisse pas les grappes de ces
cépages se dessécher sur la souche ou au soleil, on les

cueille quand leur point de maturité est atteint. Le raisin de Maccabeo est foulé et pressé, et, le jour même où il a subi l'action du pressoir, on passe le jus au feu jusqu'à ce que l'écume se montre; on l'en retire alors, on le laisse refroidir, puis on le met dans des tonneaux où l'on verse une certaine quantité de trois-six. On soutire une fois tous les mois jusqu'en mars; par ce procédé, le vin est plus doux, mais c'est au détriment du goût de fruit que certains amateurs désirent retrouver dans le Maccabeo.

Le Malvoisie s'obtient de la manière suivante : On évite avec le plus grand soin que le raisin soit comprimé dans les comportes, car il suffit de la plus légère pression pour enlever au vin une partie de son arome. La vendange, une fois au cellier, est mise sous le pressoir. Le jus qui découle est enfermé dans des futailles avec une addition de trois-six, et on l'y laisse fermenter le plus longtemps possible. Dès qu'il est calmé, on soutire en ajoutant encore un peu de trois-six. On ne soutire que deux fois la première année, avant les vendanges. Lorsqu'on veut se procurer du Malvoisie sec, on égrappe et on laisse fermenter pendant cinq ou six jours : le vin obtenu par ce procédé est souvent préféré par les connaisseurs.

VIGNOBLE DE PERPIGNAN.

Inférieur à Banyuls et à Rivesaltes pour la qualité générale des vins, le vignoble de Perpignan leur cède

peu pour l'importance de ses cultures et la bonté de
quelques-uns de ses produits. Il se compose de 5000 hectares, dont les deux tiers sont situés en plaine; le reste
occupe des coteaux à peine élevés de 0^m,40 à 0^m,50 au-
dessus du niveau de la mer. Le sol est silico-argileux,
calcaire en plusieurs endroits; sa surface est couverte
de cailloux roulés; le soleil y exerce librement son action
salutaire.

Mêmes cépages qu'à Rivesaltes; les procédés de culture diffèrent peu dans l'un et l'autre vignoble. On vendange, à Perpignan, du 25 septembre au 15 octobre ;
suivant le terrain, on récolte, en moyenne, de 8 à
16 hectolitres par hectare. Le cuvage dure de vingt-
cinq à trente-cinq jours. On n'emploie le plâtre que
pour les vins de commerce. Les vins blancs doux sont
mis en bouteilles en mars; les vins rouges restent en
tonneaux. Les vins destinés à vieillir séjournent en tonneaux pendant quinze ans au moins. Le verre ne les
dépouille pas; on les soutire à un an, deux ans, quatre
ans, six ans, huit ans, dix ans, quinze ans; des soutirages plus fréquents réduisent leur force alcoolique ainsi
que leur bouquet.

Le vin de la plaine de Perpignan vaut, d'un an
à six ans, depuis 12 jusqu'à 25 francs l'hectolitre; à
huit ans, de 40 à 50 francs; à dix ans, de 50 à 60 francs;
à quinze ans, de 70 à 100 ; de vingt à trente ans, depuis 120 jusqu'à 200 francs. Les deux Amériques,
Gênes, Cette, Marseille, Beaucaire, Lyon et Châlon-
sur-Saône sont les principaux débouchés de ces vins :

de Châlon-sur-Saône ils passent en Suisse et dans
tout l'est de la France, où on les emploie pour les coupages. Le canton de Perpignan produit des vins de
commerce et des vins de table; il partage avec la commune de Banyuls le privilége de fournir d'excellents
Rancios. Les meilleurs de ce canton sont, en première
ligne, le Torremila, le premier des Rancios secs du département, véritable Madère français; viennent ensuite
le haut et le bas Vernet, le vin de l'Esparron, commune
de Canet, le Pia et le Saint-Nazaire. Tous ces vins, de
noirs qu'ils sont la première année, deviennent jaunes à
quinze ans, et paille doré au delà de cet âge par le travail lent et continu de leur dépouillement en futaille.
On les met en bouteilles à quinze ou vingt ans : c'est le
moment de les boire; leur conservation, du reste, est
indéfinie.

Les vins de liqueur les plus estimés, en Roussillon,
sont :

Le Muscat de Rivesaltes,
Le Maccabeo,
Le Grenache,
Le Malvoisie.

Parmi les vins secs : les Rancios de Banyuls-sur-Mer,
de Torremila, de Rivesaltes et de Terrats; le Malvoisie
sec et le Picpoule. Torremila fournit, en outre, un vin
blanc mousseux d'une grande distinction.

Parmi les vins rouges ou de commerce, en liqueur,
on range en première ligne les vins de :

Baynuls-sur-Mer,
Collioure et Port-Vendres,
Corneilla-de-la-Rivière,
Pezilla-de-la-Rivière,
Tautavel,
Montner,
Et Banyuls-des-Aspres.

Dans les vins secs ordinaires, on distingue les vins de :

Espira-de-la-Gly,
Rivesaltes,
Baixas,
Salces,
Millas,
Saint-André,
Et des deux cantons de Perpignan.

VINS DU LANGUEDOC.

Sous ce nom générique on comprend, dans le commerce, les vins fournis essentiellement par les départements de l'Aude, de l'Hérault et d'une partie du Gard ; ils sont riches en couleur et se distinguent par beaucoup de corps et de spirituosité. Cette partie du Languedoc, où la vigne florissait déjà du temps des Romains, n'a point déchu sous ce rapport, elle lui doit encore aujourd'hui le rôle important qu'elle remplit dans la production nationale. Ses vins, ses eaux-de-vie, ses alcools sont l'objet d'un vaste commerce, et tels sont les bienfaits d'une culture bien entendue, merveilleusement appropriée au sol, au climat et à l'esprit commercial de ces heureux départements, que, malgré l'espace considérable que la vigne y couvre, elle s'étend chaque jour davantage. Il semble, par les plantations qui reculent ses limites, qu'elle soit appelée à prendre exclusivement possession du sol, envahissant toutes les parties du territoire qui lui conviennent, chassant devant elle et céréales et fourrages, et toutes les récoltes que le soleil du Midi rend trop casuelles, ou, pour parler plus exactement, qui ne sauraient, par leur modeste rendement, payer la rente du sol aussi généreusement que la vigne et élever le propriétaire à une fortune aussi rapide.

La surface occupée par la vigne dans les départements de l'Aude, de l'Hérault et du Gard ne comprend pas moins de 258,192 hectares, répartis ainsi qu'il suit :

Département de l'Aude. . . . . .   70,982 hectares.
Département de l'Hérault 111,962 (1)
Département du Gard   75,248

A l'exception de certaines particularités qu'on observe chez un petit nombre de propriétaires, on peut comprendre les procédés généraux de culture et de vinification du Languedoc dans une même description. Ils

(1) Ces chiffres ont été relevés en 1850.

offrent, en effet, des rapports de famille qui se trahissent
au premier coup d'œil. Le sol consacré à la vigne est
généralement le même : essentiellement calcaire sur les
coteaux, argilo-calcaire dans les plaines formées par
les alluvions, silico-calcaire et plus ou moins mêlé de
cailloux roulés sur les plateaux. Même identité dans les
cépages. On les retrouve, sous des noms divers, dans
les trois départements, associés en plus ou moins grand
nombre, selon les localités, mais partout plantés en vue
du même but commercial ; aussi les vins de l'Aude, de
l'Hérault et d'une partie du Gard se prêtent-ils, dans
leur ensemble, à une classification à peu près semblable.
Ces caractères communs, se résumant dans un même
type de production, permettent de considérer cette partie
du midi de la France comme un seul grand vignoble
desservi par les mêmes débouchés. C'est pourquoi, pour
se faire une idée générale de l'industrie viticole dans le
Languedoc, on ne saurait mieux faire que d'étudier sa
physionomie dans l'un des grands centres de cette contrée, dans le département de l'Hérault, par exemple ;
pour en compléter le tableau, il suffira de rattacher à ces
généralités la description des crus les plus remarquables
du Languedoc ; sa richesse viticole se trouvera ainsi
exposée sur chacune de ses faces les plus intéres-
santes.

Les vins de l'Hérault forment deux grandes catégories : les *vins de chaudière*, et les *vins de commerce*. Ces
derniers se subdivisent : 1° en vins de commerce ordinaires rouges et blancs ; 2° en vins rouges fins ; 3° en

vins blancs secs, en vins blancs de liqueur et en Muscats.

La plupart des ventes et achats se font par l'entremise de commissionnaires ou courtiers. Autrefois ces agents goûtaient les vins et jouaient le principal rôle dans les transactions; mais aujourd'hui l'unique office de beau‑coup d'entre eux consiste à se mettre en quête d'échan‑tillons qu'ils apportent au négociant. Celui-ci n'achète qu'après avoir vu l'échantillon; il se rend préalable‑ment sur les lieux pour vérifier le vin qu'on lui propose. Un grand nombre d'affaires se traitent directement entre le propriétaire et le négociant.

Les vins de commerce comprennent à peu près les deux cinquièmes de la production viticole annuelle dans l'Hérault; cette proportion, cependant, varie selon que l'année a été plus ou moins abondante.

Les cépages cultivés dans le but d'obtenir des vins de commerce sont principalement : la *Carignane*, le *Terret noir*, le *Grenache*, le *Mourastel*, l'*Aspiran*, l'*OEillade* et sa variété le *Sinsaou*, les *Picpoules noir* et *blanc* et la *Clairette*.

Pour les vins de chaudière, on cultive presque exclu‑sivement l'*Aramon* et le *Terret-bourret*. Ces deux cépages couvrent surtout les plaines d'où l'on tire la plus grande partie des vins de chaudière : telles sont, entre autres, la plaine de l'Hérault, de Saint-Guilhem à la mer; la plaine de Lunel, de Massillargues à Mauguio; la plaine de l'Orbe et une partie de celle de l'Aude, à la limite du département de ce nom.

Le Terret noir se reconnaît à ses sarments longs et à

nœuds rapprochés. Ses feuilles, au–dessous d'une grandeur moyenne, aussi larges que longues, assez fines, ont
cinq lobes, dont les deux supérieurs sont ordinairement
profondément découpés ; leur face supérieure est lisse,
d'un vert peu foncé, feutrée à la face inférieure. Sa fleur
coule peu. Sa grappe pyramidale, ailée, se compose de
grains serrés, égaux, ovalaires, noir rougeâtre, transparents et bruinés, au point de paraître gris bleuâtre. Le
raisin a une saveur acidulée et la peau épaisse.

Le Terret-bourret est caractérisé par ses sarments
couleur d'acajou, très vigoureux, longs, à nœuds rapprochés ; ses feuilles de grandeur moyenne, fines, plus
larges que longues, à cinq lobes découpés, cotonneuses
à leur face inférieure, d'un vert peu foncé à la face
supérieure. Sa fleur résiste bien à la coulure. Sa grappe,
très forte, est pyramidale et munie de grosses ailes ; les
grains en sont serrés, ovalaires, gros, d'un blond rose
violacé et chargés de bruine ; ses grains, revêtus d'une
peau épaisse, ont une saveur fade, qui en fait presque
exclusivement des raisins de chaudière.

L'Aramon, appelé aussi *Plant riche*, a sa souche très
vigoureuse, le sarment très long, noué court ; les feuilles
fines, ordinairement à cinq lobes peu prononcés ; la
grappe exubérante, allongée, garnie de grains ronds,
peu serrés, égaux, noir violet, fleuris, légèrement croquants, d'une saveur fade et à peau épaisse.

Les caractères distinctifs de l'Œillade ou Oulliade
sont : sarment de couleur cannelle foncée, noué court ;
feuilles grandes, fines, à cinq lobes ; grappe magnifique,

pyramidale, ailée, munie de grains très volumineux, suspendus à de longs pédicelles, peu serrés, égaux, ovalaires, noir bleuâtre, bruinés, croquants, d'une saveur fraîche, sucrée, fine et très agréable, revêtus d'une pellicule mince; maturité précoce.

Le Piran ou Aspiran, appelé aussi Ribeyrenc dans l'Aude, a les feuilles de moyenne grandeur, partagées en cinq divisions profondes; sa fleur résiste bien à la coulure. Sa grappe, de moyenne grandeur, allongée, un peu renflée à la base, se compose de grains ronds, assez pressés, égaux, noirs mais très fleuris, croquants, d'une saveur fine et sucrée, à peau assez épaisse et d'une maturité précoce.

Le mélange des divers cépages destinés à produire les vins de commerce varie, pour ainsi dire, avec chaque vignoble. Les vignes blanches consistent en Picpoule et en Clairette.

Les vignes plantées dans les alluvions grasses portent le nom de *vignes de plaine*. Les sols maigres d'alluvion, consistant en cailloux roulés plus ou moins mélangés de terre chargée d'oxyde de fer, sont improprement désignés sous le nom de *terrains de grès :* ils donnent des vins de commerce estimés.

Les vignes de coteaux ou de *garrigues* fournissent les vins d'exportation; on ne les distille que dans les années exubérantes. Lorsque la production excède les besoins, le commerce ne règle pas ses opérations sur cette abondance extraordinaire, il reste dans la limite de ses affaires accoutumées. Dans cet état de choses, il

y aurait encombrement, et, par suite, avilissement considérable de prix, si le petit propriétaire, pressé par le
besoin d'argent, ne livrait son vin au fabricant de trois-
six : c'est ainsi qu'une certaine partie de vins d'expédition
se trouve accidentellement convertie en alcool. Dans les
années de disette, au contraire, l'inverse se produit. Le
commerce achète des vins de plaine, il les coupe avec
des vins très corsés, et les expédie comme les bons vins;
c'est ainsi que vins de commerce et vins de chaudière
viennent, parfois, se confondre et se prêtent un mutuel
secours. Le propriétaire et le négociant y trouvent assu-
rément leur compte; mais il n'en est pas de même du
consommateur, rarement il a lieu de s'applaudir de ces
mariages forcés.

A part certains procédés de détail, la culture de la
vigne n'offre pas de différences sensibles dans les diverses
parties de l'Hérault.

La plantation, dans les vignobles bien établis, est
toujours précédée du défoncement du sol. Beaucoup de
propriétaires plantent au trou avec des pourrettes préalablement enracinées en pépinière, mais ordinairement
on se contente d'employer des sarments. On les enterre
à 0^m,32 de profondeur. En général, les vignes sont
placées à 1^m,50 en tous sens; dans les grands vignobles,
il n'est pas rare de rencontrer des plantations en lignes
simples laissant un écartement de 1 mètre entre chaque
souche et un intervalle de 3 mètres d'une ligne à l'autre.
Dans l'Aude, les ceps sont tantôt à 1^m,50 en carré, tan-

tôt à 2 mètres dans un sens et 50 centimètres dans
l'autre sens. La vigne reçoit ordinairement quatre ou
cinq cultures l'année de la plantation ; après son premier développement, on lui donne au moins deux
façons : l'une en février ou mars, et l'autre en mai ;
chez les propriétaires soigneux, une troisième œuvre
est encore appliquée en juillet. Les deux premières
façons se donnent soit à la charrue, soit à la main. La
cherté de la main-d'œuvre et le prix du vin servent ici
de régulateur. Tout le monde s'accorde à regarder les
façons à bras comme plus efficaces. En général, ce sont
les plus usitées; elles règnent exclusivement sur les
coteaux de l'Hérault. Dans le Gard, la culture de la
vigne, dans les *grès* et sur les coteaux, se fait au labour ;
elle a lieu à la main dans la plaine. Dans l'Aude, les
vignes, plantées à 1ᵐ,50 en tous sens, reçoivent deux
façons en hiver et deux au printemps ; celles qui sont
plantées à 2 mètres en un sens et à 0ᵐ,50 dans l'autre
sens ne reçoivent qu'un seul labour en hiver et un autre
au printemps. Les cultures au labour sont toujours suivies d'une façon donnée au pied des vignes. Dans l'Hérault, beaucoup de propriétaires, à l'exemple de ce qui
s'observe dans les Pyrénées-Orientales, pratiquent une
cuvette au pied de chaque souche.

On fume le plus énergiquement possible. Le fumier
est employé, depuis le mois de novembre jusqu'au mois
de mars, *à souche morte;* on le dépose dans des trous
pratiqués au pied des souches, qu'on rechausse aussitôt

après cette opération. On fume encore la vigne en avril et mai, mais *à la volée;* l'engrais se trouve enterré par la façon qu'on donne au sol.

Suivant la richesse du sol et la vigueur du plant, on dresse la vigne sur quatre, cinq ou six coursons; on taille sur deux yeux, non compris le sous-œil. Sur les coteaux et dans les terrains de médiocre fertilité, on réduit le nombre des coursons à trois ou quatre et l'on ne conserve qu'un œil. Partout le sécateur a remplacé la serpette. Quelques cépages, comme l'Aramon, le Piran, les Muscats, sont ébourgeonnés. La vigne commence à donner un peu de fruit dès la troisième feuille, mais elle n'entre réellement en rapport qu'à sa quatrième année.

La vendange a lieu ordinairement à partir de la mi-septembre et se prolonge jusque dans le courant d'octobre. Le produit, à l'hectare, varie selon la nature et la fertilité du sol et les cépages qu'on cultive. Il n'est pas rare d'obtenir, dans les riches plaines d'alluvion, plus de 200 hectolitres de vin de chaudière sur cette étendue de terrain; sur les coteaux et dans les grès, la vigne donne, en moyenne, de 25 à 30 hectolitres par hectare; dans les sols de fertilité ordinaire plantés en cépages fins mêlés d'une certaine portion d'Aramon ou de Terret-bourret, on peut compter sur un rendement moyen de 50 hectolitres par hectare.

La vendange est foulée avec les pieds ou avec des cylindres cannelés de bois ou de fonte; on la saupoudre ordinairement de plâtre pour les vins de commerce. Le cuvage dure une dizaine de jours. Le vin est déposé dans des foudres dont la capacité varie depuis 7 jusqu'à 700 hectolitres; on les remplit par le bas, à l'aide de pompes foulantes. On soutire en février ou mars, et une seconde fois avant la vendange, quand le vin doit être conservé.

Tels sont les procédés généraux de culture et de vinification pratiqués dans l'Hérault; sauf de légères variantes, on retrouve les mêmes usages dans les départements de l'Aude et du Gard.

CRUS DISTINGUÉS DU DÉPARTEMENT DE L'AUDE.

VIGNOBLE DE LIMOUX.

Les crus les plus estimés du département de l'Aude sont ceux de Fitou, Lapalme, Sigean, Leucate. Ces vignobles, situés dans l'arrondissement de Narbonne et confinant aux Pyrénées-Orientales, fournissent des vins de commerce comparables à ceux de la plaine de Rivesaltes; les vins de Narbonne proprement dits tiennent le milieu entre le vin de Rivesaltes et celui de Saint-Gilles. Parmi les bons vins de l'Aude, il faut encore citer les vins de Treilhes, Cascatel, Mirepeisset, Ginestas et Limoux. Les environs de cette dernière ville fournissent un vin blanc, connu sous le nom de *Blanquette de Limoux*, qui jouit d'une certaine réputation dans le Midi. Mais l'excellent vin rouge qu'on récolte sur ses coteaux lui est bien supérieur comme qualité; c'est un des meilleurs vins de table du Midi, il est très généreux.

Le vignoble de Limoux se compose de 688 hectares : la quinzième partie de cette étendue est affectée à la production de la Blanquette ; la vigne y occupe des coteaux calcaires, généralement très maigres, exposés au sud et à l'ouest.

Pour la plantation, on défonce le sol à 0ᵐ,50 de profondeur. Les cépages les plus répandus sont, pour le vin rouge : le Terret, le Picpoule, le Mataro appelé Carignane dans l'Aude, et le Ribeyrenc. Le cépage connu sous la désignation de Blanquette forme la base du vin de ce nom ; il est associé, en diverses proportions, à la Clairette. La vigne est dressée sur trois branches, qu'on taille sur deux yeux en décembre et janvier ; elle reçoit trois façons pendant sa jeunesse et deux seulement après les premières années. On foule la vendange après avoir égrappé. Le vin cuve pendant quarante jours ; on le met en barriques au sortir de la cuve, et l'on bonde huit jours après cette opération.

La Blanquette s'obtient de la manière suivante : Lorsque les raisins sont rendus à la cuve, on les trie grappe par grappe et l'on en retranche avec soin tous les grains gâtés. Cela fait, on foule avec les pieds et l'on passe le moût dans une manche ; on en remplit jusqu'à la bonde plusieurs tonneaux dont la propreté ne doit rien laisser à désirer. Bientôt la fermentation se déclare et l'écume se montre à l'orifice du tonneau. On ouille tous les jours avec du moût qu'on a eu soin de tenir en réserve, à cet effet, dans des bouteilles. Pen—

dant la première quinzaine, on repasse deux ou trois fois le vin dans la manche, et on l'y repasse une dernière fois encore lorsque la fermentation tumultueuse a cessé. Ces opérations accomplies, le liquide est transvasé dans une barrique neuve qu'on bouche hermétiquement ; on soutire en mars et l'on met ensuite en bouteilles.

Limoux, dans les années ordinaires, produit 10,000 hectolitres de vin rouge et 3000 hectolitres de Blanquette. La Blanquette se vend le double du vin rouge. Tous les deux ont leur débouché dans le midi et le nord de la France.

CRUS REMARQUABLES DU DÉPARTEMENT DU GARD.

Le département du Gard, outre ses vins très distingués, qui trouvent leur place parmi les vins de la côte du Rhône, possède des vignobles renommés pour leur qualité et leur importance : Lédenon et Langlade sont cités avec raison pour l'excellent vin de table qu'ils produisent ; Saint-Gilles, par sa production et ses vins recherchés, mérite de compter parmi les grands vignobles de la France. Ces trois crus sont situés dans l'arrondissement de Nîmes.

Le vignoble de Lédenon est complanté, dans les anciennes vignes, de *Terret noir*, *Picpoule*, *Clairette* et autres cépages fins ; les vignes nouvelles se composent, en général, d'*Espar* (Mataro), de *Grenache* et *Picpoule*.

Lédenon fournit un vin d'une robe foncée; il est très vineux et se convertit aisément en Rancio en vieillissant.

Le vignoble de Langlade est planté surtout en Terret, on y voit aussi des *Espars* et des *Grenaches;* il contenait autrefois beaucoup de *Pirans,* ce qui n'ôtait rien à sa qualité. Le Langlade ne reçoit que trois jours de cuve. C'est un vin fin, léger, d'une riche couleur, et d'autant plus agréable, dans le Midi, qu'il n'a pas la violence de la plupart des vins alcooliques de cette région. Ce cru, fort restreint, est assis sur le calcaire; il couvre de son nom bien des produits voisins vendus sous l'étiquette mensongère de vin de Langlade.

La commune de Calvisson, près Nîmes, produit une Blanquette de ce nom dont la réputation ne s'étend pas au delà du département du Gard; c'est un vin léger et agréable qui va de pair avec la Blanquette de Limoux.

VIGNOBLE DE SAINT-GILLES.

Le vignoble de Saint-Gilles comprend une surface de 5000 hectares, qui se subdivisent en 4,030 hectares sur le *grès,* et 970 hectares dans la plaine située entre le canal et le Rhône.

Les vins de Saint-Gilles, caractérisés surtout par l'intensité de leur robe, d'un beau pourpre brillant et velouté, réunissent, à beaucoup de corps, de la force, du nerf et du mordant. Ce sont des *vins fermes* dans

toute l'acception de ce mot, aussi servent-ils à donner
de la couleur et de la force aux vins de commerce ; de
là leur dénomination de *vins de remède*. Dans leur spé-
cialité, ils ne le cèdent qu'à ceux du Roussillon et de
Narbonne ; ils ont moins de finesse que les vins de ces
deux contrées, et, dans les coupages, le Saint-Gilles conserve toujours un goût de terroir plus prononcé. La
couleur est la qualité essentielle des vins de Saint-Gilles
pour le marchand ; il les juge plus par les yeux que par
la dégustation, et, suivant leur degré de coloration, il
appelle *vins de trois, de quatre, de cinq, de six couleurs,*
ceux qui, coupés de trois, de quatre, de cinq, de six
parties de vin blanc, peuvent faire un vin rouge de
table ordinaire : les autres qualités qui distinguent les
vins de Saint-Gilles, l'esprit, la moelle, le bon goût,
ajoutent peu de valeur à ses yeux, elles déterminent
seulement sa préférence.

Le prix du vin de Saint-Gilles est très variable : on
l'a vu s'élever à 24 francs le *barral*, soit 53 francs l'hectolitre, puis tomber à 3 francs ; son prix moyen, toutefois, est de 10 francs l'hectolitre. Paris et la Hollande
sont ses principaux débouchés.

Le vignoble de Saint-Gilles, situé par le 43ᵉ degré 1/2
de latitude, repose sur un calcaire siliceux plus ou moins
mélangé d'oxyde de fer et de cailloux roulés. Il occupe
un vaste plateau protégé, au nord-ouest, par un coteau ;
il descend, sur ce point, par une pente insensible, vers
les étangs. A l'est, il présente une série de coteaux,
entrecoupés de bas-fonds très accidentés, désignés loca-

lement sous le nom de *combes* et produisant d'excellent vin. La partie orientale du vignoble, très divisée, est entre les mains de petits propriétaires ; son produit est ordinairement mélangé avec celui des autres vignes médiocres qu'ils possèdent dans d'autres quartiers : aussi ce vin n'a-t-il pas toute la réputation qu'il mériterait, s'il ne subissait aucun mélange. A cette région appartient le domaine de *Loube*, considéré longtemps comme le premier cru de Saint-Gilles, mais bien déchu depuis que, sacrifiant la qualité à l'abondance, on a changé les anciens cépages pour d'autres variétés plus productives. Le vignoble qui couvre le plateau de l'ouest et du sud, bien plus fertile que le précédent, a d'autant plus de qualités, qu'il longe davantage le coteau ; on y voit les *mas* les plus considérables et les plus vantés. Là se trouve le quartier de *la Cassagne grande et petite*, autrefois confondu en un seul domaine, aujourd'hui partagé entre plusieurs propriétaires ; là, le petit, mais excellent vignoble de *l'Amérique*, d'une contenance d'environ 6 hectares et divisé en cinq ou six lots; là, le domaine de *Lamargue* faisant suite à ces derniers ; là, encore, les bons crus de *Saint-Benezet* et d'*Estagel*, et bon nombre d'autres vignobles qui, malgré l'obscurité dont leurs noms sont enveloppés au dehors, n'en sont pas moins bien connus et recherchés du commerce : il les admet à ses premiers prix lorsque les propriétaires ont soin de mettre à part la cuvée de leurs meilleures vignes.

Le vignoble de Saint-Gilles comptait autrefois un

plus grand nombre de cépages qu'il n'en possède aujour-
d'hui. Plusieurs anciennes variétés ont été réformées ;
on a surtout renoncé, et avec raison, à celles qui étaient
plus sujettes à couler, à s'égrener ou à pourrir. Quelques
plants nouveaux ont été introduits dans ces derniers
temps ; mais, au dire des vignerons, ils ne valent pas les
anciens plants du pays. Trois cépages principaux font
la base du vignoble de Saint-Gilles : l'*Espar* pour la
moitié environ, l'*Œillade* et le *Terret noir* pour le reste.
Le premier donne la couleur, le second la liqueur, le
troisième la quantité ; on leur associe quelquefois, en
vue de la qualité, une petite portion de cépages fins, tels
que le *Grenache*, la *Clairette*, le *Gallet*, le *Picpoule gris*.

L'Espar ou Mataro du Roussillon se comporte si bien
dans le vignoble de Saint-Gilles, il y remplit si complétement toutes les conditions recherchées, qu'on l'a sur-
nommé, dans cette localité, *plant de Saint-Gilles*. Robuste, il résiste à toutes les intempéries ; tardif à la
pousse, il ne craint ni les gelées printanières, ni la coulure ; fertile et de longue durée, il donne chaque année
et *charge toujours quand même*, selon l'expression pit-
toresque du vigneron ; il n'est sujet ni à pourrir ni à
s'égrener, et son fruit tente si peu, que passants et vendangeurs le respectent ; enfin son vin, aussi foncé que
celui du *Teinturier*, brille comme le grenat, flatte la
vue non moins que le goût, et résiste parfaitement aux
transports par mer ou par terre : la préférence qu'on
lui accorde à Saint-Gilles se justifie donc par ses précieuses qualités.

L'Œillade, malgré la vigueur de sa végétation, le nombre et la beauté de ses grappes, réussit même dans les sols maigres à Saint-Gilles. Très riche en principes sucrés et cultivée surtout pour la liqueur, elle vient encore en aide à l'Espar par le principe colorant dont elle est abondamment pourvue. Son vin est corsé, noir, moelleux, de bon goût et toujours liquoreux, en vieillissant, très alcoolique. L'Œillade est sujette à s'égrener lorsqu'on la cueille trop tard.

Le Terret noir était, avant l'Aramon et le Terret-bourret, le plant le plus fertile du vignoble de Saint-Gilles; il y est très multiplié. S'il fait peu de bois, en revanche il charge beaucoup, et, bien que tardif, il est ordinairement mûr à l'époque des vendanges. Parfois, mais rarement, il dégénère par une coulure spontanée dont il ne se relève plus. Le Terret fournit un vin peu coloré. Sous ce rapport, il semblerait faire tort aux deux cépages auxquels on l'associe; mais par son bon goût, frais, acidule et pétillant, il corrige en eux le défaut qui pourrait résulter d'un excès de liqueur. Le vin provenant exclusivement du Terret noir se rapproche un peu des vins du Beaujolais.

Le Grenache, accueilli autrefois avec beaucoup de faveur à Saint-Gilles, disparaît de plus en plus dans les nouvelles plantations, quoique ses produits soient assez abondants et d'excellente qualité. D'une belle couleur vermeille en primeur, il s'en dépouille facilement, tourne à l'orangé, inconvénient capital dans un vignoble où la couleur franche et solide constitue le principal mérite du vin. Quand le Grenache est très vieux, il prend une belle robe mordorée et s'enrichit d'un arome exquis. Le vin de Grenache reste longtemps doux comme le vin provenant de l'OEillade ; mais avec l'âge, il devient extrêmement généreux.

La Clairette, qu'on alliait autrefois au vin rouge dans la cuve pour lui donner de la finesse et du feu, n'est plus cultivée aujourd'hui, ainsi que le Gallet, que pour le vin blanc. Mêlée à la vendange rouge, au lieu d'en affaiblir la teinte, elle en remonte le ton par le surcroît de générosité qu'elle communique au vin.

Le Gallet, appelé aussi, mais improprement, *OEillade blanche*, est un des bons vieux cépages de Saint-Gilles, une espèce de Malvoisie bien fournie de grains ovales de moyenne grosseur et très juteux : son seul défaut est d'être sujet à s'égrener à la maturité.

Le Picpoule gris, cépage fin, et de plus très productif au vignoble de Saint-Gilles, fournit un vin excellent lorsqu'il arrive à parfaite maturité ; il est tardif. Il fait peu de bois et se charge de grappes dont les raisins ovales, de moyenne grosseur, serrés et d'un rouge pâle et cendré, se convertissent en un vin incolore comme de l'eau, frais et léger, et d'un goût très agréable quand il a été confectionné avec soin. Il fait mieux que tout autre, coupé avec le vin rouge : on l'estime particulièrement pour la fabrication des vins mousseux , car il est bouqueté, très fin et très léger ; il n'a d'autre défaut que celui d'être un peu capiteux.

La culture de ces différents cépages est partout la

même au vignoble de Saint-Gilles ; il est rare, en effet,
qu'on ne les réunisse pas pêle-mêle dans les plantations :
la Clairette et le Muscat sont seuls cultivés séparément.

On plante généralement depuis février jusqu'à la fin
d'avril. Le sol est, préalablement, défoncé à 0^m,50. Le
pal est l'instrument usité pour la plantation. On se sert
communément de boutures, et, par exception seulement, de plant enraciné. Les ceps sont à 1^m,50 en
quinconce. L'engrais n'est appliqué qu'à la seconde année ; on emploie le fumier d'écurie. La vigne est généralement dressée sur quatre coursons ; dès la seconde
feuille, on la taille sur *bourre et bourrillon*, de manière
à la tenir le plus bas possible : dans ce but, on supprime
les yeux les plus élevés, et l'on a soin que la souche soit
toujours *bien coiffée*. La taille a lieu tout l'hiver, excepté
pendant les grandes gelées. Durant sa végétation, la
vigne reçoit de quatre à six façons croisées. La première se donne en mars avec l'araire ; les autres s'effectuent avec le *fourcat* (petite charrue à un cheval), et se
répètent de mois en mois jusqu'en août et septembre.
Après avoir donné la deuxième culture en travers, on
la complète en déchaussant le pied des souches, l'une
après l'autre, à bras et en creusant autour d'elles une
fossette circulaire en forme de cuvette. L'ébourgeonnement et l'épamprement ne sont pas usités ; cette dernière opération serait plus nuisible qu'utile, en raison
du climat. On commence à obtenir quelque produit à
partir de la troisième pousse ; à la sixième année, la
vigne paie largement ses frais. Le rendement moyen

est de 15 à 20 hectolitres par hectare. La vendange a lieu ordinairement vers la fin de septembre ou les premiers jours d'octobre.

La vinification, à Saint-Gilles, n'offre de remarquable que le soin particulier avec lequel on s'attache à extraire toute la matière colorante de la pellicule. Avant de fouler la vendange, on la met, autant que possible, en tas, afin de lui faire éprouver un mouvement de fermentation qui dispose la pellicule à laisser échapper la matière colorante. Ce premier résultat obtenu, on foule avec les pieds garnis de sabots jusqu'à ce que la pellicule soit bien écrasée ; on refoule ensuite le chapeau de la vendange dans le vin de la cuve au moyen de fourches à longs manches : par ce procédé, qu'on renouvelle aussi souvent que le besoin s'en fait sentir, le marc se lessive de la plus grande partie de la matière colorante qu'il retenait.

Pour les vins qui n'ont pas à redouter la liqueur naturellement et dans les années où ils sont plus ou moins verts, on regarde comme utile de joindre à la vendange, dans certaines proportions, mais toujours minimes, une partie des raisins égrappés soumis, dans une chaudière à bascule, à l'action de la chaleur bouillante, jusqu'à deux ou trois bouillons couverts, toujours en vue de la macération de la pellicule, mais, cette fois, au moyen du feu. On introduit encore, dans ce but, dans les grands vaisseaux vinaires disposés à cet effet, comme en Roussillon, une certaine quantité du meilleur marc égrappé, toujours pris dans les espèces les plus foncées en cou-

leur; on s'empare enfin de la matière colorante au
moyen de son dissolvant, l'alcool, ainsi que cela se pratique dans la fabrication des vins de Porto.

Le vin cuve, à Saint–Gilles, pendant huit ou quinze
jours et même davantage, s'il est nécessaire, dans l'attente du marchand. Le cuvage est toujours d'autant plus
long, que l'année a été plus chaude et la vendange plus
mûre. On soutire le vin au mois de mars suivant, on le
tient ensuite simplement ouillé jusqu'au moment de la
vente.

Quelquefois on tire le premier vin de la cuve au bout
de vingt–quatre ou trente heures; il n'est alors que légèrement coloré, et porte le nom de *vin rosé :* sous cette
désignation, il passe pour vin de la côte du Rhône, et
sert au même usage, c'est-à-dire à arranger les vins
de Bourgogne qui peuvent en avoir besoin.

Les vins blancs se fabriquent à Saint–Gilles comme
partout ailleurs. Mais, s'il s'agit d'un vin blanc fin dont
on tienne à conserver longtemps la douceur et à soigner
la qualité, on le soustrait à la fermentation ordinaire,
trop vive pour cette fin; on le mute, dès le principe, à
l'état de moût, en brûlant le plus possible de mèches
soufrées dans la barrique qui doit le recevoir. Cette opération terminée, on ajoute à sa bonde la douille d'un
entonnoir à grille; le moût, au fur et à mesure qu'on
le verse, se sature de gaz sulfureux, et peut, dans cet
état, rester parfaitement au repos pendant un certain
nombre de jours. Cependant on le soutire après deux ou
trois jours; il coule alors tout à fait clair et entièrement

purgé des résidus déposés au fond de la pièce ; plus tard,
il est vrai, la fermentation se déclare, mais paisible cette
fois et de manière à conserver au vin sa liqueur et les
autres principes qui se forment à la suite de cette fermentation réglée et peu sensible.

Saint-Gilles consomme environ 3000 hectolitres de
vin, chaque année ; il abandonne au commerce les trois
quarts de sa production viticole, le reste est distillé. Les
vins de Saint-Gilles servent de base, dans les ateliers du
commerce, à l'imitation de plusieurs vins étrangers, tels
que Madère, Porto, etc.

VIN DE TOKAI-PRINCESSE.

Le vignoble de Saint-Gilles se recommande surtout
par les vins qu'il livre au commerce ; mais il produit
encore un excellent vin de dessert, le *Tokai-Princesse*,
vin qui emprunte l'épithète jointe à son nom de la côte
où le docteur Baumes l'obtient, depuis plusieurs années,
avec un grand succès. Il le fabrique exclusivement avec
le *Furmint*, plant de Hongrie et principale source du
Tokai de ce pays. Ce cépage se reconnaît aux caractères
suivants : Souche peu vigoureuse ; sarment fauve clair,
noué court. Feuille de grandeur moyenne, à lobes peu
prononcés, ce qui la fait paraître comme arrondie, d'un
vert gai. Grappe au-dessous de la moyenne grosseur,
cylindrique, avec ou sans aile, garnie de grains ronds,
très lâches, d'inégale grosseur, demi-transparents, de
couleur blonde, passant au bistre à la maturité com-

plète, quand ils se passerillent, un peu mous, très juteux, d'une saveur douce, à peau fine. Maturité assez
précoce.

Le sol où on le cultive ne diffère en rien de celui
qu'on observe généralement sur le plateau de Saint-
Gilles : c'est un calcaire siliceux, plus ou moins imprégné d'oxyde de fer et mêlé de cailloux roulés ; son exposition regarde le midi. Le Furmint est soumis aux
procédés ordinaires de culture usités à Saint-Gilles.
Contrairement à ce qui se passe en Hongrie, où le raisin,
encore sur pied au commencement de novembre, n'a
pas toujours complété sa maturité sur chacune de ses
grappes, le Furmint mûrit parfaitement au coteau
Princesse. On le vendange dans les premiers jours
d'octobre, et, loin de présenter des grains verts ou
pourris comme dans son pays natal, ce qui force de
traiter à part la vendange la plus mûre pour en com-
poser le vin d'élite ou l'*essence de Tokai*, ses grappes,
entièrement dorées, sont en partie passerillées : le soleil
ardent de notre Midi fait donc à Saint-Gilles, d'une
manière générale et habituelle, ce qu'un pâle soleil
d'automne n'opère qu'accidentellement sur un petit
nombre de grains en Hongrie. On sait que, dans le
comté de Zemplein, les quelques grains passerillés qui se
rencontrent sur le raisin sont triés avec soin ; on les
enferme dans un sac qu'on foule avec les pieds : la
liqueur qui s'en échappe sert à parfumer l'essence de
Tokai. Ces soins minutieux, qui semblent être moins
un raffinement facultatif de procédés délicats que la

4

conséquence forcée d'une maturité inégale et insuffisante, le bénéfice de notre climat nous en dispense. Au
cru de Saint-Gilles, dans la fabrication du Tokai, point
de ces cuvées secondaires et tertiaires, connues en
Hongrie sous les noms d'*Ausbruck* et de *Mazlas*, qui
ont besoin d'être relevées par une certaine quantité
d'essence ; le Tokai-Princesse, grâce aux conditions
généreuses dans lesquelles il se produit, rivalise de
prime saut avec les bons vins servis à la table des magnats.
Il se peut, il est vrai, que le luxe de notre température
méridionale communique plus de spiritueux au Tokai
français ; mais est-ce un défaut? La spirituosité n'est-
elle pas toujours une qualité dans les vins de liqueur,
lorsqu'elle se fond et s'harmonise complétement avec le
principe sucré? Les avantages du climat de Saint-Gilles,
très favorable à la culture du Furmint, permettent de
simplifier beaucoup la vinification du Tokai : elle ne
diffère pas de celle des autres bons vins blancs. On foule
avec les pieds la vendange pour en extraire le premier
moût ; le marc restant est soumis à l'action d'un pressoir de fer à percussion, d'une grande puissance : cette
force est absolument nécessaire pour obtenir des raisins
passerillés la liqueur qu'ils renferment, elle serait per-
due sans ce moyen énergique. Le moût obtenu est
versé, au fur et à mesure, dans une futaille remplie au
préalable d'autant de gaz sulfureux qu'on a pu y brûler
de mèches soufrées ; une fois pleine, on bonde la pièce
et on la laisse en repos pendant deux ou trois jours : de
cette manière, la fermentation ne peut se produire, toutes

les particules étrangères au moût se précipitent, et l'on soutire le vin parfaitement clair au bout de ce temps, pour le transvaser dans une autre pièce. Les Hongrois, dit-on, sont dans l'usage de brûler dans leurs tonneaux une noix muscade trempée d'alcool ; on peut y suppléer par un demi-verre de trois-six. En Hongrie, le Tokai n'est pas collé, il ne se clarifie qu'à l'aide du soutirage ; aussi est-il presque toujours d'une transparence un peu louche. Nous sommes plus exigeants, en France, à cet égard : la limpidité est une condition de rigueur pour les vins blancs ; aussi, pour atteindre ce but, les colle-t-on autant de fois qu'ils l'exigent. Pendant les premières années, on soutire le Tokai au printemps et à l'automne, ensuite une seule fois par an ; plus tard, en cessant de soutirer, on met bonde sous vin et l'on colle une ou deux fois.

Le Tokai du Gard, malgré son excellence, ne saurait être comparé au vin impérial de Tokai, ce roi des vins de liqueur, si rare, qu'il n'est bu, pour ainsi dire, qu'à la table des rois : on sait qu'il n'entre pas dans le commerce. Mais le Tokai-Princesse peut lutter avec avantage avec les bonnes qualités marchandes que les amateurs paient 18 et 20 francs la bouteille : des dégustateurs en renom l'ont déclaré parfait ; cet éloge n'a rien que de mérité. Le docteur Baumes, en important le Furmint à Saint-Gilles et en fabriquant son excellent Tokai-Princesse, a donc ajouté une nouvelle richesse aux richesses de l'œnologie française. Pris sur place, ce vin vaut 6 francs la bouteille. Il est susceptible d'une

longue conservation; plus il est vieux, plus il développe
de qualités : on peut cependant le boire à dix ans de
bouteille.

CRUS REMARQUABLES DE L'HÉRAULT.

En ne considérant le département de l'Hérault que
sous le rapport de la culture de la vigne et de son commerce en vins, on ne peut lui refuser le premier rang
parmi tous les départements du midi de la France. Ce
n'est pas là son unique avantage : il fournit encore à la
consommation des vins fins distingués, tels que Saint-
Georges-d'Orques, Saint-Christol et Saint-Drézéry,
pour les vins rouges; les Picardans, pour les vins
blancs, les Frontignans et les Lunels, en vins muscats.
L'eau-de-vie de Montpellier n'existe plus, il est vrai,
que pour mémoire; elle ne saurait, d'ailleurs, soutenir
la comparaison avec l'excellente eau-de-vie de Cognac;
mais en revanche, le département de l'Hérault est sans
rival pour la confection des trois-six : nulle place, en
Europe, ne peut lui disputer cette prépondérance.

VIGNOBLE DE SAINT-GEORGES-D'ORQUES.

Ce vignoble, situé à 8 kilomètres de Montpellier dans
la direction de l'ouest, n'est pas renfermé dans un clos
particulier; il se compose de toutes les vignes de la commune de Saint-Georges-d'Orques. Celles-ci occupent

des coteaux bien exposés, généralement calcaires, recouverts d'une couche végétale peu profonde, et remplie,
sur plusieurs points, de cailloux roulés; cette dernière
espèce de sol est celle qui produit le meilleur vin.

Le vignoble de Saint-Georges, proprement dit, n'a
pas plus de 500 hectares; mais beaucoup de vins obtenus dans les communes limitrophes, dans des conditions analogues et appartenant aux propriétaires mêmes
de ce cru, s'expédient sous le même nom.

Les plants dits *du pays*, comme le *Terret noir*, le
Piran, forment la base du vignoble de Saint-Georges.
Les anciennes plantations sont garnies, pour les trois
cinquièmes, de ces deux cépages, mêlés, pour le reste,
avec l'Œillade et la Clairette; dans les nouvelles plantations on a introduit la Carignane, le Mourastel et
même quelque peu d'Aramon : ces importations et les
plantations faites dans les bas-fonds pour accroître
l'abondance de la récolte ont nui à la qualité du vin dans
une partie de la commune.

Les procédés de culture à Saint-Georges-d'Orques
ne diffèrent pas de ceux usités dans le reste du département. On attend, pour vendanger, que le raisin soit
bien mûr, sans cependant que cette maturité soit exagérée. Il est d'usage d'égrapper avant de fouler la vendange, mais on ne plâtre pas; l'égrappage a pour but
principal, ici, de faire vieillir le vin plus vite et de le
rendre plus tôt propre à la consommation. On laisse
cuver pendant huit à dix jours; la cuve n'est point fermée. Aussitôt après le décuvage, on met le vin dans

des foudres dont la capacité varie depuis 20 jusqu'à
200 hectolitres. La bonde reste ouverte pendant trois
semaines environ. Le premier soutirage a lieu en janvier ou février ; à cette époque, le vin se trouve débar-
rassé de ses grosses lies : on procède alors à l'ouillage,
qui se répète tous les quinze jours. Le vin de Saint-
Georges se fait plus vite en futailles qu'en bouteilles ;
aussi, avant de lui faire subir ce dernier transvasement
que précède le collage, le laisse-t-on ordinairement
pendant trois ans en tonneaux.

L'hectare de vigne, à Saint-Georges-d'Orques, rend,
en moyenne, de 25 à 30 hectolitres. Le vin de Saint-
Georges se distingue par la franchise de goût et l'agrément ; c'est un vin capiteux, et qui, après trois ans de
garde, peut être servi comme grand ordinaire. Il vaut
ordinairement de 8 à 10 francs l'hectolitre au sortir de
la cuve, et 12 à 14 francs en vin vieux.

Le vin de Saint-Georges s'écoule presque exclusivement dans l'intérieur de la France ; Paris consomme
les quatre cinquièmes des produits annuels de ce cru,
partie pour les boire en nature, partie pour opérer des
coupages auxquels leur vinosité les rend très propres.

Plus d'une localité de l'Hérault, surtout dans les terrains dits de *garrigues*, pourrait donner des vins comparables au Saint-Georges : sol, expositions, cépages, ren-
draient cette amélioration facile ; malheureusement ici
la bonne volonté du propriétaire ne suffit pas, il faudrait
qu'il fût encouragé à augmenter la qualité par les prix
du commerce. Or, celui-ci, dans les années ordinaires,

titre l'alcool des vins les plus distingués, comme s'il ne
s'agissait que de vins de chaudière; il préfère, en outre,
à tous autres les vins très foncés, comme ceux de Villeveyrac, par exemple. Cette manière d'apprécier les
produits de la vigne ne tend qu'à favoriser l'extension
des vignobles de bas étage et à altérer nos bons crus,
en attendant qu'elle les fasse tout à fait disparaître.

A la suite du Saint-Georges, la première place, parmi
les vins rouges fins de l'Hérault, revient aux vins de
Saint-Christol, de Saint-Drézéry et de Frontignan. Ces
vins, plus colorés que le Saint-Georges, sont *classés*, c'est-
à-dire désignés sur les prix courants du commerce. Viennent ensuite les vins d'Assas, Pérols, Saint-Gely, Saint-
Geniès, Castelnau, Bouzigues, etc., vins de commerce
non classés, connus sous le nom de *vins de montagne :* on
les distingue en première, deuxième et troisième qualité, selon l'éclat de la robe et la franchise du bon goût.

Les vins rouges de l'arrondissement de Montpellier
sont les plus fins du département; ceux de Béziers, très
couverts en couleur, n'ont pas le même agrément : les
principaux vins de cet arrondissement sont ceux de
Cazouls, Murviel, Cers, Sauvian, Maraussan, etc.

VINS DE PICARDAN.

Les vins de Picardan sont des vins blancs secs ou
doux, selon le mode de fabrication auquel ils ont été
soumis; on les obtient de vignes plantées presque exclusivement en Clairette : ils tiennent leur nom du Picar-

dan, cépage qui en fut autrefois le père, mais détrôné,
dans ces derniers temps, par la Clairette, à laquelle on
associe parfois la Malvoisie et quelques Panses mus-
quées. Les communes de Marseillan, Florensac, Pomerols et Pinet sont le centre de la production des vins
de Picardan ; les coteaux qui bordent les deux rives
de l'Hérault, de Clermont à Florensac, en fournissent
aussi d'excellents, connus dans le pays sous le nom de
vins blancs de montagne.

La Clairette, aujourd'hui base essentielle des vins de
Picardan, se cultive dans l'Hérault à peu près de même
que les autres cépages du département. On la fume peu,
parce qu'il est d'expérience que les jeunes vignes, trop
stimulées par l'engrais, sont plus sujettes à l'anthracnose
ponctuée (1) ; les vieilles vignes sont préservées de
cette maladie qui fait périr un grand nombre de jeunes
plants. On la taille sur deux ou trois yeux et l'on pince
au moment de la floraison ; de février à juillet, on lui
donne deux, trois et même quatre façons. La Clairette
se développe d'abord lentement, ce qui ne l'empêche
pas d'atteindre plus tard des dimensions énormes. Elle
produit dès la troisième ou la quatrième feuille. La
souche porte souvent de sept à douze coursons. Elle
réussit particulièrement dans les marnes calcaires
compactes de Maraussan, que des cultures soignées ont
bien divisées ; là il n'est pas rare de voir des Clairettes

---

(1) Consulter, à cet égard, l'excellent Mémoire de MM. Esprit-Fabre et
Dunal sur cette maladie de la vigne.

donner, en moyenne, 60 hectolitres par hectare. Ce cépage vient également très bien dans les sols marneux plus légers d'autres localités, mais son produit y est moins abondant, il ne dépasse pas 25 ou 30 hecto-litres.

Dans l'Hérault, la Clairette est ordinairement mûre et bonne à manger dès le 1ᵉʳ octobre ; mais, lorsqu'on la vendange à cette époque, elle donne un vin de peu de qualité : veut-on un meilleur résultat, il faut attendre une maturité plus parfaite. Lorsque le moût est assez dense pour accuser 15 degrés au pèse-liqueur de Baumé, on peut vendanger si l'on veut du vin sec ; on obtient alors des vins secs, pleins, brillants, qui ont beaucoup d'analogie avec le Madère et qui dosent naturellement de 15 à 18 pour 100 de trois-six à 86 degrés. On les vine quelquefois. Lorsqu'ils ne sont pas assez secs, on les expose au grand soleil dans leurs futailles pendant plu-sieurs mois, ainsi que cela se pratique pour les vins d'Espagne, afin de leur donner plus de ressemblance avec ces derniers. Quand on veut faire du vin sec, on foule le raisin dès qu'on l'a transporté à la cuve, on laisse couler le moût, et on le verse 'aussitôt dans des foudres : il y fermente sans le marc. Le lendemain, on porte le marc sur le pressoir, on exprime le moût qu'il renferme et on le met à part, car il est plus coloré et moins fin que le premier moût obtenu sans le secours du pressoir. On laisse le vin sec sur lie quelquefois pendant toute une année pour qu'il devienne plus sec, il supporte très bien cet abandon ; les propriétaires les

plus soigneux soutirent au mois d'avril ou de mai, s'il
est limpide : le vin est alors bouché et visité de mois en
mois ; on remplit le tonneau à chaque visite.

L'hectolitre de Picardan sec vaut ordinairement de
12 à 16 francs.

Les vins doux de Picardan s'obtiennent par des procédés un peu différents. D'abord il ne faut pas vendanger avant que le moût marque au moins 18 degrés ;
souvent, pour les grandes qualités, on attend qu'il
accuse 20 degrés. Dans les années sèches, lorsque le
vent du nord saisit le raisin au moment où la peau
subit un commencement de décomposition, les moûts
donnent de 22 à 25 degrés. On foule et l'on sépare
le moût du marc comme pour les vins secs ; au lieu de
le verser dans des foudres, on l'entonne dans de petites
futailles préalablement méchées avec une allumette sou-
frée, afin d'expulser l'air du tonneau et de prévenir
toute fermentation. Ce moût est très épais et coule
comme de l'huile ; il brille d'une belle couleur dorée.
Lorsque sa densité est assez forte et qu'il marque
20 degrés, il est rare qu'avec de bons soins, il vienne
à se gâter, à fermenter et à perdre de sa qualité de vin
doux sans passer à l'état de vin sec : on le soutire dès
qu'il est suffisamment clair, car la lie tend à le faire
fermenter ; on mèche avec soin la futaille et l'on pose
le bouchon sur son orifice, mais sans l'appuyer. Veut-on
faire du vin doux avec un moût qui n'est pas assez
épais, on le mute à froid en y versant 10 pour 100 de
trois-six ; on peut encore le muter à chaud en le saturant

de vapeur de soufre : cette dernière opération s'effectue
en jetant le moût sur un fond de tonneau persillé et en
faisant arriver un courant d'acide sulfureux au moment
où le liquide se trouve ainsi très divisé. Le vin doux
muté sert à édulcorer les vins cuits ; ceux qui sont
naturels servent à faire, au moyen de traitements appropriés, comme en Espagne, des Alicantes, des Xérès,
des Malagas, etc. Le vin de Picardan doux se paie ordinairement, suivant son degré, de 14 à 17 fr. l'hectolitre.

VINS MUSCATS.

Si la Bourgogne, la Champagne, le Bordelais, peuvent
opposer avec avantage leurs excellents vins aux meilleurs vins du Midi, aucune contrée ne peut lui disputer
la prééminence pour ses vins Muscats. Nulle part, quels
que soient, d'ailleurs, les soins apportés à la fabrication,
on ne trouve la richesse de bouquet, la liqueur et la
saveur musquée aussi exaltées que dans les Muscats du
Midi. C'est que, pour la préparation de ce vin, l'habileté de l'œnurgiste ne suffit plus. Il faut, avant tout,
que le raisin ait passé par tous les degrés qui doivent le
convertir en une liqueur exquise ; il faut qu'avant d'arriver au pressoir il ait mûri ses grappes à un soleil de
feu, que tous ses grains se soient rôtis et pansis, de telle
sorte qu'au moment de la vendange ils ne contiennent
plus qu'une matière sucrée, concentrée au point de
prendre à la gorge et de ne pouvoir plus être extraite
qu'à l'aide d'une pression énergique ; ces conditions

seules font le bon vin Muscat. Le midi de la France les
possède sans rivalité possible ; on les rencontre particulièrement dans les Pyrénées-Orientales et l'Hérault. Ce
dernier département produit depuis longtemps, en ce
genre, des vins de haute distinction : tels sont, en première qualité, les vins Muscats de Frontignan et de
Lunel, et, sur un second plan, ceux de Maraussan et
d'Espagnac.

VIGNOBLE DE FRONTIGNAN.

Le vignoble spécialement consacré à la culture du
Muscat, à Frontignan, se compose d'environ 230 hectares, situés au levant et presque tous en coteaux : le
sol est calcaire, mêlé d'oxyde de fer et de cailloux roulés ; soumis à l'analyse chimique, il offre la composition
suivante :

Oxyde de fer	2,250
Alumine	1,490
Magnésie	0,100
Silice soluble.	0,300
Acide phosphorique	0,130
Sels alcalins	0,570
Carbonate de chaux.	42,850
Matières organiques	6,500
Résidu insoluble	45,810
	100,000

Deux variétés de cépages sont cultivées à Frontignan,
le *Muscat rouge* et le *Muscat blanc*. Le premier diffère
de l'autre par la couleur de son raisin, il a aussi plus

de finesse; du reste, leurs caractères sont les mêmes. Le
Muscat blanc est le plus répandu des deux, il a pour
caractères distinctifs : Sarment brun foncé, à nœuds
très rapprochés. Feuilles de moyenne grandeur, à lobes
peu prononcés, variant de trois à cinq. Fleur résistant
bien à la coulure. Grappe belle, allongée, avec ailes
pendantes, composée de grains peu serrés, ronds, égaux,
comme rôtis à leur maturité complète, et, dans ce cas,
opaques et ridés, à chair ferme, d'une saveur très sucrée,
prenant à la gorge et d'un parfum très développé. Maturité précoce.

Avant de procéder à la plantation d'une vigne de
Muscat, il est d'usage, à Frontignan, de laisser reposer
le sol pendant quatre ou cinq ans : mieux vaudrait,
sans nul doute, le préparer à cette destination par un
ensemencement de sainfoin qu'on romprait vers la troisième année. Le terrain est défoncé à $0^m,50$ de profondeur; on ouvre ensuite des trous de $0^m,50$ de long sur
$0^m,30$ de large et $0^m,35$ de profondeur. Les ceps sont
placés à $1^m,35$ ou $1^m,50$ les uns des autres, en tous
sens. On ne fume jamais en plantant; ce n'est qu'à la
seconde ou troisième année qu'on applique l'engrais.
Celui-ci se compose indistinctement de fumier d'étable
ou de fumier de rues; il en est aussi qui fument avec
des algues ou de la terre des marais salants des environs
de Frontignan, préalablement dessalée. Pendant les
deux premières années, le jeune plant reçoit quatre,
cinq et jusqu'à six façons; on n'épargne aucune dépense
pour assurer sa reprise et sa vigueur future. A partir

de la troisième année, on établit la vigne sur trois coursons et l'on taille sur deux yeux, depuis novembre jusqu'en février et mars. Les provins se font comme
partout ; on choisit, sur la souche la plus voisine de celle
qu'on veut remplacer, un ou deux sarments bien constitués, qu'on couche en terre. Lorsqu'on agit sur une
vieille vigne, on opère avec un rejet laissé dans ce but,
ou avec un sarment qu'on courbe et qu'on couche dans
une fosse. Les vignes faites reçoivent deux ou trois
façons données à la main ; ces cultures commencent en
janvier et se terminent en juin. Plusieurs propriétaires
ébourgeonnent à la fin d'avril et en mai. L'épamprement est rare ; on n'y recourt que pour hâter la maturité de quelques souches trop chargées de fruits. Le
Muscat commence à rapporter à la quatrième année; il
est dans toute sa force de vingt à trente ans. Ainsi que
pour toutes les vignes, le Muscat a d'autant plus de
qualité que les souches sont plus vieilles. La maturité a
lieu ordinairement du 20 septembre au 15 octobre. On
attend, pour vendanger, que les grappes soient pansies
par le soleil et converties, en partie, en raisins secs. La
vendange est foulée avec les pieds dans des cornues ; on
la porte ensuite au pressoir, où l'on achève d'en extraire
le moût.

Le Muscat blanc n'est jamais soumis au cuvage; le
Muscat rouge seul subit cette opération pendant vingt-
quatre ou quarante-huit heures : on a soin de l'égrapper auparavant, ce qui ne se fait pas pour le Muscat
blanc. Le moût est mis dans des foudres ou tonneaux

préalablement méchés. Tant que le vin fermente dans les tonneaux, on laisse la bonde ouverte et l'on ne commence à ouiller que lorsque la fermentation est éteinte ; l'ouillage, cependant, n'est pas indispensable, car la vidange ne nuit en rien à la qualité du vin Muscat. Le premier soutirage a lieu quinze ou vingt jours après la vendange ; le second s'effectue vingt jours après le premier ; le troisième s'opère un mois plus tard. Ces trois soutirages suffisent ordinairement pour arrêter la fermentation, ou du moins pour la rendre insensible ; après un mois de repos, on soutire une quatrième fois, puis on colle avec du sang et de la gélatine. Le vin Muscat, ainsi préparé, peut être mis en bouteilles huit ou dix mois après la vendange.

L'hectare de vigne rend, en moyenne, 7 à 8 hectolitres de vin Muscat. On distingue deux crus principaux de Muscat à Frontignan. Le premier se compose des coteaux situés aux quartiers appelés les *Justices*, les *Viviers*, les *Costes*, les *Sires-jeannes*, etc.; le second comprend toutes les vignes de Muscat en moins bonne exposition qui occupent des quartiers moins renommés. Les vins Muscats des premiers crus ont beaucoup plus de finesse, de bouquet et de liqueur que les autres.

Frontignan produit annuellement huit ou neuf cents pièces de Muscat blanc jaugeant chacune de 220 à 225 litres, et 20 hectolitres seulement de Muscat rouge. Ce dernier ne se trouve que chez un petit nombre de propriétaires ; il est très recherché et présente de l'analogie avec le vin de Constance.

Le prix moyen de la pièce de Muscat blanc varie entre 120 et 200 francs pour le commerce. Ce vin, livré au détail à la clientèle bourgeoise, qui absorbe la moitié de la production, vaut de 180 à 250 francs. Le vin Muscat rouge se paie couramment 150 francs l'hectolitre. L'âge du vin établit aussi une différence de prix.

Le vin Muscat de Frontignan, de premier cru, va presque de pair avec le Muscat de Rivesaltes; il a du corps, de la douceur, un excellent bouquet et surtout un goût de fruit très développé; il se conserve longtemps et acquiert beaucoup de qualité en vieillissant.

VIGNOBLE DE LUNEL.

Les vignes Muscat de Lunel sont loin d'avoir la même importance que celles de Frontignan ; elles n'occupent qu'une cinquantaine d'hectares répartis ainsi qu'il suit :

Coteaux de Lunel. . . . .   20 hectares.
    —   Lunel-Viel   24   —
    —   Valargues.   6   —
                              50 hectares.

Cette culture était bien plus considérable autrefois ; elle tend encore à diminuer. Les propriétaires, plus jaloux de produits abondants que de produits de haute qualité, aujourd'hui d'un écoulement difficile, ont remplacé, en général, le Muscat par des cépages plus productifs en vins rouges et en vins blancs.

Le sol est argilo-calcaire, caillouteux, à pente peu rapide ; son exposition est généralement tournée au midi.

On y cultive le même cépage blanc qu'à Frontignan. Le sol destiné au Muscat est défoncé par un labour au louchet; on plante au fossé, à 0^m,20 ou 0^m,25 de profondeur, dans les mois de décembre, janvier et février. On se sert indifféremment de boutures ou de plants enracinés; ceux-ci, cependant, sont regardés comme préférables. Les ceps sont placés à 1^m,60 et 1^m,75 en carré. On ne fume pas en plantant; en revanche, on donne le plus de façons possible à la jeune vigne, trois ou quatre coups d'araire au moins la première et la seconde année. A trois ans, on dresse la vigne sur trois ou quatre coursons, selon la force du sujet. On taille en janvier et février sur deux yeux, y compris le sous-œil : quelques propriétaires en laissent trois. Le provignage s'effectue avant la taille. La vigne faite est toujours labourée trois fois dans le cours de l'année : la première façon a lieu avant la pousse, la seconde lorsque la vigne est entrée en végétation, la troisième au mois d'août; tous les labours sont croisés. On déchausse la souche après la première œuvre. Les gourmands sont retranchés avant la floraison. La vigne donne quelque produit à trois ans, mais elle n'est en plein rapport que vers la dixième année ; elle se maintient en cet état jusqu'à trente-cinq ans : à partir de cet âge, elle tend communément à faiblir. La vendange a lieu dans la seconde quinzaine d'octobre ; on fait plusieurs cueillettes selon l'état du temps et la maturité du raisin.

5

Les procédés de fabrication ont les plus grands rapports avec la vinification usitée à Frontignan. On
n'égrappe pas. Le moût est mis immédiatement en
futaille ; on le soutire fréquemment le premier mois,
afin de diriger la fermentation et de mieux dépouiller
le vin de sa lie. On ne ferme la bonde qu'au mois de
mars, après le premier soutirage, lorsque la fermentation n'est plus à craindre et que le vin est bien dépouillé :
on ouille alors et l'on a soin de tenir les tonneaux toujours pleins. Les vins vieux sont soutirés une fois par
an, en mars ; certains propriétaires soutirent encore une
autre fois, en septembre, la première et la seconde
année : on met en bouteilles à trois ans.

L'hectare de vignes Muscat, à Lunel, produit, en
moyenne, de 5 à 7 hectolitres de vin. Le commerce
achète le Muscat en moût, au sortir du pressoir, à raison de 125 à 150 francs la pièce de 220 litres ; plusieurs propriétaires vendent directement au consommateur sur le pied de 3 francs la bouteille ; parfois aussi,
mais rarement, en pièces, au prix de 300 francs.

Tous les vins Muscats de Lunel figurent en première
classe. Les crus les plus renommés sont situés dans la
commune de Lunel-Viel : tels sont le *clos du Mazet*,
d'une contenance de 10 hectares environ ; le *clos Bouquet*, de 9 hectares ; celui du *capitaine Coste*, de 3 hectares ; le *clos Reynaud*, la *côte Bellevue*, etc.

Le Muscat de Lunel, vin précoce et de couleur jaune
clair, est regardé, par plusieurs personnes, surtout à
Paris, comme le premier de nos vins Muscats, sans

doute à cause de sa grande finesse. On ne peut lui refuser cette qualité, qu'il possède à un plus haut degré que tous les vins français de ce genre. Mais, comme on ne saurait séparer, dans un vin Muscat, le parfum et le goût de fruit qui constituent son principal mérite, il faut bien reconnaître, contre la mode, que la supériorité absolue attribuée au Muscat de Lunel ne lui appartient pas; elle revient de droit aux vins Muscats de Rivesaltes et de Frontignan, chez lesquels la saveur et le bouquet sont développés au plus haut point, avec moins de finesse, il est vrai, mais en qui on trouve aussi plus de corps, et qui, se conservant plus longtemps, acquièrent, partant, plus de qualité. Auprès des connaisseurs, le Muscat de Lunel ne vient qu'en seconde ligne : Jullien et Grimod de la Reynière sont, notamment, de cet avis.

MUSCATS DE MARAUSSAN ET D'ESPAGNAC.

Dans l'ordre de mérite, les Muscats de Maraussan, près Béziers, n'occupent que le troisième rang ; ils n'ont, en effet, ni la finesse de ceux de Lunel, ni la richesse de ceux de Frontignan et de Rivesaltes. Toutefois la commune de Maraussan rachète cette infériorité relative par l'abondance de ses produits ; elle est aujourd'hui le centre de la production des vins Muscats de l'Hérault, tandis que cette branche d'industrie décline à Frontignan et se perd tout à fait à Lunel. Les cépages rouge et blanc sont exactement les mêmes à Maraussan que les Muscats de Frontignan et de Lunel ; les procédés de culture et de fabrication se ressemblent en tous points.

Espagnac, près Béziers, fournit encore des Muscats et des vins blancs secs de haute qualité; mais son importance, sous le rapport de la production, est inférieure à celle de Maraussan.

FABRICATION DES TROIS-SIX ET DES EAUX-DE-VIE DE MONTPELLIER.

On fabrique, dans le département de l'Hérault, deux qualités de 3/6 : des 3/6 de vins et des 3/6 de marc. Les premiers sont *bon goût*, lorsque les vins sur lesquels on a opéré n'étaient ni gâtés ni tournés; les seconds sont désignés sous le nom de *trois-six de marc*, ils se paient ordinairement 25 pour 100 de moins que les autres. Les 3/6 bon goût occupent la plus grande place dans la production, tant pour la qualité que pour la quantité; on les obtient en distillant le vin à distillation continue avec un appareil dit à la Derosne : les chaudronniers de Mèze, Lunel, Montpellier et Béziers le fabriquent communément. Cet appareil est établi de manière à donner, en vingt-quatre heures de distillation, deux ou quatre pièces de 3/6 à 86 degrés centésimaux, de 6 hectolitres chacune; dans ces proportions, son prix varie de 2000 à 4000 francs. Deux hommes, un distillateur et son aide, suffisent pour conduire un appareil à la Derosne. Le distillateur règle le feu, l'arrivée du vin dans les colonnes de condensation et de distillation, ainsi que l'évacuation des vinasses; l'aide alimente les réservoirs à vin, roule les pièces près de la pompe et s'occupe des autres détails accessoires. Quand l'appareil fonctionne nuit et jour, la journée étant de douze heures, deux brûleurs et deux aides deviennent nécessaires : la journée du brûleur se paie 3 francs, celle de l'aide 2 francs.

La production de 3/6, par l'appareil, varie peu tant que celui-ci est propre ; aussi la proportion de vin qu'il consomme s'échelonne-t-elle suivant sa force. Les vins de plaine renferment, en volume, de 7 à 11 pour 100 de 3/6 à 86 degrés ; les vins de commerce ou autres qu'on livre souvent à la distillation renferment de 10 à 14 pour 100 de 3/6 : il en résulte qu'un appareil capable de fabriquer quatre pièces par jour pourra consommer 336 hectolitres de vin faible de plaine dosant 7 pour 100, tandis que, distillant les vins les plus riches (14 pour 100), il n'en consommera que la moitié, soit 168 hectolitres. La force moyenne des vins distillés varie entre 11 et 12 pour 100 de 3/6, si l'année est bonne, ce qui permet d'évaluer à 230 ou 240 hectolitres la moyenne des vins consommés pour alimenter une fabrique qui fait quatre pièces en vingt-quatre heures. Cette fabrique expulse donc, chaque jour, plus de 200 hectolitres de vinasse, résidus infects qui, jusqu'ici, n'ont fait que vicier l'air et corrompre les eaux où ils se rendent, et dont l'azote et les sels de potasse qu'ils contiennent pourraient être exploités avec avantage par l'agriculture et l'industrie.

Le prix du vin de chaudière dépend de sa richesse en alcool. On le titre à l'aide de petits alambics d'essai et de l'aréomètre centésimal ; l'emploi de ce moyen d'esti-

mation est devenu général dans l'Hérault et présente
toute garantie : le propriétaire débat ensuite le prix de
fabrication avec le fabricant.

Une fabrique bien montée et en bon état peut faire
cent pièces sans être nettoyée, mais il est bon de recou-
rir au nettoiement toutes les fois que l'appareil l'exige ;
car, une fois encrassé, il produit beaucoup moins, tout
en dépensant autant de combustible; il se forme, en
outre, des fuites, soit de vin, soit de vapeur d'alcool :
un bon état d'entretien prévient aisément ces pertes.
Avant d'envoyer les pièces au marché, on les titre à
l'aide de l'alcoomètre de Bories. L'emploi de cet instrument fort ancien est tellement passé dans les habitudes
du pays, que le commerce n'a jamais voulu y renoncer,
malgré l'avantage qu'il trouverait à adopter l'alcoomètre
centésimal de Gay-Lussac. La pièce de 3/6, accompa-
gnée d'un acquit-à-caution, est portée sur le marché;
elle est agréée par l'inspecteur des 3/6 et acceptée ou
mise à renvoi à la suite de cette opération. L'inspecteur
agrée en examinant la limpidité, qui doit être parfaite;
la couleur, qui doit être nulle; le goût, qui doit être net
et franc : il vérifie ensuite si elle est bien au titre avec
l'alcoomètre de Bories. La pièce acceptée reste entre les
mains du destinataire; la pièce mise à renvoi est con-
signée jusqu'à ce qu'une réduction sur la valeur l'ait fait
accepter ; si elle était trop mauvaise, on la taxerait
mauvais goût, et, dans ce cas, elle serait payée au cours
de 3/6 de marc.

On compte dans le département de l'Hérault quatre

marchés d'eau-de-vie et alcools : ce sont, par ordre
d'importance, Béziers, le vendredi ; Pézenas, le samedi ;
Cette, le mercredi, et Lunel, le lundi. A moins de sti-
pulations contraires, les 3/6 ou autres alcools doivent
toujours être rendus sur l'un de ces marchés ; ils y sont
payables et toujours au comptant. Chaque semaine, un
jour est assigné à chaque marché pour les réunions des
négociants, fabricants, courtiers, etc. Les trois-six y
sont reçus, par l'inspecteur, tous les jours, excepté le
dimanche. Chaque marché a son inspecteur spécial ; les
appointements de cet agent consistent en un prélève-
ment de 50 centimes qu'on fait sur chaque pièce.

Indépendamment des 3/6, les appareils distillatoires
à la Derosne font les alcools appelés 3/5 et *preuve de
Hollande*. Le titre des 3/5 est de 78° centésimaux, celui
de la preuve de Hollande est de 52ⁿ. Ces liquides sont
mis en fûts, transportés et livrés comme les 3/6 ; leur
cours dépend de ce dernier. Les 3/5 ou 5/6 sont employés à viner les vins qui n'ont pas assez de corps et
qui sont destinés à subir de longs trajets sur mer. Les
preuves de Hollande servent aussi au vinage des vins ;
on les emploie également à la fabrication des meilleures
eaux-de-vie de Montpellier. Les premières qualités sont
fabriquées avec des vins blancs nouveaux qui n'ont pas
fermenté avec la rafle. En général, les Terrets-bourrets
de bonne qualité sont destinés à cet usage ; parfois, mais
exceptionnellement, certains fabricants qui veulent
fournir des eaux-de-vie de choix distillent de bons vins
blancs provenant des Picpoules. Les vins rouges nou-

veaux, qu'on ne laisse pas fermenter dans la cuve avec
la grappe, fournissent aussi d'excellentes eaux-de-vie
d'une grande suavité. L'eau-de-vie de Montpellier se
fabrique avec les mêmes appareils que ceux dont on
se sert pour les 3/6, mais ils sont disposés de manière
à donner un degré inférieur. Cette fabrication n'est
plus, pour ainsi dire, qu'une exception; le commerce
y a renoncé pour se tourner presque exclusivement
vers les 3/6.

Il est difficile d'évaluer le chiffre de la production
moyenne des eaux-de-vie et des 3/6 dans l'Hérault;
toutefois il ne se fabrique guère plus de 2000 pièces
d'eau-de-vie chaque année, soit 6000 hectolitres à 52°,
tandis que la fabrication des 3/6 s'élève à 60,000
pièces environ, soit 360,000 hectolitres. L'arrondissement de Béziers en fournit habituellement les deux
tiers et quelquefois les trois quarts. 60,000 hectares
de vignes environ sont consacrés à la production des
vins de chaudière dans l'Hérault. D'après une moyenne
de plusieurs années, la production totale des quatre départements de l'Aude, des Pyrénées-Orientales, de l'Hérault et du Gard atteint le chiffre de 500,000 hectolitres par année.

Les 3/6 de vins sont fabriqués, soit par des fabricants dont cette industrie constitue l'unique occupation,
soit par des propriétaires qui ont alors une distillerie
comme annexe de leur exploitation rurale. Ces derniers
sont plus nombreux dans l'arrondissement de Béziers
que dans celui de Montpellier. Ce sont les fabricants de

profession qui distillent la plus grande partie des vins ;
placés dans les villages, au sein même de la grande production, ils concentrent entre leurs mains les quantités
de vins disponibles après chaque vendange. La campagne
s'ouvre ordinairement dès les premiers jours d'octobre
et se prolonge plus ou moins, selon l'abondance de la
récolte. Les premiers 3/6 distillés avec les vins nouveaux
sont toujours les meilleurs.

Le 3|6 de marc est fabriqué en soumettant à la distil-
lation à l'eau ou à la vapeur les marcs de raisin extraits
du pressoir. Cette opération s'effectue en ajoutant à
l'appareil à la Derosne deux grands vases cylindriques
de cuivre destinés à recevoir le marc de raisin, et dans
lesquels on fait arriver un courant de vapeur tiré de la
chaudière de l'appareil ; chaque vase est alternativement
chargé et déchargé pendant que l'autre fonctionne : la
distillation est ainsi continue. On peut faire de la sorte,
avec un appareil de la force de quatre pièces, une pièce
de 3/6 de marc en vingt-quatre heures. La richesse des
marcs varie selon leur degré de dessiccation et la force
des vins qu'ils ont produits. Il n'existe pas d'instrument
pour en faire l'essai ; les fabricants les achètent d'avance
à un prix déterminé, afin de s'assurer la quantité nécessaire pour entretenir leur fabrication. Lorsque les 3/6
bon goût sont rares, et partant très chers, on lave les
marcs méthodiquement avec de l'eau ; celle-ci se charge
du vin qu'ils contiennent ; on distille alors cette eau
plus ou moins vinée, et l'on en extrait du bon goût si
l'on opère le lavage sur du marc frais. Dans le cas con-

traire, c'est-à-dire s'il a été entassé et conservé, il
donne un 3/6 entaché d'un arrière-goût de marc. On
calcule qu'il faut, en moyenne, 130 muids de marc
pour faire une pièce de 600 litres de 3/6 ; le muid
de marc pèse, en moyenne, 100 kilogrammes. Dans le
canton de Lunel, beaucoup de propriétaires se livrent
à l'engraissement des bêtes à laine à l'aide du marc
de raisin. Chaque matin on en distille, avec des appareils spéciaux, une quantité proportionnée aux besoins
journaliers du troupeau ; les bêtes le reçoivent cuit. Il
résulte de cet emploi du marc que l'alcool n'est fabriqué que peu à peu ; on le porte au marché quand la
pièce est remplie. Le marc distillé par les fabricants est
le plus souvent entassé et abandonné à l'air libre comme
fumier ; nul doute qu'il y ait plus d'avantage à l'utiliser
comme provision d'hiver pour le bétail que comme
engrais pour les terres. Il se conserve parfaitement
quand on a pris la précaution de l'entasser avec soin
dans des cuves qu'on tient hermétiquement fermées.

Les eaux-de-vie, les 3/6 et autres alcools de l'Hérault
ont leurs principaux débouchés en France ; ils sont aussi
l'objet d'exportations importantes.

VINS DE PROVENCE.

Quand on compare la production viticole du Roussillon et du Languedoc avec celle de la Provence, on

est obligé de convenir que les vins de cette dernière
contrée n'ont plus la même importance ni pour l'exportation, ni surtout pour la qualité, considérée d'une manière
générale. La plupart, faute d'un bon choix dans les cépages
et de soins judicieux apportés à la fabrication et à la conservation du vin, ne sortent pas de la classe des vins
communs, bien qu'ils aient un caractère très prononcé
d'alcoolicité ; ils fournissent à la consommation locale et
vont combler l'insuffisance de la production dans les
départements des Hautes-Alpes, des Basses-Alpes et de
l'Isère. Cependant, de cette observation critique il ne
faudrait pas conclure que l'industrie viticole soit uniquement secondaire en Provence. Il n'en est rien ; la
culture de la vigne occupe une place considérable dans
les départements des Bouches-du-Rhône, du Var et
dans une partie des Basses-Alpes. Plusieurs contrées de
cette sous-région possèdent même des crus assez distingués pour fournir des vins fins très appréciés : la Gaude,
la Malgue, Cassis, sont bien connus, et les vins d'exportation de Bandol attestent, en ce genre, les richesses
viticoles de la contrée ; ils méritent donc une mention particulière. Mais, avant d'entrer dans les détails
spéciaux à ces crus d'élite, il convient d'exposer les
procédés de culture et de fabrication qui leur sont communs avec les autres vignobles de Provence.

Les cépages les plus répandus dans cette sous-région
sont, parmi les raisins noirs, le *Mourvède*, le *Catalan*,
l'*Aramon*, le *Grenache*, le *Tibouren*, le *Bouteillan*, le
Pecoui-touar, le *Brun-fourca*, le *Téoulier*, le *Pascal noir*

et les *Barbaroux;* parmi les raisins blancs, le *Pascal
blanc,* l'*Uni blanc,* la *Clairette,* le *Colombaud,* l'*Araignan,* le *Mayorquin,* les *Panses* et les *Muscats.*

Le Mourvède (Mataro des Pyrénées-Orientales) forme
la base des vins rouges. Il se plaît, de préférence, dans
les bonnes terres et ne vient que médiocrement sur les
coteaux secs ; les vents lui sont souvent nuisibles, en
raison de son port vertical. C'est le meilleur cépage de
la Provence pour les vins corsés du commerce.

Le Catalan, moins estimé que le Mourvède, dont il
diffère surtout par sa queue ligneuse, est plus commun
dans les Bouches-du-Rhône que dans le Var.

L'Aramon, appelé généralement *Uni noir,* en Provence, concourt, suivant M. Pellicot, à faire du vin de
bouche quand il est associé, sur les coteaux et en petite
quantité, aux bonnes espèces du Var.

Le Tibouren, appelé aussi *Gayssérin. Antiboulen,* est
un cépage vigoureux, précoce, abondant et peu difficile
sur la nature du sol ; il réussit même dans les terres
salines. Ses feuilles sont profondément laciniées ; son
sarment est érigé ; il donne un vin clair, petillant,
agréable, mais capiteux : il fermente longtemps avant
de se clarifier. Ce cépage craint les gelées tardives,
et son raisin est exposé à pourrir par les pluies de
septembre.

Le Bouteillan, ou *Cargo-Muo,* a les sarments épais et
érigés. On le reconnaît à sa feuille, qui semble un peu
carrée, par suite de la brièveté du lobe médian. Il
charge beaucoup, aussi ses produits ont–ils peu de qua-

lité dans le Var et les Bouches-du-Rhône; aux Mées, au contraire, associé au Grenache et au Mourvède et à quelques autres variétés, il donne un vin distingué : le sol et l'exposition modifient, sans doute, ses pro-duits.

Le Pécoui-touar se recommande par son abondance et par le privilége qu'il a de résister dans les sols humides et les terrains salés, mais il donne un vin faible de cou-leur et plat. Ses feuilles, très découpées, sont petites et blanchâtres à la face inférieure. Ses raisins sont sujets à pourrir par les pluies de septembre. Dans sa jeunesse, ce cépage se tient droit et redoute beaucoup les vents; plus tard, il se couche sur le sol et se trouve ainsi à l'abri des mauvais effets du mistral.

Le Brun-fourca, connu sous le nom de *Moulan* dans l'Hérault, brille par ses belles grappes pourvues de gros grains tellement chargés de bruine, qu'ils lui ont valu le nom provençal de *Farnous*, enfariné. Il réussit par-ticulièrement dans les terrains élevés et secs. Ses feuilles sont déchiquetées, recoquillées en dedans et rouges sur leurs bords dans leur complet développement. Les rai-sins du Brun-fourca se détachent aisément à la maturité, ils sont aussi sujets à pourrir. Des trois variétés connues de ce cépage, la *Bourre longue* est celle qu'on préfère.

Le Téoulier, plus répandu dans l'arrondissement de Draguignan que dans le reste de la Provence, débourre de bonne heure; sa souche est peu vigoureuse; ses feuilles sont rugueuses et à peine lobées; ses grappes, belles et bien fournies, donnent un vin de qualité très chargé en couleur. Ce cépage demande à être placé en coteaux.

Le Pascal noir, ou *Primavis noir*, est, d'après M. Pellicot, une vigne de coteaux d'un bon produit; mais on l'abandonne de plus en plus, à cause de sa facilité à pourrir.

Deux espèces de Barbaroux ou Grecs roses se rencontrent dans les vignobles des Bouches-du-Rhône. C'est 1° le *Rousselet*, vigne de coteaux particulièrement culti-vée aux environs de Cassis et de la Ciotat. Sa feuille est épaisse, de moyenne grandeur, à cinq lobes, d'un beau vert gris, feutrée en dessous; sa grappe, volumineuse, pyramidale, allongée, ailée, est munie d'ailes bien dé-tachées, et se compose de grains rouges, violacés, très fleuris, transparents, sucrés, avec arrière-goût musqué, peau fine; maturité ordinaire. 2° Le Barbaroux propre-ment dit, cépage plus vigoureux que le Rousselet, cul-tivé avec un égal succès sur les coteaux et dans la plaine. On le reconnaît à ses raisins roses du côté exposé au soleil et verts du côté qui est à l'abri de ses rayons; ses feuilles, d'un vert foncé, sont rugueuses, à cinq lobes; sa grappe est belle, pyramidale, ailée, à grains très serrés, d'une saveur très sucrée, juteux, à peau fine, et d'une maturité précoce.

Le Pascal blanc ne convient bien qu'aux terrains secs; on le cultive surtout à la Ciotat et à Cassis. On le recon-naît à ses feuilles assez développées, à trois lobes peu marqués, d'un vert clair, marbré de jaune avec ner-vures, d'un brun rouge relevé d'un filet jaune au centre;

sa fleur résiste bien à la coulure ; sa grappe est grosse, ramassée, ailée, garnie de grains moyens, ronds, serrés, de couleur verdâtre, légèrement dorés par le soleil, et recouverts d'une fleur blanc cendré, juteux, d'une saveur sucrée, à peau fine ; maturité précoce.

L'Uni blanc réussit dans presque tous les terrains, excepté ceux qui sont humides. Il a le privilége fort rare de donner des produits abondants et d'excellente qualité ; aussi est-il très répandu en Provence : il y· forme la base des bons vins blancs. Ses caractères principaux sont : sarments roux, noués long ; feuilles de dimensions très diverses, quinquélobées ; grappe belle, allongée, parfois ailée, garnie de grains ronds, égaux, de couleur jaune-nankin, à reflets roses, lâches, transparents et fleuris ; très sucrés, à peau fine, maturité précoce.

La Clairette, très commune dans toute la région sud, donne un vin petillant. Suivant M. Pellicot, on fait d'excellent vin de liqueur avec son moût mélangé à celui du Muscat et soumis à l'ébullition.

Le Colombaud est un cépage vigoureux. Ses sarments érigés portent des feuilles peu découpées, légèrement recoquillées, rugueuses et d'un vert foncé. Ses raisins sont beaux et se distinguent par la finesse de leur peau ; ils donnent du bouquet au vin blanc et le rendent clair, limpide et sec, mais ils pourrissent facilement. Ce cépage prospère même dans les terres humides.

L'Araignan a les sarments droits ; ses feuilles ont les lobes bien détachés ; ses raisins, d'une belle grosseur, ont leurs grains allongés et à peau fine : ils donnent un vin léger et incolore.

Le Mayorquin, appelé aussi *Bormen*, plant de Marseille, est un cépage vigoureux et précoce, reconnaissable à la magnificence de ses grappes, dont les grains ronds, d'inégale grosseur, à peau très fine, sont suspendus à des pédicelles allongés ; ses feuilles sont grandes, à cinq lobes arrondis, blanchâtres sur leur face inférieure. Il n'est pas moins bon pour la table que pour le vin, et surtout il est excellent pour être converti en raisins secs ; mais ses raisins sont sujets à pourrir par les pluies de septembre. Sur les coteaux, ce cépage produit des grappes moins volumineuses, mais se défendant mieux contre la pourriture.

Les Panses constituent des cépages très vigoureux dont les produits sont le plus ordinairement convertis en raisins secs.

On trouve enfin, en Provence, les Muscats rouge et blanc, qui servent à fabriquer des vins de liqueur.

Le Bouteillan pour les vins rouges, le Pascal pour les vins blancs, sont les cépages les plus productifs. Le Mourvède entre pour moitié dans la vendange ; il en forme même les deux tiers sur plusieurs points, dans l'arrondissement de Brignoles, par exemple. Dans la confection des vins blancs, on associe, en général, en diverses proportions, l'Uni, l'Araignan, le Pascal et la Clairette.

Les procédés de culture de la vigne présentent une telle identité sur les différents points de la Provence, qu'on les dirait modelés sur un même type. Partout le défoncement du sol précède la plantation de la vigne ; il varie entre 0^m,80 et 1 mètre, selon les localités ; tantôt on effondre en plein, tantôt on ne défonce que la zone de terre destinée à recevoir la vigne. La plantation s'effectue au fossé et au pal, mais plus communément avec ce dernier instrument. Sauf de légères exceptions, on n'emploie que des sarments non enracinés ; les crossettes sont placées à 0^m,40 ou 0^m,70 de profondeur, suivant que le sol est humide ou sec. Le mois de novembre et les mois de mars ou même d'avril, si le printemps est pluvieux, sont consacrés à cette opération. On plante par rangées simples ou doubles ; quelquefois aussi, mais plus rarement, en plein, dans l'arrondissement d'Arles, par exemple. Les vignes sont, généralement, à 1 mètre en tous sens. Dans les arrondissements d'Aix et de Marseille, les ceps, dans les rangées, sont placés à 0^m,60 ou à 0^m,80 les uns des autres. Dans le Var, les vignes à rangées doubles laissent un intervalle de 1 mètre d'une ligne à l'autre ; l'espace qui sépare chaque double rangée est ordinairement de 4 mètres ; l'hectare contient ainsi 4,200 souches. Ailleurs, comme dans l'arrondissement de Brignoles, la distance entre les rangées de vignes en plaine et soumises au labour varie entre 5 et 8 mètres ; sur les coteaux, elle n'est que de 4 ou 5 mètres. Sur d'autres points, comme au Beausset, pays de petite culture et très morcelé, ces distances sont plus rapprochées ; plus loin, au contraire, comme à Hyères, où l'on rencontre de grandes pro-

6

priétés, elles sont plus considérables. Dans les rangées
simples, les vignes sont plantées à 0ᵐ,75 les unes des
autres, on ménage un espace libre de 3ᵐ,50 entre les
rangées : l'hectare ainsi complanté renferme 3,800 pieds
de vignes. Les intervalles laissés libres entre les rangées
sont généralement soumis à une rotation biennale : première année, jachère ou légumes, blé la seconde année ;
on les connaît, en Provence, sous les noms d'*oullières*,
faisses, *soouques*, etc.

Les plantations à rangées doubles étaient autrefois
presque exclusives en Provence, elles y règnent encore
sur un grand nombre de points ; mais les rangées simples
gagnent de jour en jour du terrain. Cette dernière
méthode se recommande, en effet, par plusieurs avantages importants : elle apporte une grande économie
dans la main-d'œuvre et permet de donner des cultures
plus complètes ; ses raisins, mieux exposés aux influences
de l'air, de la chaleur et de la lumière, mûrissent plus
tôt et plus également ; on a, en outre, plus d'espace
pour la culture des céréales, sans diminution sensible
dans les produits de la vigne. D'un autre côté, les vignes
à rangées doubles présentent plus de facilité pour le
provignage lorsque plusieurs souches viennent à manquer
sur un même point ; elles préservent aussi davantage les
vignes du vent : les conditions dans lesquelles on se
trouve placé décident de la préférence à donner à l'une
ou à l'autre méthode. En général, on ne fume pas en
plantant ; les seuls engrais que reçoive la vigne sont
ceux qu'on applique aux récoltes prises dans les ouillières :

les souches ne profitent donc que des restes d'une fumure indirecte, toujours parcimonieuse. Suivant les localités, les cultures ont lieu à la main ou à la charrue. Pendant les premiers temps de la plantation, on donne à la vigne un labour suivi de plusieurs binages; à partir de la troisième année, on se contente ordinairement de deux façons, l'une s'effectue en mars et l'autre dans le courant de mai : les binages appliqués pendant la végétation exercent une grande influence sur l'abondance de la récolte et la prospérité de la vigne. En plantant, on laisse généralement passer deux yeux hors de terre; la seconde année, on ravale la crossette sur le bourgeon inférieur. Les années suivantes, on augmente les coursons en raison de la vigueur du sujet et de la fertilité du sol; les vignes faites en portent de trois à quatre, plus rarement cinq. On taille, depuis novembre jusqu'en mars, sur deux yeux, non compris le sous-œil nommé *agassin* en provençal, et l'on tient autant que possible la vigne basse. Le provignage n'offre rien de particulier. La vigne commence à donner quelques produits à trois ou quatre ans, suivant la vigueur du cep ; elle est généralement en plein rapport à huit ans.

Dans les Bouches-du-Rhône, la vendange ne commence guère que vers la seconde quinzaine de septembre; dans le Var, elle a souvent lieu du 8 au 10 septembre, elle se prolonge jusque dans le courant d'octobre. Dans les arrondissements de Digne et de Forcalquier, la vendange s'ouvre communément du 25 septembre au 1ᵉʳ octobre. Le rendement varie nécessairement d'après le sol, le climat, l'exposition et les cépages ; on l'évalue à 25 hectolitres par hectare dans la plaine, ouillères comprises ; à 18 hectolitres sur les coteaux dans les Bouches-du-Rhône ; à 10 hectolitres seulement sur la côte dans le Var ; dans les Basses-Alpes, la moyenne du rendement varie entre 25 et 30 hectolitres par hectare.

La fabrication du vin s'opère à peu près de la même manière sur tous les points de la Provence. On foule immédiatement après avoir vendangé et presque partout avec les pieds. L'égrappage n'est pas usité, excepté dans quelques crus particuliers et dans l'arrondissement de Marseille, où il est assez général. Le temps du cuvage diffère suivant les localités ; sa durée extrême varie depuis trois jusqu'à quinze jours. Les cuves de maçon-nerie sont plus répandues aujourd'hui que les anciennes cuves de bois ; suivant les pays, on les laisse ouvertes ou bien on les clôt plus ou moins hermétiquement, comme à Brignoles et à Aix. Le moût bouillant n'est employé que dans les années pluvieuses et lorsque le raisin est peu mûr ; en revanche, l'usage du plâtre se répand de plus en plus en Provence, cependant on ne l'emploie pas aux environs de Marseille. Dans l'arrondissement de Toulon, certains propriétaires ajoutent du sel ou de l'eau salée dans le moût. Lorsque le vin a suffisamment cuvé, on le met en tonneaux. L'ouillage est loin de commencer partout à la même époque. A Marseille, on laisse la bonde ouverte jusqu'à la Saint-Martin ; à partir de cette époque, on ouille d'abord une fois par mois,

puis une fois tous les deux mois et l'on bonde la pièce :
quelques rares propriétaires soutirent au commencement de mars. Dans l'arrondissement de Toulon, le vin
est mis en tonneaux dans les premiers jours d'octobre.
On ouille d'abord tous les deux jours pendant la première semaine, et seulement tous les quatre ou cinq
jours après ce laps de temps : les tonneaux sont définitivement clos vers le 11 novembre. Aux approches de
Noël, le vin est potable, et c'est alors que les marchands
le recherchent, soit pour la consommation locale, soit
pour le transport : les propriétaires qui n'ont pas vendu
à cette époque et qui veulent garder leurs vins, mettent
en bouteilles, dès le mois de janvier, le vin blanc, qui
est plus délicat, et soutirent le vin rouge en mars. Dans
l'arrondissement de Brignoles, l'ouillage commence
trois ou quatre jours après la mise en tonneaux ; on y
revient trois ou quatre fois dans l'espace de vingt-cinq
à trente jours : on ne soutire pas, en général. Dans les
Basses-Alpes, on n'ouille qu'une seule fois, quinze ou
vingt jours après avoir mis le vin en tonneaux, et l'on
ferme hermétiquement la bonde ; on soutire vers le
15 janvier.

Année commune, l'hectolitre de vin se paie 16 francs
dans l'arrondissement de Marseille, 12 francs à Arles
et à Aix ; dans l'arrondissement de Toulon, la *boulte* de
560 litres vaut de 60 à 70 francs ; dans l'arrondissement
de Brignoles, le vin ne se paie plus, en moyenne, que
6 ou 8 francs l'hectolitre.

Tels sont les procédés de culture et de vinification

généralement suivis en Provence. Les crus les plus distingués de cette contrée peuvent être rangés sous trois catégories : 1° les vins fins de la Gaude et de la Malgue dans le Var, le vin des Mées dans les Basses-Alpes, le vin blanc de Cassis et les vins rouges de Séon-Saint-Henry et Séon-Saint-André, près Marseille ; 2° les vins de liqueur de Cassis, Roquevaire et la Ciotat, dans les Bouches-du-Rhône ; 3° les vins d'exportation de Saint-Cyr, du Castelet, du Beausset et de Bandol, dans l'arrondissement de Toulon.

VIGNOBLE DE LA GAUDE

(VAR).

Le vignoble de la Gaude dépend du canton de Vence, dans l'arrondissement de Grasse; situé à quelques kilomètres de la frontière italienne, il se compose d'environ 400 hectares en coteaux. Les quatre cinquièmes des plantations consistent en raisins noirs. Les principaux cépages sont : la *Tronquière*, raisin à peau dure, s'accommodant de tous les terrains, produisant beaucoup et donnant un vin chargé; le *Braquet*, excellent raisin à peau tendre, particulièrement propre aux terrains légers : il donne un vin clair, d'un bouquet agréable; le *Pancé*, raisin précoce, résistant bien à la pourriture et fournissant un bon vin; la *Clairette*, renommée pour le vin blanc qu'on en retire.

Les ceps sont placés à 0^m,50 de distance et munis de

tuteurs; ils ne reçoivent qu'une seule façon en mai.
C'est aussi pendant ce mois qu'on ébourgeonne; on
épampre quinze jours avant la vendange. La vigne
donne déjà quelques produits à quatre ans, mais elle
n'est réellement en bon rapport qu'à six ou huit ans.
La vendange s'effectue depuis la fin de septembre jusque
dans la première quinzaine d'octobre. Les raisins, avant
d'être foulés, sont triés avec soin, mais non égrappés;
on les laisse fermenter pendant vingt-quatre heures
dans la cuve, puis on les foule avec les pieds. Le cuvage
ne dure pas plus de vingt-quatre heures. Vingt-cinq
jours après la mise en tonneaux, on bonde. Le vin de la
Gaude se conserve en tonneaux et n'est jamais mis en
bouteilles. Année commune, le vin d'une feuille se vend
30 francs l'hectolitre et de 60 à 70 francs lorsqu'il est
vieux. Ce vin est d'abord très coloré; mais après cinq
ou six ans de garde, il se décolore, perd son caractère
fumeux et se change en vin sec fort agréable. Nice est
son principal débouché, comme cette ville l'est aussi des
vins de Cagnes, de Saint-Laurent-du-Var et de Saint-
Paul qu'on vend tous sous le nom de *vins de la Gaude:*
ils ont, en effet, beaucoup d'analogie avec ce vin proprement dit, sans le valoir, toutefois. Le *Noir* ou Mourvède, la *Clairette*, le *Bonabeou*, le *Noncourt* et le *Braquet*
sont les cépages les plus répandus dans le vignoble de
Cagnes; ils y garnissent des coteaux plantés exclusivement en vignes, et des plaines plantées, partie en vignes,
partie en oliviers, sur une surface totale de 1,054 hectares.

VIGNOBLE DE LA MALGUE

(VAR).

Le sol qui produit le vin de la Malgue est essentiellement schisteux, comme presque toute la côte est de
Toulon ; le coteau sur lequel ce vignoble est assis a son
orientation du sud-ouest au nord-est, le versant sud
finit au rivage de la mer.

Voisin de Toulon, c'est-à-dire d'une ville populeuse
où, suivant les habitudes du pays, chacun veut avoir sa
bastide et son champ près de la mer, le coteau de la
Malgue, d'une contenance totale de 149 hectares, se
subdivise en une multitude de parcelles dont les plus
étendues ne vont pas au delà de 2 à 4 hectares. Les
cépages qu'on y cultive ne sont autres que ceux répandus dans l'arrondissement de Toulon ; seulement, le
Mourvède, qui domine dans la plaine, est moins commun à la Malgue ainsi que sur la côte et dans tous les
endroits élevés et peu profonds, parce qu'il s'y montre
moins productif.

· •Les procédés de culture et de vinification ne diffèrent
pas de ceux qu'on observe ailleurs dans le département.
Le rendement moyen de l'hectare, année ordinaire, est
de 8 hectolitres. Le vin de la Malgue, d'une qualité
supérieure au vin des autres vignobles de l'arrondissement de Toulon, est un vin sec, qui se rapproche, pour
le corps et la saveur, du Saint-Georges avec lequel il a

beaucoup d'analogie. Il est peu remarquable avant sa
troisième année, c'est à cette époque que son bouquet
commence à se développer ; passé six ans, il perd et se
décolore. Le la Malgue jeune supporte la mer, mais sa
conservation est difficile, car il s'aigrit aisément, plus
facilement que bien d'autres vins moins alcooliques.

On exporte peu de vin de la Malgue ; chaque propriétaire commence par prélever sa provision et ne
vend que ce qui excède ses besoins, aussi ce vin est-il
peu répandu hors de Toulon : la plupart du temps, le
vin vendu par le commerce comme vin de la Malgue
n'en a que le nom. La *boulte* de 560 litres se paie de
90 à 100 francs.

VINS DE BANDOL

(VAR).

Sous ce nom, emprunté au port de Bandol où on les
embarque, la Provence livre au commerce des vins
d'exportation riches en couleur, en corps et en alcool.
Ils proviennent du Beausset, de la Cadière, du Castellet
et de Saint-Cyr, vignobles situés sur des coteaux calcaires, dans l'arrondissement de Toulon. Le Mourvède
y domine presque exclusivement.

Contrairement au vin de la Malgue, qui, plus délicat
et plus agréable dans le principe, s'aigrit facilement
après la sixième année, les vins de Bandol, d'abord durs
et grossiers, se bonifient avec l'âge ; ils supportent bien

la mer, aussi les regarde-t-on comme la tête des vins
de Provence d'exportation. On en expédie dans l'Inde,
le Brésil, la Californie ; il s'en consomme aussi une
quantité notable dans le nord de la France, surtout à
Paris. Ils valent, en moyenne, 12 francs l'hectolitre.

VIGNOBLE DES MÉES

(BASSES-ALPES).

Le département des Basses-Alpes n'a qu'un cru
remarquable, c'est celui des Mées ; situé à 22 kilomètres
de Digne, il comprend 500 hectares de vignes occupant
le coteau de Saint-Pierre, au midi de la petite ville des
Mées.

Le terrain, argilo-calcaire caillouteux, repose sur un
sous-sol de cailloux roulés, plus ou moins empâtés dans
l'argile, et d'une profondeur variable ; il incline légèrement de l'est à l'ouest vers la Durance.

Les principaux cépages qu'on y observe sont les *Bou-
teillans*, qui forment les trois cinquièmes des plantations ;
le *Grenache*, dans la proportion d'un cinquième ; le
Mourvède pour un dixième ; le reste consiste en cépages
mêlés, tels que *Clairette*, *Bruns*, *Téouliers*, etc.

La vigne est plantée au fossé et disposée en allées
d'un, deux et même trois rangs, à 4 et 8 mètres de
distance, les ceps étant tantôt à 0^m,50 les uns des autres
dans la ligne, tantôt à 1 mètre en tous sens dans les
rangées doubles ou triples. Aucune vigne n'est fumée

directement ; on tient les souches basses afin qu'elles présentent moins de prise au mistral. A quatre ou cinq ans, la vigne commence à donner quelques produits; elle est en bon rapport entre dix ou douze ans. La vendange s'effectue du 25 septembre au 10 octobre.

La fabrication du vin des Mées n'offre rien de particulier ; on ne plâtre que les cuvées inférieures.

Le vin des Mées, très chargé en couleur au sortir de la cuve, a de la tendance à passer au rancio quand il est vieux : c'est un excellent vin d'ordinaire, très généreux et qui n'est pas sans bouquet; aussi, lorsqu'il provient d'une bonne année, peut-il être servi à l'entremets. Il ne se vend jamais qu'en pièces. L'hectolitre, vin de l'année, vaut ordinairement 12 fr. 50 c. ; plus ou moins vieux, on le paie de 30 à 60 francs. Le vin des Mées est ordinairement vendu dans l'année même de la récolte; ses principaux débouchés sont : Digne, Barcelonnette, Seyne, Sisteron, Gap et Briançon. Le petit cru de Chabrières, à 25 kilomètres de Digne, dans le calcaire jurassique, est estimé pour ses vins blancs, mais ils ont le défaut d'être capiteux.

VIGNOBLE DE CASSIS

(BOUCHES-DU-RHÔNE).

Le territoire de Cassis, dans les Bouches-du-Rhône, est un de ceux qui produisent des vins rouges classés en première ligne parmi les vins fins de ce département;

il a surtout le privilége de fournir le meilleur vin blanc de la Provence.

On évalue à 450 hectares environ la superficie que la vigne y occupe. Le sol est très accidenté. Les cépages y sont tous mêlés ensemble et dans les proportions suivantes : un tiers espèces blanches, *Uni blanc*, *Uni rose*, *Pascal*, *Araignan*, *Colombaou ;* deux tiers espèces noires, *Mourvède*, *Grenache*, *Bouteillan*, *Brun-fourca*, *Monestel* et *Rousselet*. Les vignes, à Cassis, sont plantées par doubles rangées désignées sous le nom de *hautains ;* leur culture n'offre rien de particulier.

Raisins noirs et blancs servent indistinctement à la fabrication du vin rouge ; on laisse cuver pendant sept ou huit jours. On évalue à 8,000 hectolitres la quantité qui s'en fabrique, chaque année, à Cassis. Ce vin corsé est estimé à l'étranger ; il vaut 20 francs l'hectolitre.

Pour la confection du vin blanc, on n'emploie que des raisins blancs. Aussitôt après avoir foulé et pressé la vendange, on met le moût en futaille ; il y fermente pendant un ou deux mois ; après ce temps, on soutire ; ou choisit aussi cette époque pour le coller, quand on veut le clarifier. Cassis ne livre annuellement à la consommation que 5 ou 600 hectolitres de vin blanc, bien qu'il en circule une quantité plus considérable sous ce nom dans le commerce. Le vin blanc de Cassis, à la fois liquoreux et spiritueux, est fort prisé des amateurs de vins très alcooliques ; il vaut presque le double du vin rouge.

Indépendamment de ces vins, on fabrique encore

dans la commune de Cassis, avec deux tiers de Muscat et un tiers de Mourvède, un vin Muscat qui n'est pas sans mérite ; mais on ne le produit que sur une petite échelle : on ne saurait, d'ailleurs, le comparer aux excellents Muscats de Rivesaltes et de Frontignan.

VINS DE SAINT-LOUIS, SÉON-SAINT-ANDRÉ ET SÉON-SAINT-HENRY

(BOUCHES-DU-RHÔNE).

Ces vins, produits sur le territoire de Marseille, sont légers en couleur, généreux et d'un parfum assez agréable, surtout lorsqu'on a eu soin de ne pas attendre une maturité complète pour vendanger, lorsqu'on a fait peu cuver et qu'on a soutiré plusieurs fois. Le meilleur de ces vins est le Séon-Saint-André ; fabriqué avec beaucoup de soin, il rappelle le Beaujolais pour la couleur, la finesse et l'agrément ; mais il est bien plus capiteux : pris sur place, il vaut 22 francs l'hectolitre.

Après ces vins, qu'on peut considérer comme de bons ordinaires, viennent ceux des quartiers de Saint-Antoine, Sainte-Marguerite, Sainte-Marthe, Château-Gombert et des Olives, vins moins fins que les premiers, plus chargés en couleur et moins alcooliques.

VIN CUIT, MUSCAT ET PANSES DE ROQUEVAIRE

(BOUCHES-DU-RHÔNE).

C'est encore dans l'arrondissement de Marseille qu'on
trouve le *vin cuit de Roquevaire;* il s'en produit, année
commune, 1,500 hectolitres dans la petite ville de ce
nom. Les principaux cépages qui entrent dans sa composition sont la *Clairette*, l'*Araignan*, l'*Uni blanc*, etc.
Ces raisins sont triés, égrappés et foulés avec soin
comme pour le Muscat. On les cuit dans une grande
chaudière, jusqu'à ce que le liquide ait subi une diminution du tiers environ de son volume ; après la cuite,
on met le vin en tonneaux ; on soutire lorsque toute
fermentation a cessé, puis on met en bouteilles. Ce vin
se conserve très longtemps; pris sur place, il vaut de
40 à 50 francs l'hectolitre.

Roquevaire fabrique encore, mais en très petite proportion, des Muscats rouges et blancs avec les raisins de
cette espèce mélangés de Mourvède ou d'Araignan ; mais
le principal produit viticole de cette commune indus-
trieuse consiste dans les raisins secs ou *Panses*, appelés
ainsi du nom du cépage qui les fournit. On n'évalue pas
à moins de 35,000 kilogrammes la quantité de raisins
secs qui s'y préparent annuellement.

Les Panses se cultivent par *allées* et de la même
manière que les autres vignes de l'arrondissement de
Marseille. Lorsqu'elles sont mûres, on les cueille, on les

dépose avec précaution dans de grands paniers, puis on les place sur des claies, après les avoir soigneusement triées et purgées de tous les grains gâtés ou piqués. Cela fait, on les plonge dans une lessive bouillante, sans les y laisser séjourner; après les en avoir retirées, on les étend, en plein soleil, sur des claies supportées par des espèces de bancs à 1ᵐ,60 au-dessus du sol. Chaque soir, on rentre les claies dans de grands bâtiments connus sous le nom de *loges*, où elles sont disposées autour des murs sur des *barrons;* on les en retire chaque matin pour les exposer de nouveau au soleil. Tous les deux jours, on retourne le raisin sur la claie pour hâter sa dessiccation; lorsqu'il est resté ainsi exposé pendant six ou huit jours, on l'enlève avec soin pour le ranger symé-triquement par couches sur d'autres claies : cette opéra-tion délicate réclame l'habileté d'une personne exercée.

Les Panses de choix ou de table sont rangées dans des caisses par couches séparées entre elles par des feuilles de papier blanc. Les 50 kilogrammes, premier choix, valent de 30 à 35 francs; les Panses ordinaires ne se paient que 20 ou 25 francs.

Les principaux débouchés des raisins secs de Roque-vaire sont Lyon, Paris, Toulouse. Cette industrie est encore répandue sur plusieurs points des Bouches-du-Rhône, mais nulle part elle n'est plus active qu'à Roquevaire; cette commune en est réellement le centre. La confection des raisins secs dans les Pyrénées-Orien-tales est, à peu de chose près, la même qu'à Roque-vaire; seulement on emploie à cet usage la *Panse*

musquée, bien préférable à la Panse ordinaire. Elle a
pour caractères : Sarments moyennement noués. Feuilles
grandes quinquélobées, à lobes se recouvrant d'un vert
jaune à la face supérieure, très cotonneuses en dessous,
feutrées. Grappe volumineuse, pyramidale, régulière,
ailée, garnie de grains lâches, ronds, gros, d'un blond
doré, fleuris et transparents, croquants, très sucrés,
d'une saveur fine et parfumée, à peau épaisse. Maturité
précoce.

Au commencement de septembre, vingt jours avant
la vendange, on coupe les Panses. on les lie avec un fil,
et, après les avoir plongées dans de l'eau bouillante, on
les expose, pendant une vingtaine de jours, à l'action
du soleil ; on les conserve dans des caisses ou suspendues
dans l'intérieur des maisons.

La confection des raisins secs n'est encore qu'une
simple manipulation de ménage dans le Roussillon,
bien qu'elle puisse, sans difficulté, y donner lieu à un
commerce important ; il s'en fabrique annuellement
50,000 kilogrammes, représentant une valeur de
25,000 francs.

RÉGION DU SUD-EST.

Cette région, comprise entre le 44° et le 45° degré de latitude, renferme la plus grande partie des deux rives du Rhône.

Elle embrasse huit départements : le Gard, dans sa partie nord-est, Vaucluse, les Hautes-Alpes, la Drôme, l'Ardèche, la Loire, l'Isère et une partie du Rhône. C'est elle qui fournit les vins connus sous le nom de *vins de la côte du Rhône*, dont les plus renommés sont :

Tavel,
Chusclan,
Laudun,
Châteauneuf-du-Pape,
Saint-Péray,
L'Ermitage,
Condrieu,
Et Côte-Rôtie.

VINS DE LA COTE DU RHONE.

On désigne ordinairement sous cette dénomination les vins fabriqués sur la rive droite du Rhône, dans les communes de Laudun, Chusclan, Tavel, Roquemaure, etc., arrondissement d'Uzès, département du

7

Gard ; on y range aussi les vignobles de Châteauneuf-
du-Pape, sur la rive gauche du Rhône, dans l'arrondissement d'Orange, département de Vaucluse. Mais, pour
être logique dans cette classification, il faudrait encore
y faire entrer les vignobles de Saint-Péray, de l'Ermitage, de Condrieu et de Côte-Rôtie qu'on a coutume
d'en séparer. Cette distinction, que rien ne justifie, doit
disparaître, d'une part, parce que la situation géogra-
phique de ces vignobles est exactement la même ; de
l'autre, parce que leurs produits présentent, pour la
plupart, la plus grande analogie : nous les confondrons
tous dans une même catégorie sous le nom de *vins de la
côte du Rhône* à laquelle ils appartiennent réellement.
Ces vins, très généreux, fins, légers et bouquetés, s'améliorent beaucoup en vieillissant ; ils supportent bien le
transport. La région qui les produit est éminemment
calcaire à son extrémité la plus méridionale, le long du
Rhône ; en face, sur l'autre rive, le terrain, sans cesser
d'être calcaire, est plus ou moins mélangé d'argile et
de cailloux roulés ; mais plus loin, en remontant le
fleuve, sur ses deux bords, le calcaire disparaît presque
complétement pour faire place au granit plus ou moins
associé au sol d'alluvion. La plupart des grands vignobles
de cette région occupent des coteaux d'une certaine
élévation, tournés généralement au midi.

C'est dans le périmètre compris entre Roquemaure
et Bagnols, c'est-à-dire sur une surface de 38 kilomètres
de longueur sur 8 de largeur, dans le département du
Gard, qu'on trouve la plupart des vignobles qui four-

nissent les vins proprement dits de la côte du Rhône;
tels sont : Roquemaure, Tavel, Lirac, Chusclan, Orsan,
Saint-Geniès-de-Comolas, Saint-Laurent-des-Arbres et
Laudun. La vigne s'y cultive exactement de même
qu'à Saint-Gilles; les procédés de vinification n'offrent
de particulier que le cuvage. Beaucoup de vins de cette
provenance n'y sont pas soumis, et ceux auxquels on
l'applique ne le subissent jamais aussi longtemps que les
autres vins du Gard : pour tout le reste, plantation,
espacement, taille, menues cultures, vendange et fabrication. ils ne diffèrent pas de ce qu'on observe dans
l'arrondissement de Nîmes.

Généralement. la côte du Rhône, proprement dite,
est plantée en cépages variés, parmi lesquels dominent.
en raisins noirs, le *Terret*, le *Picpoule*, le *Piran*, le
Camavèze, le *Grenache* ou Alicante : ce dernier cépage
contribue, pour une bonne part, à la réputation des
vins de la côte du Rhône; viennent ensuite l'*Uni*, la
Bourboulenque et plusieurs autres variétés locales. mais
en minimes proportions. Parmi les cépages blancs. la
Clairette et le *Calitor* forment près du cinquième des
plants; le reste se compose d'*Uni blanc*, de *Picardan* et
de plusieurs autres cépages d'une moindre importance.

Dans l'ordre de leur mérite. les vins de cette partie
de la côte du Rhône se classent ainsi :

Première classe. — Vins rouges non cuvés.

TAVEL. Vin très sec, très léger en couleur : il gagne beaucoup
en vieillissant. Il s'en produit, chaque année, 3000 pièces

de 2 hectolitres 80 litres, au prix moyen de 50 francs la pièce.

LIRAC. Vin très sec, plus ferme que le Tavel, d'un rose vif. Il s'en produit annuellement 1000 pièces du prix de 50 francs en moyenne.

CHUSCLAN. Vin de liqueur fort agréable. Il s'en produit 2000 pièces par année, au prix de 50 francs.

Deuxième classe. — Vins rouges non cuvés.

ORSAN. Vin tendre, couleur foncée. Il s'en produit annuellement 1500 pièces, au prix moyen de 45 francs.

SAINT-GENIÈS-DE-COMOLAS. Vin auquel on trouve quelque analogie avec le Chusclan. Il s'en produit 3000 pièces par an, à raison de 45 francs en moyenne.

Troisième classe.

SAINT-LAURENT-DES-ARBRES. Vin d'une demi-couleur. Il s'en produit 3000 pièces par année, au prix moyen de 45 francs.

ROQUEMAURE. Ses premières cuvées sont de bonne qualité et généralement estimées pour la table. Il s'en produit 5000 pièces, chaque année, au prix moyen de 45 francs.

Vin blanc.

LAUDUN. Vin léger, petillant et fort agréable. Il s'en produit annuellement 1000 pièces, au prix moyen de 50 francs; 700 pièces sont converties en vin sec et 300 en vin doux.

VIGNOBLE DE CHATEAUNEUF-DU-PAPE

(VAUCLUSE).

En traversant le Rhône, on trouve sur la rive gauche du fleuve, à quelques kilomètres d'Orange, le beau vignoble de Châteauneuf-du-Pape, d'environ 600 hectares.

Le sol y est généralement calcaire, mêlé de sable rougeâtre et plus ou moins couvert de cailloux roulés ; dans beaucoup d'endroits il repose sur un fond argileux.

L'exposition dominante des vignobles de la commune de Châteauneuf-du-Pape est celle du midi. Le vignoble de la Nerthe, jadis son plus beau fleuron, regarde le sud-ouest ; il a à ses pieds celui de Condorcet, plus franchement tourné vers le midi : cette dernière orientation est aussi celle du vignoble du château de Vaudieu.

Il n'y a pas longtemps encore, la vigne, aux environs de Châteauneuf-du-Pape, n'occupait que des coteaux ; mais peu à peu elle est descendue dans la plaine et dans les vallons : la qualité du vin n'y a pas gagné. La pente générale du sol est de 12 à 15° environ. Les procédés de culture et de vinification ne sont plus les mêmes que de l'autre côté du Rhône. Avant de planter, on défonce toujours le sol à bras d'homme, à 0m,25 ou 0m,30 de profondeur ; on se sert, pour cette opération, d'une fourche à trois dents droites ; si le terrain ne contient pas trop de pierres, on emploie le louchet.

Les cépages qui dominent dans les vignobles de Châteauneuf-du-Pape sont, parmi les raisins noirs, le *Grenache*, le *Picpoule*, le *Tinto*, le *Terret noir* et, parmi les
variétés blanches, la *Clairette*, l'*Uni* et le *Muscat*.
D'après les vignerons du pays, le Grenache donne la
liqueur et la finesse, le Picpoule la générosité, le Tinto
la couleur et le Terret la quantité. Ces cépages sont
diversement associés et varient, pour les proportions,
selon les vignobles : on voit quelques crus plantés en
Grenache, à l'exclusion de tous autres cépages. L'époque
de Noël est celle qu'on préfère pour la plantation quand
la terre a pu être préparée d'avance ; dans le cas contraire, on plante en février ou en mars. Le pal est
exclusivement usité pour la plantation qui s'effectue
avec de simples sarments ; ceux-ci sont mis en terre à
une profondeur de 0^m,35 au moins ; le plus souvent,
quand on le peut, on descend jusqu'à 0^m,50. Les ceps
sont placés communément à 2 mètres en tous sens les
uns des autres : on voit aussi d'anciennes vignes sur les
hauteurs et dans les sols les plus maigres placées à
2^m,50 et des plantations nouvelles au bas des coteaux
à 1^m,75 ; mais ce sont là des exceptions. La vigne ne
reçoit jamais d'engrais, le seul amendement que leur
applique la petite propriété consiste dans des transports
de terre au pied de la souche. Toutes les cultures se
donnent généralement à la main. Pendant les trois premières années qui suivent la plantation, les façons se
répètent trois fois chaque année ; on se contente ensuite
de deux cultures : la première en mars, la seconde en

avril ou mai. Là où l'araire peut fonctionner, les propriétaires travaillent ordinairement deux fois le sol avec
cet instrument, indépendamment des deux façons à la
main. On dresse la vigne sur plusieurs branches, à partir
de la troisième année ; la force de la végétation détermine le nombre des coursons qu'on lui laisse ; elle en
porte trois, quatre et parfois jusqu'à cinq. L'usage général, à Châteauneuf-du-Pape, est de provigner avant
Noël, souvent aussi en février et mars ; mais, si la saison
est pluvieuse, les provins faits dans ces derniers mois
réussissent moins bien, surtout dans les bas-fonds.

Novembre et décembre pour les vignes vieilles et
février pour les jeunes vignes sont considérés comme
les mois les plus favorables pour la taille. Il est prudent,
en effet, de retarder la végétation hâtive des jeunes
vignes qui, par leur précocité, sont plus sujettes aux
gelées du printemps ; les vieilles vignes, moins pressées
de débourrer, y sont moins exposées ; on aime, d'ailleurs, à les soulager de bonne heure de leur bois. On
taille généralement sur deux yeux et, parfois aussi, sur
trois. L'ébourgeonnement n'a jamais lieu à Châteauneuf-du-Pape ; on n'épampre que les jeunes vignes,
celles qui occupent les bas-fonds : cette opération se
pratique dans la première quinzaine de septembre. La
vigne commence à rapporter à trois ans, quand le plant
se compose de Grenache, de Terret, de Tinto ; lorsque
ce sont des raisins blancs, tels que la Clairette, l'Uni, le
Muscat, elle ne commence à produire qu'à la cinquième
année. En général, la vigne, dans les bons terrains, est

en plein rapport à dix ans, et dès la huitième année, si
ce sont des *Grenachières* placées dans de bonnes conditions. Cet état de prospérité dure au moins jusqu'à vingt
ans. Suivant la qualité du sol, la distance à laquelle les
ceps se trouvent placés et les soins judicieux dont ils
sont l'objet, la vigne se maintient pendant douze ou
quinze ans encore ; passé ce temps, elle commence à
décliner. Ses produits, à la vérité, sont encore satisfaisants, mais il faut redoubler de soins, sous peine de voir
la plante s'en aller rapidement. De tous les cépages
cultivés à Châteauneuf-du-Pape, le Grenache est celui
qui dure le moins.

La vendange a lieu, année commune, du 10 au
25 octobre ; depuis plusieurs années, la crainte des
pluies a fait devancer cette époque d'une dizaine de
jours : aussi se plaint-on que la maturité du raisin
laisse parfois à désirer. Le rendement moyen est de
20 hectolitres par hectare dans la commune de Châteauneuf-du-Pape ; en Grenache et dans un bon sol, il
n'est pas rare d'obtenir 30 hectolitres. A mesure que le
raisin est coupé, on le transporte au bord de la vigne et
on le verse, en petites quantités, dans des cornues de
bois. Là, des hommes armés d'un bâton fourchu à son
extrémité égrappent le raisin. La râfle est laissée de
côté sur le sol. On remplit les cornues, on les transporte
à la cuve et on les vide dans un grand entonnoir de bois,
de forme carrée, à la base duquel se trouvent deux cylindres de bois également, cannelés ; ceux-ci sont mus par
un petit engrenage de fonte, au moyen d'une manivelle

tournant en sens inverse et écrasant le raisin. La cuve
s'emplit en même temps qu'on vendange ; on fait en
sorte qu'elle soit pleine dans l'espace de deux jours.
Craint-on que le mauvais temps n'arrête les vendanges, on garde quelques cornues de raisin qu'on
verse dans la cuve pour arrêter la fermentation. L'ancien usage de fouler le raisin avec les pieds est complétement abandonné à Châteauneuf-du-Pape. Les petits
propriétaires empruntent ou louent un cylindre,
quelques-uns n'égrappent que grossièrement ; d'autres
négligent entièrement cette opération, mais ils sont en
très petite minorité ; en général, l'égrappage se pratique avec le plus grand soin. Le cuvage dure ordinairement quinze ou dix-huit jours, quelquefois même davantage. Le vin, une fois mis en tonneau, n'est bouché
qu'à Noël ; jusque-là, on se contente de placer un morceau de brique sur la bonde. Le vin nouveau est ouillé
tous les deux jours pendant les quinze ou vingt jours
qui suivent l'entonnement ; on a soin de tenir les tonneaux toujours pleins jusqu'au moment où l'on bonde.
On ouille ensuite tous les quinze jours jusqu'au mois de
mars ; à cette époque, on soutire le vin, on le bonde
serré et l'on n'ouille plus alors que tous les mois. Dans les
caves soignées on soutire de nouveau vers la fin de septembre ; ces opérations se répètent tant que le vin reste
chez le propriétaire. Le vin de Châteauneuf-du-Pape se
vend en pièces jaugeant 2 hectolitres 70 litres. Son
prix a subi bien des variations : il y a quelques années,
déprécié comme la plupart des autres vins, il était

tombé à 25 francs l'hectolitre; en 1843, on le payait
45 francs au sortir de la cuve ; depuis la maladie de la
vigne, il a souvent dépassé ce prix élevé. Au delà de la
troisième année, ce vin ne se conserve plus en tonneaux ;
il s'y use et se décolore plus promptement qu'en bouteilles : c'est donc à l'âge de trois ans, s'il est de bonne
qualité, qu'il convient de lui faire subir ce transvasement. Les crus les plus renommés de la commune de
Châteauneuf-du-Pape sont les vignobles du château de
la Nerthe, de Condorcet, de Fortia et du château de
Vaudieu.

VIGNOBLE DE LA NERTHE.

Le vignoble de la Nerthe, autrefois le plus en renom,
a dû sa réputation au marquis de Villefranche. Propriétaire du château, ce personnage occupait une position élevée à Paris. Sa table était toujours bien servie,
fort recherchée; il n'y laissait paraître que du vin de la
Nerthe, très vieux, d'une excellente qualité et bien conservé. De tels moyens devaient nécessairement lui faire
prendre rang à côté des meilleurs vins à la mode; il le
méritait alors; aussi sa réputation fut-elle bientôt fon-
dée : généreux comme tous les bons vins de la côte du
Rhône, il se distinguait par une belle robe, une grande
finesse, de la fraîcheur, une saveur légèrement âpre et
un bouquet très prononcé : il a baissé dans ces derniers
temps.

Le vignoble de la Nerthe, d'une contenance de

16 hectares, repose sur un sol assez en pente pour exiger des terrasses ou des fossés de retenue; soumis à l'analyse chimique, il offre la composition suivante :

Oxyde de fer.	5,409
Alumine.	2,516
Magnésie.	0,849
Silice soluble.	0,744
Acide phosphorique	0,419
Sels alcalins.	1,414
Carbonate de chaux	30,021
Matières organiques	8,092
Résidu insoluble.	50,535
	100,000

On trouve deux catégories de vignes à la Nerthe. Dans l'une, les souches sont extrêmement vieilles et les cépages se composent de *Picpoule*, de *Clairette*, de *Terret noir* et de *Picardan ;* dans l'autre, les souches sont jeunes et consistent en *Grenache* pour les deux tiers, en *Clairette*, *Terret* et *Picpoule* pour l'autre tiers. Le *Tinto* n'y existe qu'en très minime proportion, bien qu'il soit fort apprécié pour la couleur qu'il donne au vin, mais il manque de finesse. Les vignes, en général, sont à 1^m,50 en tous sens ; dans les parties du terrain les plus sèches, on les voit à 1^m,78 et même à 2 mètres; elles reçoivent trois façons à bras chaque année : on compte sur un rendement de 30 hectolitres par hectare, à partir de la huitième année.

Par exception aux usages de la commune de Châ-

teauneuf-du-Pape, le vin de la Nerthe s'expédie aussi en
bouteilles. Jusqu'en 1840, on ne vendait jamais de vin
nouveau au château de la Nerthe ; pour être livré, il
fallait que le vin fût fait, c'est-à-dire, qu'il eût quatre
ou cinq ans : il valait alors 240 francs la pièce de
270 litres, prise sur place. Ces conditions se sont mo-
difiées aujourd'hui ; on le vend, au sortir même de la
cuve.

Le cru de Condorcet, situé partie à mi-côte, partie au
bas du coteau de la Nerthe, est un beau vignoble de
20 hectares. Le sol, calcaire-argileux, contient une forte
proportion de cailloux roulés qui contribuent, sans doute,
à donner au vin qu'on y récolte le haut degré de spirituosité qui le différencie surtout de celui de la Nerthe. On y
cultive, mêlés ensemble, le Terret noir dans la proportion des trois cinquièmes, le Grenache, le Picpoule, la
Clairette et le Tinto pour les deux autres cinquièmes. On
vendange du 15 septembre au 15 octobre ; l'égrappage
est observé. Le vin de Condorcet vaut de 30 à 40 francs
l'hectolitre, au moment de la récolte ; sa réputation s'est
fort étendue depuis quelques années ; elle se justifie
par les soins éclairés donnés à ce vignoble où le Sirrah
de l'Ermitage a été introduit avec un plein succès.

Le vignoble de la Fortia occupe une position analogue à celle de la Nerthe. Les vignes, plantées dans un
sol argileux, occupent un site élevé et regardent, en
partie, le midi. On y récolte un vin de bonne qualité ;
plus corsé et plus spiritueux que celui de la Nerthe,
mais moins fin. Sous l'ancien propriétaire, le marquis

de Fortia d'Urban, le produit moyen du vignoble ne
s'élevait pas à plus de 30 pièces par an ; il a été porté,
depuis, à plus de 100 pièces.

Le vignoble de Vaudieu fait partie de la grande et
belle terre de ce nom ; son vin est moins alcoolique et
moins foncé en couleur que celui des autres grands crus
de Châteauneuf-du-Pape. Il renferme des quartiers
exclusivement plantés en vignes blanches telles que
Clairette, *Uni*, *Pascal blanc*, *Bourboulenque*, *Muscat ;*
on en obtient un vin sec fort estimé, qui se fabrique de
la manière suivante. Le raisin, cueilli bien mûr, est
égrappé avec soin. Après avoir pressé la vendange,
mais non le marc, on enferme le moût dans des tonneaux, on l'abandonne à la fermentation ; il bout ainsi
tout l'hiver et n'est visité que pour être ouillé. On soutire en mars. Quand on met le vin en bouteilles, à la
seconde année, il est limpide et incolore comme de
l'eau. Veut-on faire du vin doux, on se borne à arrêter
promptement la fermentation. Le lendemain de la mise
en tonneau, on ajoute deux litres de bonne eau-de-vie
à 20 degrés par hectolitre, et l'on soutire cinq ou six
fois au moins jusqu'à Noël. Le vin sec de Vaudieu rappelle les vins d'Espagne ; son prix ne descend pas au-
dessous de 80 francs l'hectolitre : on doit le mettre en
bouteilles à trois ans. On récolte, chaque année, de
80 à 100 pièces de vin à Vaudieu.

Tels sont les quatre vignobles les plus importants et
les plus en renom de Châteauneuf-du-Pape ; le cru de
la Jacquinotte, planté en vieilles vignes et d'où l'on

retire, chaque année, de 60 à 70 pièces de vin, mérite
aussi d'être signalé.

La propriété est très divisée dans la commune de
Châteauneuf-du-Pape ; tous les habitants sont propriétaires de vignes et récoltent, bon an, mal an, depuis
deux ou trois tonneaux jusqu'à 35 pièces de vin. Cette
dernière quantité est le suprême effort d'une dizaine
de tenanciers ; aussi la petite propriété se voit-elle enlever le bénéfice de la vente directe et se trouve-t-elle
à la merci d'agents intermédiaires. Ce sont ordinairement des commissionnaires de Roquemaure qui achètent les vins de Châteauneuf-du-Pape, lorsqu'ils sont
nouveaux. Ceux-ci sont plus ou moins travaillés et
coupés pour être ensuite expédiés, en grande partie, en
Bourgogne, où ils servent à soutenir les vins faibles de
cette contrée, surtout dans les mauvaises années ; on en
expédie aussi quelque peu à Bordeaux pour le même
usage. La conséquence de cet état de choses, c'est que
le vin de Châteauneuf-du-Pape ne peut être apprécié
comme il le mériterait. Non-seulement on le trouve
rarement pur de tout mélange dans le commerce, mais,
pour qu'il pût être jugé d'après sa véritable valeur, il
faudrait qu'il fût vieux : or les vins de cette qualité ne
se rencontrent que dans les bons crus de la Nerthe, de
Condorcet, de la Fortia, de la Jacquinotte et de Vaudieu ; encore la quantité disponible n'en est-elle pas
considérable.

A un autre point de vue général, on peut affirmer,
sans craindre de se tromper, que les vins de Châteauneuf-

du-Pape se sont sensiblement modifiés depuis vingt ans. Les plus hauts prix du commerce tombent aujourd'hui sur les vins les plus foncés en couleur et les plus spiritueux, considérés comme ingrédients ; les anciens cépages de la commune n'étaient que des cépages fins, ils ont fait place à d'autres variétés réunissant les conditions d'alcoolicité et de coloration demandées par le commerce : il n'en fallait pas davantage pour faire réformer les bonnes espèces et pour altérer fortement la qualité du Châteauneuf-du-Pape. Le mauvais exemple est d'autant plus contagieux, qu'il est plus lucratif. Bientôt on ne s'est plus contenté d'avoir extirpé les anciens cépages, les vignes ont cessé d'être cantonnées sur les coteaux, elles ont envahi la plaine, et leurs produits communs, plus ou moins mélangés avec le bon vin, sont devenus une cause d'abaissement dans la qualité. Cette transformation du vignoble de Châteauneuf-du-Pape est l'histoire de bien des crus renommés auxquels il ne reste plus que leur réputation d'autrefois.

En dehors de la zone viticole qui se rattache à la côte du Rhône, le département de Vaucluse compte encore plusieurs vins estimés. Ceux qui méritent le plus d'être cités sont les vins de Coteau-Brûlé, dans le vignoble de Sorgues, et ceux de Saint-Sauveur, commune d'Aubignan : le premier appartient à l'arrondissement d'Avignon, le second à celui de Carpentras. Beaume, à 7 kilomètres de cette ville, produit de bons vins muscats ; Mazan, qui n'en est qu'à 6 kilomètres, livre au commerce, sous le nom de *Grenache*,

des vins cuits qu'on fabrique en concentrant le moût de
raisin et en y ajoutant une certaine quantité d'eau-de-vie.

En s'éloignant davantage du littoral, mais sans sortir
de la région du sud—est, le département des Hautes-
Alpes possède, à son tour, quelques bons vins qu'il est
juste de tirer de l'oubli ; les meilleurs sont ceux de Jarjayes, de l'Étret, de Neffes et de Château—Vieux, dans
l'arrondissement de Gap.

Jarjayes compte 90 hectares de vignes. Le sol, fortement en pente, consiste en schiste argilo-calcaire ; il est
exposé au sud-sud-est, sur la rive droite de la Durance. Ce
vignoble rend, en moyenne, 18 hectolitres par hectare.
D'après les connaisseurs du pays, le vin provenant de
la *roche de Jarjayes* constitue la première qualité des
vins des Hautes-Alpes : il est léger, fin de bouquet et
nullement capiteux.

L'Étret est un vignoble de 72 hectares rendant, en
moyenne, 30 hectolitres par hectare. Le terrain est le
même que celui de Jarjayes, mais son exposition est plus
méridionale. Le vin de l'Étret est plus couvert et plus
alcoolique que celui de Jarjayes ; il serait susceptible
de conservation, si on le traitait avec soin.

Neffes, situé dans la vallée de Roussines, parallèle à
celle de la Durance, ne renferme pas moins de 134 hectares ; le sol est plus siliceux que celui des vignobles
précédents : le quartier désigné sous le nom de la *Côte
de Neffes* fournit un vin presque aussi recherché que
celui de Jarjayes et de l'Étret, il ne rend guère plus de
14 hectolitres par hectare.

Château-Vieux, au sud-ouest, sur le revers opposé de la petite vallée de Roussines, se compose de 80 hectares donnant, en moyenne, 20 hectolitres par hectare; son vin se rapproche beaucoup de celui de Neffes, mais on lui reproche d'être ordinairement un peu plus vert. Les produits de ces quatre vignobles ne sortent pas du département, ils sont consommés sur les lieux mêmes et dans la ville de Gap. Les mêmes cépages noirs en forment le fond : ce sont le *Mollard*, le *Mollardon* ou *petit Mollard*, le *Plant du Four* et l'*Espagnin*.

Le *Mollard* a le sarment érigé et les nœuds moyennement écartés ; ses feuilles, de moyenne grandeur, sont peu lobées, à dents mousses, duvetées à leur face inférieure ; la grappe est allongée, garnie de grains arrondis, gros, peu serrés et à peau fine.

Le *Plant du Four* a le bois plus rouge que celui du Mollard, mais surtout il tend à se coucher ; ses feuilles sont aussi plus grandes, plus découpées, mais moins cotonneuses en dessous. Les grappes sont belles; leurs grains, peu serrés, sont plus petits que ceux du Mollard et légèrement déprimés à leur sommet. Il se rapproche beaucoup du Téoulier cultivé près de Draguignan.

L'*Espagnin* ou *Pis de Chèvre* a le sarment violacé, noué court ; ses feuilles, d'un vert foncé en dessus, sont très cotonneuses en dessous. On le reconnaît surtout à ses belles grappes munies d'un pédoncule robuste auquel sont suspendus des grains en forme d'olives, à peau épaisse, à chair ferme et d'une saveur toujours douce, même lorsqu'ils n'ont pas atteint leur complète maturité.

8

Les procédés de culture usités dans les vignobles des Hautes-Alpes sont partout les mêmes.

Les souches sont plantées à 1 mètre en tous sens dans un sol défoncé à 1 mètre de profondeur. Les jeunes plants sont garnis d'échalas jusqu'à cinq ou six ans. On commence à tailler en janvier, lorsque le temps le permet ; en avril et en mai, on donne une façon à la pioche dans les terrains en pente, à la bêche dans les terrains plats. Dans les sols fortement inclinés, on est obligé, de temps à autre, de remonter, du bas de la vigne au sommet, la terre dévalée. Dans certaines localités, ces *rechargements* se font à l'aide d'une roche schisteuse qu'on transporte sous forme de blocs dans les différents quartiers du vignoble qui les réclament ; les blocs se délitent avec le temps et *refont* ainsi la couche supérieure, qui tend sans cesse à descendre. Vers la fin de juin ou le commencement de juillet, on épampre ; là se bornent les œuvres dont la vigne est l'objet : par exception seulement, quelques petits propriétaires soigneux donnent une seconde façon après l'épamprement. La vendange est versée, sans choix de raisins et sans égrappage, dans des cuves de bois et on la foule une ou deux fois ; on mêle, en général, le vin de la cuve avec celui du pressoir. Le vin est ordinairement vendu *au ras de la cuve* ou quelques mois après la vendange, le plus souvent sans avoir été soutiré. On ouille pendant cinq ou six semaines au fur et à mesure qu'on aperçoit du vide dans les tonneaux, puis on ferme la bonde jusqu'au moment de la vente. Le vin du pays comptant plus de cinq ou six ans de bouteille est une véritable exception dans les Hautes-Alpes. Le vin blanc connu sous le nom de *Clairette de la Saulce*, qu'on fabrique près de Gap, ne se recommande par aucune qualité ; sa réputation locale est tout à fait usurpée.

VIGNOBLE DE SAINT-PÉRAY

(ARDÈCHE).

Après avoir quitté Châteauneuf-du-Pape, le cru le plus important qui se présente d'abord, en remontant le Rhône, est celui de Saint-Péray. Ce vignoble, renommé pour ses vins blancs, dépend de l'arrondissement de Tournon (Ardèche) ; il se compose de 172 hectares sis, partie en coteau, partie mi-coteau, tous orientés à l'est. Le sol en général est argilo-caillouteux, plus ou moins mêlé d'oxyde de fer. A la côte de Hongrie, l'un des meilleurs quartiers de ce vignoble, il présente la composition suivante :

Oxyde de fer.	9,969
Alumine.	5,113
Magnésie.	0,325
Silice soluble.	0,645
Acide phosphorique	0,300
Sels alcalins	0,395
Carbonate de chaux	2,406
Matières organiques	2,356
Résidu insoluble.	78,491
	100,100

Deux cépages sont cultivés à Saint-Péray, la *petite* et la *grosse Roussette* (Roussanne de l'Ermitage); cette dernière domine.

Avant de planter, on défonce le terrain à 1 mètre, on plante au pal en février et mars et sans fumure aucune ; les souches sont à 1 mètre les unes des autres. La première année, la vigne ne reçoit qu'une seule façon ; à la seconde feuille on lui en donne deux et on l'échalasse. La taille s'effectue en janvier, février et mars ; on réserve généralement trois yeux. La vigne faite, on emploie le fossoyage et les binages depuis avril jusqu'en juillet. On n'ébourgeonne pas ; en revanche, on épampre avec soin. A partir de la troisième année, on obtient déjà quelques produits de la vigne, mais ce n'est qu'à dix ans qu'elle est en plein rapport. La vendange est considérée comme hâtive quand elle arrive à la fin de septembre ; elle a lieu, en général, au commencement d'octobre.

Le Saint-Péray blanc ne cuve pas. Veut-on du vin mousseux, on le traite exactement comme le Champagne (1). Le Saint-Péray non mousseux s'obtient de la manière suivante : Aussitôt après avoir pressé, on entonne et l'on commence à ouiller dès le lendemain de la mise en tonneaux. Pendant le premier mois, les ouillages se répètent tous les jours, ensuite tous les trois ou quatre jours ; on soutire fréquemment, cinq ou six fois, pour abattre la fermentation et obtenir une lim—

(1) Pour les détails de cette fabrication, consulter plus loin l'article *Vin de Champagne.*

pidité parfaite. Le Saint-Péray est mis en bouteilles à trois ou quatre ans. On porte à 24 hectolitres le rendement moyen par hectare.

Les crus les plus renommés de Saint-Péray sont : *Coteau – Gaillard*, *Solignaes*, *Thioulet* et *Hongrie*; viennent ensuite *Savoie-les-Sapettes* et *Malayon*. Cette différence dans la classification tient à l'exposition plus ou moins favorable. La première qualité vaut 75 francs l'hectolitre; la seconde, 50 francs. Au détail, le vin de Saint-Péray grand mousseux se vend, dans les bonnes années, de 2 francs à 2 fr. 50 c. la bouteille; le vin blanc non mousseux, de première qualité, vaut le même prix à l'âge de cinq ou six ans.

Le Saint-Péray mousseux est un vin plein de séve et très spiritueux : c'est le Champagne du midi de la France, moins la finesse, la légèreté et la douceur; on lui reproche, avec raison, d'être trop capiteux. Ses débouchés principaux sont l'Angleterre, l'Allemagne, la Russie, la Hollande et la Belgique.

VIN DE SAINT-JEAN

(ARDÈCHE).

A la suite du Saint-Péray, quelques auteurs citent le vin blanc de Saint-Jean, près Tournon, comme un vin recommandable, mais, il ne compte guère dans le commerce. Il ne s'en produit qu'une faible quantité, 100 pièces environ, dont le prix ne dépasse pas celui du

Saint-Péray troisième qualité ; encore celui-ci a-t-il plus de finesse, de liqueur et de qualité.

La culture de la vigne à Saint-Jean-de-Muzols est la même qu'à Saint-Joseph et à Cornas ; les cépages sont aussi les mêmes que dans ces deux vignobles.

VINS DE CORNAS ET DE SAINT-JOSEPH

(ARDÈCHE).

Les vins blancs de Saint-Péray constituent la principale richesse viticole de l'Ardèche ; mais ce département fournit encore des vins rouges estimés : les plus distingués sont ceux de Cornas et de Saint-Joseph.

Cornas possède 100 hectares plantés en *Picpoule* et en *Sirrah*. Le sol n'a guère que la dixième partie de sa surface sur le calcaire, le reste est granitique. Les souches, placées à 0^m,90, sont taillées sur deux ou trois yeux ; elles reçoivent, en général, deux cultures à la main ; elles entrent en bon rapport à six ans. La vendange a lieu à la fin de septembre ou dans les premiers jours d'octobre. Le raisin est foulé avec les pieds ; on laisse cuver pendant quinze jours ; le premier mois de la mise en tonneaux on le ouille tous les jours. Le soutirage a lieu en mars ; on met en bouteilles à cinq ans.

Cornas livre, chaque année, au commerce, 2000 pièces de 2 hectolitres chacune, du prix de 80 à 120 francs. Ce vin, remarquable par sa couleur, est corsé et moelleux ; il se garde bien et peut être comparé au vin de l'Ermitage, deuxième qualité, quand il provient d'une bonne année ; il en diffère surtout par l'absence de bouquet.

Saint-Joseph, beaucoup moins étendu que Cornas, puisqu'il n'a que 6 hectares 50 ares, l'emporte sur ce vignoble par la qualité. Son vin se paie, en moyenne, de 100 à 150 francs la pièce de 205 litres.

Le sol est exclusivement granitique et entièrement planté en Sirrah. Pour planter, on fait des *bancs doubles*, et l'on plante, de chaque côté, des crossettes enracinées à la distance de 0^m,80 à 1 mètre : elles sont fumées avec du terreau. Pendant le cours de la végétation, on donne trois façons à la vigne, on taille sur trois ou quatre yeux et l'on épampre en août. Les procédés de vinification sont les mêmes que pour le Cornas ; on ouille tous les huit jours jusqu'au moment du soutirage, qui a lieu en mars.

La production de Saint-Joseph n'excède pas 100 pièces par année. Ce vin a la plus grande analogie avec le Cornas ; celui-ci est plus corsé, mais le Saint-Joseph a plus de finesse et de bouquet : l'un et l'autre, dans les bonnes années, constituent des vins d'entremets ; ils se consomment dans l'Ardèche et les départements voisins.

VIGNOBLE DE L'ERMITAGE

(DRÔME).

Au sortir des bons crus de l'Ardèche, en face même de Tournon, sur la rive opposée du Rhône, se présente l'Ermitage. Ce vignoble célèbre est situé dans la commune de Tain, à 28 kilomètres de Valence (Drôme); il se compose de 140 hectares de vignes réparties sur deux coteaux principaux, offrant deux natures de terres bien tranchées. Le plus rapproché du fleuve est granitique ; sa couche arable présente peu d'épaisseur, et il a pour sous-sol une roche granitoïde composée de mica, de quartz et de feldspath. L'autre coteau appartient au terrain d'alluvion; il repose, dans sa partie moyenne, sur un poudingue formé de cailloux roulés, empâtés dans un ciment calcaire. Ces deux coteaux réunis constituent un massif exposé au sud-ouest, incliné de telle sorte que, depuis son lever jusqu'à son coucher, le soleil en frappe toutes les parties, à l'exception des gorges plus ou moins profondes qui les séparent; le vent du nord n'y a aucune prise. Leur point culminant s'élève à 160 mètres au-dessus du niveau du Rhône. Leur pente est rapide; aussi voit-on, dans ce vignoble, un grand nombre de murs ou terrasses destinés à soutenir les terres qui, sans cette précaution, courraient risque de dévaler par l'effet des pluies.

Les coteaux de l'Ermitage empruntent leur nom d'un

ermitage fondé en 1225 par Gaspard de Sterimberg, chevalier de la cour de la reine Blanche de Castille, qui lui fit concéder un terrain spécial dépendant de la chapelle de Saint-Christophe, au sommet du Bessas, pour y servir Dieu le reste de ses jours.

Le sommet du coteau était alors couronné d'un bois dont on voyait encore les vestiges en 89. L'ermite et sa demeure ont disparu depuis; aujourd'hui tout le coteau de l'Ermitage est occupé par la vigne, il se divise en trois *mas* ou quartiers. Le coteau granitique porte le nom de *mas des Bessas*. Ce sol, soumis à l'analyse chimique, est composé ainsi qu'il suit :

Oxyde de fer.	10,161
Alumine	3,032
Magnésie.	0,122
Silice soluble	0,612
Acide phosphorique	0,298
Sels alcalins	0,363
Carbonate de chaux	2,654
Matières organiques	3,097
Résidu insoluble.	79,661
	100,000

Le coteau appartenant au terrain d'alluvion se nomme, dans sa partie supérieure, *mas du Méal*, et, dans sa partie inférieure, *mas de Greffieux;* ce dernier, plus argileux, possède une couche arable plus profonde. Le sol de Méal présente à l'analyse la composition suivante :

Oxyde de fer.   3,530
Alumine.   1,100
Magnésie   0,220
Silice soluble   0,900
Acide phosphorique   0,160
Sels alcalins.   0,730
Carbonate de chaux.   35,520
Matières organiques   3,240
Résidu insoluble.   54,600
                                        ─────────
                                        100,000

Le sol de Greffieux offre la composition qui suit :

Oxyde de fer.   4,045
Alumine.   4,622
Magnésie.   0,673
Silice soluble   0,294
Acide phosphorique   0,387
Sels alcalins   1,009
Carbonate de chaux.   5,568
Matières organiques   7,007
Résidu insoluble.   76,395
                                        ─────────
                                        100,000

Des produits combinés des trois mas des Bessas, du
Méal et de Greffieux, dépend la qualité supérieure du
vin de l'Ermitage; pour être classé en premier cru, il
faut être propriétaire de vignes dans chacun de ces trois
mas. Le vin provenant exclusivement des Bessas a moins
de finesse et de parfum que celui obtenu au Méal et à

Greffieux, mais il rachète ce défaut par une couleur plus foncée, recherchée pour les mélanges. En dehors de cette triple condition d'origine, le vin de l'Ermitage a sans doute encore beaucoup de qualité, mais il lui manque cette perfection que lui assure, dans les bonnes années, sa provenance des trois mas indiqués.

Quatre cépages ont été longtemps cultivés à l'Ermitage : la *grosse* et la *petite Sirrah* pour la fabrication du vin rouge, la *Roussanne* et la *Marsanne* pour celle du vin blanc ; mais aujourd'hui la grosse Sirrah, plant commun qui ne se recommande que par l'abondance de ses produits, est exclue par les propriétaires jaloux de la qualité de leur vin, et se trouve reléguée dans les vignobles ordinaires de la plaine. Les nouvelles plantations sur le coteau n'admettent que la petite espèce, comme plant noir : elle forme les dix-neuf vingtièmes des vignobles, le reste est complanté en Roussanne et en Marsanne.

La petite Sirrah se reconnaît aux caractères suivants : Sarments de couleur cannelle foncée, noués long. Feuilles grandes, fines, très variables, ordinairement à cinq lobes, d'un vert gai, duveteuses à la face inférieure. Grappe belle, allongée, ailée, composée de grains légèrement ovalaires, très serrés, inégaux, noir violet, très bruinés, juteux, très sucrés, à peau fine. Maturité précoce.

Les signes distinctifs de la Roussanne sont : Sarments de couleur cannelle claire, noués long. Feuilles épaisses, tourmentées, bien développées, variant de trois à cinq lobes, d'un beau vert en dessus, duveteuses en dessous. Grappe belle, allongée, ailée, garnie de grains petits, ronds, inégaux, lâches, très dorés, fleuris, croquants, très serrés, à peau fine. Maturité précoce.

La Marsanne est caractérisée par ses sarments de couleur cannelle claire, très longs, à nœuds très écartés. Ses feuilles sont grandes, très épaisses, tourmentées, se recouvrant à la base, ordinairement à cinq lobes; d'un beau vert à la face supérieure, duveteuses en dessous. Sa fleur résiste à la coulure. Sa grappe est belle, généralement moins allongée que celle` de la Roussanne, ailée, garnie de grains ronds, de moyenne grosseur, très pressés et inégaux, à chair un peu ferme, assez juteux, d'une saveur très sucrée. Maturité précoce.

Les procédés de culture sont les mêmes dans toute l'étendue de l'Ermitage. On défonce à 1 mètre le sol destiné à recevoir la vigne. La plantation a lieu au pal, en mars ou avril; on n'emploie, en général, que des boutures ou *crochets* qu'on place à 0ᵐ,90 en tous sens et à 1 mètre de profondeur. Jamais on ne fume en plantant, l'engrais n'est employé que pour le provignage; on se sert alors de fumier de cheval.

La première et la seconde année de la plantation, la vigne reçoit cinq façons; toutes les cultures se donnent à la pioche. A quatre ans, on dresse la vigne sur deux coursons. La taille se pratique soit en décembre, c'est `la taille dite *des Avents*, soit en février ou mars, selon la rigueur de l'hiver; on taille sur trois yeux, en général, et de manière que les ceps soient toujours aussi bas que possible. La vigne faite est l'objet des soins suivants :

Dès que la taille est achevée, on procède au remplacement des échalas qui manquent et l'on y attache la vigne avec de l'osier. La première culture se donne en mars. Elle consiste dans le *déterrage*, c'est-à-dire qu'après avoir pioché le sol, on réunit la terre remuée en petits tas au centre de chaque quinconce ou carré formé de quatre ceps, excellente opération qui l'expose, sur toutes ses faces, aux influences atmosphériques. On procède ensuite à l'ébourgeonnement ; aussitôt après on attache les jets aux échalas : cette façon ne s'exécute ordinairement qu'après la floraison. En juin a lieu le binage ; on étend avec la pioche les buttes de terre formées en mars ; on relève, en outre, la vigne, afin d'aider par ce moyen la maturité du raisin. Dans le courant d'août, on *déterre* le raisin, c'est-à-dire qu'avec la pioche on dégage les raisins couchés de la terre qui s'est amoncelée au pied de la souche et qui souvent couvre les grappes les plus basses : cette opération est indispensable dans les nouvelles plantations, les raisins des jeunes vignes et des provins se trouvant, en général, fort près du sol. On ébourgeonne et l'on épampre en relevant ou en rattachant la vigne. Les plantations nouvelles, sur le coteau de l'Ermitage, commencent à rapporter à quatre ans : on les arme d'échalas à trois ans : elles ne sont en plein rapport qu'à la sixième année. La durée de la vigne varie non-seulement d'après les mas, mais encore selon les veines du terrain qui les parcourent. Sa durée moyenne est de vingt à trente ans. Elle

résiste plus longtemps dans le terrain granitique des
Bessas, que dans les sols d'alluvion du Méal et de Greffieux. On remplace au moyen du provignage les vignes
qui viennent à faire défaut. Les fosses destinées à recevoir le provin sont ouvertes à une profondeur de $0^m,40$
à 50 centimètres. Dès que le sarment y a été couché,
on fume avec du fumier de cheval, et, au lieu de combler
immédiatement la fosse, on ne la remplit qu'aux trois
quarts : le sol présente ainsi une légère dépression en
cuvette; il conserve plus longtemps sa fraîcheur, et surtout les racines de la vigne sont fixées plus loin de la
surface. Les cultures subséquentes font disparaître plus
tard cette inégalité du terrain.

On vendange ordinairement dans les premiers jours
de la seconde quinzaine de septembre à l'Ermitage,
lorsque les raisins sont complétement mûrs. Dans les
années précoces, il y a avantage, pour la qualité du
vin, à vendanger avant l'équinoxe, car cette époque
coïncide souvent avec des pluies prolongées qui dété-
riorent le raisin. Les opérations de la vendange s'exécutent rapidement et ne s'étendent pas au delà de quatre
ou cinq jours. Le rendement moyen, au coteau de
l'Ermitage, est de 24 hectolitres par hectare. L'hectare
de vignes vaut 60,000 francs dans les premiers crus,
48,000 francs dans les seconds, et 36,000 dans les
vignobles de troisième ordre; on évalue à 900 francs
environ les frais de culture et de vendange par hectare.

On fabrique trois sortes de vins à l'Ermitage, du vin
rouge, du vin blanc et du vin de paille : ces deux der-

niers sont à peine dans la proportion d'un dixième par
rapport au vin rouge. Le vin de paille, comparé au vin
blanc, est encore dans une proportion plus faible ; on
ne s'en étonne plus, quand on sait qu'il faut au moins
760 kilogrammes de raisins séchés pour obtenir une
barrique de 210 litres de cet excellent vin représentant
ainsi trois barriques de vin blanc.

Les soins les plus minutieux et les mieux entendus
sont employés dans la confection du vin de l'Ermitage.
On égrappe d'abord le raisin, on le trie et l'on en sépare
tous les raisins verts ou pourris. La cuve pleine, on la
foule deux fois par jour, dès que le marc s'échauffe, pendant la première semaine, et seulement une fois après
ce laps de temps jusqu'au tirage de la cuve ; on foule
soit avec les pieds, soit avec des fouloirs de bois. En
général, les cuves ne sont pas couvertes, mais on
regarde comme préférable de les couvrir. Le cuvage
dure de quinze à vingt jours et même un mois, suivant
les différents vignobles. Tous les grands crus cuvent
plus longtemps que les crus secondaires ; dans quelques-
uns, le cuvage est de quarante jours : il se prolonge
d'autant plus, que l'année a développé davantage le
principe sucré dans le raisin. On tire quand la fermentation a complétement cessé, lorsque le vin est refroidi,
qu'il est devenu tout à fait clair ; on le met alors dans
des tonneaux neufs, de bois de chêne, affranchis avec
de l'eau salée et rincés avec de l'eau-de-vie : ils jaugent
210 à 215 litres. Les tonneaux sont légèrement bouchés
pendant quinze jours. On ouille tous les jours pendant

le premier mois de la mise en tonneaux, puis tous les huit jours : on peut ensuite boucher hermétiquement et tourner les tonneaux sur la bonde. Le vin est soutiré tous les ans au mois de mars ou d'avril; il peut être mis en bouteilles à l'âge de quatre ans.

Le vin blanc se fabrique avec la *Roussanne* et la *Mar-sanne* dont on attend la maturité complète : celle-ci est indispensable pour donner au vin toute sa qualité. De même que pour le vin rouge, on trie soigneusement le raisin dans le cuvier. Les procédés de fabrication sont aussi les mêmes, seulement on presse immédiatement la vendange, on soutire au bout d'un mois, et ensuite deux fois par an, au printemps et à l'automne. Le vin blanc de l'Ermitage peut être mis en bouteilles à l'âge de cinq ans; on peut le boire après une année de bouteilles; il se conserve indéfiniment.

Le vin de paille s'obtient avec les raisins qui servent à fabriquer le vin blanc; mais, avant d'être convertis en liqueur, ils doivent subir une préparation spéciale. On les fait sécher pendant cinq ou six semaines sur la paille, ou bien on les suspend à des lattes, au moyen de fils, dans des serres ou des appartements bien clos, aérés et exposés au soleil. Des raisins d'excellente qualité, d'une maturité complète et séchés par un temps sec, sont autant de conditions rigoureuses pour la confection du vin de paille. Quand ils ont acquis le degré voulu de dessiccation, on les porte au pressoir, et là on les traite comme pour le vin blanc. Au sortir du pressoir, le vin de paille est épais et visqueux, c'est un véritable sirop, mais il s'éclaircit après avoir terminé sa fermentation : celle-ci dure longtemps ; aussi le vin ne doit-il pas être mis en bouteilles avant l'âge de sept ans. Fait dans toutes les conditions qui assurent sa réussite, le vin de paille de l'Ermitage est un de nos meilleurs vins de liqueur ; son prix, nécessairement fort élevé, en restreint beaucoup la consommation et le range parmi les vins de luxe exceptionnels : sa conservation est, pour ainsi dire, illimitée.

Le prix des vins de l'Ermitage est sujet à des fluctuations que le caprice du commerce semble seul devoir expliquer. La moyenne est de 400 francs la barrique de 210 litres pour les premiers crus en vin rouge. Le vin blanc se paie ordinairement de 3 à 400 francs la barrique. Le vin de paille ne se vend jamais qu'en bouteilles ; pris chez le propriétaire, il revient à 7 ou 8 francs la bouteille. Le vin rouge de l'Ermitage a pour principal débouché Bordeaux, qui s'en sert pour aider ses vins, avec lesquels il s'assimile parfaitement. Le commerce de détail ne s'approvisionne que dans les crus secondaires, et l'on ne peut obtenir du vin des premiers crus que lorsque celui-ci ne se trouve pas dans les conditions requises pour être mélangé avec le Bordeaux. Le vin rouge de l'Ermitage, l'un de nos vins les plus riches en couleur vive et purpurine, se distingue surtout par un bouquet spécial, que nul autre vin du Rhône ne peut lui disputer. C'est un vin généreux, plein de délicatesse et de moelle, et réunissant à un haut degré les qualités d'un vin parfait : couleur, odeur et saveur.

S'il n'occupe pas auprès des consommateurs le rang
auquel il a droit, c'est que le public ne connaît guère,
sous cette désignation, que les vins de qualités inférieures dont le commerce de détail fait trafic sous le
nom de vin de l'Ermitage. Il en serait autrement si
le vin des premiers crus arrivait directement de la cave
du propriétaire, sans intermédiaires et sans altération,
jusqu'aux consommateurs ; nul doute qu'ils sauraient
l'apprécier à sa juste valeur et le proclameraient un de
nos meilleurs vins de France, le premier, sans conteste,
des vins rouges de la région méridionale. Quant aux
vins blancs de l'Ermitage, les gourmets les prisent ce
qu'ils valent. Cavoleau les regarde comme les premiers
vins blancs de France ; d'après Jullien, ils sont corsés,
spiritueux, pleins de finesse, d'agrément, de séve et de
parfum, et ils acquièrent beaucoup de qualité en vieillissant : sous ce dernier état, ils se rapprochent des vins
vieux d'Espagne. Les terrains argileux de Raucoule et
de Muret sont ceux qui produisent les meilleurs vins
blancs de l'Ermitage.

Les *mas* ou quartiers principaux du coteau de l'Ermitage composent cinq classes partagées en une vingtaine
de cuvées : la première classe comprend 18 hectares;
la deuxième, 26; la troisième, 48; la quatrième, 35; la
cinquième, 13.

VIGNOBLES DE CROZES, LARNAGE
ET MERCUROL
(DRÔME).

Ces trois vignobles, par la nature et la qualité de leurs produits, occupent la seconde place parmi · les meilleurs crus de la Drôme; ils viennent immédiatement après les vins de l'Ermitage.

Crozes est le plus estimé de ces vignobles; ses produits vont de pair avec les quatrième et cinquième crus de l'Ermitage. Sa contenance est de 120 hectares. Le prix moyen du vin rouge de Crozes varie entre 40 et 50 francs l'hectolitre; ses meilleures cuvées, dans les bonnes années, atteignent le prix de 100 à 150 francs l'hectolitre.

Le vignoble de Larnage se rapproche beaucoup de celui de Crozes pour l'étendue; le coteau dit du *Château* produit un vin dont le prix moyen est le même que le vin de Crozes; celui des autres parties lui est inférieur en qualité.

Mercurol compte environ 200 hectares de vignes; de ce nombre, 170 hectares sont consacrés à la production du vin rouge et 30 hectares à celle du vin blanc. Le prix moyen des vins de Mercurol est de 30 francs l'hectolitre; dans les bonnes années, les meilleurs vins de ce vignoble obtiennent des prix plus élevés, ils

arrivent presque à être classés comme les cinquième ou
sixième crus de l'Ermitage.

Ces trois vignobles ont les mêmes cépages rouges et
blancs que l'Ermitage ; on y suit aussi les mêmes procédés de culture et de vinification que dans ce cru
célèbre. Excepté dans certaines années privilégiées où
ils acquièrent plus de qualité, les vins de Larnage et de
Mercurol sont classés comme bons vins d'ordinaire. Le
vin de Crozes, seul, offre assez d'analogie avec le vin de
l'Ermitage pour pouvoir être mélangé avec lui, et parfois même pour être livré au commerce sous le nom
d'Ermitage.

Les vins blancs de Mercurol sont les meilleurs vins
blancs de la Drôme après ceux de l'Ermitage.

VIGNOBLE DE ROCHEGUDE

(DRÔME).

Petit, mais excellent vignoble, trop peu connu, à
cause de son exiguïté sans doute ; il mérite de prendre
place parmi les bons crus de France. Il produit un vin
rouge remarquable par sa finesse, sa générosité et surtout par un bouquet *sui generis* que ne possède aucun
autre vin du Rhône. Les connaisseurs en font beaucoup
de cas comme vin d'entremets.

Le vignoble de Rochegude, situé dans la commune
de ce nom, occupe un terrain en pente douce tourné
vers l'est. Le sol présente la composition suivante :

Oxyde de fer	13,801
Alumine	4,781
Magnésie	0,191
Silice soluble.	0,297
Acide phosphorique	0,159
Sels alcalins	1,019
Carbonate de chaux.	8,553
Matières organiques	3,177
Résidu insoluble	68,022
	100,000

Ce vignoble est planté moitié en *Grenache* et moitié en *Tinto*; on y trouve aussi mêlés en petite quantité le *Terret noir*, le *Picpoule*, la *Clairette* et le *Colombaou*. Les ceps, très vieux pour la plupart, sont à 1^m,50 en tous sens. On leur donne annuellement deux façons. L'hectare rend, en moyenne, 12 hectolitres. Les procédés de vinification usités à Rochegude ne sont autres que ceux du pays.

VIGNOBLE DE LA ROLIÈRE ET CLAIRETTE DE DIE

(DRÔME).

Après les excellents vins de l'Ermitage et les principaux crus de Crozes, Mercurol, Rochegude, il ne reste plus qu'à citer, dans la Drôme, et seulement pour mention, les deux vignobles de la Rolière et de Die qui produisent d'assez bons vins blancs. Le premier, situé dans

la commune de Livron, comprend environ 7 hectares.
Clos de murs, il est planté, par égales parties, en *grosse*
et en *petite Sirrah*, en *Roussanne* et en *Marsanne*. Les
ceps sont à 1 mètre en tous sens.

Le sol est graveleux, chargé d'une grande quantité
de cailloux roulés et très perméable ; il regarde le midi.
Les procédés de culture sont les mêmes que ceux suivis
à l'Ermitage ; l'épamprement se pratique huit ou dix
jours avant la vendange, qui a lieu ordinairement dans
la première semaine d'octobre à la Rolière.

Le vin blanc de ce vignoble est fabriqué exclusivement avec des raisins blancs. On les porte directement
au pressoir, et on les presse légèrement afin de n'avoir
que le premier jus. Le moût est recueilli dans des
bennes ; on le laisse déposer, puis on le met dans des
sacs de toile confectionnés pour cet usage, et on l'entonne dans des tonneaux fortement méchés.

Le premier mois, le vin blanc est soutiré tous les cinq
jours ; lorsqu'il commence à se clarifier, on ne soutire
plus que tous les huit ou dix jours pendant un mois ;
quand le vin est devenu tout à fait clair, le soutirage se
répète tous les mois pendant un an ; cette opération,
enfin, n'a plus lieu qu'une fois par an, dans le mois de
mars, jusqu'au moment de la mise en bouteilles. Veut-
on lui conserver sa douceur, on le met en bouteilles un
an après la vendange ; mais, pour avoir du vin sec, il
faut, avant de le mettre en bouteilles, qu'il ait séjourné
pendant deux ou trois ans en tonneaux. Le rendement
moyen du vignoble de la Rolière est de 25 hectolitres

par hectare; le vin blanc qu'on en obtient doit être classé parmi les vins secs.

Le vin qu'on fabrique aux environs de Die, sous le nom de *Clairette*, est un vin blanc mousseux assez agréable, mais dont la réputation est au-dessus de son mérite réel. La vigne affectée à cette production spéciale occupe les coteaux des environs de Die : la *Blanquette* en forme la base; sa culture diffère peu de celle usitée dans le reste du département. La vendange coïncide, en général, avec la première quinzaine d'octobre; mais souvent elle se prolonge jusqu'à la Toussaint. On obtient, en moyenne, 40 hectolitres par hectare. Immédiatement après avoir vendangé, on égrappe et l'on foule, puis on soumet la vendange à l'action du pressoir; le moût est mis en tonneaux aussitôt après avoir été exprimé. Vingt-quatre heures après avoir entonné, on soutire. Le soutirage se renouvelle tous les deux ou trois jours pendant deux mois environ; lorsque la fermentation commence à s'apaiser, on colle. Le vin clarifié, on le met en bouteilles : le mois de mars est regardé comme l'époque la plus favorable pour cette opération.

La Clairette, nouvellement fabriquée, est un vin doux qui mousse comme le Champagne, mais il perd cette dernière faculté au bout de deux ans. Quand on veut la lui conserver, il faut traiter la Clairette comme le Champagne; on en fait alors un vin blanc dont la qualité ne s'altère pas : il est rare qu'on ait recours à ce moyen.

La Clairette de Die se vend ordinairement 1 franc la

bouteille ; ses débouchés principaux sont le Lyonnais, le Dauphiné et la Provence.

Indépendamment de la Clairette, on fabrique à Die, d'après les mêmes procédés, des Muscats blancs et rosés mousseux, très supérieurs, suivant quelques propriétaires, à la Clairette, dont le seul avantage est d'être plus connue : les Muscats de Die conservent leur parfum et leur qualité mousseuse pendant plusieurs années.

VIGNOBLES DE CONDRIEU ET DE COTE-ROTIE

(RHÔNE).

Tavel et Roquemaure ouvrent la série des vins de la côte du Rhône, Condrieu et Côte-Rôtie en font la clôture.

Ces vins étaient déjà renommés du temps des Romains, ainsi que l'attestent plusieurs passages de Pline, de Columelle et les vers suivants de Martial :

> Hæc de vitifera venisse picata Vienna
> Ne dubites, misit Romulus ipse mihi.

Pour avoir perdu leur ancien goût de goudron que leur communiquaient, sans doute, les outres où on les renfermait, ils n'en sont pas moins estimés aujourd'hui. Le vin blanc de Condrieu et le vin rouge de Côte-Rôtie passent, à juste titre, pour d'excellents vins : Jullien les range dans la deuxième classe de nos meilleurs vins de

France; ils constituent la principale richesse de Condrieu et d'Ampuis.

VIN BLANC DE CONDRIEU.

Sous ce nom, le commerce comprend non-seulement les produits de la commune de Condrieu, mais encore une partie des vins de la commune de Saint-Michel, dans le département de la Loire; et c'est avec raison, car ils sont parfaitement identiques dans leur origine comme dans leur qualité. Ils proviennent, les uns et les autres, du même coteau granitique, exposé au sud-ouest, et du même cépage, le *Vionnier*. Les procédés de culture et de vinification sont les mêmes dans les deux communes. Si Condrieu cite avec complaisance la grande vigne de la *Lot* et le vignoble de *Chéry*, comme ses principaux crus, Saint-Michel peut lui opposer le clos de *Château-Grillé* et quelques autres vignobles aussi bien situés; l'un et l'autre, enfin, fournissent un vin blanc fort agréable, généreux, corsé, plein de séve et de bouquet : ces deux communes, à vrai dire, ne forment qu'un seul et grand vignoble que se partagent deux départements, le Rhône et la Loire.

Le vignoble de Condrieu se compose de 35 hectares, dont 22 de première classe et 13 de seconde; le vignoble de Saint-Michel comprend 45 hectares; 25 sont rangés dans la première classe et 20 dans la seconde : ces deux vignobles réunis comptent donc 80 hectares, situés tous en coteaux.

Le sol de Condrieu, soumis à l'analyse, présente la composition suivante :

Oxyde de fer.	4,454
Alumine.	3,136
Magnésie.	0,327
Silice soluble	0,491
Acide phosphorique	0,254
Sels alcalins.	0,773
Carbonate de chaux	0,982
Matières organiques.	5,046
Résidu insoluble.	84,537
	100,000

Les soins dont la vigne est l'objet ne diffèrent que par de légères variantes à Saint-Michel, à Condrieu et à Ampuis. La *Serine noire* et le *Vionnier* sont les seuls cépages qu'on y cultive, ils se trouvent associés en diverses proportions suivant chaque vignoble : à Condrieu, le Vionnier entre dans les plantations pour les neuf dixièmes et la Serine seulement pour un dixième ; à Côte-Brune (territoire d'Ampuis), chaque propriétaire planta un quart en Vionnier et les trois autres quarts en Serine noire ; à Côte-Blonde, le Vionnier forme un tiers de chaque plantation et les deux autres tiers sont occupés par la Serine noire.

Le Vionnier est ainsi caractérisé : Sarments faibles, couleur d'acajou, noués longs. Feuilles moyennes, fines, à cinq lobes, d'un vert clair. Fleur résistant à la coulure. Grappe belle, allongée, ailée, garnie de grains ronds très serrés, dorés, transparents, juteux, très sucrés, peau fine. Maturité tardive.

La Serine a pour signes distinctifs : Sarments de couleur cannelle foncée, noués plus court que le Vionnier. Feuilles de moyenne grandeur, à cinq lobes bien prononcés, d'un vert clair en dessus, duveteuse en dessous. Fleur résistant à la coulure. Grappe allongée, moyenne, régulière, le plus souvent ailée, garnie de grains ronds, plutôt serrés que lâches, noir cendré, juteux, d'une saveur fine, sucrée, mais moins que dans le Vionnier. Maturité semblable.

A Condrieu, on plante toujours sur défoncement, au fossé, en février, mars ou avril, avec des boutures ou des crossettes enracinées qu'on place à 0^m,85 de distance. On ne fume jamais en plantant, mais seulement au moment du provignage, opération à laquelle on a recours pour remplacer et régénérer la vigne. Pour provigner, on creuse, entre trois ou quatre souches, un trou de 0^m,80 de profondeur. Après avoir bien dégagé le cep dont on veut tirer parti comme provin, on le couche et l'on dirige les sarments vers les anciennes souches qu'ils doivent remplacer, en ayant soin de les courber aussi régulièrement que possible, afin que la sève se distribue également dans chaque bras; on fume ces provins, au fur et à mesure, avec du fumier d'étable. La vigne, du reste, ne reçoit point d'autre engrais; quelques rares propriétaires seulement sont dans l'usage de terrer de temps en temps. Toutes les cultures se font à bras. Le plant ne reçoit qu'une seule façon pen-

dant sa première feuille. A partir de la seconde année,
on donne ordinairement deux cultures à la vigne, la
première au commencement de mai, la seconde à la
fin de juin. La troisième ou la quatrième année, on
applique des tuteurs : les échalas placés au pied de chaque cep ont 2^m,30 de hauteur à Condrieu et 3 mètres à
Côte-Rôtie; ils sont tous disposés trois par trois, liés
ensemble à leur extrémité supérieure et formant ainsi
un triangle à la base; on ne les enlève jamais. C'est à
la quatrième année qu'on dresse la vigne. Communément, elle n'est établie que sur un seul brin montant;
parfois, cependant, on lui laisse un second courson, sur
lequel on la rabat l'année suivante. A Côte-Rôtie, la
hauteur moyenne du cep, au-dessus de terre, est de
0^m,30 ; à Condrieu et à Saint-Michel, sa hauteur
moyenne est de 0^m,60. La taille a lieu tantôt au commencement de novembre, tantôt en février ou mars. A
Condrieu et à Saint-Michel, on réserve de neuf à onze
yeux sur le brin montant, sept à huit seulement à Ampuis; lorsque la vigne porte un second courson, on taille
ce dernier sur un ou deux yeux. Aussitôt après cette
opération, on lie, c'est-à-dire qu'on attache d'abord le
cep au tuteur principal, ensuite on recourbe le courson
en arceau et l'on attache son extrémité supérieure à un
second tuteur appelé *garde*, de moitié plus petit que le
tuteur principal. L'ébourgeonnement se pratique vers la
fin de juin. Cette opération est suivie du relevage; on
attache les sarments aux tuteurs à l'aide de liens de
paille. La vigne commence à donner quelques produits

la quatrième année, mais elle n'est en plein rapport qu'à la septième feuille. La vendange a lieu, à Ampuis, vers la fin de septembre ou le commencement d'octobre; à Condrieu et à Saint-Michel, elle s'effectue quinze jours plus tard.

La commune de Chuyers, entre Condrieu et Saint-Michel, possède les premiers crus de Condrieu. La première qualité est fournie par la grande vigne de la Lot et le coteau qui longe le ruisseau de Vérin : leur contenance est d'environ 5 hectares. Le clos de Chéry vient immédiatement après; les autres classes sont déterminées par l'exposition plus ou moins favorable du coteau.

Le vin blanc de Condrieu est mis en tonneaux aussitôt après avoir été pressé. On n'ouille pas, on se borne à soutirer toutes les vingt-quatre heures pendant les huit premiers jours; on abandonne ensuite le vin à lui-même jusqu'aux gelées, époque à laquelle on le clarifie avec de la colle de poisson. La clarification s'obtient souvent dès que cette première opération est accomplie, mais parfois aussi, suivant l'année, on est obligé d'y revenir jusqu'à trois reprises; ce résultat obtenu, on transvase le vin dans d'autres tonneaux et on l'y laisse jusqu'à la fin de mars, époque à laquelle on le met en bouteilles : il est essentiel de tenir toujours les bouteilles droites, sous peine d'avoir beaucoup de *casse*.

Le vin de Condrieu peut être bu six mois après avoir été fabriqué; en vieillissant il devient capiteux et sec, et se conserve alors longtemps. La pièce ordinaire de

Condrieu jauge 240 litres; l'hectolitre se paie, en moyenne, 40 francs.

Lyon et Saint-Étienne sont les deux principaux débouchés du vin de Condrieu. Le rendement ordinaire, à Chéry, est de 22 hectolitres par hectare.

VIN ROUGE DE COTE-ROTIE.

Le vignoble de Côte-Rôtie, situé dans la commune d'Ampuis, à quelques kilomètres de Condrieu, comprend 38 hectares, 26 de première classe et 12 de seconde. Ce coteau, exposé au sud—ouest, a une pente d'environ 30°. Le sol présente la composition suivante :

Oxyde de fer	10,000
Alumine	2,326
Magnésie	0,497
Silice soluble	0,940
Acide phosphorique	0,259
Sels alcalins	0,940
Carbonate de chaux	1,384
Matières organiques	6,551
Résidu insoluble	77,103
	100,000

Deux quartiers principaux divisent le vignoble de Côte-Rôtie : *Côte-Brune* et *Côte-Blonde. Côte-Brune*, appelée aussi le *coteau de Fonjean*, commence à l'ouverture de l'ancienne côte de la Bresse jusqu'au ruisseau Renard, et de là s'étend jusqu'à l'endroit où le ruisseau

Fonjean se jette dans le ruisseau Renard. *Côte-Blonde*
commence à partir de la côte du Boucharay et s'étend
jusqu'au ruisseau du Mollard. Le vin de Côte-Brune est
plus chargé en Serine noire et gagne en vieillissant ;
celui de Côte-Blonde est plus chargé en Vionnier : du
reste, les négociants qui achètent ordinairement ces
vins ne font aucune différence entre les provenances
de ces deux quartiers.

Les premiers crus de Côte-Rôtie sont la *Brune*, la
Blonde, la *Turque*, la *Grande-Vigne*, la *Grosse-Roche*,
la *Grande-Plantée*, la *Claperanne*, la *Poyette ;* ils vont
tous de pair. Les seconds crus se composent des coteaux
des *Moutonnes*, des *Journarys*, du *Crêt*, de l'*Enceman*,
du *Mollard*, du *haut du coteau de Fonjean*, etc. Vérinay,
entre Sainte-Colombe et Ampuis, fournit une certaine
quantité de vins qui méritent de figurer parmi les vins
fins de Côte-Rôtie. La troisième qualité ne peut être
regardée que comme un bon ordinaire.

La vendange a lieu à Côte-Rôtie lorsque le raisin
a acquis une maturité parfaite. On n'égrappe pas à
Ampuis ; on n'est pas, non plus, dans l'usage de fouler
la vendange. Les cuves sont généralement lavées avec
soin quelques jours avant de recevoir la vendange ; certains propriétaires les affranchissent avec de l'eau-de-
vie afin de leur enlever toute espèce de mauvais goût.
Le cuvage dure ordinairement huit ou dix jours ; mais,
parfois, il est terminé le quatrième jour, quand la température favorise la fermentation. Les cuves, une fois
remplies, sont fermées avec un couvercle percé. L'ouil-

lage commence aussitôt que le vin est entonné. Cette
opération se renouvelle trois ou quatre fois par jour
pendant la première semaine de la mise en tonneaux;
passé ce temps, on n'y revient plus que tous les deux
ou trois jours. Enfin, lorsque toute fermentation a cessé,
on n'ouille plus que tous les quinze jours, jusqu'au
moment de soutirer. La première année, le premier
soutirage a lieu au commencement de mars, le second
s'effectue en juillet ; les années suivantes, on ouille en
mars et en septembre jusqu'à la sixième année, âge
auquel le vin de Côte-Rôtie est mis en bouteilles : il
est dans toute sa valeur entre sept et huit ans. La production moyenne de ce vignoble est de 25 hectolitres
par hectare. La pièce d'Ampuis, contenant 240 litres,
se paie ordinairement 200 francs.

Le vin de Côte-Rôtie possède à un haut degré le feu
qui caractérise les vins de la côte du Rhône, aussi est-il
très capiteux ; il a, de plus que beaucoup d'entre eux, une
grande finesse et un bouquet fort agréable. Il est d'autant plus léger et plus délicat, que le Vionnier domine
davantage dans la vendange ; il ne perd pas alors sa couleur en vieillissant. Lorsque c'est la Serine qui forme la
majeure partie de la vendange, le vin est plus dur et sa
couleur plus foncée ; il dépose davantage sur les parois
de la bouteille, il perd sa couleur pourpre, et finit par
prendre celle de pelure d'oignon. Les principaux débouchés du vin de Côte-Rôtie sont Tain, Tournon, Saint-
Péray et Valence ; les négociants de ces villes l'expédient
dans l'intérieur de la France et à l'étranger.

A la suite des vins de la côte du Rhône, mais fort au-dessous d'eux comme qualité, quelques-uns des meilleurs vins de l'Isère trouvent leur place dans la région du sud-est à laquelle ils se rattachent géographiquement. De ce nombre sont la Porte-du-Lyon, Revantin et Seyssuel, près Vienne, vins rouges qui ne manquent ni de corps, ni de bon goût, ni de spirituosité : ce sont, du reste, de simples ordinaires.

RÉGION DE L'EST.

La région viticole de l'est, comprise entre le 45ᵉ et le 49ᵉ degré de latitude, commence au département du Rhône et renferme, en outre, quatorze départements, savoir :

L'Ain, le Jura, le Doubs, le Haut et le Bas-Rhin, la Meurthe, la Moselle, la Meuse, la Marne, la Haute-Marne, l'Aube, l'Yonne, la Côte-d'Or, et le département de Saône-et-Loire. Les principaux vins qu'elle livre au commerce sont :

>   Les vins du Beaujolais, du Mâconnais et de la côte Châlonnaise,
>   Les vins de la haute Bourgogne,
>   Les vins de la basse Bourgogne,
>   Les vins du Jura,
>   Les vins de l'Alsace,
>   Les vins de Lorraine,
>   Et les vins de Champagne.

VINS DU BEAUJOLAIS,

DU MACONNAIS ET DE LA COTE CHALONNAISE

(RHÔNE ET SAÔNE-ET-LOIRE).

A ne consulter que ;la division administrative de la France, les vins du Beaujolais ne devraient pas former une catégorie distincte de celle des vins de la côte du Rhône ; on devrait les ranger à la suite des vins de Condrieux et de Côte-Rôtie, compris tous deux dans le département du Rhône, ainsi que le Beaujolais. Mais il n'en va pas ainsi ; la distribution départementale de notre sol ne repose pas toujours sur l'identité du terrain, du climat et des produits, cette base naturelle d'agglomé-ration territoriale ; il importe d'y revenir quand on veut grouper ensemble des produits similaires : au lieu donc de classer les vins du Beaujolais parmi les vins du Rhône avec lesquels ils n'ont que des rapports éloignés, nous les rapprocherons des vins de Mâcon avec lesquels ils se marient sans difficulté. Tout justifie cette alliance. Le Beaujolais et le Mâconnais confinent et même s'en-chevêtrent sur une partie de leur étendue. Dans plu-sieurs de leurs crus, les mêmes modes du culture rap-pellent aussi des procédés analogues de vinification ; leurs meilleures cuvées rivalisent de qualité et se fondent pres-que les unes dans les autres ; les mêmes usages président à la vente de leurs vins, et souvent le commerce offre les vins

du Beaujolais sous le nom de vins de Mâcon. Les réunir,
c'est consacrer une fusion commandée par des affinités
naturelles; en faire un groupe spécial, c'est reconnaître
l'importance à laquelle ils ont droit : leur véritable
place est marquée entre les vins de la côte du Rhône et
les grands ordinaires de la Côte-d'Or, auxquels on arrive
graduellement en passant par les vins du Mâconnais et
ceux de la côte Châlonnaise; ces derniers forment le
point de jonction entre ces différents vins.

A l'exception de leurs premières cuvées, les Moulin-à-
Vent, les Chénas, qui figurent avec distinction à l'entremets, les vins du Beaujolais et du Mâconnais, pris dans
leur ensemble, sont surtout appréciés comme excellents
ordinaires et classés, en France, parmi les premiers de
cette catégorie. Plus délicats, sous ce rapport, que les
vins correspondants du Midi, ils ont du corps et de la
moelle sans être pâteux ; leur vinosité, bien que prononcée, ne les rend jamais violents; ils ont de la séve et du
bouquet et se prêtent bien au transport. Leur principal
mérite est de supporter parfaitement un mélange d'eau
qui leur conserve assez de goût pour flatter le palais,
tout en procurant une boisson aussi saine que rafraîchis-
sante : cet avantage, qu'ils partagent avec les bons
ordinaires de la Côte-d'Or, les a fait rechercher de tout
temps et leur assure un débouché constant auprès des
consommateurs qui jouissent d'une modeste aisance.

Les vins fins et demi-fins du Beaujolais et du Mâconnais se recommandent par d'autres qualités. Non-seulement ils ont de la délicatesse, de la légèreté et de la

séve, mais, sans être aussi riches en bouquet que. les
grands vins de la haute Bourgogne, ils ne manquent pas
de parfum. En général, ils sont peu colorés ou, pour
parler plus exactement, ils se dépouillent vite, ils
acquièrent promptement leur point de maturité, et
prennent, en peu d'années, la teinte de pelure d'oignon.
La précocité est un de leurs caractères distinctifs; elle
existe dans les meilleurs vins du Mâconnais aussi bien
que dans la tête du Beaujolais, dans les Thorins comme
les Chénas et les Fleurys, mais à des degrés différents.

BEAUJOLAIS.

Le Beaujolais, jadis comté et partie du gouvernement
du Lyonnais, descendu aujourd'hui au simple rang d'arrondissement dont Villefranche est le chef-lieu, s'éten-
dait autrefois de la Saône à la Loire, depuis les limites
du Mâconnais et du Charolais jusqu'à celles du Lyonnais
et du Forez. Une chaîne de montagnes d'où s'échappent
de nombreux vallons traverse l'arrondissement de Villefranche et le partage en deux sections, le *haut* et le *bas
Beaujolais*. Le haut Beaujolais se compose des cantons
de Beaujeu et de Belleville; les meilleurs vignobles se rencontrent dans cette région. Le bas Beaujolais comprend
les cantons de Villefranche, d'Anse et du Bois-Doingt :
il produit, comparativement, plus que le haut Beaujolais,
mais celui-ci l'emporte pour la qualité de ses vins.

D'après le cadastre, l'étendue des terrains cultivés en

vignes dans l'arrondissement de Villefranche s'élevait,
en 1824, à 17,700 hectares, mais, depuis cette époque,
le vignoble s'est accru ; on estime aujourd'hui qu'il n'a
pas moins de 20,000 hectares, sur une longueur de
35 kilomètres environ et sur une largeur variable dont
la moyenne ne dépasse pas 6 kilomètres.

Il est difficile d'assigner un caractère spécial au sol
consacré à la vigne dans l'arrondissement de Villefranche ; on peut considérer cependant l'ensemble du
haut Beaujolais comme granitique, le porphyre rouge
quartzifère y domine et l'on y trouve une notable proportion d'hydrate d'oxyde de fer. Cette espèce de roche
constitue le sol de la majeure partie des communes de
Chénas, Fleury, Villié, Regnié, Durette, Odénas, Saint-
Étienne-la-Varenne. A Brouilly et à Morgon, le sol
n'appartient plus au terrain plutonique, c'est une roche
schisteuse plus ou moins dénaturée par les circonstances
de culture, de situation topographique et géologique et
par son exposition aux agents météorologiques : le terrain présente des transitions ménagées, depuis la roche
la plus dure des sommets de Brouilly et de Morgon
jusqu'aux kaolins les plus argileux du pays. En se rapprochant des bords de la Saône et dans les trois cantons de Villefranche, d'Anse et du Bois-Doingt, le sol
change, on est dans le terrain d'alluvion ; le carbonate de
chaux, si rare, si exceptionnel dans le haut Beaujolais,
se montre fréquemment ici, plus ou moins imprégné
d'oxyde de fer et mélangé d'argile : dans cette position,
la vigne perd une grande partie de la distinction qui

caractérise les produits du haut Beaujolais, mais elle
rachète commercialement cet inconvénient par des vendanges plus abondantes.

La plupart des bons crus du Beaujolais regardent
l'est et le sud ; quelques-uns se tournent, en outre, vers
l'ouest et profitent ainsi de l'action prolongée du soleil.
L'inclinaison est très variable, non-seulement dans
chaque localité, mais souvent dans un même vignoble ;
ses degrés varient, pour ainsi dire, avec chaque cru.

Deux cépages dominent dans le Beaujolais, le *petit
Gamai*, et surtout le *Gamai Nicolas*. Ce dernier, caractérisé par ses sarments noués court, ses feuilles petites,
aussi larges que longues, quinquélobées, d'un vert gai,
sa fleur sujette à couler, ses grappes allongées, coniques,
ailées, pourvues de grains serrés, inégaux, de moyenne
grosseur, ovoïdes, noirs, très fleuris, juteux, à peau fine
et d'une saveur sucrée, forme le fond des meilleurs
crus. Ailleurs, sur les bords de la Saône principalement,
on rencontre d'autres variétés de Gamais et la *Persagne*,
plants plus productifs, mais moins fins de qualité.

La culture dont la vigne est l'objet dans l'arrondissement de Villefranche présente à peu près les mêmes
procédés dans toutes les parties du Beaujolais; partout
elle s'y fait de compte à demi entre le propriétaire et le
vigneron. On *mine* d'abord le sol à 0^m,50 de profondeur. En général, le plant est tiré des environs de Villefranche ; cependant, dans les communes de Fleury et
de Chénas, on préfère celui qui provient de la Bresse ;
on l'emploie partout à l'état de boutures. La plantation

a lieu en mars et en avril, et l'on fume en plantant. La
distance entre les ceps varie : sur certains points, ils
sont à 0^m,50 ou 0^m,60 les uns des autres, ailleurs ils sont
plus rapprochés. On revient ordinairement à la fumure
vers la troisième année de la plantation. Trois cultures
annuelles sont données à la terre, la première en avril,
la deuxième en mai ou juin, et la troisième en juillet :
toutes les façons s'exécutent à bras. La vigne est dressée
sur trois ou quatre *cornes*, on la taille généralement sur
deux yeux ; mais à Fleury, tandis qu'on ne laisse qu'un
seul œil sur les vieilles souches, on conserve jusqu'à
trois bourgeons sur celles qui sont jeunes et vigoureuses.
L'ébourgeonnement n'est pas usité en Beaujolais ; on
relève dès que la fleur est bien passée, et l'on rogne
quand le besoin s'en fait sentir : cette pratique s'observe
surtout dans les terrains forts où la vigne est sujette à
s'emporter. Suivant les localités, on donne des tuteurs
à la vigne jusqu'à cinq ans ; dans certains vignobles,
on n'échalasse qu'à la troisième feuille et on laisse les
tuteurs jusqu'à la dixième ou douzième année. Le provignage n'est pas regardé comme un moyen régulier de
régénérer la vigne, on n'y a recours qu'accidentellement pour remplacer les ceps qui viennent à manquer ;
il n'offre rien de particulier. La vigne commence à rapporter entre trois et quatre ans, elle est en plein rapport
à la sixième feuille ; dans plusieurs crus renommés, sa
durée n'excède guère vingt-cinq ans, elle persiste davantage à Chénas et à Brouilly. Partout, quand son temps
est fini, on l'arrache pour replanter quelques années

après, mais toujours trop tôt. Le rendement de la vigne est extrêmement variable dans l'arrondissement de Villefranche : certains vignobles estimés du haut Beaujolais donnent, en moyenne, vingt pièces de 210 litres, chacune, par hectare, mais d'autres crus distingués n'obtiennent pas un rendement aussi élevé; la production est beaucoup plus considérable dans le bas Beaujolais.

La vendange a lieu ordinairement du 20 au 30 septembre. On n'est pas dans l'usage d'égrapper; quelques propriétaires foulent leur vendange, mais chez le plus grand nombre ce procédé n'est qu'accidentel. Dans les années chaudes, on laisse cuver pendant dix-huit, vingt-quatre ou quarante-huit heures, selon l'état de la température; si l'année n'est pas favorable, le cuvage se prolonge jusqu'au cinquième ou sixième jour. L'ouillage se répète tous les huit jours pendant le premier mois de la mise en tonneaux; cette période passée, on n'y revient plus que tous les quinze jours. On soutire deux fois par an, généralement en mars et en août.

Les meilleurs vins du Beaujolais peuvent être rangés sous trois catégories principales : 1° les vins fins précoces et peu colorés, tels sont Chénas, Fleury, Lancié, Saint-Étienne-la-Varenne; 2° les vins fins corsés, foncés en couleur et de longue durée, section représentée par Brouilly, Morgon, Julliénas ; 3° les vins demi-fins, comprenant encore des vins justement estimés, mais inférieurs aux précédents, ils leur empruntent une partie de leurs qualités.

Les vignobles les plus renommés du Beaujolais se classent ainsi, dans l'ordre de leur mérite.

1° *Chénas*, contigu aux Thorins, dont il égale les premières cuvées; il compte environ 300 hectares. Son vin se distingue surtout par sa générosité et son bouquet. Sa précocité est telle, qu'on peut le boire à deux ans, mais c'est entre cinq et six ans qu'il acquiert toute sa perfection; on doit le mettre en bouteilles à deux ou trois ans. Dans les bonnes années, il se vend ordinairement à la cuve; son prix moyen varie entre 40 et 45 francs l'hectolitre.

Le sol de Chénas diffère peu de celui des Thorins, il est seulement plus léger. Les meilleurs crus de ce vignoble sont la *Rochelle* et *Rochegrés*.

2° *Fleury*, d'une contenance de 700 hectares. Les meilleurs quartiers de Fleury sont connus sous les noms de *Poncié*, *Morier*, le *Vivier*, les *Garants*, la *Chapelle*. Tous les vins de ces différents crus sont légers, délicats, pourvus de séve et d'agrément; leur prix moyen est d'environ 35 francs l'hectolitre sans tonneau.

3° *Saint-Lager* et *Odénas*. Leurs meilleurs quartiers sont représentés par *Brouilly*, le *Pavé*, *Chardignon*, les *Bussières* : le véritable Brouilly compte une centaine d'hectares, Brouilly-Bâtard en possède un peu plus. Les bons vins de Saint-Lager et Odénas sont corsés, spiritueux, moelleux et riches en couleur; ils valent environ 40 francs l'hectolitre, année commune.

4° *Villié*, partagé en *haut Morgon*, *bas Morgon*, le *Py* et *grands Cras*. Le vin de ce dernier cru passe, auprès

de certains connaisseurs, pour la première qualité de
Villié. Les vins de Brouilly et de Morgon ont entre eux
la plus grande analogie. Tous deux peuvent se garder
fort longtemps; leur dépôt adhère fortement au verre,
ce qui n'a pas lieu pour les autres vins du Beaujolais.
Ils sont bons à boire entre cinq et dix ans, mais ils gagnent à être attendus davantage : ils se paient à peu
près le même prix.

5° *Chiroubles.* Vins corsés et solides. On distingue
particulièrement dans ce vignoble la côte de *Grille-Midi.*

6° *Saint-Étienne-la-Varenne.* Ses vins, provenant des
crus de *Nély* et de *la Carelle,* sont principalement recherchés ; ils doivent être bus entre six et huit ans.

7° *Regnié* et *Durette.* Le quartier désigné sous le nom
de *la Pierre* produit le meilleur vin de ce vignoble.

8° Enfin *Julliénas,* dont les vins corsés sont un peu
durs en primeur, mais finissent bien ; ils doivent rester
au moins quatre ans en tonneaux avant d'être mis en
bouteilles.

Les vins des cantons de Beaujeu et de Belleville,
c'est-à-dire du Beaujolais proprement dit, ont pour
débouché Paris et le nord de la France, la Belgique et
la Hollande ; ceux des cantons de Villefranche, Anse et
Bois–Doingt ou du bas Beaujolais se consomment plus
particulièrement à Lyon, à Saint-Étienne, dans le Forez
et en Suisse. Le vin de la Chassagne est un des plus
estimés parmi les vins de cette dernière catégorie, mais
c'est un simple ordinaire.

MACONNAIS.

Au point de vue de la production viticole, le Màconnais se laisse aisément partager en cinq zones principales : les quatre premières donnent presque exclusivement des vins rouges ; la cinquième est entiè‑rement consacrée aux vins blancs.

La première zone comprend les Thorins, la Roma‑nèche et la commune de la Chapelle–Guinchay : ce vignoble produit les vins les plus fins du Màconnais.

La seconde zone, plus étendue que la première, a pour type le vignoble de Saint-Amour ; elle renferme les communes de Pruzilly, Saint-Vérand, Chasselas, Leynes, Chânes, Crèches, Chaintré, Vinzelles, etc., dépendant des cantons de la Chapelle-Guinchay et de Màcon-sud.

La troisième zone, représentée par le vignoble de Davayé, embrasse les communes de Prissé, Bussières, Pierreclos, Milly, Saint-Sorlin, Chevagny, Charnay, etc.

La quatrième zone englobe tout le canton nord de Màcon et le canton de Lugny. Ses vins, inférieurs à ceux des zones précédentes, ne s'élèvent pas au–dessus des vins communs ; leur production est abondante ; ils sont un peu durs en primeur, mais ils deviennent très potables après un petit nombre d'années. Plus au nord, s'étend le vignoble de Tournus, remarquable par l'abondance de ses produits ; les vins en sont plats et chargés en couleur : il ne fait plus partie du Màconnais proprement dit.

La cinquième zone est représentée par le vignoble de Pouilly, type des vins blancs du Mâconnais; elle comprend Pouilly, Fuissey, Vergisson, Solutré.

Ainsi que dans le Beaujolais, la plupart des bons vignobles du Mâconnais occupent des coteaux dont plusieurs, tels que ceux de Saint-Amour et de Vinzelles, sont assez élevés. On y rencontre aussi la même nature de terrains; le carbonate de chaux cependant y est plus abondant. Si les crus de Pouilly, de Fuissey, de Davayé sont assis sur la roche calcaire, ceux des Thorins, de Romanèche, reposent sur le granit et montrent le même porphyre rouge quartzifère si commun dans les bons quartiers du Beaujolais. Ailleurs, près des bords de la Saône, de Sané à Saint-Symphorien-d'Ancelles, le terrain primitif fait place au terrain d'alluvion : cette riche nature de terre conviendrait par excellence aux céréales et aux fourrages, mais la vigne l'a envahie, elle n'y fournit que de gros vins communs, fort abondants et vendus généralement à Lyon.

Les cépages qui peuplent les meilleurs vignobles du Mâconnais rappellent les plants d'élite du Beaujolais. Autrefois les *Pineaux*, sous le nom de *Bourguignons*, régnaient presque exclusivement dans certains crus distingués de cette contrée; mais peu à peu ils se sont éclipsés aux appels réitérés du commerce, qui réclamait des vins abondants pour faire face à des besoins plus multipliés, sollicitant une satisfaction à bon marché. Les Pineaux ont dû disparaître au fur et à mesure que les *Gamais*, appelés, dans le pays. *bons Plants, Plants de*

la Dombe, remplaçaient les anciens cépages. Ces nouvelles variétés, parmi lesquelles se font remarquer le
Gamai Picard, le Gamai Nicolas et le petit Gamai, n'ont
rien de commun avec ce gros Gamai proscrit juridique-
ment par Philippe le Hardi et les parlements de Metz et
de Dijon. Les *bons Plants* du Mâconnais, outre le mérite
de leur fécondité, se distinguent par des qualités solides
aux yeux de l'amateur : les jolis vins de Thorins, du
Moulin-à-Vent, de Romanèche, prouvent qu'on peut obtenir une liqueur excellente avec des Gamais de choix ;
seulement il est à craindre que l'abandon total des
Pineaux et la prédilection exclusive des vignerons pour
les plants de quantité ne les entraînent à négliger de
plus en plus la qualité : ce serait fait alors de la réputation des bons vignobles du Mâconnais.

Dans les vignes blanches, c'est le *Chardenet* ou *Pineau
blanc* qui domine. Il a pour caractères principaux : Sarments moyennement noués. Feuilles tourmentées, à cinq
lobes, d'un vert clair. Fleur sujette à couler. Grappes
petites, ailées, garnies de grains peu serrés, égaux,
ronds, d'un blond transparent passant au brun doré,
juteux, à saveur fine et très sucrés. Maturité plus tardive
que celle du Pineau noir.

La culture de la vigne dans le Mâconnais varie suivant
qu'il s'agit de plants noirs ou de vignes blanches. Là où
le vin rouge est l'objet exclusif de la spéculation, comme
aux Thorins, à Romanèche, à Saint-Amour, etc., les
procédés de culture semblent calqués l'un sur l'autre.
Tout d'abord le sol est miné, c'est-à-dire défoncé avec

le pic et la bêche à une profondeur de 0^m,40 à 0^m,50;
on le dispose en grandes planches ou *rases* légèrement
bombées vers le milieu, contenant chacune tantôt six
ou sept rangées de vignes, ainsi que dans le canton de
la Chapelle-de-Guinchay, tantôt dix rangées parallèles de
ceps comme à Davayé. Les plants, disposés en quinconce,
sont placés à 0^m,50 dans certaines localités; dans
d'autres, ils sont espacés à 0^m,80. Aux Thorins, on plante
deux boutures dans le même trou et l'on n'en conserve
qu'une seule à la fin de l'année de la plantation; les ceps
sont à 0^m,52 dans un sens et 0^m,88 dans l'autre; on fume
en plantant, dans beaucoup d'endroits. Les plants sont
tirés de la Dombe; la plantation a lieu généralement au
printemps et l'on se sert communément de simples boutures. Après la seconde feuille, la vigne se dresse ordinairement sur trois *cornes* ou coursons, qu'on taille le
plus souvent sur deux yeux, quelquefois aussi sur trois et
quatre quand les ceps sont vigoureux. On n'a recours au
provignage que pour remplacer les plants qui périssent
par accident, il n'est nullement usité pour régénérer les
vignobles. Ceux-ci une fois épuisés, la vigne est arrachée,
on défonce le sol, on y prend une récolte de grains ou de
pommes de terre, puis on replante immédiatement; bien
que l'expérience enseigne qu'après un retour si précipité
la réussite des nouvelles plantations soit compromise, et
qu'on abrége la durée de la vigne quand on n'a pas
renouvelé le sol par des cultures intercalaires, notamment par des récoltes fourragères de luzerne ou de
sainfoin. La vigne ne reçoit de tuteurs que pendant les

trois ou quatre premières années qui suivent la plantation. Toutes ces cultures se donnent avec des instru-
ments à bras. Suivant la nature du sol, on emploie la
pioche plate ou la pioche à deux pointes, appelée *bicorne*,
béquerand. Trois façons sont appliquées, chaque année,
à la vigne : la première en mars, la deuxième en mai, et
la troisième en août. A la fin de juin et au commencement de juillet, on relève et on lie avec des liens d'osier
ou de paille de seigle. L'ébourgeonnement est inusité,
l'épamprement ne se pratique non plus nulle part.

La vigne bien conduite commence à donner quelques
produits à la quatrième feuille, elle est en bon rapport
à cinq ou six ans. Suivant la température de l'année, on
vendange dans le Mâconnais, tantôt du 20 au 30 septembre, tantôt au commencement d'octobre. Au fur
et à mesure qu'on dépose le raisin dans les bennes, on
le tasse avec les mains; on n'égrappe pas. En général,
on ne foule la vendange que lorsque la température est
basse et seulement pour imprimer plus d'activité à la
fermentation. La durée du cuvage varie suivant les
années et les localités : dans la partie haute de Romanèche, on ne laisse ordinairement cuver que pendant
vingt-quatre ou trente-six heures ; dans la partie basse du
vignoble, le cuvage dure de deux à quatre jours, et parfois jusqu'à cinq quand la saison est froide. A Davayé,
le cuvage ne dure jamais moins de cinq à six jours. En
général, le vin tiré de la cuve ne forme pas un vin
distinct de celui qui provient du pressurage ; on mêle
l'un et l'autre aussi également que possible dans les

tonneaux. L'ouillage commence aussitôt que les tonneaux ont cessé de *cracher ;* on le continue à des intervalles plus ou moins rapprochés jusqu'au premier soutirage, époque à laquelle on place les tonneaux bonde
dessous. Tant que le vin n'est pas complétement refroidi,
on se contente de le couvrir avec des tuileaux ou des
feuilles de vigne chargées d'un peu de sable ; lorsque
toute fermentation a cessé, ce qui arrive dans les premiers jours de novembre, on bouche les tonneaux avec
des bondons, mais on ne les enfonce que plusieurs jours
après cette opération. On soutire le vin deux fois par
an dans le Mâconnais, en mars d'abord, puis au mois
d'août ; dans certaines localités, on a soin de mécher
à chaque soutirage.

Les vins rouges de Mâcon sont mis en bouteilles à
trois, quatre ou cinq ans, époque ordinaire de leur
maturité ; cette opération est toujours précédée du
collage dans le tonneau avec des blancs d'œufs ; ils
peuvent être bus six mois après leur transvasement. Les
principaux débouchés des vins de Mâcon sont Paris.
Lyon, le Forey, ainsi que Genève, lorsque leurs prix
sont bas ou modérés.

La culture des vignes blanches du Mâconnais est parfaitement représentée par les procédés usités à Pouilly
et à Fuissey. Dans ces deux vignobles on prépare le sol
par un défoncement à bras. On place les crossettes dans
des trous de 0^m,32 carrés, à la distance de 1 mètre les
uns des autres. On ne fume jamais en plantant, mais à
la troisième année on applique une fumure abondante

11

à la vigne. La première année de la plantation, on se
borne à tenir la terre aussi nette que possible de mauvaises herbes, à l'aide de piochages répétés; les années
subséquentes, on lui donne ordinairement trois façons,
à la fin de mars, dans le courant de mai et en juillet.
De mai en juin commence l'ébourgeonnement, on relève en juillet. Ainsi que pour les vignes noires, on
dresse les plants blancs sur plusieurs cornes ou coursons, mais le mode de taille est bien différent: au lieu de
tailler court, sur deux ou trois yeux au plus, on taille en
courgées plus ou moins longues, selon que la vigne est
plus ou moins vigoureuse ; ordinairement on conserve
une dizaine d'yeux sur chaque courson. La taille commence en janvier et finit en février.

A partir de la cinquième année de la plantation, on
compte déjà sur quelque produit, mais ce n'est qu'à la
septième feuille que les vignes blanches sont en plein
rapport.

La vendange a lieu le plus souvent vers la fin de
septembre. Le raisin, déposé dans des *baignoires*, y est
légèrement tassé avec les mains; on le porte aussitôt au
pressoir, le moût est entonné immédiatement; là on le
traite exactement comme le vin rouge, avec cette différence que l'ouillage se répète plus souvent et se continue
parfois jusqu'à Noël. Le premier soutirage a lieu en
mars, le second au mois d'août.

Tous les vins blancs du Mâconnais sont dirigés sur
Mâcon ; ils s'expédient, de là, sur Paris. Les plus estimés sont ceux de Pouilly, Fuissey, Solutré et Chaintré.

Le Pouilly est un vin sec, doué de finesse et d'un joli bouquet; on ne peut lui reprocher d'autre défaut réel que d'être très capiteux. Il n'a pas la transparence du vin de Chablis, mais en revanche il revêt une belle teinte dorée qui, pour le consommateur, n'ôte rien à ses qualités. Ce vin ne doit pas être mis en bouteilles avant d'avoir séjourné pendant deux ans au moins en tonneaux; à quatre ans, il est dans toute la plénitude de sa vinosité et de son parfum.

Le vin de Fuissey est inférieur au Pouilly en finesse et en générosité; on l'emploie beaucoup dans les coupages. Solutré, au contraire, passe pour avoir plus d'alcoolicité.

Chaintré, moins vineux et moins pourvu des qualités qui distinguent le vin blanc de Pouilly, se laisse boire avec plaisir; il ne manque ni de corps, ni de moelleux, ni de bon goût.

L'hectare, dans les meilleurs quartiers de Pouilly, rend environ 18 hectolitres. Le vin blanc de Pouilly, pris à la cuve, vaut, en moyenne, 50 francs l'hectolitre; les vins de Fuissey et de Solutré dépassent rarement 40 francs.

Les principaux vignobles du Mâconnais, pour les vins rouges, sont ceux de Romanèche, de Saint-Amour et de Davayé.

Le vignoble de Romanèche, d'une contenance de 525 hectares, d'après le cadastre, commence sur un coteau à la limite des communes de Fleury et de Chénas (Rhône), et s'étend en pente douce jusque vers le che-

min de fer de Paris à Lyon, qui le borne à l'est. Il se
divise en deux parties distinctes : la partie supérieure,
nommée l'*en haut*, et la partie inférieure, appelée l'*en
bas*. La première se développe en amphithéâtre sur un
coteau coupé par de petits vallons au fond desquels
coulent plusieurs ruisseaux; son exposition regarde l'est
et le sud. La couche arable est formée aux dépens de la
roche de porphyre rouge quartzifère qui caractérise ce
massif. Soumise à l'analyse chimique, la terre prise autour du Moulin-à-Vent, dépendance du vignoble de
Romanèche, présente la composition suivante :

Oxyde de fer.	11,037
Alumine.	3,036
Magnésie.	0,457
Silice soluble	0,234
Acide phosphorique	0,304
Sels alcalins.	0,978
Carbonate de chaux	0,913
Matières organiques	1,327
Résidu insoluble.	81,687
	100,000

C'est dans la partie haute de Romanèche que se trouvent les meilleurs quartiers de tout le Mâconnais, les
Thorins. Ce vignoble, planté de bons plants, d'une contenance totale de 91 hectares, fournit les premières
cuvées; les autres crus, tels que le *Champ de cour*, le
Champ des Groliers, les *Brainés*, les *Perelles*, *Maison-
neuve*, *Laranche*, produisent aussi d'excellents vins dé-

signés sous le nom générique de *vins de Romanèche :* ils participent des qualités des Thorins. Les Thorins passent à juste titre pour la tête des vins rouges du Mâconnais; le Moulin-à-Vent en est le type le plus distingué.

Ces vins, très généreux, sont remarquables par leur finesse, leur légèreté, leur séve et leur bouquet; ils sont très tendres, très précoces, et veulent être soutirés avec soin et à propos : trois ou quatre ans d'âge suffisent pour les amener à leur perfection; ils sont alors couleur de pelure d'oignon. Les Thorins, première qualité, valent, en moyenne, de 90 à 100 francs la pièce de 214 litres; la seconde qualité se paie 80 francs. Paris est leur principal débouché.

Le rendement moyen du vignoble de Romanèche est évalué à 25 hectolitres environ par hectare.

La partie inférieure, ou l'*en bas*, de nature argilo-siliceuse, mêlée d'oxyde de fer et.très accidentée, comprend la Chapelle-de-Guinchay. Ce vignoble rend beaucoup plus que l'en haut de Romanèche, mais ses vins n'ont plus la même qualité; ils sont plus colorés, moins spiritueux, moins fins, et demandent plus de temps pour se faire; en retour, ils ont plus de corps et se gardent plus longtemps. Les meilleurs quartiers de cette zone sont les *Gondelins*, les *Deschamps*, les *Boccarts*, puis les *Jean-Lorans*, les *Paquelets*, les *Journées*, etc. La pièce de 214 litres, prise à la cuve, se vend communément de 50 à 60 francs, bonne qualité.

Saint-Amour possède environ 300 hectares de vignes plantées pour la plupart sur le granit. Ce vignoble

occupe un mamelon étendu, et avoisine le territoire de
Julliénas, vers le couchant. Sa pente au nord est très
forte; elle est également rapide au sud, jusqu'au chemin
vicinal de Julliénas à Crèche, mais elle diminue ensuite
et finit par se confondre insensiblement avec la plaine,
de ce côté. Le Gamai noir et le Pineau dominent à Saint-
Amour. Les meilleurs quartiers pour la qualité du vin
sont d'abord ceux qui confinent au territoire de Julliénas
et les crus voisins de Benay, puis les finages dont le sol
est caillouteux : tels sont, entre autres, ceux placés le long
du chemin vicinal de Julliénas à Crèche. Le rendement
moyen par hectare est évalué à 25 ou 30 hectolitres.

Le vin de Saint-Amour, bien que riche en couleur,
est un vin léger et très agréable. Il ne faut pas le mettre
en bouteilles avant trois ans, il ne craint pas de vieillir
et prend de la qualité avec l'âge; on peut le boire entre
cinq et six ans. L'hectolitre vaut ordinairement de 15 à
18 francs en primeur et sans tonneau.

Le vignoble de Davayé, borné à l'est par la commune
de Charnay, à l'ouest par celle de Vergisson, confine,
du côté du nord, au vignoble de Prissé, et, vers le sud,
à celui de Solutré. D'après le cadastre, sa contenance
est de 207 hectares.

Le sol y est très accidenté. Sa consistance varie : au
centre de la commune, le calcaire se trouve mêlé à une
argile assez compacte, aussi le vin qu'on y récolte a-t-il
plus de corps et de couleur que dans le reste du vignoble;
ailleurs le terrain est, comparativement, léger et pierreux; en général, le territoire de Davayé a pour sous-

sol une roche calcaire affleurant plus ou moins la couche arable. Les meilleurs quartiers de ce vignoble se trouvent aux *Chailloux*, aux *Poncitys*, au *Perronnet* et à *Terrenoire;* ils produisent des vins foncés en couleur, ayant beaucoup de corps, peu sujets à s'altérer et supportant parfaitement le transport. Les Davayés rouges sont de bons ordinaires; ils gagnent à rester plusieurs années en cercles avant d'être livrés à la consommation : leur prix moyen ne dépasse pas 20 francs l'hectolitre.

COTE CHALONNAISE.

On comprend sous ce nom les vignobles de l'arrondissement de Châlon-sur-Saône. Ils ne produisent, en général, que des vins ordinaires; toutefois les premières cuvées de leurs meilleurs crus présentent tant d'analogie avec les vins demi-fins et les grands ordinaires de la Côte-d'Or, qu'on les confond souvent sous ce nom dans le commerce : ils s'en distinguent surtout en ce qu'ils ont moins de moelleux et de franchise de goût.

Les vignes de la côte Châlonnaise se trouvent réparties sur trois zones : la plaine, les mi-côtes et le coteau. La première zone ne fournit que des vins communs; la seconde donne des vins ordinaires de seconde qualité. La tête des vins de la côte Châlonnaise s'obtient sur le coteau qui commence, au nord de Châlon, dans le canton de Chagny, traverse Givry, et va se perdre dans l'arrondissement de Mâcon, laissant sur la droite Buxy, Saint-Gengoux et Cluny.

Envisagé d'un point de vue général, le sol de la côte Châlonnaise peut être rapporté à trois sortes principales de terrains. Sur les coteaux, le carbonate de chaux domine ; il y est ordinairement associé à une certaine quantité d'argile mélangée d'un peu de silice et d'oxyde de fer. A mi-côte, le sol, bien que retenant encore une forte proportion de calcaire, est moins riche en carbonate de chaux ; l'argile s'y rencontre en plus grande abondance que sur le coteau, toujours alliée à la silice et teintée d'oxyde de fer. Dans la plaine, le calcaire s'efface de plus en plus pour faire une plus large place au terrain argilo-siliceux ; sur beaucoup de points de cette région, le sol appartient au terrain d'alluvion.

Les meilleurs crus de la côte Châlonnaise sont abrités du nord, et reçoivent le soleil depuis son lever jusqu'à son coucher ; ils inclinent du nord au sud.

Quatre cépages principaux en constituent le fond : ce sont, pour les vins rouges, le *Pineau*, lé *Beurot* ou *Pineau gris*, le *Gamai* et le *Giboudot*, appelé aussi *Malain* ou *plant d'Abraham*.

Le Pineau de la côte Châlonnaise n'est autre que le Noirien de la Côte-d'Or, caractérisé ainsi qu'il suit : Sarments grêles, noués court. Feuilles fines, presque entières, ou du moins à lobes peu profonds, d'un vert clair. Fleur sujette à couler. Grappe petite, tassée, cylindrique, roide, garnie de grains serrés, inégaux, ronds, petits, noirs, très fleuris, très juteux, à peau ferme, d'une saveur très fine et très parfumée. Maturité ordinaire. Le Pineau était autrefois très multiplié dans les bons vignobles de cette contrée dont les vins lui ont dû, en grande partie, leur réputation; mais, depuis qu'on s'attache surtout à la quantité, on l'a délaissé pour d'autres cépages moins fins et plus productifs : il est principalement cultivé sur les coteaux; il y donne un vin léger, délicat, franc de goût et d'un bouquet agréable.

Le Beurot ou Pineau gris se reconnaît aux signes suivants : Sarments grêles, noués long. Feuilles larges, assez épaisses, tourmentées, d'un beau vert. Grappe petite, allongée, court ailée. Grains peu serrés, petits, d'un rouge cendré, transparents, très bruns, juteux, sucrés, à peau ferme. Maturité ordinaire. Le Pineau gris n'est jamais employé seul à la confection du vin dans la côte Châlonnaise. Le principe sucré est plus développé dans ce raisin que dans celui des autres cépages avec lesquels on le trouve mélangé.

Le Gamai de la côte Châlonnaise se rapproche des bons Gamais du Mâconnais et du Beaujolais. Il débourre tard et est un des derniers à compléter sa maturité; dans les années favorables à la vigne, son vin ne manque pas de qualité, et peut même être employé comme remède pour soutenir les vins faibles : il faut le laisser quelques années en tonneaux avant de le livrer à la consommation.

Le Giboudot n'a pour lui que sa grande fertilité; partout où on l'a introduit, il a déshonoré les produits des crus peuplés de bons cépages. Qu'attendre, en effet, d'un plant débourrant de très bonne heure, et, partant, sujet à geler, pourvu de grappes volumineuses dont les

grains serrés mûrissent tard et inégalement, enveloppés
d'une pellicule épaisse, exigeant le plus souvent un
cuvage prolongé, et ne donnant qu'un vin foncé, d'un
rouge violet, dur, âpre et potable seulement après plusieurs années? Le Giboudot n'est à sa place que dans les
terrains de plaine, là où l'on ne peut prétendre qu'à des
produits abondants; il n'aurait jamais dû se montrer
dans les sols propres à donner des vins distingués, puisque, loin de s'améliorer sur les coteaux, il y conserve
tous ses défauts et y devient même moins productif. Et
cependant tel est l'entraînement qui pousse à l'abondance, qu'il n'est presque pas de vignobles de la côte
Châlonnaise que ce plant grossier n'ait envahis aujour-
d'hui; on peut, sans hésiter, le regarder comme la principale cause du discrédit où sont tombés, de nos jours,
ces crus jadis bien famés.

Les vignes blanches ne jouent qu'un rôle insignifiant
dans la côte Châlonnaise; elles se composent de Chardenay ou Pineau blanc, de Giboudot et de Gamai blanc :
ces deux derniers cépages ne donnent qu'un vin plat.

Les procédés de culture et de vinification varient peu
dans la région viticole de l'arrondissement de Châlon;
les usages qu'on observe sur les coteaux se retrouvent
également dans la zone intermédiaire à la plaine : étudier un des quartiers du coteau, celui de Mercurey, par
exemple, c'est résumer sa physionomie dans l'un des
points les plus intéressants de la côte Châlonnaise. A
part certaines habitudes locales de peu d'importance,
tous les autres crus de quelque valeur se rattachent

à ce type comme parties intégrantes du même vignoble.

A Mercurey, le sol sur lequel on veut établir une vigne est défoncé à toute profondeur de couche arable, lorsqu'il n'a pas encore porté cette plante ; mais, s'il s'agit simplement de renouveler un vignoble épuisé, on laisse écouler un intervalle de quatre années entre l'arrachage et la plantation : on prend ordinairement une céréale sur le défriché, puis on prépare le sol à recevoir de nouveau de la vigne en le bonifiant par une récolte fourragère. On plante par fossés de $0^m,50$ de profondeur, éloignés de $1^m,30$ les uns des autres ; une légère fumure accompagne la plantation, qui s'effectue avec deux tiers de chapons contre un tiers de chevelées. Pendant les quatre premières années la vigne reçoit quatre façons annuelles ; passé ce temps, on ne lui en donne plus que trois : la pioche est le seul instrument dont on fasse usage pour cette main-d'œuvre. La vigne est dressée sur deux coursons. La taille commence le plus souvent en février ; elle a lieu en courgées pour les vignes blanches ; chaque cep, selon sa vigueur, en porte une ou deux. Les vignes rouges sont taillées sur deux ou trois yeux. L'ébourgeonnement et l'épamprement ne sont pas pratiqués ; on relève après la seconde œuvre.

La vigne entre en rapport à la cinquième feuille, elle donne de bons produits à sept ans. Les vendanges ont lieu ordinairement du 20 au 30 septembre ; le jour en est fixé par des prud'hommes choisis en nombre égal parmi les propriétaires et les vignerons, assistés du conseil municipal. Dès que les vendanges sont ouvertes,

on amène le raisin à dos d'homme à la cuve dans des
hottes, ou bien on le transporte dans des tonneaux sur
des voitures, quand les vignes sont éloignées du pressoir.
L'égrappage ne se pratique qu'exceptionnellement. Les
cuves sont de bois et non couvertes. Autant que possible,
on cherche à remplir la cuve dans la même journée.
Lorsqu'elle est pleine, on foule. Si la température est
chaude, la fermentation s'établit promptement ; le temps
est-il froid, on y supplée par des foulages répétés. En
général, le cuvage, favorisé par le beau temps, dure de
quatre à six jours à Mercurey ; dans les années froides,
il se prolonge jusqu'à huit et neuf jours. Dans les premiers temps de la mise en tonneaux, on ouille souvent,
puis tous les quinze jours, ensuite on se contente d'ouiller
une seule fois par mois : on bonde quand toute fermentation a cessé. Le soutirage a lieu en mars ou avril,
d'après la marche de la végétation.

Les vins de la côte Châlonnaise se vendent à la pièce
de 228 litres ; on les expédie de Châlon sur Paris par le
canal du Centre.

Les vignobles les plus distingués de la côte Châlonnaise sont ceux de Mercurey, de Rully, de Givry et de
Saint-Martin-sous-Montaigu. Sous la dénomination
de Mercurey on comprend non-seulement les vignes de
cette commune située à 12 kilomètres de Châlon, mais
encore les vignes de Touches qui s'y trouvent enclavées ;
par extension, on peut aussi y rattacher celles d'Étroy
et de Bourgneuf, qui les avoisinent et dont les produits
sont les mêmes, à quelques variantes près.

Mercurey compte 301 hectares de vignes, Touches en a 505. Le sol du coteau de Mercurey, soumis à l'analyse chimique, présente la composition suivante :

Oxyde de fer.	2,900
Alumine	1,600
Magnésie	0,734
Silice soluble.	0,185
Acide phosphorique	0,321
Sels alcalins	1,185
Carbonate de chaux	37,025
Matières organiques	3,405
Résidu insoluble	50,725
	100,000

Les premiers crus de Mercurey sont les *Crêts*, les *Champmartins*, les *Nogues*, le *clos l'Évêque*, le *Tonnerre*, les *vignes blanches*. Le vin qu'ils fournissent se distingue par une jolie couleur; il a de la finesse, du bouquet, de l'agrément, et peut vieillir longtemps en bouteilles : on le laisse ordinairement séjourner pendant trois ans en tonneau.

Les meilleurs quartiers des Touches sont le *clos des Thunots*, les *Velais*, le *clos du Roi*. Le vin qu'ils produisent diffère peu du Mercurey proprement dit, il a seulement un peu plus de vinosité et un peu moins de finesse. Tous ces quartiers d'élite se rencontrent sur le coteau. Dans les années abondantes, ils donnent plus de 60 hectolitres de vin par hectare, mais, en moyenne, on ne peut compter que sur 30 hectolitres. Bon an, mal

an, le vin des meilleures cuvées de Mercurey vaut de 50
à 55 francs l'hectolitre ; par exception, en 1842 et 1846,
années hors ligne, on l'a payé 100 et 200 francs l'hectolitre après le soutirage. Dans les grandes années, le
vin des premiers crus est recherché par le commerce
de Beaune et de Châlon ; dans les années médiocres,
les négociants des localités voisines l'achètent comme
vin d'ordinaire : le vin des crus inférieurs se consomme
dans l'Autunois, dans une partie du Charolais, dans le
Morvan et la Bresse.

Le vin de Mercurey a joui longtemps d'une réputation méritée ; les négociants de Beaune l'achetaient pour
le mêler au Volnay, avec lequel il a plus d'un rapport,
sauf la vinosité ; mais aujourd'hui on ne le considère plus
que comme vin d'ordinaire de première qualité. L'introduction du Giboudot n'est pas la seule cause qui l'ait
déprécié ; les propriétaires eux-mêmes ont contribué à
le discréditer en mélangeant leurs cuvées et en sacrifiant la qualité à une couleur de convention ; le commerce surtout a porté un coup funeste au vin de
Mercurey en le dénaturant avant de l'expédier : la
décadence de ce beau vignoble date de ces malheureuses
innovations.

Rully possède un peu plus de 600 hectares de vignes.
Le sol y est très varié ; suivant les localités, il est tantôt
argilo, tantôt silico-calcaire, sablonneux sur quelques
points. L'exposition dominante est celle du levant. Les
quartiers qui produisent les meilleurs vins sont ceux
de *Murisson, Raboursey, Plet, Montpatais*. Plusieurs de

ces coteaux ont une pente assez forte dans leur partie supérieure ; ils sont plantés, à peu près par égales portions, de Pineau et de Giboudot : leur culture est exactement la même qu'à Mercurey ; l'hectare donne, en moyenne, 25 hectolitres. Suivant l'état de la température, on laisse cuver depuis six jusqu'à douze jours. La première année qui suit la récolte, on soutire deux fois, en mars et en septembre, une fois seulement les autres années. A trois ans, le vin est à son point de maturité ; on le met en bouteilles à deux ans et demi ; il vaut communément 16 francs l'hectolitre ou 18 francs la feuillette. Le vin de Rully a beaucoup d'analogie avec celui de Mercurey, mais on lui reconnaît plus de corps et de nerf, aussi se conserve-t-il plus longtemps. Ses principaux débouchés sont Châlon et Dijon.

La contenance du vignoble de Givry est de 548 hectares : une partie des vignes est située sur les coteaux, une autre partie occupe les arrière-côtes, d'autres s'étendent dans la plaine ; le nombre de ces dernières s'accroît chaque année.

Tous les bons crus de Givry sont exposés au sud et au sud-est. Le sol est éminemment calcaire, mêlé d'argile et de silice. Les clos qui produisent les meilleurs vins sont le *clos Saint-Pierre*, le *clos Salomon*, la *Survoisine*, les *Bois-Chevaux*, les *Marolles*, le *clos Saint-Paul*, le *champ Nallot* et le *Cellier-aux-Moines*. Dans les bons fonds, on cultive généralement le Noirien et le Giboudot ; la plaine et les arrière-côtes sont presque exclusivement plantées en Gamai.

La culture de la vigne à Givry ne diffère pas de celle
en usage à Mercurey ; on plante et l'on taille aux mêmes
époques, les procédés de fabrication sont identiques.
Les vins de ce cru, dont le rendement moyen n'atteint
pas 10 hectolitres par hectare dans les clos privilégiés
et ne dépasse pas 18 hectolitres sur les arrière-côtes, sont
potables dès la seconde année; après vingt ans, ils conservent encore toutes leurs qualités. Ceux des meilleurs
vignobles fournissent des vins supérieurs aux premières
cuvées de Mercurey, ils sont plus colorés, plus spiritueux, mais ils ont moins de finesse et de bouquet : plusieurs personnes les regardent comme la tête des vins
de la côte Châlonnaise ; le commerce les paie souvent
quelques francs de plus que le Mercurey, surtout en
primeur. Les vins de Givry ont pour principaux débouchés le nord de la France, la Belgique, l'Allemagne
et surtout Beaune, où on les mélange avec les vins de
ce pays; les qualités inférieures s'expédient en Alsace,
dans l'Autunois et le Charolais.

Le hameau de Rusilly, dépendant de la commune de
Givry, produit des vins moins délicats que les secondes
cuvées, mais plus corsés et plus généreux ; ils gagnent
beaucoup en vieillissant, on les emploie alors pour soutenir les grands vins qui faiblissent. Givry, comme Mercurey, comme toute la côte Châlonnaise, se ressent de
la décadence où sont tombés ces vignobles. D'une part,
l'abandon des cépages fins pour des cépages plus fertiles ; de l'autre, l'incurie du vigneron à moitié, qui
néglige la culture au point de supprimer les façons dont

la vigne ne saurait se passer, et qui, peu soucieux de la
délicatesse, n'aspire plus qu'à la quantité, sont les principales causes de la dépréciation qu'ont éprouvée les
vins de la côte depuis un certain nombre d'années. Le
mélange du produit des bons crus avec celui des crus
inférieurs n'a pas été, non plus, étranger à la défaveur
qui frappe même les premières cuvées, surtout quand
elles ont eu encore à subir une dernière modification
entre les mains de commerçants peu scrupuleux.

La commune de Saint-Martin-sous-Montaigu cultive
198 hectares de vignes; une partie se trouve en coteaux,
les autres sont réparties sur les arrière-côtes et dans la
plaine. Les plants et les procédés de culture et de vinification sont les mêmes qu'à Mercurey.

Le vin de Saint-Martin forme un bon ordinaire. Ses
premiers crus, le *coteau des Chassières*, la *Roche*, le
Fourneau, le *clos Paradis*, la *Channière*, situés au sud-
est, donnent des produits moins vineux que ceux de
Givry, moins fins et moins bouquetés que ceux de Mercurey, mais ils sont corsés et se conservent longtemps.
Les arrière-côtes et la plaine fournissent des vins moins
estimés que ceux provenant des localités correspon-
dantes de Givry et de Mercurey; les prix, cependant,
diffèrent peu.

12

VINS DE LA HAUTE BOURGOGNE
(CÔTE-D'OR).

S'il suffisait d'une antique origine pour constituer un titre de noblesse, la haute Bourgogne n'aurait rien à envier, à cet égard, aux anciens vignobles du sol français. Ses coteaux, plantés sous la domination romaine, étaient couverts de vignes lors de l'invasion bourguignonne, et du temps de Grégoire de Tours cette culture y florissait et enrichissait déjà les habitants. Dès le viie siècle, plusieurs climats distingués faisaient partie des domaines des grands de la couronne. Le duc Amalgaire donne à l'abbaye de Bèze des vignes situées sur Chenove, Marsannay et Gevrey. Charlemagne possédait, entre Aloxe et Pernant, un canton de vignes qui porte encore son nom; il en fit don à l'abbaye de Saulieu, en 775. Plus tard, à l'imitation du grand empereur, princes et seigneurs, mus de sentiments pieux, firent de leurs vignobles autant de donations en faveur des églises et des abbayes. En l'an 1005, Saint-Bénigne de Dijon reçoit du vicomte de Beaune un clos de vignes sis à Pomard. En 1168, grâce à la libéralité d'Anceau de Montréal et de Sibylle de Bourgogne, les moines de Cîteaux deviennent propriétaires d'un vignoble à Meursault. A l'époque des croisades, Alix de Vergy donne la Romanée à l'abbaye de Saint-Vivant; Vosne échoit en partage au prieur du lieu et à l'église de Saint-Denis.

Au xiii° siècle, le clos Vougeot passe aux mains de l'abbé de Cîteaux ; sa prospérité grandit sous l'habile direction des moines, son nom retentit dans toute l'Europe, et il ne faut rien moins que la révolution pour séculariser ce superbe héritage (1).

La haute Bourgogne peut donc étaler à bon droit ses quartiers de noblesse, des siècles l'ont consacrée ; la vieille réputation de ses vins n'est pas moins bien établie. Longtemps avant que le duché de Bourgogne fût réuni à la couronne de France, ils jouissaient d'un tel renom, qu'ils passaient pour les premiers vins de l'Europe. Nul banquet royal au pays de France et d'Angleterre, pendant le moyen âge, où ne figurent les excellents vins de Bourgogne : on en présenta à Reims au sacre de Philippe-Auguste ; les abbés de Cîteaux en envoyaient au pape résidant à Avignon. Qui ne sait, d'ailleurs, que les princes de la maison de Bourgogne aimaient à s'intituler *seigneurs des meilleurs vins de la chrétienté!* Ce titre, ils le prenaient au sérieux, témoin la fameuse ordonnance de Philippe le Bon défendant « de » planter vignes d'un très mauvaiz et deloyault plant » nommez Gaamez, de porter fiens de vaiches, brebiz, » chevaulx et aultres bestes emmy les vignes de bon » plant. » Quoique ces sages prescriptions soient tombées en désuétude depuis longtemps et que le morcellement ait démembré plus d'un vignoble de haute lignée, la Bourgogne n'a pas fléchi dans sa réputation séculaire ;

(1) Morelot, *Statistique de la vigne dans le département de la Côte-d'Or.*

l'excellence et la supériorité de ses grands vins se sont maintenues à travers les vicissitudes des temps. Ils sont encore aujourd'hui ce qu'ils étaient jadis, ce qu'ils ont toujours été sous la triple influence du plant, du sol et de l'exposition : vins délicats, d'une finesse exquise, pleins d'agrément, corsés, généreux, pourvus du bouquet le plus suave, veloutés et d'une couleur magnifique; en un mot, les premiers vins de France, s'ils supportaient mieux le transport; vins parfaits que balancent, mais ne surpassent pas les grands vins du Médoc, les seuls qui leur disputent la prééminence dans notre pays.

Deux arondissements, Dijon et surtout Beaune, ont seuls le privilége de fournir les vins fins de la haute Bourgogne. A partir de Santenay, premier village viticole qu'on rencontre en venant de Saône-et-Loire, s'élèvent jusqu'au vallon de l'Ouche, où finit la bonne côte au territoire de Dijon, deux étages de collines qui courent au nord-est et au sud-ouest. C'est sur le premier versant de cette chaîne appelée du nom poétique de *Côte-d'Or* que s'adossent les grands crus de la Bourgogne ; tous sont compris entre deux plans horizontaux élevés, l'un de 15 mètres, l'autre de 78 mètres au-dessus de la plaine qui s'étend à leur pied. Ils sont exposés au sud-est, sur la pente de collines abritées par un second étage élevé de 520 mètres au-dessus du niveau de la mer et boisé : ce sont les *arrière-côtes*. On y cultive la vigne avec succès sur les pentes exposées à l'est, jusqu'à 190 mètres au-dessus de la plaine, ou 400 mètres

au-dessus du niveau de la mer, tandis que, sur le plateau qui couronne la première rampe et dont la hauteur
ne dépasse pas 180 mètres au-dessus de la plaine, la
vigne ne réussit plus; mais ses produits, dans les arrière-
côtes, bien que fermes et spiritueux, n'ont ni le parfum
ni la finesse de ceux du premier versant : il est vrai, sol
et plant sont très différents. Tous les premiers climats
se développent sur une longueur d'à peu près 45 kilomètres; leur largeur moyenne, en suivant l'inclinaison
des coteaux, mesure environ 450 mètres; leur ensemble
se résume en 1,935 hectares de vignes classées en premier ordre. En estimant, avec certains auteurs bourguignons, le produit moyen de chacun de ces hectares
à 20 hectolitres de vin, on a, pour les grands vignobles
de la Côte-d'Or, une production annuelle de 38,700 hectolitres. En général, la chaîne qui porte ces crus supérieurs est dénudée; c'est à peine si plusieurs de ses
sommets présentent, de loin en loin, quelques bouquets
de bois rabougris, comme à Santenay, Prémeaux, Aloxe,
Pernant, Nuits, etc.

Envisagée au point de vue de la culture de la vigne,
la Côte-d'Or se trouve placée dans les mêmes conditions de température que le Bordelais et les vignobles
du Rhin; leurs positions, partant, sont isothermes.
D'après M. Vergnette-Lamotte (1), quand la somme des
maxima du mois de mars dépasse 200 degrés centigrades de froid, la vigne est très exposée, en avril, à des

_____

(1) *Physiologie des vignes et des grands vins de la Côte-d'Or.*

gelées qui enlèvent tout espoir de récolte. La végétation se développe rapidement au printemps, lorsque la
température du mois d'avril dépasse 500 degrés centigrades. En juin et en août, la vigne veut de la chaleur ;
il faut que, dans chacun de ces mois, la température
dépasse 750 degrés centigrades pour que le vin ait de la
qualité. La température des mois de mai et de juillet,
destinés, le premier à seconder la végétation de la
vigne, le second à l'accroissement de son fruit, doit être
variable. Dans la période de croissance qui précède la
maturation, le raisin, pour profiter, doit trouver une
certaine humidité dans l'atmosphère ; si le terrain est
desséché ou si l'air n'est pas suffisamment chargé de
vapeurs, le développement du raisin s'arrête, et, suivant
l'expression du vigneron, le fruit *arsit* ou *s'enferre*. Dans
les quinze jours qui précèdent la vendange, il faut que
la température s'élève, en moyenne, de 15 à 20 degrés
centigrades, et surtout qu'il tombe peu de pluie. Les
pluies continues, et surtout les pluies froides, dans les
mois de juin et de septembre, sont funestes à la vigne :
dans le premier cas, elles déterminent la coulure de la
fleur ; dans le second cas, elles occasionnent la pourriture. Le vent du nord est très favorable quand il souffle
dans la période qui précède la vendange.

La constitution géologique des principaux vignobles
de la Côte-d'Or est facile à saisir. Les montagnes de ce
département sont de formation oolithique. Le versant
est de la première chaîne, celui sur lequel sont assis les
grands crus, présente souvent une double pente sur ses

flancs : la pente, d'abord douce au sortir de la plaine,
devient bientôt brusque et s'infléchit de nouveau pour
se relever ensuite jusqu'aux escarpements du sommet
de la montagne; la vigne y plonge ses racines dans les
divers étages de la formation oolithique inférieure. Les
vignes des arrière-côtes sont plantées sur des marnes
du lias et sur des calcaires marneux; les vins Gamais et
petits noiriens s'obtiennent sur les alluvions tertiaires
de la plaine.

Le carbonate de chaux abonde dans la roche qui
constitue le sous-sol des premiers climats. Celui-ci,
au-dessus des assises oolithiques, se compose de bancs
schisteux très minces, se délitant avec une grande facilité et s'incorporant souvent à la terre arable par ses
débris. La couche végétale se distingue surtout par la
forte proportion d'oxyde de fer et de silice qu'elle renferme. Son épaisseur varie selon le degré d'inclinaison
des coteaux. Là où la pente est rapide, elle atteint à
peine $0^m,24$ de profondeur; mais si la pente est douce,
il n'est pas rare de la voir descendre à $0^m,40$ ou $0^m,60$ et
même sur certains points à la profondeur de 1 mètre :
sol, du reste, fortement coloré, d'un aspect généralement ferrugineux, variant du brun rouge au brun jaune,
très perméable aux agents atmosphériques et se laissant
travailler aisément.

Dans les arrière-côtes, la couche végétale est marneuse ainsi que le sous-sol.

Au bas du versant de la première chaîne, on rencontre parfois sur certains points, comme à Pomard,

à Volnay, des alluvions locales argilo-calcaires ferrugineuses, plus ou moins chargées de pierres. Ces terres,
ordinairement profondes, paraissent avoir été charriées
par des courants spéciaux qui les ont déposées çà et là ;
la vigne y donne des produits très recherchés. Il n'en
est pas de même de la plaine proprement dite. Bien
que la couche arable ait une grande épaisseur, l'argile
qui domine dans ces alluvions et la marne compacte à
laquelle le sous-sol emprunte son origine les rendent
impropres, sinon à la culture absolue de la vigne, du
moins à celle du Noirien. Ce plant, si bien à sa place
sur la bonne côte, ne réussit pas dans la région inférieure, il y est sujet à la coulure et à la gelée ; ses fruits
y mûrissent mal et ne donnent qu'un vin très médiocre :
les alluvions de cette nature conviennent surtout au
Gamai, plant beaucoup plus rustique que le Pineau et
dont on peut attendre de bons ordinaires dans cette
condition.

Deux plants d'élite peuplent exclusivement les grands
crus de la Côte-d'Or, le *Noirien*, *franc Pineau* ou *Pineau
noir*, et le *Chardenay* ou *Pineau blanc*. Le premier
donne le vin rouge, le second produit le vin blanc :
celui-ci entre aussi en faible proportion dans quelques-
unes des premières cuvées de vin rouge, notamment au
clos Vougeot et à Chambolle.

Le Noirien, ce plant type et le meilleur, sans contredit, de la Bourgogne, règne presque seul sur les
coteaux ; sa place de prédilection est à l'exposition du
sud et de l'est, dans une terre de consistance moyenne,

riche en carbonate de chaux et en oxyde de fer et modérément inclinée.

Le Chardenay ou Pineau blanc n'est cultivé sur une grande échelle qu'à Meursault et à Puligny ; on en trouve cependant quelques pieds dans la plupart des vignobles de la côte : son raisin, d'un goût exquis, produit le fameux vin de Montrachet et les excellents vins blancs de Meursault.

Outre ces deux cépages principaux, on rencontre encore dans les bons vignobles de la première chaîne, mais en petite quantité, le *Pineau gris* ou *Burot*. Ce plant, plus robuste et plus fertile que le Chardenay, n'est pas apprécié partout comme il l'est à Meursault ; à Pomard, on lui reproche, entre autres défauts, de communiquer trop de douceur au vin et de le rendre fade, aussi tend-il à disparaître de beaucoup de crus.

Dans les vignobles d'un ordre inférieur, c'est le Gamai qui domine ; mélangé, dans la plaine, avec des espèces grossières comme le Gamai blanc, l'Alligotay, le Melon, etc., il ne donne que des vins communs, très abondants. Mais sa variété la plus recommandable, connue sous le nom de *franc Gamai*, *Gamai de montagne*, variété du Gamai Nicolas, est loin de mériter l'anathème absolu dont les ducs de Bourgogne et les parlements l'ont frappée. Sans nul doute, on a bien fait de lui interdire l'entrée des grands crus ; toutefois, s'il n'est pas digne de la première place, il n'est point à mépriser au second rang. Associé au Pineau dans la zone qui confine à celle des grands vins, il produit, sous le nom de *passe-tout-*

grain; de très bons ordinaires fort recherchés du commerce entre Meursault et le finage de Puligny particulièrement ; sur les arrière–côtes, il donne un vin qui a
de la séve, de la moelle, de la couleur et se conserve
bien. Ce Gamai joint l'abondance à une assez bonne
qualité ; cultivé dans les crus secondaires, il paie généreusement les sueurs du vigneron et fournit à la consommation une boisson estimée, à la portée de toutes les
fortunes : il y a donc justice à le relever d'une proscription
trop générale ; du reste, sa réhabilitation est faite, depuis
longues années, dans la Côte-d'Or.

La culture de la vigne présente les mêmes procédés
dans tous les grands crus de ce département. Là où la
surface du terrain est plane, qu'il s'agisse d'un sol vierge
ou d'une *toppe*, c'est-à-dire d'une vigne nouvellement
défrichée, le défoncement précède toujours la plantation ;
les plants se trouvent à 0ᵐ,32 les uns des autres. Sur les
coteaux, il est d'usage de planter la vigne dans les fosses
ou *terreaux* creusés en sens inverse de l'inclinaison du
terrain, afin de prévenir le dévallement du sol ; ces
terreaux ont 0ᵐ,45 de profondeur sur une largeur de
0ᵐ,27 : la terre qu'on en extrait est rejetée et dressée en
forme de terrasse dans l'intervalle qui sépare les fosses.
Dès que celles–ci sont suffisamment ouvertes, on s'em-
presse d'y planter des sarments récemment coupés et
choisis, autant que faire se peut, sur de jeunes vignes :
leur reprise est d'autant plus assurée, que la plantation
suit de plus près l'ouverture des terreaux. En général,
on se contente de simples boutures pour planter ;

quelques propriétaires, cependant, s'aident aussi de chevelées, mais ordinairement les plants enracinés sont réservés pour remplacer les boutures qui ont manqué. Les chapons ne sont pas placés droits, mais un peu inclinés, de manière que leur extrémité s'appuie contre la partie supérieure de la fosse; après les avoir garnis de terre, on les redresse en leur faisant décrire une espèce d'angle aigu, on les charge ensuite de terre en ayant soin de tasser légèrement le sol avec les pieds, puis on rabat la vive arête de la fosse pour en combler le fond. Cette méthode espace les plants de $0^m,45$ à $0^m,50$ les uns des autres; chaque ouvrée de 4 ares 28 centiares contient 1000 chapons, ce qui fait un peu plus de 23,000 plants par hectare.

Les plantations s'effectuent généralement de la mi-novembre à la fin de décembre, mais elles se prolongent jusqu'en mai. Les boutures passent tout l'hiver dans l'état où on les a mises en terre, c'est-à-dire qu'on n'en retranche absolument aucune partie; vers la fin d'avril seulement, on les taille à deux yeux. Pendant leur première végétation, elles reçoivent trois façons et elles sont encore piochées une dernière fois après la vendange. Le plantier commence à produire à la quatrième année; vers la cinquième feuille la vigne entre en bon rapport, elle est dans toute sa vigueur à huit ans.

La culture de la vigne dans les grands crus de la Côte-d'Or s'opère tantôt de compte à demi avec des colons partiaires, tantôt à prix fait, soit au journal, soit à l'ouvrée par des vignerons à gage. Toute la côte de Beaune,

depuis Santenay jusqu'à Comblanchien, est soumise au
régime des colons partiaires qui deviennent, pour ainsi
dire, les associés du propriétaire, et ont, à ce titre,
autant d'intérêt que lui à cultiver en bons pères de
famille. Les conditions d'engagement sont les mêmes
partout ; sauf certains quartiers d'élite de Volnay, de
Pomard, de Beaune, où le vigneron est tenu de payer
la moitié des contributions et d'abandonner au propriétaire la douzième ou treizième pièce, sur tous les
autres points de cette côte on cultive entièrement à
mi-fruit. Indépendamment du travail des vignes, de
tous les frais de vendange et de vinification jusqu'à la
mise en tonneaux, le colon partiaire demeure chargé du
transport des terres ; il doit fournir les paisseaux et supporter la dépense du fichage, du liage. D'après ce mode
de faire valoir, le colon n'est plus un simple mercenaire,
il travaille pour lui ; de son labeur dépend le revenu de
la vigne : il est intéressé à ne pas ménager sa peine,
puisque la moitié du profit lui revient. Le propriétaire,
dans ce système, a plus de loisirs et plus de motifs de
sécurité ; de part et d'autre, c'est un échange mutuel
d'excellents rapports : il n'est pas rare de voir des colons
partiaires se succéder de père en fils pendant plusieurs
générations sur le même héritage dans la côte de Beaune.
Depuis Comblanchien jusqu'à Dijon, on ne trouve plus
trace de colonage, la culture de la vigne se fait à prix
d'argent ; la haute valeur des produits des meilleurs climats de cette zone et l'éventualité des revenus expliquent,
sans doute, cet usage déjà fort ancien. D'après cette

méthode, le propriétaire jouit de l'intégralité du revenu
de sa vigne ; mais il lui faut l'acheter par une surveillance
incessante, par une plus grande mise de fonds, et par
la préoccupation continuelle des détails de la culture,
de la vendange, de la vinification, en un mot de tous les
soins dont on est à peu près affranchi avec le colonage
partiaire, qui n'exige, en quelque sorte, qu'une habile
direction : une différence complète sépare donc ces deux
systèmes, ils ont chacun pour eux la sanction du temps
et des populations.

Le système à colonage partiaire tend aujourd'hui à
disparaître de la Côte-d'Or ; il est d'expérience que le
vigneron à prix d'argent jouit d'une plus grande
aisance ; il est, en général, propriétaire ou fermier de
vignobles communs : cette circonstance est la principale
cause de sa prospérité.

La vigne est dressée sur un seul courson. Pendant sa
première végétation elle se passe de tuteurs ; ce n'est
qu'à la quatrième année qu'on lui donne des échalas
dans la Côte-d'Or. Les paisseaux de chêne sont réputés
les meilleurs ; leur longueur varie de 1^m,45 à 1^m,60 dans
la côte de Beaune ; ceux qu'on emploie dans la côte de
Dijon sont bien inférieurs en qualité. Partout on les
enlève, chaque année, aussitôt après les vendanges, et on
les dispose en *bordes* jusqu'au printemps, après avoir eu
soin de rafraîchir les pointes émoussées et de refaire celles
qui ont été détruites. Cette opération est le prélude du
faire d'hiver. Sous ce nom, on comprend, dans la côte,
une série d'opérations qui occupent une partie de la

morte-saison : tels sont la mise à nu des provins, le
retranchement des racines superflues, le rechaussement
des pieds auxquels on applique une légère fumure, la
suppression des ceps de mauvaise qualité condamnés à
être réformés; on marque, enfin, par une excavation
superficielle, les places où il convient d'ouvrir des fosses
pour les nouveaux provins à faire au premier printemps.
Dans la côte de Dijon, on taille déjà, en hiver, une partie
des vignes, sans toucher, cependant, aux plus beaux
sarments : ceux-ci sont destinés à servir de provins.
L'hiver est encore la saison pendant laquelle se font les
portements de terre : le vigneron remonte à dos, au
moyen de hottes, dans les parties supérieures, les terres
que les pluies ont entraînées dans le bas et qui s'y trouvent
arrêtées par de petits murs construits à cet effet. Ces
portements se répètent chaque fois que le besoin s'en
fait sentir; en général, ils ont lieu tous les six ou
sept ans, et constituent un amendement d'autant plus
précieux pour la vigne, que, sans cette précaution,
les ceps, dénudés et appauvris successivement, finiraient par être frappés d'improduction, et même par
périr.

L'époque de la taille est déterminée par l'état de la
saison au sortir de l'hiver; elle a lieu communément
depuis le 15 février jusqu'au 10 mars. Suivant la force
des ceps, on taille à deux ou trois yeux, quelquefois sur
un seul œil; on n'en excepte que les ceps destinés à être
provignés. Ces derniers, dans les vignes bien tenues,
portent un signe particulier indiquant les plants les plus

vigoureux, qui résistent le mieux aux accidents atmosphériques et se chargent des plus beaux raisins ; ce sont
eux qu'on recherche de préférence pour être provignés.
Quand le choix n'en a pas été fait avant la vendange,
on y procède au temps de la taille. Après la taille vient
le tour du provignage : ce mode est généralement usité
dans la côte pour entretenir et régénérer la vigne. Rien
de plus simple. Autant que possible, on choisit des ceps
munis de bons brins d'égale force, on en coupe toutes les
racines surabondantes, on les couche dans des fosses
de 0^m,40 de profondeur sur 0^m,32 de large et 1 mètre
de longueur, creusées au-dessous du cep ; les sarments
sont courbés avec ménagement ; on les garnit de terre
jusque près de leurs extrémités ou *saillies*, qu'on relève
en les espaçant, dans certaines localités, à 0^m,32, et,
ailleurs, à 0^m,70 les unes des autres. Ces saillies sont
taillées sur trois yeux ; elles rapportent dès la première
année et produisent abondamment l'année suivante. Tous
les vignobles de la bonne côte sont soumis annuellement
au provignage sur une partie de leur étendue. Les provins ne sont jamais séparés de la souche mère ; aussi,
dans la généralité des grands vignobles, la plantation
primitive remonte-t-elle à trois ou quatre cents ans : les
souches parcourent, sous terre, des distances considérables, elles se croisent dans tous les sens ; les ceps, par
suite, ne se trouvent pas à des distances régulières.
L'intensité du provignage varie selon les besoins de chaque cru : à Pomard et à Volnay on fait, chaque année,
de 6 à 700 fosses à provins de deux saillies par hectare ;

à Nuits, on en fait vingt par ouvrée, soit environ 500
par hectare.

- Le provignage commence tantôt avant, tantôt après
l'hiver; il se continue souvent en mars, parfois en avril
et jusque dans les premiers jours de mai, alors que la
végétation est partie; mais c'est en mars et en avril,
avant la pousse, que les provins réussissent le mieux. On
tient pour utile de les fumer vers leur seconde année,
afin de leur assurer une végétation vigoureuse; néanmoins peu de propriétaires consentent à cette dépense
salutaire. Les provins de la taille terminés, si la saison
le permet, on entame les façons proprement dites;
toutes s'exécutent à bras dans la bonne côte. On en
donne de trois à quatre par an. La première œuvre
coïncide avec le milieu de mars, c'est ce qu'on appelle
bêcher la vigne. L'instrument employé à cet effet est
connu, en Bourgogne, sous le nom de *meille :* il représente une sorte d'écobue triangulaire, s'allongeant en
pointe à son extrémité; il remue le sol à 0^m,10 de profondeur.

Dès que le premier labour est donné, on s'occupe de
ficher les échalas. Ce soin regarde exclusivement les
femmes : elles placent un paisseau auprès de chaque
tige, et l'y fixent, pour le Noirien, à 0^m,21 au-dessus de
terre, au moyen d'un glui ou d'un brin de chanvre. Ces
travaux, et l'ébourgeonnement ou *évasivage,* qui leur
succède dans les premiers jours de mai, conduisent à la
seconde façon ou *binage,* désigné dans le pays sous le
nom de *reffuer.* Celle-ci s'exécute avec la houe, autre-

ment dite *fesou*. Dans l'intervalle qui s'écoule entre le
second et le troisième labour, la vigne entre en fleur;
ses jeunes pousses se sont alors développées, on choisit
ce moment pour les *accoler ;* on les attache par deux
ou trois liens à l'échalas qui supporte le cep, en ayant
soin de ne pas serrer trop fortement les pousses contre
les paisseaux, afin de ne pas contrarier leur croissance
ultérieure. Le troisième labour ou *tierçage* a lieu à la fin
de juin ou dans le courant de juillet, il s'effectue également avec le fesou : il a pour but de purger la terre des
mauvaises herbes qui l'envahissent trop souvent à cette
époque, et d'imprimer, par l'ameublissement du sol, un
nouvel essor à la végétation : la dépense qu'il entraîne
est toujours payée par une augmentation sensible de
récolte et par une bonne maturité du bois. On aide
enfin avec succès, en août, aux efforts suprêmes de la
végétation par le roguage : il consiste à retrancher avec
une serpe l'extrémité supérieure des jets exubérants
pour arrêter la séve et l'obliger à se concentrer sur le
fruit. Cette dernière opération, que des années chaudes
et humides forcent parfois de répéter, clôt les menues
façons dont la vigne est l'objet dans la Côte-d'Or; après
cela, il n'y a plus qu'à attendre la maturité du raisin,
puisqu'on n'épampre pas; on se borne à relever quinze
jours avant la vendange.

Dans les bonnes années, les vendanges arrivent du 15
au 25 septembre; dans les années ordinaires, elles se
font du 5 au 10 octobre; passé cette époque, elles sont
plus ou moins médiocres.

13

Le ban de vendange est en vigueur dans toute la
Côte-d'Or. Avant de le publier, les maires des pays inté-
ressés nomment, dans chaque commune, trois commis-
saires, dont un vigneron et deux propriétaires, l'un
forain, l'autre habitant la ville ou le village. Ces com-
missaires, après avoir parcouru une première fois les
vignes, font un rapport et désignent le jour où ils se
réuniront en assemblée générale ; dans l'intervalle, ils
procèdent à une seconde inspection, et se réunissent, qui
à Beaune, qui à Nuits, qui à Gevrey et à Dijon, selon les
chefs-lieux des cantons dont ils relèvent. Là on fixe, à
la majorité des voix par commune, le jour de la vendange ; cette décision est convertie en arrêté par l'autorité supérieure (1).

L'époque de la vendange arrivée, des bandes de vendangeurs de tout âge et de tout sexe descendent du
Morvan et de l'Auxois, et se répandent dans la côte
depuis Santenay jusqu'à Aloxe ; à Nuits et à Dijon, les
vendangeurs viennent de la plaine et des arrière-côtes ;
beaucoup de ces derniers sont vignerons. Pour éviter
une concurrence fâcheuse, on assigne à chaque commune voisine un jour différent ; les journées de vendange
reviennent ainsi moins cher. Dans la côte de Beaune,
on donne de 75 centimes à 1 fr. 20 c. pour un vendangeur ; depuis 1 franc jusqu'à 1 fr. 50 c. pour le porte-
panier. Les femmes reçoivent le même salaire que les
hommes, non compris la nourriture. Dans la côte de

---

(1) MORELOT, *Statistique de la vigne dans le département de la Côte-d'Or.*

Nuits et dans celle de Dijon, la journée d'un vendangeur revient, en moyenne, à 1 fr. 25 c. La force des ateliers varie suivant l'importance des vignobles et l'abondance de la récolte. Les propriétaires et les vignerons soigneux déterminent le nombre des vendangeurs qu'ils doivent arrêter d'après la quantité d'ouvriers nécessaires pour remplir une cuve dans la même journée. Dans les crus les mieux tenus, on ne cueille le raisin que lorsque la rosée est complétement dissipée, mais cette précaution, si essentielle pour la qualité du vin, n'est prise que par exception ; en général, on se hâte de vendanger, afin d'abréger, autant que possible, la présence des vendangeurs.

Dans les années favorables, la vendange dure une huitaine de jours ; on y procède de la manière suivante. Les vendangeurs, disposés sur une même ligne et ayant derrière eux une personne qui les surveille, *suivent leur cordon*, c'est-à-dire que chacun, soutenant la grappe d'une main, coupe de l'autre tous les raisins qu'il rencontre en cheminant devant lui. Quand le raisin est très mûr, on a soin de placer sous le cep un petit panier, appelé *vendangerot* dans la côte de Nuits, pour recevoir les grains qui viendraient à se détacher : ce sont naturellement les plus mûrs et les meilleurs. Au fur et à mesure que les paniers sont remplis, le *vide-paniers* s'en empare et va les vider dans de grands paniers échelonnés de distance en distance à travers la vigne. Ceux-ci remplis à leur tour, des *porte-paniers* les chargent sur leurs épaules et les portent jusqu'à la voiture où se trou-

vent les *balonges ;* ils y vident leurs paniers. Chaque
balonge contient environ vingt paniers. Le transport de
la vendange est légèrement modifié sur quelques points :
à Santenay, à Chassagne, au lieu de paniers, ce sont des
hottes qui reçoivent la vendange ; des hommes exclusivement chargés de cette corvée portent les hottes à
dos et s'en vont les vider dans des tonneaux placés au
bas de la vigne ; ils pressent les raisins et les versent
ensuite dans les balonges. Quel que soit le procédé
suivi, toutes les balonges sont amenées à la halle du
pressoir ; des hommes armés d'un *grape* de fer font
passer les raisins de la balonge dans des sapines, d'où
on les jette dans la cuve. L'opération de la vendange
se poursuit ainsi jusqu'à ce que tout le raisin ait été
cueilli.

Les pressoirs à roue et à vis dominaient autrefois dans
la Côte-d'Or, ils disparaissent de plus en plus, et sont
remplacés aujourd'hui par des pressoirs perfectionnés à
pression horizontale. Les halles qui les renferment sont
généralement couvertes par un plancher mal joint, et
l'air pénètre de telle sorte, que leur température, à l'intérieur, ne dépasse guère la température extérieure. Les
cuves sont de bois ; elles contiennent depuis 25 jusqu'à
50 hectolitres ; on les *abreuve* avec soin avant d'y verser les raisins. La vendange, amenée au pressoir, n'est
égrappée que chez un petit nombre de propriétaires, et
seulement quand la maturité est incomplète. Lorsqu'on
a vidé la première balonge dans la cuve, *on fait le
levain :* un homme entre dans la cuve et pressure les

raisins avec les pieds. Après avoir écrasé toute la vendange, on la verse sur ce levain et l'on remplit la cuve
à 0ᵐ,12 ou 0ᵐ,16 au-dessous de son orifice, on l'égalise
ensuite. Pour que la fermentation se conduise comme il
faut, chaque cuve doit être remplie dans la même journée ; malheureusement beaucoup de vignerons laissent
passer souvent plusieurs jours avant que l'encuvage soit
terminé. Si le raisin a été vendangé dans de bonnes
conditions et s'il fait chaud, la fermentation ne tarde
pas à s'établir ; elle marche rapidement quand la température du moût s'élève à 25 degrés, on peut alors
décuver promptement. Il n'en est pas de même si l'automne est froid ; la fermentation, dans ce cas, est lente
à se manifester et l'on ne peut décuver qu'après huit ou
dix jours. Tant que la fermentation ne se ralentit pas,
on l'abandonne à elle-même ; lorsqu'elle est très avancée,
que le moût a perdu sa douceur sucrée et a pris un bon
goût de vin, des hommes complétement nus entrent
dans la cuve, ils écrasent le raisin et brassent ses différentes parties en plongeant tout le chapeau au fond
du bain. Cette opération dure environ une heure ; elle
fournit un nouvel aliment à la combustion et rétablit le
marc dans toutes ses qualités. Quelque temps après, la
fermentation repart de plus belle. Pour fouler de nouveau, on attend que la fermentation commence à faiblir,
que le moût ait repris le goût d'un vin fait, qu'il ait une
saveur agréable et ne soit ni trop doux ni trop dur : on
fait alors retremper la *gène* dans le vin ; deux ou trois
heures après, on décuve. Avant de donner le *coup de*

pied, on doit examiner avec soin si le chapeau de la cuve, par suite de son contact avec l'air, ne s'est pas aigri, ce qui arrive quelquefois pendant la fermentation. Contient-il quelque principe vicié, il faut enlever tout ce qui a contracté de l'acescence, sous peine de communiquer un goût aigre au vin. L'instant précis où il convient de décuver est très important à saisir : quelques propriétaires, afin de s'assurer du moment opportun pour un bon décuvage, interrogent le gleucomètre ; mais, en général, c'est par la dégustation qu'on se décide, les praticiens ne s'y trompent pas. Le décuvage, à Beaune, est toujours précédé de l'opération connue sous le nom de *faire la chambre*. On place sur le *mâtis* ou maie du pressoir quatre planches disposées en carré et supportées par des pierres ; on établit ensuite un grand couloir de bois appelé *bière* (écouloir à Nuits), qui tient à la cuve par une de ses extrémités, tandis que de l'autre il aboutit au mâtis. Ces préparatifs achevés, on tire le vin, en vérifiant une dernière fois si le chapeau de la cuve est bien franc ; au besoin, on en retranche les parties altérées. Deux procédés de décuvage existent dans la côte. Le docteur Morelot décrit ainsi la première de ces méthodes ; c'est la plus ancienne : « Un homme entre » dans la cuve, il se soutient au-dessus à l'aide d'un » grand panier à vendange, et, au moyen du trident ap- » pelé grape, il remplit des sapines qu'il pose sur la » bière, d'où elles descendent d'elles-mêmes sur le pres- » soir. A mesure qu'on les vide, un des faiseurs de vin » les reprend et les donne à celui qui est dans la cuve ;

» il les remplit de nouveau jusqu'à ce que le contenu de
» la cuve soit entièrement sur le pressoir. Le vin coule
» à grands flots : ce liquide constitue le vin de goutte
» ou surmoût; il tombe dans une petite cuve placée
» sous le goulot de la maie. Comme elle serait bientôt
» remplie, on dispose d'autres petites cuves ou des ba-
» longes proche les unes des autres et l'on y fait passer
» le moût au moyen de siphons de fer-blanc. » Dans le
second procédé, de date récente, les cuves ne se vident
pas par le dessus : on soutire la plus grande partie du
vin à l'aide de siphons de fer-blanc et à robinet pourvus
d'une claie qui plonge dans le chapeau ; la gène est
portée sur le mâtis, comme par l'autre méthode, au
moyen de sapines qui glissent rapidement sur les bières,
sans qu'on ait à craindre la moindre perte de vin. Lorsque la cuve est entièrement vidée, des ouvriers *font le
sac;* ils réunissent la gène sur le mâtis et ils lui donnent
une forme carrée, légèrement pyramidale. Le sac est
recouvert de planches, ou *as,* sur lesquelles on pose
transversalement plusieurs rangées de madriers appelés
marres, jusqu'à ce qu'on arrive à l'âbrot : sur la dernière rangée des marres se trouve un plateau nommé
coyard. Les choses étant ainsi disposées, des hommes
font descendre la vis, et l'on agit sur le sac au moyen de
la grue. Cette première serrée s'appelle *abléger;* le vin
qui en provient est réuni au surmoût. On porte alors
le liquide dans les tonneaux, à raison de trois tines
par tonneau. Cela fait, il s'agit de couper le marc : on
enlève toutes les pièces qui recouvrent la gène, on en

retranche environ 0ᵐ,21 sur les côtés, on rejette les parties coupées sur la masse, on remet en place les as, les marres, et l'on soumet derechef le sac au pressurage. Le vin qui s'en échappe forme le vin de première *coupée* ou *serrée*. On répète les mêmes opérations une seconde et une troisième fois : ces derniers pressurages fournissent le vin de seconde et de troisième coupée. Le surmoût est le vin le plus riche en alcool; le vin de la première serrée est moins spiritueux et plus acerbe, il y a avantage à le mêler en certaine proportion au surmoût. Le premier apporte la vinosité, le second relève la qualité du mélange par un bouquet et une saveur plus prononcés; il lui donne, en outre, par le tannin, un élément de conservation. Le vin des dernières serrées, très faible de couleur, est caractérisé par son âpreté : les uns ne le réunissent pas à la masse du vin, de peur de lui communiquer un goût austère; les autres, au contraire, mélangent le tout ensemble, persuadés qu'un peu de dureté ne saurait être qu'avantageux en aidant à la conservation du vin et en contribuant à sa bonne fin. Quoi qu'il en soit, la quantité de vin obtenue par les dernières serrées est très minime, elle forme à peu près le vingtième du produit total. Au fur et à mesure que le vin est tiré, on l'entonne dans des tonneaux qui jaugent 2 hectolitres 28 litres, en ayant soin de ménager une portion de vidange dans chaque futaille, afin d'égaliser plus tard les qualités de chaque pièce au moyen des différents vins de serre. En général, les vins nouveaux sont placés dans des celliers qu'on aère le plus possible, afin d'amener promptement le refroidissement du vin et de le voir s'éclaircir plus vite ; mais les propriétaires les plus éclairés se gardent bien de suivre cette routine traditionnelle, ils cherchent au contraire à maintenir pendant quelque temps les tonneaux à la température du vin au sortir de la cuve, en fermant toutes les ouvertures du cellier. En agissant de cette manière, la fermentation, il est vrai, se prolonge dans les futailles, le liquide dépose plus lentement, mais il résiste mieux au travail que subissent parfois les vins nouveaux pendant l'été qui suit leur entonnage. Tant que la fermentation se manifeste avec assez de force dans les tonneaux, on ne bonde pas, on se borne à couvrir le trou de la bonde avec deux feuilles de vigne assujetties avec du sable ; on présente le sceau sur la bonde dès le lendemain de l'entonnage, et, vers le sixième ou le huitième jour, on scelle les tonneaux avec des bondons garnis de linge. L'ouillage est pratiqué partout ; on remplit une fois au moins tous les huit jours pendant le premier mois, et ensuite chaque fois que le besoin s'en fait sentir. On soutire trois fois par an la première année, en mars, en mai et en septembre, et deux fois seulement les années suivantes, en mars et en septembre.

Tels sont les procédés suivis dans la bonne côte pour la fabrication du vin rouge. Suivant les qualités qui les distinguent, les vins rouges se répartissent en cinq groupes principaux, savoir : les *têtes de cuvées*, les *premières cuvées*, les *bonnes cuvées*, les *cuvées rondes* et les *passe-tout-grain*.

Les têtes de cuvées réunissent au plus haut degré toutes les conditions qui font les grands vins d'élite, la finesse, le bouquet, la spirituosité, la couleur et le corps. Les premières cuvées occupent le second rang : elles ont beaucoup d'analogie avec les têtes de cuvées, mais comme on y mêle presque toujours les raisins de plusieurs vignes, il n'y a plus identité parfaite de qualité; il leur manque ce je ne sais quoi qui échappe à la définition, mais qu'un palais exercé distingue jusque dans ses nuances les plus légères. Dans les grandes années, les premières cuvées rivalisent presque avec les têtes de cuvées. Les bonnes cuvées s'éloignent davantage de la perfection; elles pèchent surtout par la finesse. Il est vrai, une partie de ce défaut est rachetée par plus de corps, leur couleur est aussi parfois plus intense. Les cuvées rondes sont le produit des vignes qui végètent sur les points extrêmes des coteaux, au sommet ou dans les parties qui avoisinent la plaine : le Noirien entre seul dans leur composition, ainsi que dans les vins supérieurs; mais ce cépage n'est plus là à sa véritable place, il se trouve soit dans une terre trop maigre, quand il couronne les coteaux, soit dans un sol trop lourd, lorsqu'il peuple les terrains bas. Les cuvées rondes ont de la couleur et du corps, mais elles sont dépourvues de finesse et de bouquet; elles n'en constituent pas moins de grands ordinaires.

Les passe-tout-grain, bien qu'au dernier degré de cette classification des vins de haute qualité, ont aussi leur mérite; on sait qu'ils proviennent de l'association du Noirien avec le Gamai. Ce vin se recommande par une belle couleur, de la générosité, beaucoup de corps et un bouquet *sui generis* fort apprécié des connaisseurs, mais il manque de finesse ; sa tenue est très bonne, et il finit d'autant mieux, qu'il est moins sujet aux maladies que les vins fins de Bourgogne.

Après ces vins de choix se placent ceux des arrière-côtes ; il faut d'excellentes années pour qu'ils soient réellement bons, car la vigne ne mûrit pas toujours à ces hauteurs. Les meilleurs vins des arrière-côtes sont ceux de Saint-Romain, dans le canton de Nolay ; Meloisey, Mantoux, dans le canton nord de Beaune ; Arcenant, dans le canton de Nuits. Le Gamai en fait principalement les frais.

Les vins blancs de la Côte-d'Or se partagent en trois catégories : le Montrachet, tête de cuvée ; le Meursault, répondant aux premières cuvées, et les blancs ordinaires.

La confection du vin blanc diffère des procédés employés pour la fabrication du vin rouge. Les raisins sont cueillis et apportés dans des balonges au pressoir ; là un homme les écrase avec les pieds chaussés de sabots. Quand ils sont bien broyés, on fait le sac et l'on soumet, à trois reprises différentes, la vendange à l'action du pressoir. Le vin est reçu dans une cuve placée au-dessous ; on l'entonne aussitôt dans des tonneaux neufs préalablement lavés avec de l'eau bouillante. Lorsque la fermentation violente est éteinte, on remplit les tonneaux, puis on les bonde. Le premier soutirage a lieu

en janvier, on colle aussitôt après cette opération. Au
bout de six semaines, on colle de nouveau, et, pour
peu que la transparence laisse encore à désirer, on
revient une troisième fois au collage dans le courant
d'avril.

Les meilleurs vins blancs de la Côte-d'Or sont :

1° Montrachet aîné (hors ligne) ;
2° Meursault (la Perrière et Goutte-d'Or) ;
3° La ferme de Blagny.

La fabrication du vin mousseux, fabrication d'une
importance très secondaire en Bourgogne, offre quelques particularités utiles à connaître. Pour cette sorte
de vin, le transport des raisins au pressoir ne s'effectue
pas avec des balonges, ils y seraient trop tassés et trop
meurtris, on se sert uniquement de paniers. Les raisins
y sont déposés avec précaution, et, dans le trajet, on
évite toute secousse qui pourrait les flétrir ou les altérer.
Quand ils sont rendus à la halle, on les place sur le
pressoir et on les soumet à une pression modérée. Le
vin qu'on obtient de cette première serre représente la
mère goutte ou première taille. A peine le pressoir est-il
relevé, on fait le sac de la même manière que pour le
vin rouge ; on presse une seconde fois. Le vin qu'on en
obtient forme le vin de seconde taille ; il n'est point inférieur à la mère goutte, sa transparence est la même.
Il n'en est pas ainsi du vin des dernières serres, celui-ci
prend une teinte rosée et est loin de valoir le vin des
deux premières pressées : le plus souvent on le verse

sur les cuves de Gamai pour les bonifier. La mise en
tonneaux, l'ouillage, le soutirage et le collage se pratiquent exactement de même que pour le vin blanc non
mousseux. Le vin destiné à être converti en mousseux
doit être mis en verre dans le mois de mai qui suit
sa fabrication. On y verse une certaine quantité d'une
liqueur composée, par égale partie, de sucre candi et de
vin de même qualité que celui sur lequel on opère, on
scelle ensuite les bouteilles, et l'on procède aux opérations ultérieures, telles que le couchage, le dégorgement, etc., de la même manière qu'en Champagne.
Les vins blancs de Bourgogne, dans leurs premiers crus,
vont de pair avec nos meilleurs vins de cette espèce ; ils
sont délicats, bouquetés, moelleux et très spiritueux.
Les vins mousseux de la Côte-d'Or ont aussi beaucoup
de qualités; ils ont plus de corps et de générosité que
ceux de la Champagne, mais ils ne les valent ni pour
la légèreté ni pour la délicatesse.

Étudiée sous le rapport de la qualité de ses vins, la
chaîne où se trouvent les climats privilégiés de la Côte-
d'Or se partage tout d'abord en trois groupes principaux, savoir : 1° la *côte de Beaune*, comprenant la série
de coteaux qui commence à Santenay et s'étend jusqu'à
Comblanchien en tirant vers le nord ; 2° la *côte de Nuits*,
renfermant tous les coteaux qui s'élèvent à partir de la
limite de Comblanchien et viennent aboutir au delà de
Gevrey ; 3° la *côte de Dijon*, continuation de la chaîne
générale. C'est la moins riche des trois; elle ne produit
guère que des vins demi-fins. Dans les deux premières

côtes, la chaîne, bien que continue, se subdivise en coteaux trigéminés; dans la dernière, la plupart des coteaux s'isolent les uns des autres par des coupures ou lacunes plus ou moins tranchées : on dirait autant de rameaux séparés. Pour parcourir ces différentes zones et suivre dans leur position respective chacun des grands crus, on ne saurait user d'un meilleur guide que l'itinéraire du docteur Morelot; nous le suivrons pas à pas dans sa description topographique, en la complétant par le signalement géologique des divers terrains, tel que le présente M. de Vergnette-Lamotte, dans son *Traité sur la physiologie des vignes et des grands vins de la Côte-d'Or*.

Quand on arrive du département de Saône-et-Loire, Santenay se présente le premier à l'entrée de la Côte-d'Or, à son extrémité sud. A partir de ce point jusqu'à la gorge qui mène à Gamai, trois coteaux reliés entre eux s'étendent sur 4 kilomètres de longueur; à leur versant sud sont bâtis Santenay, le hameau de Morgeot et Chassagne; non loin de là, en suivant le vallon, on rencontre Saint-Aubin, pays de bons vins, mais moins fins que ceux des communes précédentes.

« Entre Santenay et Chassagne, en allant de bas en haut, on observe : 1° un calcaire oolithique régulier, blanc; 2° un calcaire à cassure conchoïde; 3° une oolithe blanche régulière; 4° un calcaire compacte gris, à cassure conchoïde; 5° un calcaire marneux; 6° un calcaire marneux fétide; 7° un calcaire oolithique à tendrières magnésiennes; 8° un calcaire oolithique

avec dépôt de sables magnésiens ; 9° une oolithe grossière avec bancs coquilliers et nombreux débris de
coraux. »

Les meilleurs climats de Santenay sont les *Brussanes*,
les *Gravières* et le *clos Tavannes ;* dans le reste du finage
on récolte beaucoup de vins secondaires recherchés pour
le service des grands ordinaires. Les crus privilégiés de
Santenay donnent des vins d'une nature différente de
ceux de Chassagne ; ils sont plus fermes, moins délicats
dans la finesse, le goût et le bouquet, mais ils ont une
bonne tenue et leur fin est toujours satisfaisante : ils se
vendent 15 pour 100 de moins que la généralité de
Chassagne ; bien qu'ils soient d'une meilleure conservation, ils ont un goût de terroir qui ne disparaît qu'a-
près quatre ou cinq ans de tonneaux.

Les climats les plus renommés de Chassagne sont
connus sous le nom de *clos Saint-Jean* et de *clos Pitois*,
ils ont peu d'étendue ; viennent ensuite les *Férandes*, la
Maltroye, les *Champs-gains*. Les deux premiers donnent
un vin de haute couleur et d'une bonne conservation.
En général, les vins de cette paroisse se vendent de
10 à 15 pour 100 au-dessous du Volnay.

Entre Chassagne et Santenay s'élève le vieux château
de Morgeot ; on y récolte un bon vin, nerveux et d'une
bonne tenue.

Du vallon de Gamai à celui d'Auxey, le coteau donne
naissance à trois crêtes qui dominent toute la côte de
Beaune. Puligny, Blagny et Meursault sont compris dans
cette zone privilégiée pour les vins blancs : c'est entre

Chassagne et Puligny que se trouve l'excellent climat de Montrachet.

« Une coupe faite entre Puligny et Meursault a donné : 1° un calcaire oolithique fin et régulier, perméable à l'eau ; 2° un calcaire oolithique gris et demi-marneux ; 3° une oolithe blanche et régulière ; 4° un calcaire à tendrières magnésiennes, à oolithes miliaires ; 5° un calcaire dur, compacte, alternant avec des oolithes grossières ; 6° un calcaire caverneux dolomitique avec dépôt de sables magnésiens ; 7° une oolithe miliaire ; 8° des marnes rouges très coquillières, très riches en térébratules ; 9° un calcaire à pâte fine, se délitant ; 10° un calcaire à pâte demi-oolithique et marneux ; 11° un calcaire à pâte plus fine, dur et caverneux, formant les escarpements de Blagny et de Gamai ; 12° un calcaire oolithique grossier et souvent caverneux. Les calcaires 1, 2, 3 et 4, situés au-dessous du calcaire magnésien, constituent le sous-sol des vignes de Montrachet et des meilleurs crus en blanc de Meursault ; le vignoble de Blagny est planté dans les calcaires supérieurs ou calcaire magnésien. »

Le vignoble de Montrachet se compose de trois crus : le *Chevalier-Montrachet*, dans la partie supérieure du coteau ; le *Bâtard-Montrachet*, dans la partie la plus basse, au-dessous de la route ; et le *vrai Montrachet*, ou *Montrachet aîné*, entre ces deux clos. Le vrai Montrachet, exposé au sud-est, planté exclusivement de Chardenay, ne s'étend pas au delà de 3 hectares 95 ares 30 centiares ; il existait dès le xv° siècle. La couche

arable y est profonde et se compose des parties suivantes :

Oxyde de fer.	9,349
Alumine.	3,672
Magnésie.	0,821
Silice soluble	0,567
Acide phosphorique	0,321
Carbonate de chaux.	1,752
Matières organiques	2,034
Sels alcalins	0,973
Résidu insoluble.	80,511
	100,000

Montrachet aîné fournit un vin tout à fait hors ligne
parmi les vins blancs de la Côte-d'Or. Il se distingue
par une grande finesse, une légèreté, pour ainsi dire,
aérienne, un bouquet délicieux, beaucoup de séve, de
générosité et un goût d'amande bien prononcé. Pour
être parfait, il doit être absolument incolore; quand il
présente une teinte jaune, il a perdu de son bouquet et
de sa légèreté : sa rareté le rend nécessairement fort
cher, on le paie le même prix que celui des plus grands
crus en vin rouge.

Le Chevalier-Montrachet et Montrachet bâtard, bien
que séparés du vrai Montrachet par une simple bande
de terre, ne peuvent lui être comparés; ce sont encore
d'excellents vins, très agréables au goût, mais ils sont
loin d'avoir la finesse et la légèreté du Montrachet aîné,
ils rappellent cependant plusieurs de ses qualités, notamment sa spirituosité.

14

Après le Montrachet, les crus en blanc les plus estimés de toute la côte de Beaune sont ceux des *Perrières*, *dessus* et *dessous*, des *Combettes*, des *Charmes*, de *Goutte-d'Or*, des *Genevrières*, etc. Les vins qu'ils produisent sont d'une excellente tenue et se conservent très bien partout; ils se colorent avec l'âge et prennent le goût de Madère : cette qualité caractérise particulièrement le vin des Perrières. Ils valent, en moyenne, les grands crus de Volnay.

La ferme de Blagny donne aussi des vins blancs très distingués, ils ont plus de douceur et de moelleux que les vins précédents : leur prix est le même que celui du Volnay.

Au sortir de Meursault, sur le territoire de cette commune, on aperçoit Santenot, de 11 hectares environ, l'un des meilleurs crus en rouge de la côte de Beaune. Son vin vaut les têtes de cuvées de Volnay; il s'en distingue par plus de corps, aussi le paie-t-on toujours 20 francs plus cher par queue que les premières cuvées de Volnay.

Au-dessous du coteau de Meursault, on récolte les meilleurs passe-tout-grain de la côte de Beaune. Ces vins, d'une bonne conservation, ont une belle couleur, du velouté, beaucoup de corps, de la générosité, un bouquet agréable, mais peu de finesse; ils forment de bons ordinaires et sont placés sur le même rang que les passe-tout-grain de Chorey, Comblanchien, Fixin, Fixey et Marsannay.

Le vallon d'Auxey voit s'élever un troisième groupe de montagnes qui se prolongent jusqu'à la gorge de Pomard. Trois crêtes caractérisent également cette portion de côte. Sur la première, au sud-est, est assis le village de Monthélie ; Volnay occupe la seconde ; au centre, Pomard s'étend au pied de la troisième, dans la gorge appelée la Combe. Immédiatement après avoir quitté Santenot, qui appartient tout entier à la commune de Meursault, bien que, dans le commerce, le vin de ce finage soit désigné sous le nom de *Volnay-Santenot*, on entre sur le territoire de Volnay : toute cette côte est renommée pour ses excellents produits.

« Entre Meursault et Volnay, la coupe géologique découvre les roches suivantes : 1° des calcaires oolithiques coquilliers avec des débris nombreux de coraux et de madrépores ; 2° des calcaires à géodes de chaux carbonatée ; 3° des marnes bleues et jaunes, très coquillières, avec strates peu épaisses de calcaires à coraux ; 4° des calcaires oolithiques miliaires avec de nombreuses encrines ; 5° un dépôt de marnes blanches ; 6° des calcaires à pâte fine : cette roche forme les escarpements qu'on observe entre Monthélie et Volnay ; 7° une oolithe grossière sur le plateau. Les crus si renommés de Santenot et des Caillerets reposent sur les calcaires 1 et 2. Les vignes des Angles, des Frémiets, des Rugiens, sont aussi cultivées sur ces roches. Entre Volnay et Pomard on trouve un calcaire oolithique dur, puis un calcaire marneux ; à la hauteur de la chapelle de Volnay se présente un calcaire rose très dur et compacte, empâtant des grains d'un vert pâle : la roche prend un aspect porphyritique ; au-dessus se rencontrent des terrains marneux. »

Les climats les plus distingués de Volnay sont les *Champans*, puis les *Chevreys* et les *Caillerets*, vins d'une grande finesse, délicats, pourvus de séve et de bouquet. Les *Taillepiés*, la *Bouche-d'Or*, la *Chapelle* et les *Angles* sont également de premier ordre et très fins : ces trois derniers sont d'une moins bonne tenue que Champans et Taillepiés. Après eux, vient le *clos des Chênes*, de 16 hectares, planté sur une marne blanche; on y récolte un vin généreux, d'une bonne tenue, mais moins fin que celui des climats précédents. Le prix moyen du Volnay est de 300 francs la queue (4 hectolitres 56 litres) sur lies et sur place, année ordinaire; il vaut le double dans les grandes années. Les autres cuvées remarquables de Volnay sont : *Verneuil, Cazelles dessus, Aussy, Roncerets*, etc.

Le territoire de Pomard confine à celui de Volnay, leurs vignes se touchent; le petit vallon de la Combe sépare les deux côtes. Celle de Pomard s'étend jusque vers la gorge qui conduit de Beaune à Bouze; elle se divise, dans sa partie la plus élevée, en trois rameaux. Le premier constitue la montagne de Pomard ou de Luleune; le second forme le mont Saint-Désiré; le troisième, un peu plus écarté, porte le nom de Montée-Rouge. Les vins de cette côte jouissent d'une réputation méritée : moins fins et moins bouquetés que le Volnay, ils ont plus de couleur, plus de séve et de fond; leur prix, toutefois, ne diffère pas sensiblement, il se règle d'après la qualité.

Le vignoble de Pomard se divise en *bonne côte*, en *côte*

élevée et en *basse côte*. Ses crus les plus estimés sont les *Rugiens*, la *Commareine*, les *Frémyets*, tous trois hors ligne; viennent ensuite les *Pézerolles*, le *clos de Cîteaux*, le *clos Blanc*, les *petit* et *grand Épeneaux*, le *clos Orgelot*. A côté de ces vignobles d'élite, on range encore ceux des *Arvelets*, des *Argillères*, des *Charmots*, des *Poutures*, des *Bertins*, des *Croix-Noires*, de premier ordre, ainsi que les *Boucherottes*: ils sont tous situés sur la bonne côte. Les secondes cuvées de Pomard sont les *Vignots*, les *Noisons* (ces crus sont un peu plus élevés que la côte), les *Cras*, les *Rues-aux-Ports*, l'*Ériode*, les *Croix-Planets*, etc. Les autres climats, en seconde, sont séparés de la côte par la route qui va de Beaune à Autun.

Indépendamment de ces vins recherchés, Pomard récolte encore de bons ordinaires dans la plaine. Ces derniers se fabriquent de la même manière que les premières et les secondes cuvées, seulement on leur donne un peu plus de cuvage.

La côte de Beaune proprement dite a son point de départ au vallon de Bouze, et se continue jusqu'à la gorge qui mène à Savigny; elle renferme des climats privilégiés.

« Entre Pomard et Beaune, de la base de la montagne à son sommet, la coupe géologique met à nu les roches suivantes : 1° un calcaire dur, spathique, sans fossiles; 2° une formation puissante de calcaires magnésiens; 3° des calcaires marneux; 4° des calcaires lithographiques. Les vignes des *Pézerolles*, des *Arvelets*, des *Charmots*, sont plantées dans des calcaires magnésiens.

Entre Beaune et Savigny, on observe une alternance de
divers calcaires oolithiques plus ou moins compactes. A
la base des collines sont des oolithes à grains serrés contenant une prodigieuse quantité d'encrines, puis des
calcaires marneux, enfin des calcaires oolithiques grossiers à trous sinueux ; ce dernier calcaire empâte des
géodes magnésiennes. Les *Grèves*, les *Cras*, sont sur des
oolithes à encrines. »

Les vins de Beaune ont beaucoup d'analogie avec
ceux de Pomard ; ils ont de la sève, du bouquet, de la
couleur, de la fermeté ; ils se distinguent surtout par
leur franchise. Les climats les plus renommés de cette
côte sont les *Grèves*, les *Fèves*, 31 hectares 75 ares, le
clos de la Mousse, le *clos du Roi*, 13 hectares, et les *Cras*.
Sur le territoire de Savigny se trouvent la *Dominode*,
les *Jarrons*, les *Marconnays*; leurs premières cuvées
valent presque celles de Beaune. Les vins de la côte de
Beaune se paient 20 francs de moins par queue que
ceux de Volnay, et 10 francs au-dessous des vins de
Pomard.

A la suite du village de Savigny, la vigne couvre une
série de coteaux sur 2 kilomètres d'étendue. Le plus
considérable de ces coteaux s'appelle *Noël;* il court
d'abord de l'est à l'ouest, s'infléchit ensuite brusquement
du sud au nord, et vient mourir au village de Pernand.
A la tête des climats distingués de cette zone, il faut
placer la *Bataillère*, les *Vergelesses*, les *Boutières*, puis
la *Croix de Pierre* et le *Caradeux*. Ces vins sont moins
fins et ont moins de bouquet que ceux de la côte pro-

prement dite, mais ils s'améliorent en vieillissant et finissent bien.

« Entre Savigny et Aloxe, oolithes compactes, analogues à celles qu'on rencontre entre Beaune et Savigny. »

D'Aloxe part un nouveau rameau qui se prolonge presque sans discontinuité jusqu'à Nuits. Au pied même du village d'Aloxe se dresse la montagne de Corton, détachée en quelque sorte du reste de la côte, sur un premier plan, au sud : la vigne y reçoit le soleil du matin au soir. « On y observe les terrains suivants : 1° un calcaire oolithique coquillier avec beaucoup d'encrines ; 2° une formation marneuse assez puissante, composée de marne jaune et blanche, de bancs de calcaire marneux avec détritus d'oolithe, de bancs avec détritus de calcaire terreux. Les escarpements de la montagne de Corton sont formés par une oolithe miliaire à encrines ; le plateau est recouvert d'une oolithe grossière. »

Aloxe est riche en crus distingués. Le *Charlemagne* s'offre d'abord aux regards en sortant de Pernand ; plus loin, sont les *Rues d'Aloxe*, les *Dolles*, les *Vergennes*, le *Pauget*, les *Renardes*, les *Cervottes*, les *Bressandes*, vins durs en primeur, mais qui s'améliorent considérablement en vieillissant. Au-dessus de ces vignobles trône le fameux *Corton* : sa contenance est d'environ 12 hectares. Il produit un vin d'une belle couleur, très corsé, supportant parfaitement le transport ; l'âge lui donne du moelleux et développe en lui une belle séve et un

bouquet très prononcé : il mérite alors de prendre place
parmi les plus grands vins de la Côte-d'Or ; son prix
moyen est du quart au cinquième au-dessus du Volnay :
c'est le Chambertin de la côte de Beaune.

Depuis Aloxe jusqu'à Comblanchien on ne récolte
que des vins ordinaires.

A Comblanchien commence la côte Nuitonne. Les
vins qu'elle produit sont généralement durs les premières années et ne disent nullement alors ce qu'ils
seront plus tard, après leur séjour prolongé en tonneaux.

La côte de Nuits s'annonce par le village de Prémeaux. Ce territoire possède plusieurs crus distingués,
tels que les *Perrières*, les *Corvées*, les *Didiers*, les
Forêts. Les vins qu'on y récolte se distinguent par leur
générosité ; ils sont fermes, d'une bonne tenue et prennent rang parmi les premières cuvées de Nuits, après
les premiers grands vins.

L'excellent climat de *Saint-Georges* inaugure la côte
de Nuits. Il occupe la partie inférieure du coteau, ainsi
que les *Vaucrains*, les *Cailles*, les *Poreys* et les *Prul-
liers*. Le vin de Saint-Georges figure avec honneur
parmi les têtes de cuvées de la Côte-d'Or ; il n'est pas
sans analogie avec le Chambertin, mais il lui est inférieur en qualité ; il se rapproche beaucoup du Corton
pour la couleur, le corps et la séve, mais il a plus de
fermeté et d'agrément que ce vin ; il rappelle davantage
les caractères généraux des vins de la côte de Nuits. Le
clos de Saint-Georges a une contenance de 6 hectares

68 ares ; son produit moyen par hectare est de 8 à 9 pièces de 228 litres, valant chacune de 450 à 500 fr.

C'est au vallon de Nuits que prend naissance ce groupe de coteaux remarquable entre tous par la supériorité des vins qu'on y récolte : à toutes les qualités qui caractérisent les vins de la côte de Beaune, ils joignent plus de spirituosité, plus de moelleux, un plus haut degré de finesse et de délicatesse; ils sont aussi d'une meilleure conservation, mais bien moins précoces, moins francs de goût et moins agréables en primeur.

Le territoire de Nuits renferme, entre autres climats distingués, les *Thoreys*, les *Argilliats*, les *Cras*, les *Chagniots*, les *Boudots*. Tous produisent des vins de première cuvée, distincts entre eux par de simples nuances ; le commerce les comprend sous une même dénomination : *vins de Nuits, premiers crus.* Ces vins, riches en couleur et en spirituosité, n'arrivent à leur apogée qu'après un certain temps; ils ne doivent pas être bus avant cinq ou six ans. Leur prix est de 450 à 500 francs la pièce de 228 litres; l'hectare rend, en moyenne, de 8 à 9 pièces.

Aux Boudots finit le territoire de Nuits et commence celui de Vosne, plus riche en grands vins. Sans parler des *Malconsorts*, de la *Grand'rue*, des *Varoilles*, dont les produits sont classés comme vins des plus grands crus, là brillent les vignobles qui sont l'honneur de la Bourgogne, et dont chaque hectare ne se paie pas moins de 40,000 francs. Là est la *Tâche*, excellent petit vignoble de 1 hectare 40 centiares environ : son vin, d'une conservation à toute épreuve, est placé au premier rang

des grands vins de la Côte-d'Or; il s'en récolte, en
moyenne, 30 pièces chaque année, du prix de 500 à
550 francs. Là encore, la *Romanée* et la *Romanée-Conti*,
vignoble de 2 hectares 64 ares, classé en tête de tous
les grands vins de la Bourgogne. Il produit, en moyenne,
par année, 23 pièces d'un vin célèbre par sa couleur, sa
spirituosité, sa délicatesse, son bouquet et sa finesse
exquise : on le paie de 500 à 600 francs la pièce. Le
sol de la Romanée-Conti, soumis à l'analyse chimique,
présente la composition suivante :

Oxyde de fer.	7,392
Alumine.	3,476
Magnésie	0,987
Silice soluble	0,871
Acide phosphorique	0,257
Carbonate de chaux.	7,934
Matières organiques	2,785
Sels alcalins.	1,034
Résidu insoluble.	75,264
	100,000

Au-dessous de la Romanée-Conti se trouve la *Roma-
née-Saint-Vivant*, de 9 hectares 38 ares; son vin, très
corsé et rangé parmi les grands vins de la Côte-d'Or,
est inférieur à celui de la Romanée-Conti : il vaut de
400 à 450 francs la pièce.

Le *Richebourg*, d'une contenance de 4 hectares
45 ares, n'est séparé de ce dernier vignoble que par un
sentier de 1 mètre de largeur, et cependant leurs pro-

duits sont différents. Une partie des vignes de Richebourg occupe la pente rapide du coteau, c'est-à-dire
végète dans une couche arable souvent lavée par les
eaux, et, par suite, moins profonde : son vin, plus corsé
que celui de la Tâche, a plus de couleur, mais moins
de finesse que celui de la Romanée-Conti. On récolte,
à Richebourg, de 8 à 9 pièces, en moyenne, par hectare; le prix de la pièce ou demi-queue est de 450 à
500 francs. Tous ces grands vins demandent six ou sept
ans de tonneaux avant d'être mis en bouteilles.

Après ces têtes de cuvées, Vosne compte encore de
nombreux premiers crus; parmi ceux-ci, on distingue
les *Échezeaux*, les *Poulaillières*, les *Beaumonts*, les
Suchots, les *Rouges*, etc.

En sortant du territoire de Vosne se présente le *clos
Vougeot*. Salut! trois fois salut à ce roi des grands
vignobles de la Bourgogne! Sa création remonte à l'an
1037. Ici tout est grandiose. Voici d'abord, au haut du
clos et au nord, l'antique pressoir des moines de Cîteaux,
puis la cuverie dont les galeries mesurent 30 mètres de
long sur 10 de large ; elle est éclairée par un demi-jour.
Trente-quatre cuves recouvertes d'un couvercle descendant, à fond percé d'un seul trou, peuvent cuver 450
pièces à la fois; leur capacité n'excède pas la cueillette
d'une journée ; elles sont rangées à côté d'une centaine
de foudres dont les plus grands contiennent 12 pièces.
Viennent ensuite deux celliers, l'un de 5 mètres de hauteur et l'autre de 3 : 1600 pièces peuvent y être logées;
on y varie la lumière au moyen de volets; des fenêtres

à lancettes servent à y introduire l'air extérieur, et l'on
peut ainsi y régler à volonté la température, de manière
à la porter à 5 degrés centigrades au-dessus de zéro
en hiver et à la maintenir à 12 degrés en été.

L'étendue du clos répond à ces appareils vinaires,
il ne comprend pas moins de 48 hectares d'une seule
contenance et fermés de murs. Son exposition regarde
l'est-sud-est; sa pente varie, elle est de 10 à 12 degrés
dans sa partie supérieure. Le clos Vougeot est divisé en
deux portions à peu près égales par une alluvion. Au
nord et au sud, la vigne plonge dans un sous-sol calcaire compacte, oolithique; la couche arable, d'une
puissance de 0^m,50, est argilo-siliceuse; au centre, en
face de la vallée de l'Entre-deux-Monts, la couche supérieure du sol, dans une épaisseur de 1 mètre environ,
est argilo-calcaire ferrugineuse; le sous-sol se compose
de galets anguleux. Dans la zone inférieure, le terrain
n'est autre que celui qu'on observe immédiatement après
la grande route de Beaune à Dijon qui longe les murs du
clos. C'est un mélange d'argile, de calcaire et de sable.

Le clos Vougeot est presque entièrement planté en
Noirien, le Chardenay n'y entre que pour une très faible
portion. La vigne y reçoit les mêmes façons que dans
les autres grands crus, on lui en donne quatre par an.
Le rendement s'élève à 20 hectolitres par hectare, soit
près de 1000 hectolitres chaque année, pour l'ensemble
du vignoble. On vendange par zones verticales, et l'on y
suit les procédés de vinification des moines de Cîteaux :
avant d'encuver, on fait subir un tour de pressoir à la

vendange. Le vin du clos Vougeot participe des qualités de la Romanée-Conti, du Chambertin et du Richebourg; il réunit beaucoup de délicatesse à une grande finesse, et se distingue par un bouquet tout spécial. Son prix est le même que celui de la Tâche et du Chambertin.

Les dernières maisons de Vougeot confinent au territoire de Flagey. Ici la côte est brusquement coupée; l'espace jeté entre cette rupture forme le petit vallon de la *Combe d'Orveau*. A partir de ce point, la chaîne de montagnes n'admet plus d'interruption, elle se continue sans solution jusqu'au delà de Gevrey. A l'ouest de Vougeot, avant d'arriver à Chambolle, sont les *Musignys*, grand cru, les *Amoureuses*, les *Hauts-Douais*, climats distingués, d'une contenance totale de 40 hectares environ; leur vin se reconnaît à une extrême finesse, indépendamment des qualités qui recommandent les autres grands crus; ils sont un peu plus précoces que ces derniers. Leur prix est à peu près le même que celui de la Tâche et de Richebourg. Au-dessous sont placés d'autres vignobles remarquables, moins estimés cependant que ceux des Musignys : tels sont les *Charmes*, les *Sordes*, les *Babilliers*. Le vignoble de *Chambolle* occupe le milieu d'un coteau admirablement situé; c'est le Volnay de la côte Nuitonne. Les vins qu'il produit ont plus de corps et de spiritueux que celui de Volnay, sans cesser, pour cela, d'être très fins; ils sont aussi de meilleure garde. Le Chambolle est un vin de première cuvée; il se cote à peu près comme Volnay.

En s'avançant davantage vers le nord, on trouve, sur le territoire de Chambolle, les *Cras*, les *Fênes*, les *Nones*, les *Varoilles*, les *Bonnes-Mares*, contenant, dans leur ensemble, près de 80 hectares : ceux-ci viennent immédiatement après les vins de Musigny, des Amoureuses, etc. Plus loin, sur le territoire de Morey, sont situés les *clos du Tart* et de *la Roche*, excellents crus qui donnent un vin de première cuvée; viennent ensuite les *Lambreys*, qui s'en rapprochent. Les autres vignobles de ce finage produisent des vins plus durs et qui demandent à être attendus.

Après le clos de la Roche, on entre sur le territoire de Gevrey, et l'on se trouve en face du fameux cru de *Chambertin*. Ce clos, de 25 hectares, vient immédiatement après la Romanée-Conti pour l'excellence de ses produits; certains gourmets le placent sur la même ligne.

Le sol de Chambertin, soumis à l'analyse chimique, présente la composition suivante :

Oxyde de fer.	2,961
Alumine	2,068
Magnésie	0,298
Silice soluble.	0,110
Acide phosphorique	0,235
Sels alcalins	0,931
Carbonate de chaux	2,127
Matières organiques	1,973
Résidu insoluble.	89,302
	100,000

Chambertin produit, chaque année, 140 pièces environ
d'un vin renommé pour sa couleur, sa sève, son moelleux, sa finesse et son goût exquis. C'était le vin de
prédilection de l'empereur Napoléon. Il se vend le même
prix que le vin du clos Vougeot. C'est également sur le
territoire de Gevrey que se trouvent le *clos de Bèze*,
dont le vin approche du Chambertin, puis le *clos Saint-
Jacques*, le *clos de la Chapelle*, les *Mazys*, les *Mazoyères*.
Ces climats produisent des vins fins, mais inférieurs à
celui de Bèze; ils ont de l'analogie avec les vins de Nuits,
mais ils sont plus secs.

Jusqu'à Gevrey la chaîne affecte la forme générale de
coteaux associés par groupes; mais, à partir de ce point,
chaque coteau ne se présente plus qu'isolé : tels sont les
coteaux de Brochon, de Fixin, de Fixey, Couchey, de
Marsannay et de Chenôve. Ici on s'éloigne de plus en
plus de la région des grands vins.

Le territoire de Brochon fait suite à celui de Gevrey :
ce finage n'a qu'un seul climat remarquable, c'est le
Cré-Billon; tous les autres crus ne donnent que des
vins dits de bonne cuvée.

La *Perrière* et le *Chapitre* sont les deux principaux
crus de Fixin; le premier est classé dans les premières cuvées, l'autre ne peut prétendre qu'aux secondes.

Fixey est limitrophe de Fixin; ses passe-tout-grain
forment son meilleur produit. Il en est de même de
Couchey.

Marsannay, dans ses crus les plus renommés, fournit

de bons vins colorés, spiritueux et d'une longue conservation, mais ils ont peu de finesse.

Les vins de Chenôve sont supérieurs à ceux de Marsannay qu'on récolte sur le même coteau ; ils ont de la couleur, un bon goût, une remarquable solidité et acquièrent, avec l'âge, un joli bouquet : ce sont d'excellents ordinaires. Le meilleur climat de Chenôve porte le nom de *clos du Roi;* on le range communément dans les secondes cuvées, ainsi que le vin des *Marcs-d'Or,* sur le territoire de Dijon, dernier climat en renom parmi les climats distingués de la Côte-d'Or.

Le principal commerce des vins de la haute Bourgogne se fait à Beaune, à Nuits et à Meursault ; leurs débouchés sont la France et le nord de l'Europe, particulièrement la Belgique et l'Allemagne ; ils trouvent aussi à se placer avantageusement en Angleterre et aux États-Unis.

VINS DE LA BASSE BOURGOGNE

(YONNE).

Sous le nom de *vins de la basse Bourgogne,* on comprend généralement les vins produits par le département de l'Yonne ; il convient d'y rattacher, par voie d'analogie, le meilleur cru de son voisinage, les Riceys, dans le département de l'Aube.

Si les principaux vins de la basse Bourgogne sont inférieurs en qualité aux grands vins de la Côte-d'Or et ne peuvent leur être comparés ni pour la séve, ni pour la finesse, ni surtout pour cette richesse de bouquet dont on ne trouve l'équivalent que dans les grands vins du Médoc, ils n'en ont pas moins un mérite réel. Vifs, fins et légers, ils peuvent figurer avec honneur sur nos tables comme vins d'entremets, lorsqu'ils se sont dépouillés de cette légère âpreté qui leur est commune avec les vins de Bordeaux. Plusieurs d'entre eux, pourvus d'un arome agréable, ne manquent ni de délicatesse ni de générosité. On leur reproche, il est vrai, d'outrepasser le degré d'alcoolicité auquel doit s'arrêter tout vin d'élite. Chez quelques-uns, en effet, le principe spiritueux est assez développé pour les rendre capiteux; mais ce défaut, que nos pères ne redoutaient guère, ne justifierait pas l'espèce de discrédit où sont tombés aujourd'hui les excellents vins de la basse Bourgogne, si les cépages et leur culture étaient restés les mêmes qu'autrefois : malheureusement culture et cépages ont subi plus d'un changement. D'un autre côté, le commerce des vins du Midi par le canal de Bourgogne et les chemins de fer, leur mélange avec des bas crus de toute provenance, ont, de nos jours, diminué d'un tiers la valeur des vins de la basse Bourgogne dans les bons choix d'ordinaire et d'entremets; le consommateur vulgaire préfère maintenant un rouge bord nerveux, peu coûteux, à une liqueur mordorée, pleine d'agrément, perfectionnée par l'âge, et nécessairement plus chère.

15

Heureusement, en dépit des caprices de la mode, les Olivottes, Migraine, la Châtnette, Pitois, les Perrières, conserveront toujours leurs précieuses qualités auprès des connaisseurs; aussi croyons-nous être juste en réclamant pour ces vins une place distinguée parmi les productions remarquables de nos vignobles français.

Quatre arrondissements se partagent les principaux crus du département de l'Yonne : ce sont Tonnerre, Auxerre, Avallon et Joigny. Les deux premiers l'emportent de beaucoup sur les autres pour la qualité de leurs vins. Ceux de l'arrondissement de Tonnerre résument au plus haut degré toutes les qualités qui caractérisent les vins de choix de la basse Bourgogne ; ils sont aussi plus fumeux que leurs congénères. Les meilleurs vins de l'Auxerrois ne leur cèdent qu'en spirituosité; ils se laissent boire plus impunément à une dose plus forte. L'arrondissement d'Avallon fournit, sur ses meilleures côtes, des vins corsés et généreux, mais moins fins que la tête des vins du Tonnerrois et de l'Auxerrois. Joigny se recommande par ses vins légers et agréables. L'arrondissement de Sens ne produit que des vins communs; il faut toutefois en excepter ceux de la côte de Crève-Cœur à Paron : dans les bonnes années, ceux-ci ne sont pas à dédaigner.

VINS DU TONNERROIS.

On sait, à n'en pas douter, par d'anciennes chartes, que la vigne occupait, au x⁰ siècle, une partie du territoire de Tonnerre. D'après le cadastre, l'étendue des terrains soumis à cette culture dans les cantons de Ton-nerre et de Cruzy s'élève à 3,347 hectares.

Le canton de Tonnerre, composé des communes de Tonnerre, Épineuil, Junay, Dannemoine, Chenay, Mô-losme, Vezannes et Vezinnes, renferme 2,602 hectares de vignes, dont 1,887 en vignes rouges et 715 hectares en vignes blanches. Le canton de Cruzy comprend Béru, Collan, Fley, Serrigny, Viviers et Tissey.

Les vignobles de ces deux cantons bordent, de chaque côté, la vallée de l'Armançon sur une longueur de 16 ki-lomètres environ. A droite, les coteaux se découpent en conques ou petits vallons mamelonnés, à pentes douces; là se trouvent la vallée du Vau, des Olivettes, des Montsavoyes, des Beaumonts, des Grisels, celle des Bridaines et des Valnoirs, les vallons des Vauceuses, des Chardonneuses, des Beauvais, et le vallon des Pieds-de-Bois, qui mène à Môlosme, en prenant les noms des Devoirs et des Laumonds. Les meilleurs crus, sur cette côte, sont tournés vers le midi et le levant, ils occupent les étages inférieurs; les autres coteaux, plus ou moins élevés, donnent des vins de seconde qualité; à l'exposi-tion du couchant, on obtient des vins plus corsés, mais de qualité inférieure.

A gauche de l'Armançon, les coteaux sont plus forte-ment inclinés; on y rencontre les Vaumorillons, les Vau-vignoles, la Lice, les Chamboudons, les Gerbes-d'Or, les Voutois, les Vaulignys, etc.

Le sol est généralement calcaire, plus ou moins mé-

langé d'argile, de silice et d'oxyde de fer; sa couche
arable varie d'épaisseur.

Les meilleurs vignobles de la côte de Tonnerre proprement dite sont peuplés des mêmes cépages que ceux
des grands crus de la Côte-d'Or, les Pineaux en sont la
base. De Tonnerre à Tronchay, le Noirien porte le nom
de *franc Pineau ;* il occupe essentiellement les parties
basses des coteaux, celles qui ont du fond et dont l'exposition regarde le sud et l'est. A mi-côte, on le trouve
généralement mêlé au *Beaunois ;* ce dernier se rencontre
dans des parties plus hautes : les Olivottes, les Perrières,
les Préaux, une portion des vignes d'Épineuil, de Dannemoine admettent exclusivement ces deux espèces de
Pineaux. Dans les crus de seconde qualité, on observe
encore un troisième cépage, le *Lombard* ou Gros Plant.
Celui-ci réussit particulièrement sur les coteaux élevés;
peu difficile sur la nature du sol, il ne craint pas les
fonds superficiels et pierreux ; il est lent à se mettre à
fruit, mais une fois en rapport, il produit abondamment.
Son vin, d'une belle couleur, est dur en primeur, mais
il finit bien et forme d'excellents ordinaires, mélangé
avec le Pineau. Le Lombard, allié au Beaunois et peu
cuvé, produisait ces *vins gris* ou *clairets* si renommés
autrefois. Quelques Tresseaux ou Verrots, quelques
Pineaux gris ou Buriaux, de plus en plus rares aujour-
d'hui, constituent les principaux cépages des meilleurs
vignobles rouges du Tonnerrois : les vignes blanches
sont toutes en Beaunois.

En général, le sol destiné à la vigne, dans l'arrondissement de Tonnerre, est préalablement défoncé. La plantation a lieu en décembre ou en mars. On se sert communément de crossettes ou chapons, quelquefois aussi de chevelées ; on place les uns et les autres dans des *augelots*, trous carrés de 0^m,30 à 0^m,33. Dans les vignes rouges, les ceps se trouvent à 0^m,82 sur 1 mètre ; pour les vignes blanches, on plante à 1^m,50 sur 0^m,82.

La vigne est dressée sur trois ou quatre coursons ; on n'échalasse qu'à la troisième feuille. Le provignage est partout en vigueur. La fosse dans laquelle on couche le sarment n'a pas moins de 0^m,30 de profondeur. Les vignerons recommandent de bien *encouder* le cep, c'est-à-dire qu'il faut que la partie extérieure du sarment forme angle avec celle qui est en terre ; les racines partant de ce coude contribuent à affermir le provin.

La culture de la vigne diffère peu dans les cantons du Tonnerrois ; elle n'offre de variantes que dans certaines communes particulièrement adonnées à la fabrication du vin blanc.

La vigne reçoit communément cinq façons : 1° le *taillage ;* 2° le premier labour ou *sombrage ;* 3° le *piquage*, comprenant l'attache, l'accolage, l'ébourgeonnement et les autres menus soins qu'exige la vigne ; 4° le second labour appelé *binage*, et 5° le dernier labour, désigné sous le nom de *tierçage*.

Le taillage, à deux ou trois yeux, a lieu en mars ou même dès la fin de février, lorsque le temps est favorable. Le sombrage, culture qui devrait être profonde et qui n'est que superficielle, s'effectue à la fin de mars ou au commencement d'avril. Le binage et le tierçage, destinés principalement à détruire les mauvaises herbes et à rafraîchir le sol par une légère culture, se donnent à deux mois d'intervalle, en juin et en août : pour ces façons, on emploie la *meigle*, espèce de hoyau recourbé et triangulaire qui remue la terre à 0^m,07 de profondeur. Le travail de la meigle a pour conséquence de faire descendre constamment la terre au bas de la vigne. La partie haute ne tarderait pas ainsi à être dénudée et ruinée; mais on obvie à cet inconvénient en portant, de temps à autre, aux endroits dégarnis, la terre qui a successivement dévalé, ou bien on fortifie les parties faibles avec des *teurées* ou amas de terre qu'on place généralement à la tête du vignoble.

Il est d'usage de *piquer* aussitôt après avoir taillé. L'opération du piquage à trois ou quatre paisseaux, suivant le nombre des coursons, est confiée à des hommes; on attache la vigne au fur et à mesure qu'on fiche les échalas. Le piquage, dans les vignes blanches, exige plus de solidité que pour les vignes rouges. Quand les premières sont arrivées à leur quatrième feuille, on *plie les billons;* plus tard, ils se laisseraient difficilement courber. On fiche deux échalas à chacun des bras le plus rapprochés de la souche et placés de telle sorte que le lien qui doit y fixer le billon se trouve, en termes de vigneron, *entre cou et chapeau*, en d'autres mots, à la naissance du bois d'un an. Des femmes sont chargées d'*étaler*, d'*essaumacher*, c'est-à-dire d'ébourgeonner, opération importante qui réclame l'œil du maître, doit se répéter plusieurs fois dans le cours de la végétation, et est malheureusement très négligée. Les pousses réservées sont accolées ; on rogne en juin.

Les travaux d'hiver se donnent généralement à la journée, ceux d'été se font à la tâche : les premiers consistent en ouvertures et fumures de fosses, en arrachages de mauvais plants, *teurées* et *portages* de terres, etc. ; ils commencent après la vendange.

La vigne entre en bon rapport à huit ans. La vendange a lieu généralement depuis la fin de septembre jusqu'au 20 octobre ; le rendement moyen est de 10 hectolitres par hectare dans les bonnes côtes.

A part deux ou trois communes encore assujetties au ban de vendange, la cueillette du raisin est libre dans le vignoble de Tonnerre ; elle coïncide ordinairement avec l'équinoxe d'automne. De la faculté pour chacun de vendanger quand bon lui semble, il résulte que les uns, pressés de récolter, ne redoutent pas un peu de vert dans la vendange ; les autres, au contraire, ne cueillent que lorsque les raisins ont tout à fait complété leur maturité. Le moment le plus opportun de vendanger est entre ces deux extrêmes : on sait toutefois par expérience, dans le Tonnerrois, que les vins provenant du Pineau acquièrent de la maturité dans le tonneau ; le vert, quand il n'est pas en excès, se perd et la vinosité est plus prononcée.

Lorsqu'on veut faire du vin blanc, on met immédiatement les raisins sous le pressoir en évitant de les fouler ; on mêle le produit des différentes presses obte-

nues avant de piocher le marc; ce qui coule ensuite est
mis à part. Le vin blanc est entonné dans des tonneaux
neufs, rincés préalablement avec soin et légèrement
soufrés; quand la fermentation a cessé, on remplit et
l'on scelle les tonneaux; on soutire après les gelées.

Les raisins destinés à être convertis en vin rouge sont
amenés à la *vinée* et déchargés dans la cuve, si l'on
n'égrappe pas. Quand on égrappe, on les dépose dans
des *baignoires* ou cuveaux, près de la cuve recouverte
alors d'un panier à claire-voie ou égrappoir ; des ouvriers
enlèvent, à l'aide de petits râteaux, la rafle en plus ou
moins forte proportion, selon le degré de maturité du
raisin. La cuve ainsi remplie, on foule énergiquement et
l'on abandonne la fermentation à elle-même, jusqu'à ce
qu'elle soulève à sa plus grande hauteur le chapeau de la
vendange. En général, les cuves ne sont pas couvertes
dans le Tonnerrois; certaines personnes, cependant,
assurent s'être bien trouvées de cuver en vases clos avec
l'appareil Gervais. Dès que le chapeau de la vendange
s'abaisse, on refoule une seconde, puis une troisième
fois dans les vingt-quatre heures, au moment du décuvage. S'agit-il de vins délicats, on se garde bien d'attendre le refroidissement ni l'âpreté du moût pour décuver : celui-ci doit avoir conservé une partie de sa
liqueur. Dans les années froides, une addition de sucre
supplée au défaut d'alcool et de couleur ; mais, dans
les bonnes années, toute addition de sucre est superflue,
dangereuse, sujette à des *troubles*, et risquerait, suivant
l'expression du vigneron, de gâter le bien du bon Dieu.

Le marc est porté sur le pressoir, où on le mêle avec le produit du décuvage, à l'exception de la dernière serre et de l'*égout*. L'*envaisselage* suit immédiatement le pressurage. La fermentation se poursuit dans le tonneau ; dès qu'elle a cessé, on peut bonder. La vidange détermine l'opportunité et la répétition de l'ouillage. Certaines personnes font un premier soutirage au débourbage ou premier repos du vin ; mais, en général, on soutire en mars, après les gelées. La plupart des propriétaires ont coutume de muter, soit au moment du décuvage, soit à l'époque du soutirage.

Les bons ordinaires du Tonnerrois n'acquièrent leur maturité qu'entre trois et quatre ans, les extra n'arrivent à leur perfection qu'à six ou huit ans ; il faut six mois de bouteille aux premiers et douze ou quinze mois aux seconds.

Les *vins vignerons*, ou troisième cuvée, valent, en moyenne, de 60 à 70 francs le muid ou les deux feuillettes (272 litres).

Les secondes cuvées se paient de 80 à 100 francs ; les premières, de 150 à 200 francs. Les têtes de cuvées, en grande année et enrichies par le temps, valent de 3 à 400 francs le muid. Les vins du Tonnerrois, dans les meilleures années, sont parfois sujets à l'amertume au début, mais cette maladie disparaît à mesure que le vin prend de l'âge. La bonne conservation des meilleurs vins du Tonnerrois suit la règle générale ; elle dépend surtout de l'année, de la pureté du cru, de l'homogénéité de la récolte et de la manière dont celle-ci a été

traitée et gouvernée. Ainsi, des Tonnerres 1802 ont
atteint leur demi-siècle sans rien perdre de leur perfection ; des 1811 conservent encore leur supériorité, sauf
la couleur, qui a revêtu celle de pelure d'oignon ; enfin
les excellents vins des années 1825 et 1834 sont arrivés
à trente et vingt ans d'âge sans que leurs qualités aient
baissé. On peut donc conclure de ces faits que les grands
vins du Tonnerrois, s'ils ne doivent pas être bus avant
six ou huit ans, ne craignent pas l'épreuve du temps ;
vingt-cinq ans et plus de garde ajoutent à leur mérite
et justifient leur vieille réputation.

Les principaux crus du Tonnerrois sont, en rouge :

1° Les *Olivottes*, sur la commune de Dannemoine. Ce
clos, d'une contenance de 6 hectares 25 ares en plein
midi, repose sur un sol très pierreux qui présente à
l'analyse la composition suivante :

Oxyde de fer.	4,050
Alumine	4,150
Magnésie.	0,335
Silice soluble	0,080
Acide phosphorique	0,350
Sels alcalins	1,040
Carbonate de chaux	32,830
Matières organiques	6,030
Résidu insoluble.	51,125
	100,000

Les Olivottes sont exclusivement plantées en Pineaux,
et fournissent un vin généreux, d'une belle robe et doué

de beaucoup de corps, ce qui ne l'empêche pas d'être très fin et bouqueté : il va de pair avec les meilleurs vins de la basse Bourgogne, si même il n'en forme la tête.

2° La *Corne-d'Échaudé*, les *Perrières*, les *côtes Pitois*, les *Préaux*, les *Poches*. Leurs produits rappellent les qualités du vin des Olivottes, et prennent place, immédiatement après ce cru, dans la première classe des vins du Tonnerrois. Viennent ensuite les *Beauvais*, les *Champsoins*, les *Beaumonts*, les *Griseys*, les *Bridaines*, les *Charloux*, les *Pertuis-Batteaux*.

C'est encore dans l'arrondissement de Tonnerre qu'on trouve les meilleurs vins blancs de la basse Bourgogne. Citer le *Vaumorillon*, sur le territoire de Junay, à l'exposition du sud-est, c'est faire l'éloge d'un vin sec, plein de corps, de finesse et surtout de générosité ; ses premières cuvées rivalisent presque avec les meilleurs vins blancs de Meursault (Côte-d'Or). Le sol de ce cru remarquable, soumis à l'analyse, présente la composition suivante :

Oxyde de fer.	0,934
Alumine.	2,247
Magnésie.	0,567
Silice soluble.	0,187
Acide phosphorique	0,371
Carbonate de chaux	59,345
Matières organiques	2,349
Sels alcalins.	0,879
Résidu insoluble.	33,022
	100,000

Le cru des *Grisées*, sur le territoire d'Épineuil, jouit d'une réputation presque égale à celle du Vaumorillon.

Les côtes des Préaux, des Pitois et des Olivottes fournissent encore d'excellents vins blancs; toutefois ils ne peuvent être classés qu'après le vin de Chablis. Ce vignoble, le plus considérable parmi les vignes blanches de la basse Bourgogne, fait partie de l'arrondissement d'Auxerre.

Indépendamment de ses vins rouges et blancs, le Tonnerrois produit encore, sur une petite échelle, des vins mousseux distingués, riches en alcoolicité : cette fabrication spéciale date, à Tonnerre, de 1826. Les raisins de Pineaux noirs et blancs destinés à cet usage sont vendangés avec un soin tout particulier. On retranche tous les grains défectueux, en évitant, autant que possible, d'altérer la fraîcheur du raisin. Celui-ci est soumis, sans retard, à l'action du pressoir; on sépare le jus vierge provenant des premiers pressurages et l'on met à part le vin des dernières serres, appelé *vin de taille* : celui-ci s'emploie plus tard, selon les qualités qui le recommandent. Le vin des premières serres est mis immédiatement en tonneaux; on scelle lorsque la fermentation est apaisée. La fabrication de ces vins mousseux s'effectue, du reste, de la même manière qu'en Champagne; on les soutire trois fois et on les colle à diverses reprises.

Paris est le principal débouché des vins du Tonnerrois. La Picardie, la Normandie, la Flandre, la Belgique, les Ardennes, en faisaient autrefois une grande consommation, mais ils ont disparu de ces contrées, par suite de la concurrence des vins de Bordeaux coupés avec des vins du Midi plus ou moins alcoolisés.

VINS DE L'AUXERROIS.

Aux excellents vins des environs de Tonnerre l'Auxerrois oppose ceux de la grande côte d'Auxerre et quelques autres crus distingués de son voisinage, rivalité légitime et consacrée par le temps. Si l'on en croit la chronique, les anciens évêques d'Auxerre avaient coutume de faire des présents de leurs meilleurs vins en Italie et en Angleterre. Quelle que soit la préférence que chacun, selon son goût, accorde à ces différents vins, personne ne conteste leurs qualités ; ils sont, en effet, l'orgueil de la basse Bourgogne.

La plupart des meilleurs crus de l'Auxerrois sont situés sur la *grande côte d'Auxerre*. Celle-ci prend naissance à la route de Saint-Georges, longe la route de Paris, et vient aboutir à la côte qui domine la rivière d'Yonne ; elle comprend les climats renommés de *Boussicat, Rosoir, Migraine, Quétard, Champleroi, Boivin, Clairion, Judas*, les *Iles* et la *Chaînette* : son étendue totale, d'après le cadastre, comprend 308 hectares, dont les deux tiers seulement sont plantés en vignes.

Le sol est argilo-calcaire, pierreux et mêlé d'oxyde de fer, surtout dans sa partie supérieure ; il regarde le sud et le sud-est ; les meilleurs quartiers se trouvent à mi-côte, là où le terrain a plus de valeur et où le soleil exerce plus librement son action : la Chaînette appartient à la formation portlandienne, Migraine ; Quétard et Boivin à la formation néocomienne.

Trois cépages peuplent la grande côte d'Auxerre : le *Pineau*, pour les deux tiers ; le *Tresseau* et le *Romain*, chacun pour un sixième.

La culture de la vigne et le mode de vinification, dans l'Auxerrois, diffèrent peu des usages du Tonnerrois. A Coulanges et à Irancy, la plantation a lieu généralement au pal ; à Auxerre, on plante dans des trous de $0^m,24$ à $0^m,26$ de profondeur sur $0^m,36$ de côté. Les ceps sont à $0^m,82$ environ. Les Pineaux sont taillés à trois yeux sur chaque courson, sur deux seulement pour le Tresseau et le Romain. La vigne reçoit quatre façons annuelles, outre la *baisse* ou pliage des sarments, l'ébourgeonnement et l'accolage. On vendange du 25 septembre au 15 octobre. Pour les vins fins l'égrappage se pratique presque toujours ; le cuvage dure de cinq à dix jours, suivant le degré de maturité du raisin et l'état de la température. Quelques propriétaires éclairés pensent que ce cuvage est insuffisant, et que, si on le prolongeait pendant vingt-quatre ou trente-six heures de plus, les vins de première qualité de la grande côte d'Auxerre seraient plus de garde et pourraient être livrés au commerce d'exportation : à l'appui de cette opinion, ils citent des vins de 91, 1806 et 1811, qui, jusque dans ces dernières années, avaient conservé toute leur vinosité et leur fraîcheur ; ils s'étaient seulement dépouillés, en partie, de leur couleur foncé. Cette longévité, d'après

mûres recherches, serait due à la fermentation prolongée
que ces vins avaient subie dans la cuve. Le *remplissage* a
lieu deux jours après la mise en tonneaux; on y revient
quatre fois, au moins, le premier mois, on n'ouille
ensuite que tous les mois. On soutire une première fois
en décembre ou janvier, une seconde fois en mars ou
avril et dans le courant du mois d'août.

Les principaux crus de la grande côte d'Auxerre sont:
Migraine, la *Chaînette* et *Boivin*. Les vins qui en proviennent se recommandent par leur vinosité (ceux de
Boivin surtout), par leur finesse et leur bouquet; ils
l'emportent, à cet égard, sur les vins de seconde qualité
de Judas, Rosoir, Quétard, Boussicat, Clarion et les Iles.
Les premiers s'obtiennent à raison de 15 hectolitres
environ par hectare; leur prix varie entre 2 et 300 fr.
les 272 litres. Les seconds rendent, en moyenne, 20 hectolitres; ils valent de 175 à 200 fr.: ils ont un peu plus
de corps, mais moins de finesse que les autres. Les vins
de Migraine, Chaînette et Boivin et les premières cuvées
des vins de la côte d'Auxerre peuvent être considérés
comme vins fins d'entremets. Ils doivent être mis en
bouteilles à la fin de la troisième année et peuvent être
bus dans le cours de la quatrième. On leur reproche de
n'être pas assez de garde : leur durée générale n'excède
guère quinze ans; ils sont sujets à tourner à l'amer
quand on ne leur donne pas les soins qu'ils réclament.
Paris, le nord, l'est, l'ouest de la France, la Flandre
et la Belgique, forment les principaux débouchés des
vins de la côte d'Auxerre.

A la suite des premiers crus de l'Auxerrois, Irancy vient se placer comme importance viticole. Ce vignoble, situé à 11 kilomètres d'Auxerre, produit des vins corsés, généreux, d'une belle robe et fort appréciés du commerce : son cru le plus remarquable est la *Palotte*. Jullien rapporte que les bénédictins, jadis propriétaires du clos de la Chaînette, faisaient tant de cas du vin de la Palotte, qu'ils le mêlaient dans leur première cuvée, afin de lui donner plus de corps et de force, et de le rendre plus apte à supporter le voyage. Le vin de la Palotte provient de Pineaux fins et du Romain ; il figure avec distinction à côté de ceux de Migraine, Boivin et Chaînette ; il cuve plus que les vins de la grande côte et se conserve longtemps : on doit le mettre en bouteilles et le boire plus tard que les vins d'Auxerre.

Coulange-la-Vineuse, à 10 kilomètres d'Auxerre, mérite une simple mention ; c'est, aujourd'hui, plutôt un vignoble de quantité que de qualité. Le *Pineau* dit de *Coulanges*, moins fin que celui d'Auxerre, mais plus productif, le Tresseau et le Romain, chacun pour un tiers, y sont cultivés avec succès : le vin de Coulanges n'est qu'un simple ordinaire.

Il en est autrement des vignes blanches de la côte de Chablis. Ce vignoble, le plus considérable de la basse Bourgogne pour le vin blanc, contient, d'après le cadastre, 12,436 hectares. Sa couche arable, superficielle et pierreuse, est essentiellement calcaire, son sous-sol argileux. Le coteau de Chablis incline, par une pente douce, vers le sud-est et le sud-ouest. Le Pineau blanc y règne exclusivement. Les ceps sont placés à 1ᵐ,34 dans le sens vertical du coteau et à 0ᵐ,72 dans le sens transversal. A quatre ans, on dresse la vigne sur deux coursons; à six, elle est établie sur trois branches; à huit ans, elle présente quatre coursons quand la force du cep et la nature du sol le permettent. On ne commence à *piquer* qu'à la troisième feuille et avec un seul échalas; on lui donne ensuite autant de paisseaux qu'elle compte de bras : ces échalas sont disposés de telle sorte que les coursons, au lieu de se diriger verticalement, sont rapprochés et pliés le plus près possible de terre; dans cette position, les raisins, mieux soleillés, acquièrent une maturité plus complète. En général, on ne fume pas la vigne à Chablis, mais on la terre de temps à autre. Toutes les vignes sont travaillées à la pioche ou meigle, comme dans le Tonnerrois; elle reçoit trois façons, commence à produire vers la cinquième année et se met en plein rapport entre huit et dix ans. Elle décline très vite; en général, il faut la renouveler à vingt-cinq ans : on l'arrache à cet âge. L'usage le plus répandu est de prendre d'abord un blé sur le défriché de vigne; on y cultive ensuite de l'orge ou de l'avoine dans lesquelles on sème du sainfoin; ce fourrage est fauché pendant quatre ou cinq ans, puis on le culbute et l'on remet le terrain en vigne.

La vendange a lieu dans les premiers jours d'octobre. On n'égrappe pas, on presse au fur et à mesure qu'on vendange. Chablis, malgré son importance, ne possède qu'un petit nombre de pressoirs, et l'on compte les

16

quelques propriétaires qui ont des pressoirs pour leur usage spécial ; les autres sont obligés de s'inscrire d'avance pour faire passer leur vendange sur les pressoirs en disponibilité. On presse ainsi pour chacun depuis six heures du matin jusqu'à six heures du soir ; le pressurage est terminé vers trois heures, mais on laisse le marc sous presse jusqu'à six heures. Les tonneaux dans lesquels le moût est entonné s'emploient toujours neufs, ils sont de bois de chêne ; on les fait renfler en les échaudant, puis on y verse de l'eau froide : ils ne sont ni méchés ni affranchis. On ouille tous les quinze jours jusqu'en janvier, ensuite une fois tous les mois ; on soutire en mars et en juillet.

Chablis, dans ses meilleurs quartiers, les *Clos*, les *Grenouilles*, les *Vaux-Désirs*, produit le vin le plus estimé. Milly, à 2 kilomètres de la ville, rivalise presque avec Chablis par ses premières cuvées ; on les obtient sur la *côte de Lechet*. Les *Monts-Milieux*, en partie sur Fley, en partie sur Fiey, fournissent un vin de première qualité. Les têtes de cuvées de Chablis valent 100 francs en moyenne ; elles montent, parfois, à 150 et 200 francs les deux fûts (272 litres).

Le vin de Chablis est un vin blanc léger, sec, vif, petillant, capiteux, qui a du corps, de la finesse, un bouquet particulier et une transparence parfaite ; il doit être mis en bouteilles après deux ans de séjour en tonneau ; la seconde année de sa mise en bouteilles, il est dans toute sa perfection, ce qui ne l'empêche pas d'être de garde. Le vignoble de Chablis, dans les bonnes années, donne de 40 à 50 hectolitres de vin par hectare ; son rendement moyen ne dépasse pas 20 hectolitres. Chablis livre, annuellement au commerce environ 25,000 hectolitres de véritable Chablis, mais les environs profitent du voisinage et de l'analogie des produits, pour en vendre une grande quantité sous ce nom : le pavillon couvre alors la marchandise. Paris est son principal débouché.

PRINCIPAUX CRUS DE L'AVALLONNAIS.

Les meilleurs vignobles de cette contrée sont tous situés sur les côtes qui entourent la ville d'Avallon, dans un rayon de 5 à 6 kilomètres.

Le sol est argilo-calcaire, à l'exposition du sud et du sud-est, et planté presque exclusivement en Pineaux dans les vignes bourgeoises ; les vignes de vigneron n'admettent qu'un quart en Pineaux, le reste consiste en *gros* et *petit Vérot*, cépages de quantité, dont la maturité n'est pas toujours assurée.

On plante généralement au fossé plutôt qu'au pal, avec des chevelées qui se trouvent à 0m,80 les unes des autres. La taille s'effectue *en argot*, c'est-à-dire qu'on taille à court bois en laissant deux yeux sur chaque courson. La vigne reçoit annuellement trois façons ; on ébourgeonne en juin, on épampre à deux reprises, en juillet et en août ; c'est aussi à ces époques qu'on accole. La vigne entre en bon rapport à la cinquième feuille.

La vendange s'effectue au commencement d'octobre. Le cuvage dure de cinq à neuf jours; on remplit dès que le vin ne travaille plus ; on débourbe sur lie vers la fin de décembre et l'on soutire en mars.

Les vignobles les plus estimés dans l'Avallonnais sont *Rouvres*, *Aunay-la-Côte*, *Montécherin*, *Étaule-le-Vault*, *Girode*, *Tarrot* et *Champ-Gachot* : les premiers se distinguent par leur bouquet et leur finesse. Les vins de ces côtes sont capiteux, ils peuvent être bus à trois ans ; l'hectare rend, en moyenne, de 20 à 25 hectolitres : l'hectolitre vaut 25 francs. Ils s'écoulent sur Paris et le Morvan ; on en consomme une partie dans la localité.

VIGNOBLE DE JOIGNY.

Le vignoble de Joigny clôt dignement la série des vins de choix de l'Yonne; la *côte Saint-Jacques*, aux portes mêmes de la ville de Joigny, représente le meilleur cru de cet arrondissement. Sous cette dénomination spéciale, on comprend non-seulement la côte Saint-Jacques, mais encore le *haut de Saint-Jacques*, les *Ronces*, la *Croix-Guémard* et le climat de *Muscadet* : leur réunion forme, d'après le cadastre, une contenance totale de 49 hectares. Le quartier d'élite ne comprend que 11 hectares, encore y distingue-t-on particulièrement la moitié la plus élevée de ce climat située sous la route des Cerisiers : son vin doit sa supériorité, d'une part, à la nature friable du sol ; de l'autre, à la finesse

des cépages et au soin remarquable avec lequel la fermentation de la cuve est conduite.

Le sol est un calcaire mêlé de silex et d'argile; cette
dernière espèce de terre l'emporte dans la partie haute,
le carbonate de chaux domine dans la partie basse. La
pente, dans les endroits privilégiés de la côte, est d'environ 20 pour 100.

Les deux tiers des cépages qui la peuplent se composent de *Vérot mousseux;* le reste consiste en Pineaux
noir et blanc, et *Houche cendrée* ou Pineau gris, mélangés d'un peu d'*Épicier* et de *plant de Roi*.

La culture de la vigne est traitée avec beaucoup de
soins au vignoble de Joigny. On plante *en perchées* espacées de 0ᵐ,84; les chevelées, recouvertes d'une pelletée
de *lateux*, sorte de terre ferrugineuse et friable, sont
placées à 0ᵐ,84 dans la perchée. Suivant la force de la
souche, on la dresse sur trois ou quatre coursons, taillés
chacun sur deux ou trois yeux. Quatre façons sont appliquées chaque année. Après la vendange, on soulage la
vigne de tout le bois inutile, et l'on procède au *ruellage*.
Cette excellente opération consiste à rejeter la terre de
l'intervalle des perchées contre le pied des ceps, afin de
les rechausser et surtout pour faciliter l'ameublissement
du sol à la première façon du printemps, qui rend au
terrain sa disposition normale. La vigne commence à
produire à cinq ans, elle est en pleine vigueur de dix
à vingt ans. On regarnit les vides à l'aide du provignage :
c'est ainsi que le Vérot remplace, peu à peu, les plants
de Pineaux plus délicats et de moindre durée, et qu'il

finit par occuper presque exclusivement le sol. A trente
ou quarante ans la vigne est usée, on l'arrache, et on
laisse écouler au moins huit années consacrées à la culture des céréales et du fourrage avant de replanter.

La vendange s'effectue communément dans les premiers jours d'octobre. Autrefois on égrappait avec soin,
mais cet usage se perd de plus en plus au vignoble de
Joigny, par suite de la dépréciation du vin. On laisse
très peu cuver ; après vingt-quatre heures de cuvage, on
entonne, la fermentation se poursuit dans les feuillettes ;
on ne met sous bonde qu'au bout de quinze jours ou
trois semaines. Le premier soutirage a lieu en février
ou mars, le second en août.

Le vignoble de Joigny, il y a quarante ans, ne produisait guère que 25 hectolitres de vin par hectare, mais
la concurrence et l'avilissement des prix ont forcé les
propriétaires à viser davantage à la quantité ; les Pineaux
ont cédé le pas à des cépages moins fins, plus féconds
et stimulés, dans leur production, par des engrais : le
rendement s'est alors accru au détriment de la qualité.
Dans les bonnes années, il s'élève à 75 hectolitres par
hectare ; en moyenne, on obtient une cinquantaine
d'hectolitres.

La côte Saint-Jacques ne fabrique plus guère que
des vins gris. On leur donne à peine de cuve afin de leur
conserver toute leur légèreté et leur finesse ; ils sont
généreux, apéritifs et bons à boire à quinze mois, mais
ils se gardent peu. Paris est leur unique débouché.
Lorsqu'on laisse la vendange cuver plus de vingt-quatre

heures, en sorte que le chapeau soit bien formé et que le plus fort de la fermentation soit passé avant de mettre en tonneaux, on obtient un vin corsé, très généreux, d'une belle couleur et susceptible de conservation.

Les vins du vignoble de Joigny ont été longtemps recherchés par la Flandre et la Picardie; ces contrées s'adressent aujourd'hui aux négociants de Bordeaux.

VIGNOBLE DES RICEYS

(AUBE).

On ne compte pas moins de 1500 hectares de vignes aux Riceys. Le sol, très accidenté dans ce vignoble qui renferme les trois bourgs de Ricey haut, Ricey haute rive et Ricey, bas, est essentiellement formé, sur les coteaux, de carbonate de chaux entrecoupé souvent de veines d'argile ou mêlé de pierrailles et d'oxyde de fer; dans la vallée, il est argilo-calcaire. Ses pentes les meilleures regardent l'est et le sud.

Les bonnes côtes des Riceys ne sont peuplées que de cépages fins. Le *Pineau noir à petits grains* y domine; il se trouve associé à une petite quantité de *Pineau blanc* et mélangé aussi parfois avec quelques *Pineaux gris* ou *Burets*. Indépendamment de ces espèces d'élite, les crus qui font des premières et des secondes cuvées admettent encore d'autres variétés fort estimées : tels sont, notamment, le *Pineau à grandes feuilles*, remarquable par l'abondance de ses produits; le *Pineau à feuilles décou-*

pées, moins productif que le précédent; le *Sévigné rouge*, raisin rose donnant un vin ferme et solide; le *Noirien*, raisin noir, très allongé et bien distinct du Noirien de Bourgogne. Il était commun autrefois dans les vignes de l'abbaye de Molesme, mais il disparaît de plus en plus du vignoble des Riceys; ses produits sont aussi capricieux que sa maturité. En dehors de ces cépages de qualité, le *Gamai noir* constitue le fond des vignes basses. Le *Troyen*, très productif, mais inférieur au Gamai, occupe les *replats* des côtes; il mûrit en peu de temps, et s'égrène avec facilité s'il n'est pas coupé aussitôt sa maturité : son vin, d'abord agréable en primeur, dégénère promptement. Quelques coteaux des Riceys sont exclusivement garnis de Pineau blanc; ici, comme dans l'Yonne, on a reconnu qu'il affame rapidement les autres Pineaux avec lesquels il se trouve mêlé. Bien qu'il soit la base des vignobles blancs, on y rencontre encore le *Sévigné blanc* et le *Sévigné vert*. Le premier se reconnaît à ses grains dorés et tachetés; le second reste vert, même sous l'influence du soleil, et rend plus que le Sévigné blanc. Ces divers cépages produisent un vin spiritueux, petillant et qui ne manque pas d'agrément.

La culture de la vigne aux Riceys offre beaucoup d'analogie avec les procédés usités dans le département de l'Yonne. On plante avec des chevelées enracinées, et, généralement, en fossés plus ou moins profonds, selon l'épaisseur de la couche arable, et larges de 1^m,65. Ceux-ci sont garnis de deux rangées de plants *à cu^t*

battant, c'est-à-dire placés en sens contraire ; entre chaque ligne on laisse un intervalle de 1^m,66, y compris l'ados qui les sépare ; les chevelées sont à 0^m,80 les unes des autres : au bout d'un certain nombre d'années, par suite du provignage, toute régularité disparaît, les ceps se trouvent plus ou moins espacés. Pendant le cours de sa végétation, la vigne reçoit trois façons depuis mars jusqu'à septembre. Dès la quatrième feuille elle est soutenue par des échalas de 1^m,50 de hauteur. On taille, à partir du 15 février, ordinairement sur deux yeux en laissant quelquefois un crochet; plus tard, on accole, on étale et l'on rogne : les femmes sont chargées de ces travaux d'été, on les donne à la tâche ou à l'année. Le provignage, le terrage et la plantation sont autant de travaux d'hiver qui s'effectuent habituellement à la journée.

La vigne aux Riceys n'est jamais fumée ; elle commence à produire à la quatrième année, mais elle n'entre en bon rapport qu'à la sixième feuille, selon l'espèce de plant cultivé, la nature du sol et son exposition. Le rendement moyen dans les vignobles peuplés exclusivement de cépages fins ne dépasse pas 15 hectolitres par hectare. Lorsque l'année est bonne, la vendange commence et s'achève en septembre ; dans les années médiocres ou mauvaises, il est rare qu'elle ait lieu avant la première semaine d'octobre, et elle se prolonge souvent jusqu'au 15 ou 18 de ce mois : le vin alors n'est plus que l'ombre de ce qu'il devient par une température chaude et sèche. La vendange se fait avec beaucoup de soin aux Riceys.

Non-seulement les propriétaires n'admettent que le
plant fin dans leurs premières cuvées, mais, même dans
les cuvées de gros plant, beaucoup d'entre eux rejettent
les mauvais raisins pour ne prendre que les meilleurs. Le
cuvage ne s'étend pas au delà de quelques jours quand la
température est favorable : on évite de laisser trop cuver
afin de conserver au vin la finesse et la franchise de goût
qui caractérisent les provenances des Riceys. Quand on
veut faire des vins gris ou vins rosés, on trie les raisins les plus fins et on ne laisse cuver que pendant vingt-
quatre ou trente-six heures au plus. Ces vins, d'une
couleur plus ou moins tendre, ont un bouquet tout particulier et sont doués d'une finesse et d'une légèreté
remarquables; on n'en fabrique que dans les bonnes
années, aussi ont-ils toujours beaucoup de qualité. Les
cuves, aux Riceys, jaugent ordinairement de douze à
quinze pièces, soit de 27 à 34 hectolitres environ. La
goutte et le pressurage ne sont jamais mis à part; on
estime que ce mélange favorise la qualité du vin et sa
conservation. Le soutirage a lieu en janvier ou février;
on regarde comme utile de soutirer une seconde fois en
été, avant la maturité du raisin, pour éteindre tout
principe de fermentation.

On distingue trois qualités de vins aux Riceys : les vins
fins, les passe-tout-grain, vins provenant de plants mêlés
et constituant les ordinaires bourgeois, enfin les vins
communs.

Les vins fins des Riceys ne seraient pas déplacés à
côté des secondes classes de la haute Bourgogne; ils vont

de pair avec les Moulin-à-Vent, les Thorins et le vin des
Olivottes, de la Chaînette et de Migraine ; ils sont fins,
vifs, généreux, bouquetés, francs de goût, très supérieurs à leur réputation quand l'année les a secondés, et
dignes de paraître avec honneur à l'entremets ; leur séve
rappelle celle des vins rouges de Champagne avec lesquels les amateurs les comparent. Le commerce les range
parmi les vins de la basse Bourgogne : cette place est
véritablement la leur. Ils ont besoin de deux années de
tonneau pour arriver à leur point de maturité ; ils se
gardent bien en bouteilles et y acquièrent de la qualité.
Les tonneaux ou pièces jaugent de 215 à 225 litres ; on
les désigne généralement dans l'Aube sous le nom de
Ricetons. Les meilleurs vins des Riceys proviennent des
coteaux *la Forêt* et *Violette, Tronchoy, Boudier, Chan-
zeux, Rotier, Champlanche, Chènepetot*, etc. ; viennent
ensuite les vins d'*Avirey* et *Balnot*, mais seulement ceux
de leurs crus les plus fins, puis *Bagneux, Beauvois* et
Bragelogne.

Dans les années remarquables, les vins des Riceys de
premier et de second ordre s'expédient en Normandie,
en Picardie, en Flandre et en Belgique, par l'entremise
des marchands en gros, tous propriétaires de vignes
dans le pays ; les passe-tout-grain ou ordinaires bourgeois s'écoulent sur Paris ; les vins communs ne s'exportent guère, ils se consomment en partie sur place, en
partie dans le nord du département de l'Aube. Les vins
gris et rosés des Riceys donnaient lieu autrefois à un
commerce assez important avec la Belgique et le nord

de la France ; mais cette branche d'industrie n'est floris-
sante que dans les grandes années, excepté en Normandie, où elle n'a pas baissé. Le vin des Riceys de
première classe, et provenant d'une année remarquable,
s'est vendu plus d'une fois 180 et 200 francs la pièce ;
mais le plus ordinairement on l'a payé de 150 à
160 francs, quand l'abondance des produits ne dépré-
ciait pas sa valeur : le prix moyen des vins communs
varie entre 25 et 35 francs.

VINS DU JURA.

D'après le dernier recensement effectué en 1853, le
Jura compte près de 19,000 hectares de terres plantées
en vignes. Dans ce nombre, l'arrondissement de Lons-
le-Saulnier figure pour plus de moitié ; il possède
5,600 hectares de vignes en côtes et 4,415 hectares
en plaines. L'arrondissement de Poligny comprend
5,137 hectares, dont 4,000 en côtes et 1,137 en
plaines. Les deux autres arrondissements de Dôle et
de Saint-Claude réunis atteignent seulement le chiffre
de 3,843 hectares ; ils ne produisent, d'ailleurs, que
des vins communs.

Les meilleurs vignobles de ce département sont tous
en coteaux, tantôt abrupts, tantôt légèrement inclinés.
Assis sur le revers occidental de la chaîne inférieure du

Jura, ils reposent sur un calcaire plus ou moins mélangé d'argile dont le sous-sol consiste généralement en une marne compacte, d'aspect très diversifié, s'incorporant parfois, sous forme lamelleuse, à la couche arable.

La vigne, dans le Jura, se rencontre à toutes les expositions, même à celle du nord, qui caractérise le premier cru des Arsures; cependant l'orientation la plus générale et la plus estimée est celle du sud et du sud-ouest. Les cépages sont nombreux : indépendamment du *Savagnin noir* ou *Noirien*, du *Gamai noir*, emprun-tés tous deux à la Bourgogne, du *Geuche*, plant grossier qu'on retrouve en Alsace, en Lorraine et sur beaucoup d'autres points, du *Gamai blanc*, de Quintigny, l'Étoile et Château-Châlons, appelé *Melon* à Poligny, Arbois et Salins, les vignobles du Jura sont peuplés essentielle-ment de cépages particuliers à ce département : tels sont, pour les vins rouges, le *Poulsard*, le *Trousseau*, le *gros* et le *petit Baclan* et l'*Enfariné*.

Le Poulsard est un plant robuste, que recommandent l'abondance et l'excellente qualité de ses produits. Ses caractères sont : Sarments noués court. Feuilles grandes, épaisses, légèrement canaliculées, à cinq divisions pro-fondes, d'un vert foncé. Fleurs sujettes à couler. Grappe belle, allongée, ailée, garnie de grains lâches, égaux, oblongs, gros, noir violet, charnus, sucrés, mais sans finesse, à peau ferme, se détachant aisément à la ma-turité. Son vin se distingue par une grande finesse et une saveur agréable; il se décolore, il est vrai, rapide-ment : deux ou trois années de tonneau suffisent pour

lui enlever sa teinte primitive. Telle est sa délicatesse,
que, si l'on néglige tant soit peu de le soutirer, de l'ouiller ou de le préserver du contact de l'air, il passe avec
facilité à la fermentation acéteuse : une vendange bien
mûre et des soins de fabrication bien entendus pré-
viennent, en partie, cet inconvénient. Le Poulsard joue
le premier rôle dans la confection des bons vins rouges
du Jura. On l'emploie avec succès dans la confection des
vins blancs façon Champagne, et il constitue le principal
élément des vins rosés ou clairets fabriqués dans le
pays; il entre, enfin, du tiers au quart dans la composition des vins de paille. On le trouve dans tous les
vignobles de choix, depuis Salins jusqu'à Lons–le–Saulnier, associé en notable proportion avec les autres
cépages jurassiens. On ne le cultive qu'en côtes, car il
veut une bonne exposition. Les sols argileux calcaires
et les terrains marneux sont ceux qui lui conviennent
le mieux. Dans un terrain calcaire léger, le Poulsard
pousse fortement en bois, mais sa fleur noue mal : on
le taille en courgées et seulement au printemps, car
une taille précoce le rend plus sensible à la gelée.

Le Trousseau, caractérisé par ses sarments à nœuds
moyens, ses feuilles fines, à cinq lobes très découpés,
d'un vert clair; ses grappes de moyenne grosseur,
allongées, légèrement ailées, garnies de grains ronds,
peu serrés, égaux, de moyenne grosseur, noirs, fleuris,
juteux et à peau ferme, est très répandu dans le vignoble
de Salins. Moins productif que le Poulsard, il résiste
mieux à la coulure que ce dernier. Tous deux, au reste,

gagnent à être mêlés dans leur vendange : le Poulsard communique de la finesse au vin du Trousseau ; celui-ci, en retour, donne au Poulsard la faculté de se conserver plus longtemps ; il se bonifie en prenant de l'âge. On le taille en courgées.

Le Baclan ou Béclan est encore rangé parmi les plants fins du Jura, aussi leur est-il associé fréquemment, surtout à Poligny. On le reconnaît à ses sarments noués longs, à ses feuilles moyennes, assez épaisses, à cinq lobes, d'un vert sombre ; à ses grappes fortes, allongées, pyramidales, ailées, garnies de grains serrés, inégaux, ronds, d'une belle grosseur, noirs, très bruinés, plus juteux que charnus, à peau ferme et d'une saveur peu délicate. Il donne de la vivacité au vin et possède, à cet égard, les mêmes propriétés que le Savagnin jaune. De tous les cépages rouges du pays, c'est celui qui résiste le mieux à la coulure. On en connaît deux variétés, le Gros et le Petit Baclan, toutes deux également estimées pour la vinification. Le Baclan se plaît dans les mêmes sols que le Poulsard ; on le taille en courgées. Sa vendange est principalement employée à la confection du vin rouge ; mais on ne la dédaigne pas, à Pupillin, pour la fabrication des vins mousseux.

L'Enfariné est très commun autour de Poligny. Au premier abord, le goût acerbe de ses raisins semblerait devoir l'exclure de la liste des bons cépages du Jura ; il leur est cependant associé avec avantage, mais avec modération, pour un douzième environ. Dans cette proportion, il contribue à la durée du vin ; avec le temps, il se

dépouille de son âpreté et acquiert une saveur agréable
qui n'est pas dépourvue de bouquet. L'Enfariné est très
productif ; il se cultive comme les cépages précédents,
mais il est moins exigeant sur le sol et l'exposition. On
le taille comme le Poulsard, le Trousseau et le Baclan. Il a pour caractères distinctifs : Sarments à nœuds
moyens. Feuilles à cinq lobes plus ou moins profonds,
d'un vert sombre. Fleur résistant à la coulure. Grappe
assez courte, irrégulière, ailée avec ailes bien détachées,
garnie de grains peu serrés, gros, égaux, ronds, noirs,
mais couverts d'une bruine ou farine blanche épaisse ;
juteux. Maturité assez précoce.

Le Savagnin noir ou Noirien, autrefois assez répandu
dans le Jura, y devient de plus en plus rare ; sa culture
est presque abandonnée. On en donne pour raison sa
maturité précoce, qui l'expose à se dessécher sur pied et
surtout à être mangé par les guêpes et les mouches,
longtemps avant que les autres cépages aient complète-
ment mûri. Le Savagnin noir, à la différence des cépages jurassiens, veut un sol calcaire, léger et graveleux ;
ses produits perdent de leur qualité dans les sols marneux : ici, du reste, comme partout, il fournit un excellent vin lorsqu'on le cultive dans de bonnes conditions.

A côté de ces plants d'élite, on trouve encore fréquemment, dans les bons vignobles du Jura, un cépage
grossier qui ne les déshonore que trop souvent : c'est le
Maldoux ou *plant*. *Modo* Il n'a pour lui que son exubérance, car son vin est plat. On reconnaît le Maldoux à
ses feuilles fines. de moyenne grandeur, tantôt à cinq

lobes, tantôt presque rondes ; sa grappe est allongée, ailée, munie de grains ronds, de moyenne grosseur, lâches et portés sur un long pédoncule. Son raisin est peu sucré.

Le plant par excellence pour les vins blancs est le *Savagnin jaune*, connu à Arbois sous le nom de *Maturé*. Dans certaines parties du Jura, il est souvent associé au *Melon de Poligny* (*Gamai blanc* des environs de Lons-le-Saulnier). Ses caractères sont : Sarments à nœuds moyens. Feuilles petites, épaisses, presque arrondies, paraissant quelquefois entières, d'autres fois trilobées, d'un vert gai, cotonneuses en dessous. Sa fleur résiste bien à la coulure. Sa grappe, de moyenne grosseur, est allongée, ailée, garnie de grains moyens, légèrement ovalaires, tachés de points bruns, serrés, transparents, bronze doré, juteux, à peau épaisse et à maturité tardive. Le Savagnin jaune demande le même sol et la même culture que le Poulsard ; son bois, court et grêle, rend les courgées difficiles à établir. La haute réputation des vins de garde de Château-Châlons, fabriqués exclusivement avec ce cépage, dispense de faire l'éloge de ses produits ; sa vendange donne de l'âme à tous les vins dans lesquels on la fait entrer. Le Savagnin jaune est le plant qui résiste le mieux à toutes les intempéries ; plus la température est élevée, mieux il prospère. Quand il a atteint une vingtaine d'années, il est sujet à dégénérer en petits grains : ce signe indique qu'il faut le renouveler par le provignage. Outre le Savagnin jaune, qui peuple les vignobles d'Arbois, de Pupillin, Poligny, l'Étoile, Quintigny, Menétru et Château-Châlons, on distingue encore deux autres variétés de Savagnin, le *Savagnin vert* et le *Savagnin blanc* : ce dernier a le fruit plus petit. Le Savagnin vert, moins estimé que les deux variétés précédentes, se reconnaît à son bois vigoureux ; ses raisins sont plus gros, ils mûrissent tardivement et ne revêtent jamais la couleur dorée du Savagnin jaune ; son vin met aussi plus de temps à se faire. Le Savagnin vert se rencontre notamment à Salins et sur les coteaux environnants.

Le *Melon de Poligny* ou *Gamai blanc* de Lons-le-Saulnier, qu'il ne faut pas confondre avec le cépage vulgaire de ce nom répandu sur les bords de la Saône, ferme la série des cépages fins cultivés dans le Jura ; il est plus commun dans la partie sud que dans la partie nord de ce département. Sa vendange, mêlée à celle du Savagnin jaune, tempère la vivacité de ce vin et lui communique plus de douceur et de légèreté ; les jolis vins de l'Étoile et de Quintigny lui doivent, en partie, leur réputation. Ses caractères distinctifs sont : Sarments noués court. Feuilles grandes, assez fines, quinquélobées, d'un vert clair. Fleurs résistant à la coulure. Grappe moyenne, allongée, cylindrique, ailée, grains ronds, serrés, inégaux, de moyenne grosseur, piquetés de points bruns, bronze doré, juteux, à saveur fine et sucrée. Maturité ordinaire.

La culture de la vigne dans le Jura n'est pas partout la même ; les variantes qu'on observe sur divers points, sans altérer sa physionomie générale, consacrée par l'identité du sol et l'adoption des mêmes cépages, ne permettent pas de confondre dans une même uniformité des procédés inhérents à des vignobles séparés les uns des autres par des nuances prononcées.

Le défoncement du sol précède toujours la plantation. On *mine* ordinairement le terrain à 0ᵐ,40 ou 0ᵐ,50 de profondeur. Dans certaines localités, à Poligny, à Arbois, on ouvre des fossés de 1 mètre de large et l'on ménage entre chaque fossé 2 mètres de terre dressée en ados pour recharger les fossés ; ailleurs, en plaine, on prépare le sol avec la charrue et l'on plante la vigne en quinconce : ce mode, plus économique, est aussi moins parfait. La plantation a lieu généralement en automne, mais on la renvoie au printemps lorsque le temps ne se montre pas favorable. Les boutures sont d'un emploi général, cependant on se sert aussi de *chapons chevelus*, surtout quand on veut changer partiellement le plant d'une vieille vigne. La distance entre les ceps varie : à Poligny, les souches sont à 0ᵐ,50 en tous sens ; à Arbois, elles sont à 0ᵐ,80 ; aux Arsures, les plants de Poulsard sont espacés à 1 mètre, mais pour le Trousseau on veut une plus grande distance, on le plante à 1ᵐ,30 ; aux environs de Lons-le-Saulnier, on n'accorde 1 mètre carré qu'au Poulsard, tous les autres cépages sont à 0ᵐ,80 ; à Quintigny et à l'Étoile, néanmoins, toutes les vignes, sans exception, sont à 1 mètre en tous sens. A Château-Châlons, les plants de Savagnin jaune, au canton Sous-Roche, se trouvent à 0ᵐ,90 les uns des autres. On ne fume pas en plantant dans les côtes, mais seulement quand on provigne ; encore la

fumure n'est-elle pas d'un usage général dans ce cas :
on ne l'applique pas aux Arsures, par exemple. L'année
de la plantation, la vigne reçoit ordinairement trois
façons données toutes à bras ; plus tard, la vigne faite
n'est travaillée que deux fois, en avril ou mai et à la fin
de juin ou au commencement de juillet. A Arbois, le
coup de *sombrée* se donne dans le courant de mai, et le
binage aussitôt après la floraison. Tant que les fossés ne
sont pas comblés, on se sert d'un sarcloir pour ameublir
et nettoyer le sol ; mais, dès que le terrain est nivelé,
on emploie l'instrument appelé *bident, bicorne*, qui
pénètre plus avant en terre. Indépendamment de ces
œuvres, on *racle* ordinairement au sortir de l'hiver, avec
la houe à main ou *fossoir*, la vigne enherbée. A Poligny, à Pupillin et dans d'autres cantons, on rabat la
vigne jusqu'à trois ans, afin de donner plus de force à
la souche ; les yeux les plus inférieurs sont conservés de
préférence quand ils sont bien formés. Dans l'arrondissement de Lons-le-Saulnier, la seconde année de la
plantation, on ne laisse qu'un seul montant à la vigne,
si le plant veut être *écourgé ;* la troisième année, on
taille cette branche unique sur six ou huit yeux ; à la
quatrième année, on forme l'*écourge*, et, comme elle est
destinée à fournir le pied de la souche, on réserve de
quinze à vingt yeux, selon qu'on prend cette branche
plus ou moins haut sur le bois de l'année précédente ;
les années suivantes, on augmente le nombre des
branches si la vigne est vigoureuse. La taille a lieu ordinairement en mars dans le Jura ; elle commence quel-

quefois dès février, quand le temps est beau. Tous les plants fins, Poulsard, Trousseau, Baclan, Savagnin, etc., sont taillés en courgées, mais on ne fait pas de courgées avant la quatrième année. La nature du sol, celle du plant et sa vigueur sont autant de considérations qui décident du nombre de courgées qu'on doit établir sur chaque pied et de la quantité d'yeux qu'il convient de leur laisser. Certains cépages portent de dix à douze yeux, d'autres sont taillés seulement sur huit ou neuf bourgeons ; en général, on ne garde que deux courgées sur chaque cep, encore faut-il que la vigne soit vigoureuse. Aux Arsures, la première ligature de la courgée, à sa naissance, a lieu à 0ᵐ,70 au-dessus du sol; l'autre ligature se pratique à 0ᵐ,40. A Pupillin, la première attache de la courgée se trouve à 0ᵐ,50 au-dessus du sol, la seconde à 0ᵐ,28 *au rabat*. A Salins, on taille en courgées de huit à douze yeux, suivant la vigueur du sarment. Pour faire la courgée, on ne prend que du troisième au cinquième bois, et comme, au bout de quelques années, les ceps ainsi taillés contrarient le labour, on les raccourcit en laissant sur le premier bois un angle de deux yeux pour y prendre la courgée dès que les tiges qui s'y développeront se seront mises à fruit : les courgées sont liées immédiatement à l'échalas et décrivent un demi-cercle. Toutes les vignes, dans le Jura, sont échalassées, les unes dès la première année, les autres seulement à partir de la troisième feuille; elles commencent à rapporter vers quatre ans, mais leurs produits ne sont satisfaisants qu'à compter de la

sixième année. Le provignage est le mode généralement
usité pour régénérer les vignobles ; il commence peu de
temps après la vendange et se continue pendant tout
l'hiver. On lie la vigne avant qu'elle entre en séve.
L'ébourgeonnement est regardé partout comme indispensable, mais on l'exécute en une seule fois, sans y
revenir plus tard. A Poligny, on le pratique aussitôt la
fleur passée ; à Pupillin, cette opération précède toujours
la floraison. On n'épampre pas. La vendange, pour les
plants rouges, a lieu ordinairement du 8 au 20 octobre
dans le Jura ; mais le Savagnin jaune ne se cueille
jamais avant la Toussaint. A Pupillin, on le vendange à
la fin de novembre et même en décembre. Ce plant
résiste parfaitement à la pluie, au vent, à la gelée ; aussi
regarde-t-on comme avantageux de ne pas le récolter
trop tôt. Le rendement de la vigne varie non-seulement
d'après l'espèce des cépages dont les vignobles sont peuplés, mais encore suivant que ceux-ci sont situés en
plaines. Dans les meilleurs crus en rouge du Jura, on
n'obtient guère qu'une vingtaine d'hectolitres par hectare en moyenne ; les seconds crus en côtes donnent de
25 à 30 hectolitres : les vignobles communs de la plaine,
dans lesquels dominent les plants grossiers, rendent
beaucoup plus.

Les procédés de vinification ne diffèrent pas sensiblement les uns des autres. Pour les vins fins, il est d'usage
d'égrapper la vendange rouge ; on la foule, puis on la
fait cuver pendant un temps à peu près illimité, sous
prétexte qu'il faut attendre, pour décuver, que le vin

soit parfaitement clair. Il reste ainsi sur marc pendant deux, trois et même quatre mois. On soutire en avril. Beaucoup de propriétaires se dispensent d'ouiller. La fabrication du vin blanc est fort simple : on égrappe ordinairement la vendange avant de l'écraser ; au sortir du pressoir, on l'entonne ; la fermentation s'accomplit dans le tonneau ; tous les soins se bornent ensuite à ouiller au fur et à mesure que le besoin s'en fait sentir, à coller et à soutirer.

Quand on veut avoir des vins blancs secs, on les laisse achever leur fermentation en tonneau après le collage, qui s'effectue au mois de mars après la récolte. Il importe d'ouiller tous les deux mois au moins dans la saison des chaleurs, surtout si le vin provient du Gamai blanc ou Melon de Poligny, beaucoup plus délicat que le vin obtenu avec le Savagnin.

Les crus les plus renommés du Jura sont, pour les vins rouges : les Arsures, Arbois, Salins et Poligny, dans l'arrondissement de ce nom ; dans celui de Lons-le-Saulnier, Menétru et Voiteur.

Les Arsures. Ce vignoble, situé en côtes, au plein nord, entre Montigny et Aigle-Pierre, passe, avec raison, pour le premier cru en rouge du département. Les meilleurs vins de ce nom proviennent de *Chagnon*, des *Gréolières* et des *Mouchets*, à quelques kilomètres d'Arbois ; Aigle-Pierre fournit la seconde qualité des vins des Arsures. Montigny, limitrophe des Arsures, n'en diffère pas par ses produits ; son vin, de première qualité, occupe le même rang que celui des côtes privilé-

giées. Il n'en est pas de même de la partie de Montigny
qui regarde Arbois, le vin qu'on y récolte est inférieur
à celui de Montigny-lez-Arsures. Ce vignoble, dans son
ensemble, compte 267 hectares.

La côte où sont situés ces différents vignobles, et qui
se prolonge depuis les Arsures jusqu'à Salins, consiste
en un calcaire plus ou moins marneux. Chagnon fournit la tête du vin des Arsures ; le sol dont il est formé
présente la composition suivante :

Oxyde de fer.	12,280
Alumine.	3,310
Magnésie.	0,642
Silice soluble	0,950
Acide phosphorique	0,115
Sels alcalins.	1,023
Carbonate de chaux	1,523
Matières organiques	7,735
Résidu insoluble.	70,420
	100,000

Le plant qui domine aux Arsures est le Poulsard, il
entre pour les trois quarts dans la composition des meilleurs crus ; le Savagnin, le Trousseau, un peu d'Enfariné
et quelques pieds de Noirien forment le surplus : tous
ces plants se trouvent mêlés.

Le vin des Arsures a du corps, de la finesse, de la
légèreté, beaucoup d'agrément et de générosité, mais
peu de bouquet ; il doit rester quatre ans en tonneaux
pour acquérir sa maturité, après ce temps on le met en

bouteilles : il est bon à boire au bout de six mois de
verre. A dix ans, il se dépouille complétement et prend
une belle couleur mordorée. Quand il provient d'une
grande année, comme 1842, 1846, il conserve une saveur sucrée d'autant plus agréable, qu'elle ne lui fait
rien perdre de sa vivacité; mais, en dehors de ces années
exceptionnelles, il laisse presque toujours percer une
légère pointe d'acidité : il vaut couramment 35 francs
l'hectolitre pris à la cuve.

Arbois. Ce vignoble compte 1,037 hectares de vignes,
il produit un vin analogue à celui des Arsures. Les
meilleurs crus sont ceux de *Gilly* et des *Nouvelles;* ces
côtes sont exclusivement en Poulsard , excepté au bas
de leurs pentes, où les plants sont mêlés. *Curon* , la
Pinte , les *Curoulets* , *Regaule* et *Monthalier* donnent
encore des vins fort estimés ; Gilly et les Nouvelles sont
plus corsés que les autres : tous sont vendus sous le nom
de *vins d'Arbois*. Ils doivent rester cinq et six ans en
futailles avant d'être mis en bouteilles ; une fois faits et
bons à boire, ils valent 60 francs environ l'hectolitre.
La Suisse et la partie montagneuse du Doubs constituent
leur principal débouché.

Salins. On distingue environ 300 hectares de vignes
de bonne qualité dans ce vignoble. Ses crus les plus
distingués sont les *Chameaux* , *Rousset, Riantes* et une
partie de *Mélincol ;* viennent ensuite *Prémoureaux* et
Saint-Féréol. Les vins rouges de Salins bien condition-
nés font de bons ordinaires, susceptibles de se conserver
pendant vingt et vingt–cinq ans; ils sont plus délicats et

plus précoces que les vins d'Arbois, mais moins riches
en alcool. On ne doit pas les mettre en bouteilles avant
trois ans de tonneau ; ils valent de 18 à 20 fr. l'hectolitre
la première année et le double l'année suivante. On les
écoule sur l'Alsace et les départements voisins du Jura.

Poligny. La contenance de ce vignoble est de 680
hectares ; le meilleur vin rouge du canton provient
des crus de *Foulnay* et *Rousseau*. Ainsi que la plupart
des vins d'Arbois, il n'est potable qu'après cinq ou six
ans de futaille. Son prix moyen à la cuve ne dépasse pas
16 francs; il est, du reste, inférieur au vin de Menétru.

Menétru n'a que 72 hectares de vignes, encore une
partie de la vendange est-elle convertie en *vin de garde;*
mais c'est un vignoble d'élite, il livre à la consommation un vin léger, délicat et généreux, très prisé des
connaisseurs. *Voiteur*, d'une étendue de 196 hectares,
produit un bon vin d'ordinaire; il en est de même de
quelques autres vignobles, tels que *Bréry, Saint-Lothain,
Couliége*, etc.; ces derniers doivent être classés en seconde ligne.

Tels sont les principaux crus en rouge du Jura. Tous
les vins qui en proviennent sont secs, capiteux, particulièrement diurétiques et plutôt piquants que moelleux;
ils gagnent, en général, à vieillir, mais on leur reproche
une certaine acidité qui leur enlève de leur valeur : ce
reproche est mérité. La faute n'en est pas à la nature
même des vins du Jura, mais aux procédés imparfaits
auxquels ils sont soumis, même dans les cantons les plus
renommés. Le mélange fâcheux de cépages de quantité

avec les plants de bonne qualité, l'incomplète maturité des raisins jetés pêle-mêle dans la cuve, sans triage préalable, des vendanges faites à contre-temps, la fermentation interrompue et troublée par l'addition de hottées fraîches dont on charge souvent la cuve, l'empirisme qui préside au cuvage, l'usage déplorable de laisser indéfiniment le vin sur la grosse lie, des futailles dont la netteté n'est pas irréprochable, le peu de soin qu'on met à saisir l'instant propice pour décuver, remplir et soutirer, ne sont-ils pas autant de causes de fermentation acéteuse? Or, quand on sait avec quelle négligence on s'occupe, dans le Jura, de tous ces détails si importants dans la vinification, on ne s'étonne plus de ce que les vins rouges de ce département contractent fréquemment un goût acide; on n'est surpris que d'une chose, c'est qu'ils aient assez de vertu pour résister à un pareil traitement. Les meilleurs vins rouges du Jura possèdent intrinsèquement toutes les qualités qui constituent un bon vin; l'acescence qu'on leur reproche cessera, sans nul doute, le jour où leur fabrication sera l'objet de soins mieux entendus.

Le vin rouge des Arsures, d'Arbois, de Salins, de Menétru n'est pas le seul produit remarquable des bons vignobles du Jura; ce département fournit encore des vins rosés estimés, des vins blancs doux et mousseux, façon Champagne, d'un débit facile; il figure surtout avec distinction dans l'œnologie française pour son excellent *vin jaune* ou *de garde*, désigné aussi sous le nom de *vin de paille*.

Le vin rosé s'obtient, à peu de chose près, comme le vin blanc. Trois cépages, le *Savagnin jaune*, le *Gamai blanc* de Lons–le–Saulnier, ou *Melon de Poligny*, et le *Poulsard* entrent dans sa composition. On choisit les raisins les plus mûrs, on les égrappe et on les transporte à dos d'homme au pressoir, où ils sont rangés avec soin à leur arrivée. Dès que le pressoir est suffisamment chargé, on presse sans retard, afin de prévenir l'effet de l'alcool sur la pellicule du raisin. La première serre fournit un vin de choix, incolore, délicat et facile à éclaircir; quelquefois on le met à part, d'autres fois on le mêle avec la seconde pressée: celle-ci se colore légèrement en rose. Ce vin clairet fermente pendant tout l'hiver en tonneau : quelques propriétaires le collent avant de l'entonner; au printemps, on le soutire, on le colle et on le met ensuite en bouteilles : traité de la sorte, il conserve son goût sucré plus longtemps que le vin blanc, et il est moins capiteux. Il peut être bu quelques mois après sa mise en verre; avec l'âge il perd son caractère mousseux, il devient sec, et participe alors, pour le goût, du vin jaune. On fabrique des vins clairets à Salins, Arbois, Pupillin, Poligny. Les vins rosés de Rousseau et de Foulnay sont particulièrement estimés, ils se paient 1 fr. et 1 fr. 50 c. la bouteille.

La confection des vins blancs doux et mousseux est plus compliquée que celle des vins clairet. Le *Savagnin* et le *Melon de Poligny* sont les seuls raisins blancs employés à leur fabrication : le premier de ces raisins y entre souvent dans la proportion de la moitié aux trois cinquièmes. On cueille le raisin par un beau temps ; les grains gâtés ou imparfaitement mûrs sont rejetés ; on étend le reste de la vendange ainsi épurée sur le pressoir, et on la soumet à son action en serrant progressivement la vis. Lorsque le moût a coulé pendant une demi-heure environ, on relève le marc sans recouper et l'on donne un nouveau tour de treuil : le produit de cette double opération est versé dans une *sapine* où on le laisse séjourner jusqu'à l'apparition de quelques bulles qui s'échappent à travers l'espèce de chapeau brunâtre, plus ou moins épais, formé à la surface du liquide : c'est le moment de soutirer. Cette opération accomplie, on verse le moût dans des futailles. Ainsi que pour le vin clairet, plusieurs collent avant d'entonner ; il en est aussi qui mèchent le tonneau avant d'y verser le vin. Une fois dans le tonneau, le vin se traite de deux manières. Les uns, à l'aide d'ouillages répétés, font dégorger par la bonde l'écume amenée à l'orifice par la fermentation ; les autres ne remplissent pas entièrement le tonneau et ne serrent pas la bonde ; dans ce dernier cas, on est obligé de soutirer trois ou quatre fois avant de coller. Quelle que soit celle de ces méthodes qu'on préfère, le collage a lieu ordinairement vers la fin de janvier ou bien au commencement de février ; on se sert de la colle de poisson la plus fine et la plus claire, dans la proportion de 15 à 20 grammes par hectolitre. Le collage demande à être surveillé. Si, dans les premiers jours de mars, la colle n'a pas produit

son effet, si le vin n'est pas parfaitement limpide, on le
soutire et on le colle une seconde fois, mais à une plus
faible dose, afin de pouvoir le mettre en bouteilles au
plus tard dans le courant d'avril, terme de rigueur. Dans
la plupart des vignobles du Jura, on ne se borne pas,
pour la fabrication des vins blancs fins, aux deux premières serres, les seules qui donnent une qualité supérieure, on les mêle souvent avec le produit des recou-
pés; la finesse n'est pas la qualité dominante du vin qui
en résulte. La mise en bouteilles et les opérations ultérieures qui accompagnent, dans le Jura, la fabrication
des vins blancs mousseux, façon Champagne, sont imi-
tées de celles en usage dans ce dernier pays.

Les vins blancs mousseux du Jura, les plus estimés
aujourd'hui, sont ceux d'Arbois, de Salins, de l'Étoile et
de Quintigny; ces derniers sont moins capiteux que ceux
d'Arbois, ils ne gardent leur mousse que pendant deux
ans; on les paie communément 1 fr. 25 c. la bouteille.
Les meilleurs crus de l'Étoile sont la *Vigne blanche*,
les *Montmorins* et les *Montgenesets;* les cantons privilégiés de Quintigny sont les *Paradis*, les *Prémelans*, et
les *Montmorins :* ces deux vignobles réunis forment un
total de près de 400 hectares. Pupillin excellait autrefois dans la fabrication du vin blanc mousseux: il produisait des vins doux, petillants, pleins d'agrément et
qui se maintenaient mousseux pendant trois et quatre
ans; après ce temps ils devenaient un peu secs. Ce commerce est à peu près abandonné maintenant. Les meilleures côtes de Pupillin sont *Feulle* et *Clos*, toutes deux

à l'exposition du sud; le sol y est marneux : on compte
130 hectares de vignes à Pupillin.

La fabrication du vin jaune ou de garde est la
richesse de Château-Châlons. Ce vignoble, à 12 kilomètres de Lons-le-Saulnier, commence au moulin
Chambion; il longe un petit ruisseau jusqu'au village
de Voiteur; à partir de ce point, il contourne la rivière
de Seille et s'étend jusque près du village de Névy : sa
contenance totale est de 96 hectares. Le sol de Château-
Châlons est argilo-calcaire en certains endroits, marneux sur d'autres points. La partie située au couchant
et à l'est est plantée moitié en Poulsard, moitié en Gamai blanc ou Melon de Poligny, en Gamai noir et en
Savagnin jaune; elle s'élève du fond de la vallée jusqu'au village où gisent les ruines de l'ancien château, et
produit exclusivement du vin rouge. Le versant sud est
peuplé de Savagnin jaune pour moitié, le reste se compose de Noirien, de Gamai noir et de Gamai blanc : c'est
dans cette zone que se fabrique principalement le vin
de garde. Le Savagnin jaune contribue seul à sa confection à Château-Châlons ; à Poligny, le Poulsard y entre
pour les deux tiers et le Savagnin seulement pour un
tiers. Le raisin cueilli à l'arrière-saison est déposé avec
soin dans des corbeilles qu'on porte à la maison avec les
plus grandes précautions. Là on le suspend à l'aide de
fils, ou bien on l'étend sur des claies dans un local dont
on renouvelle l'air quand le temps est sec et qu'on tient
fermé toutes les fois que l'atmosphère est humide; si la
température est constamment froide et humide, on la

combat au moyen d'un poêle. Le degré d'évaporation
auquel le raisin est soumis est ordinairement atteint vers
la fin de février ou le commencement de mars : on
égrappe alors la vendange et on la fait passer sous le
pressoir; on obtient ainsi un moût très concentré. Celui-
ci est déposé dans une sapine; il y reste pendant un jour
ou deux, puis on le met en tonneaux pour qu'il y su-
bisse sa fermentation. Quand, au lieu de presser le raisin en mars, on le presse en décembre, on obtient un
vin plus précoce, mais inférieur à celui qu'on a pressé
à la fin de l'hiver; l'un et l'autre, du reste, exigent le
même traitement. La fermentation du vin jaune dure
longtemps; lorsque la première période tumultueuse a
cessé, on soutire le vin de garde, et, l'année suivante, on
répète la même opération dans le mois de septembre.
On se trouve bien également de le coller; de cette manière, le vin se débarrasse des lies flottantes et peut rester indéfiniment en tonneaux sans s'altérer, bien que
ceux-ci ne soient pas remplis; ils doivent seulement être
hermétiquement bouchés : quand on veut les remplir,
on se sert de petits cailloux de rivière bien nets et préalablement séchés au soleil. Le vin de garde reste longtemps sirupeux. Dans les années remarquables, comme
1822, 1825, 1832 et 1834, il peut être mis en bouteilles
après dix ans de tonneau, mais en général il lui faut
douze et quinze ans de futaille; plus il y vieillit, plus il
acquiert de qualités : il doit y mûrir pour se perfec-
tionner ensuite en bouteilles. Dès qu'il a perdu sa douceur et qu'il est passé à l'état sec, il se conserve indé-

finiment, l'âge ne l'affaiblit pas. Le vin de garde de
Château-Châlons est un vin sec, bouqueté, très capiteux, d'une grande franchise de goût, très stomachique,
d'un beau jaune doré; après quinze ou vingt ans, son
parfum est très développé, il a alors beaucoup d'analogie avec le Madère sec. Dans son genre, le vin de
garde de Château-Châlons, provenant d'une bonne
année et bien conditionné, n'a pas de rival en France:
c'est un véritable Madère sec français, très généreux,
pourvu d'une belle séve aromatique et digne de sa haute
réputation, quoiqu'on prétende qu'il soit déchu de ce
qu'il était au temps où le cru le plus renommé de Château-Châlons dépendait du chapitre de ce nom. C'est
au canton appelé *Sous-Roche*, au sud du village, que se
récolte la première qualité du vin de garde. Ce cru n'a
pas plus de 20 hectares de vignes plantées presque
exclusivement en Savagnin jaune. Le sol est marneux,
la roche affleure la surface. Soumis à l'analyse chimique, il présente la composition suivante :

Oxyde de fer.	6,554
Alumine	2,056
Magnésie	1,157
Silice soluble.	0,189
Acide phosphorique	0,198
Sels alcalins	1,007
Carbonate de chaux	23,438
Matières organiques	5,673
Résidu insoluble.	61,728
	100,000

Château-Châlons n'a pas le monopole exclusif du vin
de garde, on fait des vins jaunes estimés à Pupillin, à
Poligny; Menétru en produit aussi de très bons, mais
aucun d'eux ne peut être comparé au vin provenant du
canton *Sous-Roche*. Le territoire entier de Château-
Châlons ne produit, en moyenne, chaque année, qu'une
soixantaine d'hectolitres de vin de garde : il vaut de 3 à
4 francs le litre après douze ans de tonneau; les 1827,
1832 et 1834 ne se paient pas moins de 6 à 700 francs
l'hectolitre. Le vin de garde de Château-Châlons se consomme principalement à Besançon. Celui de Pupillin
s'expédie, sous le nom de *vin jaune d'Arbois*, dans le
centre et le nord de la France; il est moins parfumé et
moins généreux que le Château-Châlons : on le paie
ordinairement 300 francs l'hectolitre après vingt ans de
tonneau. Le vin jaune de Poligny, par sa couleur et son
goût, rappelle plus le vin d'Alicante que le vin de
Madère; on serait tenté, parfois, de le prendre pour un
vin cuit : tous ces vins de liqueur jouissent de propriétés
hygiéniques fort remarquables.

A la suite des vins du Jura, il faut citer comme vins
estimés, mais inférieurs à ceux de ce département, les
vins rouges des *Trois-Chalets* et des *Éminguey*, dans
l'arrondissement de Besançon, et le vin blanc de *Milerey*,
également dans le Doubs : les uns et les autres forment
d'excellents ordinaires. Seyssel, dans l'ancienne Bresse,
fournit les meilleurs vins du département de l'Ain, soit
en rouge, soit en blanc. Ce sont de bons ordinaires.

VINS D'ALSACE

(HAUT ET BAS-RHIN).

L'Alsace, située entre le 47° et le 49° degré de latitude nord, ne semble pas, au premier abord, devoir se prêter à la culture de la vigne ; cette plante, cependant, non-seulement y résiste à un climat rigoureux, mais elle forme une des richesses agricoles de cette magnifique contrée : on y compte plus de 25,000 hectares de vignes. Cette faveur, l'Alsace la doit aux abris et aux expositions que lui offre le pied de la chaîne des Vosges, sur le revers oriental et méridional de ces montagnes, depuis la côte de Thann jusque vers les limites du Bas-Rhin ; elle en est aussi redevable à la constitution géologique de la plupart de ses vignobles assis sur le grès vosgien, aux qualités de ses cépages et à une culture bien entendue. Néanmoins, malgré ces ressources précieuses, on ne peut se dissimuler que la vigne, moins heureusement située ici que dans le Rhingau, n'est plus dans sa véritable patrie en Alsace, elle ne s'y trouve, pour ainsi dire, qu'à l'état d'adoption. Ce ne sont plus, en effet, les chauds rayons du soleil du midi qui dorent ses raisins ; des automnes froids et pluvieux contrarient, plus d'une fois, leur maturité, et les premières pousses, au printemps, ne sont que trop souvent détruites par des gelées tardives. A ces obstacles naturels il fallait opposer des cépages appropriés au climat ; c'est ce qu'on

a fait avec un rare discernement. Par suite de ce choix
intelligent, on s'est fixé, de préférence, sur les espèces
qui offraient le plus de chances de succès. Les raisins
rouges, déshérités en partie du principe liquoreux si
abondant dans les espèces noires du Midi, au lieu d'être
en majorité comme dans les régions propres de la vigne,
ont laissé passer devant eux les cépages blancs. Ceux-ci
dominent en Alsace ; ils fournissent des vins blancs qui,
dans leur genre, ne reconnaissaient autrefois, comme
supérieurs, que les vins généreux du Rhin, et leur prê-
taient un utile concours en se mélangeant avec eux.

La réputation des bons vins de l'Alsace est fort ancienne : on les vantait déjà au ix⁰ siècle ; ils ont été en
grande estime jusqu'à la fin du xviii⁰ siècle, tant que
les crus dont ils provenaient ont fait partie de propriétés princières ou ont appartenu à des chapitres ou à
des corporations religieuses. Rien n'était épargné alors
pour obtenir une liqueur de haute distinction ; les clos
privilégiés étaient exclusivement plantés en cépages fins,
notamment en *Gentil aromatique.* Les choses ont bien
changé depuis. La révolution, en supprimant les abbayes
et en abolissant l'aristocratie, a porté un coup mor-
tel aux grands vins de l'Alsace ; elle a fait tomber les
meilleurs clos dans le domaine de la petite propriété ;
avec elle sont arrivés des cépages plus productifs et
moins recommandables : de là un premier échec dont
le vignoble ne s'est jamais relevé. Ce n'est pas tout,
l'abaissement des fortunes, les changements survenus
dans le genre de vie, la mode, enfin, qui s'étend jusque

sur les objets de consommation, ont achevé de jeter la perturbation dans une production de luxe déjà fort ébranlée de nos jours. Les meilleurs vins de l'Alsace ne sont plus que l'ombre de ce qu'ils étaient avant 89 entre les mains des chartreux et des bénédictins; leur prix a considérablement baissé, sans que pour cela on les recherche davantage; on leur reproche, non sans raison, leur dureté, leur pointe acide et leur grande alcoolicité, défauts que ne rachètent pas complétement un bouquet délicieux et une longévité remarquable. Chez nous, on leur préfère maintenant les vins de Champagne, de Bordeaux et de Bourgogne; en Allemagne même, où il s'en exportait beaucoup jadis, leur commerce a singulièrement diminué : la Suisse et la consommation locale sont presque leurs seuls débouchés aujourd'hui.

Les procédés de culture varient peu dans les différents vignobles de l'Alsace. La plantation de la vigne est partout la même. Le sol destiné à être converti en vignoble est préalablement défoncé. La plantation s'effectue au fossé, et, la plupart du temps, avec des plants enracinés ; suivant les localités, les ceps sont espacés tantôt à 0^m,75, 0^m,80 ou 0^m,90, tantôt à 1 mètre et à 1^m,20 les uns des autres, en tout sens. Les uns, comme à Riquewihr, comblent entièrement le fossé dès que la plantation est achevée; les autres, ainsi que cela se pratique à Ribeauvillé, remplissent la fosse peu à peu, de telle sorte que le terrain ne se trouve nivelé qu'à la quatrième année. On fume ordinairement les jeunes vignes vers la

seconde ou la troisième année ; cependant à Turckheim
et dans quelques autres vignobles, l'engrais est appliqué
dès l'automne qui suit la plantation.

Les cépages les plus répandus dans les bons vignobles
en coteaux sont les *Gentils blancs*, *gris* et *rose*, le *Tokai
gris*, le *Pineau noir de Ribeauvillé* et le *Petit-Riesling*,
associés au Muscat, aux Chasselas rose et blanc (*Gutedel*,
Sussling) et au *Knipperlé*.

Cette dernière variété, désignée aussi sous le nom de
Petit-Mielleux, peuple particulièrement les vignobles
de Thann, Riquewihr et Ribeauvillé. On la reconnaît
aux caractères suivants : Souche vigoureuse ; sarments
noués court. Feuilles grandes, à cinq lobes peu marqués ; face supérieure d'un beau vert, lisse ; face inférieure cotonneuse, ainsi que les nervures. Fleur résistant bien à la coulure. Grappe moyenne, allongée,
cylindroïde, pourvue de petites ailes appliquées contre
le corps du raisin ; grains petits, serrés, ronds, jaune
doré, parsemés de petits points bruns, à peau fine,
très sucrés. Maturité précoce. Le Knipperlé offre quelque analogie avec le Gamai blanc de Château-Châlons (Jura). Son vin, très agréable en primeur, est
sujet à *graisser* ; il reste toujours un peu louche et ne
se conserve pas ; néanmoins il est assez prisé quand
il provient d'une année où la plupart des raisins du
Knipperlé se trouvent, en quelque sorte, confits par
le soleil à leur maturité. Le Knipperlé n'est pas un
cépage propre aux vignobles en coteaux, on le trouve
aussi dans la plaine, dans le Bas-Rhin surtout ; il y

est souvent mêlé avec les cépages les plus communs, tels que le *Burger* ou *Elbling* et le *Grosser Rœuschling.*

Le Gentil blanc est ainsi caractérisé : Sarments noués court. Feuilles petites, tantôt entières, tantôt trilobées, d'un vert clair. Fleur assez sujette à couler. Grappe petite, allongée, simple; grains petits, peu serrés, égaux, ovalaires, roux doré, transparents, fleuris, croquants, très sucrés, à peau épaisse. Maturité tardive.

Le Gentil gris se reconnaît aux signes suivants : Sarments noués long. Feuilles plus larges que longues, tourmentées; de forme variable, présentant de trois à cinq lobes, d'un vert clair en dessus, cotonneuses en dessous. Grappes petites, ailées, pendantes, garnies de grains très lâches, égaux, de moyenne grosseur, ovalaires, d'un gris rosé, transparents, bruinés, juteux, sucrés, à peau épaisse. Maturité tardive.

Le Gentil rose a pour caractères : Sarments noués très court. Feuilles petites, épaisses, tourmentées, ordinairement à trois lobes, d'un vert clair, cotonneuses en dessous. Fleur sujette à couler. Grappes moyennes, allongées, ailées, garnies de grains lâches, égaux, de moyenne grosseur, ovalaires, gris rosé, fleuris, juteux, d'une saveur fine et très sucrés, à peau épaisse. Maturité tardive.

Le Tokai gris, ou Pineau cendré, est ainsi caractérisé : Sarments noués long. Feuilles grandes, assez épaisses, plus longues que larges, ordinairement à trois lobes, d'un vert clair. Fleur coulant très facilement. Grappe petite, presque allongée, garnie de grains assez serrés,

souvent inégaux, petits, ovalaires, de couleur gris rougeâtre, fortement bruinés, ce qui les fait paraître comme
enfumés, très juteux, d'une saveur fine et très sucrée,
à peau très fine. Maturité tardive.

Le Pineau noir de Ribeauvillé est une variété du
Noirien de Bourgogne.

Le Petit Riesling, ou Gentil aromatique, a pour caractères distinctifs : Sarments noués long. Feuilles grandes,
épaisses, rugueuses, aussi longues que larges, à cinq
lobes, d'un vert franc, blanchâtres en dessous. Grappe
petite, allongée, ailée; grains serrés, petits, souvent
inégaux, ronds, blond doré, fleuris, juteux, d'une saveur fine et sucrée. Maturité tardive.

La taille et les différentes façons dont la vigne est
l'objet sont partout uniformes en Alsace. Il est d'usage
de tenir les vignes à une hauteur moyenne avec deux,
trois ou quatre verges en arceaux; par exception seulement, on en rencontre en *palis bas*, c'est-à-dire en
treilles basses et horizontales dans le bas des coteaux du
Haut-Rhin; on en voit aussi des exemples dans le Bas-
Rhin. Dans plusieurs vignobles, à partir de la première
année de la plantation jusqu'à la troisième feuille, on
donne pour appui à la vigne un échalas de 1 mètre de
haut; à trois ans, on remplace ces tuteurs par des
échalas de 2 et 3 mètres de hauteur : chaque échalas
soutient deux, trois ou quatre branches partant, rez
terre, d'une même souche. Communément, on taille en
février et mars, parfois aussi plus tôt, quand la saison
le permet. A Thann, on laisse huit ou douze yeux sur

chaque courgée, selon la force du sujet. A Eguisheim,
le cep, à la troisième année, se ramifie en deux ou trois
branches ; à la quatrième feuille, on arrête la végétation
à 1ᵐ,50 de hauteur ; la cinquième et la sixième année,
on réserve, sur chaque bras de la vigne, un sarment
taillé sur dix ou douze yeux, ou le courbe en arc et on
l'attache, par son extrémité supérieure, à la partie basse
du tuteur ou à l'une des branches de la vigne. L'accolage des bras contre les tuteurs a lieu au commencement
d'avril ; à la fin de ce mois, on courbe les pleyons en
courgée ; en mai, on donne le premier piochage ; pendant et après cette opération, on ébourgeonne ; en juin,
on relève les jets sortis de la base du pleyon et destinés
à former les sarments de l'année suivante, on les attache aux tuteurs. La seconde œuvre s'applique en juillet.
On donne enfin une dernière façon en septembre, aux
approches de la maturité du raisin. La vigne, dans ce
cru, commence à produire à quatre ans, elle est en bon
rapport à six ans. A Turckheim, on dresse la vigne sur
deux branches ; après quatre ans de plantation on l'arrête à 0ᵐ,80 de hauteur ; les années suivantes, on réserve
sur chaque branche une pousse chargée de douze à
quinze nœuds. A Ribeauvillé, la vigne de quatre ou cinq
feuilles se trouve dressée sur trois ou quatre branches
dont chaque sarment fructifère est taillé en courgée ;
celle-ci mesure ordinairement 0ᵐ,60 ou 0ᵐ,70 de longueur et porte dix ou douze yeux. Les deux façons
annuelles appliquées à la vigne se donnent à la main :
la première en mars ou avril, la seconde en juin. Avant

le second piochage, on ébourgeonne et l'on relève ; un
second ébourgeonnement a souvent lieu à la fin de
juillet. La vigne, à Ribeauvillé, commence à produire
vers la troisième année ; elle est en plein rapport à cinq
ans. A Riquewihr, la vigne est dressée sur trois branches comme à Ribeauvillé, et chacune de ces branches
est pourvue d'un ou deux sarments qu'on taille en
courgées.

La vigne faite reçoit, suivant les localités, deux ou
trois façons annuelles données toutes à la main. Les
vendanges n'ont lieu ordinairement que vers le 15 octobre ; dans les très bonnes années, on les commence à
la fin de septembre.

Les raisins destinés à être convertis en vin blanc sont
mis sur le pressoir dès leur arrivée au cellier ; on n'é-
grappe pas. Le moût est entonné immédiatement dans
des fûts dont la capacité varie ; au bout de douze à quinze
jours toute fermentation a cessé, on ferme alors la bonde.
Dans certains vignobles, à Ribeauvillé, par exemple, on
soutire trois fois la première année ; depuis la seconde
jusqu'à la quatrième année, on se contente de deux soutirages. Passé quatre ans, lorsque le vin est bien clair,
on ne soutire plus que tous les deux ans.

Autre est la fabrication du vin rouge. A Ribeauvillé
et à Saint-Hippolyte, c'est-à-dire dans les vignobles où
se produit le meilleur vin de ce genre, on égrappe les
cinq sixièmes de la vendange ; on la verse, à demi-
foulée, dans un foudre qu'on a soin de fermer avec soin,
on l'y laisse pendant deux ou trois mois ; la fermen-

tation s'établit dans cette masse, et, de peur qu'elle ne
s'aigrisse, on refoule tous les deux ou trois jours. Vers
Noël, on pressure, on entonne, puis on bonde quelques
jours après cette opération. Dans le Haut-Rhin, quand
on veut donner au vin un bouquet particulier, on verse
un panier de grains de raisins de l'espèce des Gentils, à
l'état de maturité complète et à demi-desséchés, dans
des foudres d'une contenance de 15 à 30 hectolitres,
renfermant le moût en fermentation : par ce moyen,
on améliore sensiblement les bons vins d'ordinaire.

Tels sont les procédés de culture et de vinification le
plus généralement répandus en Alsace. Les vignobles
les plus renommés de cette contrée sont, pour les vins
blancs, Ribeauvillé, Riquewihr, Unawihr, Guebwiller,
Turckheim et Thann.

D'après l'opinion commune, les produits viticoles de
Ribeauvillé, Riquewihr et Unawihr, sont rangés sur la
même ligne, à la tête des vins blancs de l'Alsace. Cependant, bien que l'exposition et les cépages soient les
mêmes dans ces trois vignobles, il est facile de constater
des différences sensibles dans leurs vins : ces différences
ont une cause évidente. A Riquewihr et à Unawirh la
vigne est considérée comme une affaire de spéculation ;
on fume abondamment, et les plants de Chasselas et de
Knipperlé se trouvent mêlés en forte proportion avec
les plants Gentils, le Riesling et le Tokai ; ces derniers
plants dominent à Ribeauvillé. Dans ce vignoble, la
vigne, sans cesser d'être un objet de commerce, est
traitée avec une prédilection spéciale de la part des

propriétaires ; sa culture est une véritable passion pour
eux, et jamais ils ne la fument : cette raison suffit seule
pour expliquer la supériorité des vins de Ribeauvillé
sur les vins des autres crus de son voisinage. Quoi qu'il
en soit, tous ces vignobles fournissent des vins pourvus
de finesse, de bouquet et cotés presque le même prix,
mais il y a plus de générosité dans le vin de Ribeauvillé.
Les meilleurs quartiers de Riquewihr, *Schœnenbourg*,
Sporn et *Kientzenweg*, ne sauraient d'ailleurs rivaliser
avec le vin provenant des côtes d'*Osterberg*, *Geisberg* et
Rauenbiehl-le-Haut, au ban de Ribeauvillé : c'est là
que se trouvent les clos fameux du *Zahnacker* et du
Trotacker, vignobles d'un antique renom, plantés exclusivement en Gentils, Riesling et Tokai, et dont les vins
brillent surtout par leur grande finesse et leur bouquet
très développé. Le Zahnacker occupe, sans contredit,
le premier rang parmi les vins blancs de l'Alsace, bien
qu'il n'ait pas de caractère spécial, en raison des différents cépages qui entrent dans sa composition ; il ne
serait pas déplacé à côté des bons vins du Rhingau,
fort au-dessous, toutefois, du Johannisberg, du Rosen-
garten, du Goldner Becher, de Rüdesheim, du Marko-
brunn, et du Rothberg. On ne le paie jamais moins
de 160 francs l'hectolitre ; son prix s'élève même jusqu'à 200 francs dans les bonnes années.

Malheureusement le vignoble de Zahnacker est très
exigu : sa contenance n'excède pas 1 hectare 13 ares ;
celle du Trotacker est de 2 hectares. Zahnacker occupe
le versant méridional d'un coteau fortement incliné ;

le sol y est très pierreux. Il présente la composition suivante :

Oxyde de fer	4,650
Alumine	2,500
Magnésie	0,621
Silice soluble.	0,110
Acide phosphorique	0,175
Carbonate de chaux.	1,340
Matières organiques	2,059
Sels alcalins	0,973
Résidu insoluble	87,582
	100,000

Les vins blancs de Ribeauvillé, secs et capiteux comme tous les bons vins blancs de l'Alsace, passent cinq ou six ans en tonneau avant d'être mis en bouteilles; on peut les boire à partir de sept ans, mais ils gagnent en vieillissant : leur conservation est, pour ainsi dire, indéfinie. Le rendement moyen de l'hectare, dans la côte de Ribeauvillé, est de 50 hectolitres ; l'hectolitre, vin ordinaire, se paie communément de 14 à 16 francs. Le vin blanc de Ribeauvillé provenant exclusivement du plant de Tokai (*Tokaier*) est très sucré et très parfumé; il vaut 40 francs l'hectolitre la première année et se paie un tiers en sus à six ans. Celui fait uniquement avec le Riesling rappelle, quand il est jeune, le bouquet du Muscat; vieux, il se rapproche davantage des vins du Rhin : il se paie un peu moins que le Tokai. Le vignoble de Ribeauvillé comprend 374 hectares.

Le vignoble de Guebwiller contient, dans son ensemble, 239 hectares; mais les quartiers qui produisent le meilleur vin blanc, *Kessler*, *Kütterlé*, *Saering* et *Wann*, ne renferment qu'une quarantaine d'hectares. Ils sont situés sur le revers méridional d'un coteau tellement abrupt, qu'on est obligé de les soutenir par de nombreuses terrasses. Près de la croix qui couronne le sommet du Kütterlé, la couche végétale est extrêmement superficielle, elle offre plus d'épaisseur dans la partie moyenne du coteau. Tout le sol de ce vignoble est schisteux, mêlé de beaucoup de pierres et des débris du grès rouge des Vosges. Les cépages principaux qui le garnissent sont les Gentils rose et blanc, en égale proportion. Le rendement moyen de l'hectare s'élève à 50 hectolitres de vin dont le prix ordinaire varie entre 38 et 40 francs l'hectolitre, première qualité. Il gagne en prenant de l'âge et se conserve parfaitement. Le vin blanc de Guebwiller, connu sous le nom de *Kütterlé*, s'obtient en mêlant aux raisins Gentils rose et blanc une certaine quantité de Chasselas appelé *Krachlampen;* par suite de cette association, le vin devient plutôt potable, mais son parfum se trouve affaibli.

Les meilleurs vins blancs de Turckheim proviennent des plants Gentils, du Tokai et du Riesling. Le vignoble de Turckheim, situé en plaine aux portes de Colmar, rend une trentaine d'hectolitres de vin par hectare. L'introduction de plants de quantité parmi les espèces fines a fait baisser la qualité de ses produits.

La totalité du vignoble de Thann ne dépasse pas 107 hectares. Deux crus y sont particulièrement renommés, *Rangen* et *Stauffen*. Le premier, d'une contenance de 24 hectares et en plein midi, rappelle, par la configuration et la nature de son sol, le coteau de Guebwiller. Il commence au pied même du ruisseau qui borde la ville de Thann au nord, s'étend à l'est de cette cité, et s'élève par une pente rapide jusqu'au bois de sapins qui ombrage sa cime ; il occupe un coteau escarpé, coupé par de nombreuses terrasses : le soleil le visite du matin au soir. Stauffen, rejeté au sud-ouest de Thann, ne compte que 14 hectares. La partie basse de ce clos descend en plaine ; sa partie haute s'échelonne sur un coteau à pente très douce comparativement à celle du coteau de Rangen : il est aussi bien moins soleillé. Les mêmes cépages s'observent dans l'un et l'autre vignoble ; les plants Gentils en sont la base et s'y trouvent associés, en plus ou moins forte proportion, avec d'autres variétés secondaires, mais leurs produits sont différents. Le vin de Stauffen est bien moins alcoolique que celui provenant du coteau de Rangen ; à part cette qualité, il ne lui cède pas en finesse et il est plus moelleux. Le rendement moyen du vignoble de Thann peut être porté à 25 hectolitres par hectare ; l'hectolitre, pris sur cuve, vaut 20 francs. Le vin de Rangen est classé parmi les meilleurs vins blancs de l'Alsace, et se paie 6 francs de plus que le bon ordinaire ; celui de Stauffen n'obtient qu'une prime de 4 francs par hectolitre.

D'autres vignobles, moins importants que ceux de Ribeauvillé, Riquewihr, Unawihr, Turckheim, Guebwiller et Thann, produisent encore des vins blancs secs

estimés. Tels sont, entre autres : Kientsheim, dans ses
clos de *Bix* et de *Sandberg* ; Eguisheim, Kaiserberg,
Ammerschwir, dans les crus de *Guttenrich* et de *Kaef-
ferkopft.* Mais le principal renom de ces vignobles est
dû surtout aux excellents vins de paille qu'on y fabrique.
Les procédés alsaciens diffèrent peu, à cet égard, des
usages suivis dans le Jura et à l'Ermitage.

Excepté le Riesling et le Tokai qu'on n'emploie pas,
tous les autres plants fins, et notamment les bons Chasselas (*Sussling*), les Gentils blanc, gris et rose, servent
à la confection du vin de paille. Lorsque ces raisins sont
arrivés à leur parfaite maturité, on les coupe par un
temps sec. On les étend sur la paille, ou bien on les
suspend, au moyen de fils, à des perches dans un local
bien sec et bien aéré. Chaque semaine, ils sont passés
en revue ; on enlève tous les grains gâtés, puis on les
abandonne à eux-mêmes jusqu'au mois d'avril, époque
à laquelle on les soumet à l'action du pressoir. Le moût
est entonné aussitôt. Le vin de paille reste huit à dix
ans en tonneau avant d'être mis en bouteilles ; six mois
après cette opération, le vin est bon à boire. On ne court
aucun risque d'attendre, sa conservation est illimitée :
plus il est vieux, plus il acquiert d'agrément. Le vin de
paille de l'Alsace soutient sans peine la comparaison
avec les meilleurs vins de liqueur de France : il est onc-
tueux comme de l'huile et brille d'une belle couleur
dorée ; son parfum est très exalté, surtout quand on a
fait entrer une partie de Muscat dans sa composition.
Une pièce de vin de paille représente environ dix pièces

d'un vin qu'on aurait obtenu aussitôt après la vendange, c'est donc nécessairement un vin de luxe ; il ne s'en fabrique qu'une petite quantité, et seulement encore dans les bonnes années; on le vend ordinairement 5 et 6 francs la bouteille prise sur place; la bouteille contient trois-quarts de litre. Paris est le principal débouché des vins de paille de l'Alsace.

Cette contrée, indépendamment des principaux vins qui forment sa richesse viticole, possède encore quelques crus de vins rouges recommandables; les meilleurs proviennent du Haut-Rhin. Les plus recherchés sont ceux de Ribeauvillé, de Saint-Hippolyte, de Rodern, de Turckeim et de Kaiserberg; les plants Gentils et le Pineau noir de Ribeauvillé forment le fond de ces vignobles. Ces différentes espèces de vins se rangent à peu près sur la même ligne, ils ont de la finesse et de la spirituosité et ne sont pas à dédaigner à côté des bons vins d'ordinaire de Bourgogne. Ottrodt, dans le Bas-Rhin, produit un vin rouge un peu dur dans sa jeunesse, mais qui se bonifie avec l'âge.

Les vins rouges d'Alsace se consomment tous dans le pays, ils ne donnent lieu à aucune exportation.

VINS DE LORRAINE.

La Lorraine, d'où sont sortis les départements de la Meurthe, de la Meuse, de la Moselle et des Vosges, cultive la vigne sur une étendue considérable relativement à sa latitude septentrionale : on évalue à plus de 30,000 hectares la surface consacrée à cette plante. La plupart des vins de Lorraine ont trop peu de qualité pour s'élever au-dessus d'une consommation vulgaire; quelques-uns de ses crus, cependant, produisent d'excellents ordinaires : tels sont, entre autres, les vignobles de Thiaucourt et de Pagny-sur-Moselle, dans la Meurthe; les vignobles de Scy, Sainte-Ruffine, Magny et Dornot, dans la Moselle, Bar-le-Duc et Bussy-la-Côte, dans le département de la Meuse ; mais aucun d'eux, quel que soit son mérite, ne peut prétendre aux premières classes pour ses produits, les grands vins de France seuls les constituent.

VIGNOBLES
DE THIAUCOURT ET DE PAGNY-SUR-MOSELLE
(MEURTHE).

Ces deux crus forment la tête des vignobles du département de la Meurthe ; après eux, viennent Bayon, Arnaville, Pompey et Villers-sous-Pruny.

Thiaucourt, dans l'arrondissement de Toul, compte, d'après le cadastre, 194 hectares de vignes réparties sur une série de coteaux que séparent de petits vallons. Les trois cinquièmes des plantations occupent les pentes de ces coteaux, le reste est situé sur les plateaux qui les couronnent. Partout le sol est calcaire; mais, à l'état de bancs de roche friable sur les pentes, il devient marneux et consistant au sommet des coteaux et sur les plateaux; l'orientation varie de l'est à l'ouest; en général, elle regarde le sud; les pentes sont rapides sur beaucoup de points.

Deux cépages, le *Petit Noir*, variété du Pineau, et la *Grosse Race noire*, *Éricé noir* ou *Liverdun*, peuplent à peu près exclusivement le vignoble de Thiaucourt. Le premier, plus fin et plus accommodant sur la pauvreté du sol, garnit, pour les quinze seizièmes, toutes les pentes et tous les plateaux; le second, cépage de quantité, peu sujet à la coulure et d'une fécondité soutenue, réclame un sol fertile, il se trouve relégué au bas des coteaux : tous deux sont encore associés à quelques autres raisins rouges et blancs, mais en si petite quantité, que ces derniers n'apportent aucune modification sensible à la qualité du vin.

Le sol destiné à être converti en vignoble est préalablement défoncé à 0^m,40 ou 0^m,50. L'usage le plus répandu est de planter en fossés laissant entre eux une distance de 1 mètre à 1^m,32, les ceps se trouvant placés, dans le premier cas, à 0^m,50 et, dans le second, à 0^m,66. On se sert ordinairement de plants enracinés, mais, à

leur défaut, on emploie les *retranches* ou boutures dont
on a soin de tenir le pied dans l'eau jusqu'au moment
de leur mise en terre. Pendant les premières années
qui suivent la plantation, on s'attache à garnir le terrain
au moyen de provignages successifs. Les fosses dans lesquelles on couche les sarments sont, autant que possible,
toujours creusées dans le même sens, parallèlement à
la pente du sol ; par cette méthode, la vigne est régéné-
rée sans qu'il soit nécessaire de l'arracher. La quatrième
année de la plantation, on ne taille pas, on provigne
entièrement pour mettre les ceps à la place qu'ils doivent
définitivement occuper. Des composts, des terrages calcaires enrichis par une légère fumure d'étable servent,
de temps à autre, à relever les vignes les plus faibles.
On taille ordinairement après la mi-janvier, si le temps
le permet, la *Grosse Race*, à deux yeux sur chacun de
ses deux bras, le *Petit Noir* également à deux yeux sur
l'un de ses deux coursons et à six ou huit yeux sur
l'autre courson qu'on doit *plier en couronne*.

Les façons annuelles au vignoble de Thiaucourt sont
très simples. On donne un labour à la houe fourchue
depuis la fin de février jusqu'à la mi-mars ; cette dernière époque est le signal des opérations du provignage,
les hommes seuls y sont employés. Pendant ce temps,
les femmes courbent les grands coursons et fichent les
échalas en terre. L'ébourgeonnement a lieu dès qu'on
distingue aisément les grappes ; on réserve sur le petit
courson les deux plus beaux jets ou *merrains*, les pousses
fructifères sont pincées et toutes les autres sont suppri-

mées. On relève lorsque les deux jets réservés et non pincés sont assez développés pour pouvoir être liés à l'échalas, on y fixe en même temps le courson courbé, appelé ailleurs *verge* ou *courgée*. Au fur et à mesure que la végétation poursuit son cours, toutes les pousses inutiles, survenues depuis le premier ébourgeonnement, sont retranchées ; à peine le raisin a-t-il passé fleur, on pince, à la hauteur de l'échalas, les deux merrains réservés, mais on conserve l'*entrefeuille* du haut pour laisser un libre cours à la séve : sans cette précaution, celle-ci se jetterait sur les bourgeons et amènerait leur expansion ; or il importe qu'ils restent dormants jus-qu'au retour du printemps ; cela fait, on attache les deux merrains par un second lien. Ces diverses opérations sont ordinairement suivies de trois binages et même d'un quatrième vers la fin d'août ou le commencement de septembre, par un temps sec et chaud.

La vigne, à Thiaucourt, entre en bon rapport vers la cinquième ou sixième année. L'époque de la vendange varie du 1er au 12 octobre ; 35 hectolitres de vin par hectare représentent le rendement moyen du vignoble. La vendange, après avoir été amenée au cellier, est fou-lée une première fois dans les vaisseaux qui ont servi à la transporter, on la foule une seconde fois lorsque la cuve est remplie ; beaucoup de propriétaires l'abandon-nent alors à elle-même jusqu'à ce que la fermentation soit achevée ; d'autres foulent pendant la première pé-riode de la fermentation, afin de l'activer et d'obtenir plus de couleur. Pour la durée du cuvage, on se règle

sur la température du cellier et surtout sur celle du raisin
au moment de la vendange ; dans les années froides et
pluvieuses, on accélère la fermentation en versant du
moût bouillant dans la cuve. L'égrappage est tout à fait
exceptionnel à Thiaucourt. En général, les cuves ne
sont pas couvertes ; mais, depuis quelques années, les
grands propriétaires font fermenter une partie de leur
vendange dans des foudres. Le vin, une fois mis en
tonneau, est ouillé chaque fois que le besoin s'en fait
sentir ; on met le tonneau sous bonde quand toute fermentation a cessé ; le premier soutirage a lieu ordinairement depuis la fin de février jusqu'à la fin de mars :
les vins vieux sont soutirés au printemps et à l'automne.

Le vin de Thiaucourt ne s'expédie qu'en tonneaux ; le
propriétaire ne met en bouteilles que le vin des années
remarquables ; pour qu'il acquière alors toute sa qualité, il faut qu'il se soit préalablement dépouillé en fût ;
on regarde comme utile de l'y laisser sept ou huit ans
avant de le transvaser en bouteilles.

Le Thiaucourt, plus spiritueux et moins agréable
d'abord que le vin de Pagny, se bonifie beaucoup avec
le temps ; potable dès la troisième année, il ne perd
rien à être attendu jusqu'à huit ou dix ans ; ce vin,
quoique sujet à des maladies, se conserve au delà de
vingt ans quand il est bien soigné : son prix moyen
varie de 18 à 20 francs l'hectolitre.

Pagny, dont le cadastre porte la contenance en vignes
à 136 hectares, mais qui en renferme aujourd'hui davantage, se rapproche, par ses produits, du vignoble de

Thiaucourt; il en diffère peu sous le rapport de la culture. Situé sûr les bords de la Moselle, dans l'arrondissement de Toul, il occupe un coteau exposé au midi, à pente généralement douce, excepté vers le sommet; son sol, calcaire-pierreux dans sa plus grande partie, présente aussi des terres assez consistantes. Les trois cinquièmes des cépages qui le garnissent consistent en *Petit Noir* et en *Pineau;* le surplus est planté en *Grosse Race* mêlée de quelques *Éricés blancs.* Les ceps sont à la distance de 0ᵐ,60 à 0ᵐ,70; ils commencent à produire à la quatrième année et sont en plein rapport à la sixième feuille. La vendange a lieu du 8 au 20 octobre, le cuvage dure de huit à douze jours. Les vins de Pagny destinés au commerce sont potables à trois ans, mais ceux des années les plus favorables ne sont bons à boire qu'après quatre ans de tonneau. Le rendement moyen de l'hectare s'élève à 40 hectolitres, le prix ordinaire de l'hectolitre est de 17 fr. 50.

Les meilleurs quartiers du vignoble de Pagny sont : les Roches, Bau-le-Duc, Côte Henry, Hautes-Baulans, Hauts-Orvaux, Cueuilloués et une partie de Chanot : ils fournissent un vin léger, délicat, agréable et d'une bonne conservation.

VIGNOBLE DE SCY
(MOSELLE).

La plupart des bons crus de la Moselle couvrent le coteau calcaire qui commence aux portes de Metz et se

prolonge à l'ouest de cette ville : là se trouvent, Scy,
Sainte-Ruffine, Lessy, Jussy, Rosérieulles, etc., renommés par leurs vins rouges. Le vignoble de Scy-Chazelle,
placé entre les territoires de Lessy et de Longueville, à
6 kilomètres environ de Metz, fournit le vin le plus
estimé de toute la Moselle; le mode de culture et de
vinification qu'on y suit résume les pratiques en usage
dans les autres crus.

Sa superficie n'excède pas 100 hectares, tous en
coteau, à l'exposition du sud et du sud-est; le meilleur
vin provient de la partie la plus élevée du coteau, le
calcaire y domine; sa qualité diminue à mesure qu'on
se rapproche de la plaine : le sol y est argilo-calcaire.
Le *Pineau*, le *Petit Noir*, variétés du Noirien de Bourgogne et l'*Auxois gris* forment le fond du vignoble de
Scy : ces cépages s'y trouvent chacun pour un tiers; dans
les nouvelles plantations, on leur associe le *Vert-noir* et
le *Gros-Bec*, espèces communes, mais rustiques et très
fertiles.

On plante en automne et on ne fume qu'à la seconde
ou troisième année : les ceps sont placés à 0^m,50 en
quinconce; on leur donne des tuteurs vers la troisième
ou quatrième année. La vigne faite reçoit un labour à
l'automne ou au printemps, selon que le terrain est plus
ou moins consistant et, de plus, trois binages dans le
cours de la végétation. La taille s'effectue généralement
en mars; on laisse cinq ou six yeux aux cépages fins et
seulement trois ou quatre aux espèces communes. Au
moment de la première pousse, on pince toutes les

branches fructifères et on retranche tous les gourmands,
à l'exception de la branche destinée à devenir branche
de remplacement; celle-ci est liée à l'échalas dès qu'elle
est suffisamment développée; les entrefeuilles sont ébour-
geonnées, plus tard, une ou deux fois. La vigne commence à produire vers la cinquième année, elle est en
plein rapport de six à vingt ans; sa durée moyenne ne
dépasse pas cinquante ans. Dans la période de sept ou
huit ans on régénère une portion du vignoble par le
provignage; quand on arrache, c'est pour replanter
immédiatement la vigne ou, au plus tard, deux ans
après. La vendange arrive ordinairement du 1er au
15 octobre; le cuvage dure huit ou dix jours; l'ouillage
commence aussitôt après qu'on a entonné; on soutire
trois ou quatre fois, en choisissant de préférence les
mois de mars et de septembre pour cette opération : le
vin doit séjourner quatre ou cinq ans en tonneaux avant
d'être mis en bouteilles; un an après ce transvasement,
il est bon à boire. 50 hectolitres de vin par hectare
représentent le rendement moyen du vignoble de Scy;
l'hectolitre, pris à la cuve, vaut 20 francs, et 50 francs
quand le vin est vieux. Le vin de Scy, toujours faible
de couleur, devient ambré en se dépouillant. Quand il
provient d'une bonne année, il garde une certaine âpreté
analogue à celle du vin de Bordeaux; mais lorsque l'année a été très favorable à la vigne, il est généreux, bou-
quèté, très agréable, et rappelle alors les bons vins du
Tonnerrois, sans être cependant aussi riche en spirituosité. Il trouve son principal débouché dans le dépar-

tement de la Moselle, ainsi que les autres vins de Sainte-
Ruffine, Guentrange, Lessy, Jussy, Rosérieulles, Augny
et Justemont.

Indépendamment de ces vins rouges estimés à bon
droit, le département de la Moselle cite encore avec
éloges les vins blancs de Magny et de Dornot, près de
Metz ; mais hors de leur circonscription, ils sont peu
connus : Jullien ne les range pas même dans la première catégorie de la cinquième classe des vins blancs
de France.

C'est au vignoble de Magny, à 4 kilomètres de Metz,
qu'on rencontre, comme cépages de fond, deux espèces
particulières à la Lorraine, l'*Aubin blanc* et la *Pétracine :* le premier présente deux variétés, l'*Aubin blanc*
et l'*Aubin vert*.

L'Aubin blanc a la souche très vigoureuse et les sarments très développés ; ses bourgeons, gros et coniques,
s'ouvrent de bonne heure. Ses feuilles, plus larges que
longues, d'une belle venue, présentent tantôt trois ou
cinq lobes, tantôt sont presque entières ; d'un vert gai à
la face supérieure, elles sont cotonneuses au revers ; le
pétiole est court. La grappe est de moyenne grosseur,
pyramidale, ailée, à grains très serrés, inégaux, d'un
jaune doré à leur maturité et suspendus à un pédoncule
court et vigoureux.

L'Aubin vert, plus productif et de moindre qualité,
a les grappes beaucoup plus fortes.

La Pétracine est également un cépage vigoureux,
noué court. Ses bourgeons sont tardifs à débourrer. Ses

feuilles, de moyenne grandeur, sont rugueuses, tourmentées et offrent généralement cinq lobes bien accusés; d'un vert franc à la face supérieure, elles présentent un revers cotonneux. Ses grappes sont moyennes,
allongées et bien détachées. Les grains, de grosseur
moyenne, sont ronds, pointillés de noir et se dorent à
leur maturité. Ce raisin mûrit plus tard que l'Aubin
blanc, il passe pour donner un vin un peu dur.

VIGNOBLES
DE BAR-LE-DUC ET DE BUSSY-LA-COTE

(MEUSE).

Le vignoble de Bar-le-Duc, d'une contenance de
600 hectares, repose sur un sol calcaire, à l'exposition
du sud et de l'est. Deux cépages y dominent, le *Pineau*
et le *Vert-Plant;* le premier dans la proportion d'un
quart, le second pour les trois quarts. La plantation
s'effectue généralement avec des plants enracinés, placés à 0^m,65 les uns des autres : on fume en plantant.
La taille a lieu en mars. Le Pineau se taille en courgée
de 0^m,60 environ de longueur; le Vert-Plant se taille
court, à deux ou trois yeux, selon la force du cep :
celui-ci porte trois ou quatre coursons.

Pendant sa végétation, la vigne reçoit habituellement
quatre façons; on place les tuteurs à la troisième feuille;
on ébourgeonne et l'on rogne; la vigne entre en bon
rapport à cinq ou six ans. Le rendement moyen de

l'hectare planté en Pineau est de 22 à 25 hectolitres, ·
on obtient le double de ce produit avec le Vert–Plant.
La vendange, à Bar–le–Duc, a lieu communément du
27 septembre au 8 octobre. On n'égrappe pas. On foule.
La durée du cuvage varie depuis trente-six heures jus–
qu'à quatre et cinq jours, selon le point de maturité du
raisin, l'état de la température et le degré de coloration
qu'on veut obtenir. On soutire deux fois, en mars et en
septembre.

Les *vins de Bar*, provenant du Pineau, constituent
un vin d'ordinaire de première qualité, recommandable
par sa légèreté et sa délicatesse et qui ne manque ni de
parfum ni de générosité. Son prix moyen ne dépasse
pas 35 francs l'hectolitre, mais dans les bonnes années
on l'a vu s'élever jusqu'à 70 francs. Les vins de Bar
s'écoulaient autrefois avec avantage sur Liége et sur le
Luxembourg; depuis 1814, ce marché leur a été fermé
par les droits, en quelque sorte, prohibitifs; aussi,
depuis cette époque, le Pineau, qui formait autrefois le
fond du vignoble de Bar, a-t-il de plus en plus diminué
pour faire place au Vert-Plant, dont les produits, d'une
qualité inférieure, mais plus abondants, se consomment
dans le département de la Meuse.

Les *vins de Bussy–la-Côte*, petit vignoble d'environ
16 hectares, participent des qualités du vin de Bar;
Longeville et Béhonne ne viennent qu'après ces deux
principaux crus, le Vert-Plant en fait la base.

VINS DE CHAMPAGNE

(MARNE).

Certains chroniqueurs prétendent que l'importation de la vigne en Champagne est antérieure au règne de Domitien et, suivant eux, Probus aurait l'honneur insigne d'avoir restauré cette culture abolie dans les Gaules par son farouche prédécesseur. Mais, à vrai dire, on manque de documents qui permettent d'assigner une date précise aux premières plantations de vignes dans cette contrée ; tout porte à croire qu'elles eurent lieu vers le temps où la Bourgogne en enrichissait ses coteaux.

Pour rencontrer une preuve authentique de l'existence de la vigne en Champagne, il faut laisser de côté les Romains et arriver de prime saut jusqu'au vi° siècle. Ici, plus d'incertitude. Saint Remy, dans son testament, laisse plusieurs pièces de vignes à divers légataires ; il fait don, notamment, aux diacres et aux prêtres de l'église de Reims, « d'une vigne nouvellement plantée, sise au-dessus de celle qu'il possède au faubourg de la ville. » Ses successeurs Romulf et Sonnace imitent son exemple ; des églises et des communautés héritent de legs semblables, dus à leur libéralité. Au ix° siècle, Pardulle, évêque de Laon, écrivant au célèbre Hincmar, cite les vins d'Épernay et vante leurs qualités hygiéniques. Dans la charte de fondation de Saint-Martin-d'Épernay en 1032, il est fait mention des vignes dont on gratifie l'abbaye. Par une charte de l'an 1060, Thibault Ier, comte de Champagne, exempte de tous droits le vin que les religieux de Montierender prendront sur le territoire d'Épernay : ce finage possède encore aujourd'hui, sous son nom primitif, la pièce du *Closet*, donnée en 1203 à l'abbaye par Parchaise, chanoine de Laon. Des actes de donation du xiiie siècle parlent encore des vignes situées en Boson, Jancelin, Beaumont et Crépon. La culture de la vigne en Champagne avait, dès lors, pris un certain développement; mais ses produits n'était qu'un objet de luxe, à l'usage exclusif des riches et puissants seigneurs, la bière formait l'unique boisson des habitants. D'après l'historien Bidet, les grandes plantations de vignes, dans cette contrée, se seraient effectuées vers la fin du xive siècle, en 1382. Leurs excellents vins furent bien vite appréciés. Philippe, fils de Jean de Bourgogne, ne croyait pas déroger à son titre de prince des bons vins de la chrétienté en acceptant, en 1419, les onze poinçons que lui offrait la ville de Reims. Au sacre de François II, la queue de vin de Champagne (deux pièces) valait déjà 19 livres; en 1561, au sacre de Charles IX, elle s'élevait à 34 livres. Jusqu'à cette époque, la Champagne, trop modeste ou trop courtoise, n'avait encore offert son vin au sacre des rois qu'en lui faisant partager cet honneur avec les vins de Bourgogne, alors en plein renom. Mais au sacre de Henri III, elle s'enhardit : elle écarte sans façon sa rivale, et ne présente au monarque que du vin rémois. Quel besoin, en effet, la Champagne avait-elle de lettres de noblesse? François Iᵉʳ, Charles V, Henri VIII, Léon X avaient voulu posséder des vignes à Ay, désormais elle pouvait lever la tête à l'égal des plus fiers barons; son vin, en 1575, était monté à 75 livres la queue. On n'en servit pas d'autre non plus au sacre de Louis XIII; c'était cause gagnée. Quelques années auparavant, Henri IV, dont le nom populaire s'associe à tous les bons vins de France, n'avait pas caché sa prédilection pour le vin de Champagne. Dans l'espace de quarante-cinq ans, celui-ci avait plus que doublé de valeur; il se payait, en 1610, 175 livres la queue. Ce fut bien mieux encore à la fin du xviiᵉ siècle. en 1694, on vendit du Champagne au prix exorbitant de 1,000 livres la queue; il est vrai, Saint-Évremont, le comte d'Olonne et le marquis de Bois-Dauphin, gourmets émérites de ce temps, n'admettaient jamais sur leur table que les vins d'Ay, d'Hautvillers et d'Avenay. La Faculté de Paris avait proclamé le Champagne le meilleur et le plus salutaire de tous les vins. On s'était battu en prose et en vers à son occasion, et d'ailleurs dom Pérignon, procureur de l'abbaye d'Hautvillers, avait alors porté la culture de la vigne et l'art de faire le vin à un haut degré de perfection; il avait su donner au vin du monastère ce bouquet et cette richesse de goût qui fondèrent son immense réputation : de nos jours, ce vignoble remarquable en garde encore le souvenir.

Le vin de Champagne, au temps de son apogée, était-il mousseux ou non mousseux? L'histoire ne le dit pas. Elle nous apprend bien qu'un certain Venceslas, roi de

Bohême et empereur d'Allemagne, s'enivrait énormé-
ment avec du champagne, sous Charles VI; mais elle
garde le silence sur ce point grave, à savoir si nos rois
buvaient du vin mousseux le jour de leur sacre. On sait,
à n'en pas douter, par les pièces de vers que se déco-
chèrent patriotiquement Bénigne Grenon et Charles Cof-
fin, que la Champagne avait trouvé le secret de ses
vins mousseux dès 1700; mais un auteur moderne,
M. Max Sutaine, le spirituel auteur d'un *Essai sur les
vins de Champagne*, tout en repoussant la prétention de
certains vignobles de la Marne d'avoir toujours eu des
vins mousseux, croit cette découverte antérieure au
xviii° siècle, et pour mettre tous les prétendants d'accord, il veut qu'on l'attribue au hasard, ce grand in-
venteur des temps passés, présents et futurs. Quoi qu'il
en soit, mousseux ou non mousseux, le vin de Champagne n'en a pas moins fait son chemin dans le monde.
Après avoir été glorifié sous le grand roi, il a brillé aux
soupers de la régence; ces bacchiques débauches, si
tristes aux yeux du moraliste, n'ont eu d'autre effet,
pour la Champagne, que de stimuler la production d'un
vin dont la vogue allait toujours croissant. Jusqu'à la
fin du xviii° siècle, la faveur reste à ses vins non mousseux rouges et blancs. Les palais délicats se partagent
entre les crus de la rivière de Marne, Ay, Avenay,
Hautvillers et les grands vins de la montagne de Reims,
Sillery, Mailly, Verzenay, Verzy et Bouzy; mais une
transformation complète va bientôt s'opérer. En 1780,
un négociant d'Épernay *tire* six mille bouteilles en

vin mousseux, spéculation importante alors; sept ans
plus tard, un négociant de Pierry fait un tirage de
cinquante mille bouteilles. On s'inquiète, pour cette
opération audacieuse, des débouchés qu'elle devra trouver : eh bien, c'est le signal d'une révolution. En effet,
à partir de cette époque, les vins rouges sont détrônés;
déjà le nord de la France, la Belgique, la Hollande leur
avaient fait infidélité pour le Bordeaux. Les vins blancs,
avec leur mousse légère et petillante, chassent leurs aînés,
usurpent leur place, ils envahissent tout. La barrière qui
séparait les grands crus de la rivière de Marne de ceux
de la montagne de Reims tombe; les uns et les autres
se prêtent une mutuelle assistance et voient rapidement
tripler leur valeur foncière : l'hectare se paie 25 et
30,000 francs. Un demi-siècle est à peine écoulé depuis
la fabrication générale du vin blanc mousseux, que cette
liqueur est la plus répandue et la plus recherchée parmi
les vins de luxe. Cette royauté légitime, la Champagne
la garde et la fortifie chaque jour, en dépit des imita-
tions ou, pour mieux dire, des contrefaçons qu'on
cherche, en vain, à lui opposer. C'est qu'il ne suffit pas
qu'un vin soit plus ou moins mousseux pour s'élever
jusqu'au rang de vin de Champagne, il faut qu'il réunisse encore d'autres mérites plus essentiels : finesse,
délicatesse, parfum, séve, spiritueux, transparence,
vivacité, légèreté idéale, qualités rares et précieuses qui
font de ce vin un vin à part. La Champagne lui doit sa
principale richesse : ce n'est plus par quelques milliers
de litres qu'elle signale aujourd'hui son commerce, ce

sont des millions de bouteilles qu'elle expédie chaque
année sur tous les points du globe. Le monde entier lui
paie tribut ; aussi la France, applaudissant à ce progrès,
a-t-elle inscrit la Champagne au nombre des grands
vignobles dont elle s'enorgueillit avec raison : c'est une
de nos couronnes œnologiques.

La statistique générale de la Marne porte à 17,412
hectares la surface plantée en vignes dans ce département. Trois arrondissements seuls se livrent avec succès
à cette culture spéciale, envisagée ici dans ses principaux crus : l'arrondissement de Reims, celui d'Épernay
et le canton de Vertus, dépendant de Châlons ; les autres
arrondissements ne produisent que des vins communs.

Deux grandes artères topographiques partagent la
contrée vraiment viticole du département : la *rivière
de Marne* et la *montagne de Reims*. La première comprend tous les vignobles situés près de la Marne. Elle se
ramifie en trois chaînes principales, savoir : 1° la *rivière
de Marne proprement dite*, en plein midi, commençant
à Cumières et finissant à Mareuil ; elle renferme les
vignobles distingués de Cumières, Hautvillers, Disy, Ay
et Mareuil, dont l'extrémité orientale confine au territoire d'Avenay ; 2° la *côte d'Épernay*, parallèle à la
rivière de Marne proprement dite, mais s'avançant davantage vers le sud-est : les vignobles d'Épernay, de
Pierry, de Moussy et de Vinay y sont assis ; 3° la *côte
d'Avize*, s'allongeant, dans la direction du sud-est,
parallèlement à la côte d'Épernay : elle porte les vignobles de Cramant, Avize, Oger, Mesnil et Vertus, tous

situés sur son versant oriental; Cuis et Grauves se trouvent sur le revers, à l'ouest.

La seconde division générale des grands crus de la Marne embrasse tous les vignobles du pays rémois. Une chaîne de collines, la montagne de Reims, les sépare des contrées arrosées par la Marne; elle se partage, à son tour, en *haute* et *basse montagne*. La première zone, en allant de l'est à l'ouest, renferme Verzy, Verzenay, Sillery, Mailly, Ludes, Chigny et Rilly; à la seconde zone appartiennent Saint-Thierry, Marsilly, Hermonville, etc.; enfin une petite région, intermédiaire à la plaine et à la montagne, termine la liste des meilleurs vignobles de la Champagne; c'est là que se rencontre le coteau de Bouzy, dont celui d'Ambonnay fait la continuation.

La plupart des grands vignobles de la Champagne reposent sur des calcaires crayeux recouverts d'une couche végétale généralement très superficielle. Toutes choses égales, ces terrains sont ceux qui donnent les produits les plus distingués. Le carbonate de chaux entre pour les quatre cinquièmes dans la composition du sol, l'argile et la silice se partagent le reste. Cette nature générale du terrain souffre peu d'exceptions; quand elle varie, c'est surtout par la proportion plus ou moins forte d'argile qui s'y trouve mêlée; l'oxyde de fer s'y rencontre aussi parfois.

Les plants les plus estimés dans les bons crus appartiennent à la famille des Pineaux; les diverses modifications qu'ils ont subies dans un sol et sous un climat

différents de ceux de la Bourgogne, leur berceau primitif, ne sont pas assez profondes pour qu'on ne puisse
les rapprocher de leur type originel, le vrai Noirien. Ils
sont, évidemment, de même souche noble ; toutefois,
beaucoup d'entre eux ont perdu la finesse et la distinction attachées à ses produits ; en revanche, ils se montrent plus fertiles dans leur pays d'adoption. Trois variétés principales peuplent les meilleurs vignobles : le
plant Doré d'Ay, appelé aussi *franc Pineau* ; le *plant Vert-
doré*, plus robuste, moins sujet à couler dans sa fleur,
plus productif, mais aussi donnant un vin moins généreux ; le *plant gris*, qui n'est autre que le Pineau gris ou
Burot de la Côte-d'Or : ces deux derniers entrent chacun pour un dixième dans plusieurs vignobles renommés. Indépendamment de ces cépages fins, on trouve
encore sur plus d'un point, mais surtout dans la vallée
d'Épernay, des espèces grossières qu'on s'étonnerait de
rencontrer en si bon lieu, s'il n'y avait partout tendance à remplacer la qualité par la quantité ; tels sont,
entre autres, le Meunier et le Gouais : ils n'y réussissent
que trop. Ailleurs, dans le canton de Vertus, c'est le
Gamai noir qui semble vouloir se substituer aux cépages indigènes. Le seul plant blanc qu'on cultive dans
cette contrée, à Cramant, Avize, Oger, le Mesnil et
Chouilly, est l'*Épinette*, regardée, à tort, comme le
Chardenay de la Bourgogne ; il en diffère sous plus d'un
rapport, bien que tous deux soient de la famille des
Pineaux.

Le plant Doré est ainsi caractérisé : Sarments noués

court. Feuilles petites, à peu près aussi larges que longues, légèrement canaliculées, presque entières, d'un vert gai. Fleur coulant facilement. Grappe petite, ramassée, ailée, garnie de grains ordinairement peu serrés, petits, ronds, égaux, noir bleuâtre, bruinés, à peau assez épaisse, d'une saveur fine et très sucrée.

Le plant Vert–doré se reconnaît à ses sarments court-maillés, à ses feuilles petites, à trois lobes peu prononcés, d'un beau vert franc, à sa fleur moins sujette à couler que celle du plant Doré; sa grappe courte, pyramidale, quelquefois ailée, est garnie de grains serrés, ovalaires, noirs, très fleuris, très juteux et très sucrés, à peau très fine.

L'Épinette a ses sarments noués court, ses feuilles, au-dessous d'une moyenne grandeur, plus larges que longues, presque entières ou à lobes à peine indiqués, d'un beau vert foncé; sa fleur résiste bien à la coulure; ses grappes, au-dessous d'une moyenne grosseur, sont pyramidales, ailées et garnies de grains généralement lâches, égaux, ronds, transparents, bruinés, blonds et tachetés de petits points bruns qui disparaissent à la maturité complète, sous la couleur roux doré; ils sont juteux, très sucrés et à peau fine, leur maturité est tardive. N'est-ce pas, en définitive, une simple variété du Pineau blanc ou du Chardenet?

Les procédés de culture de la vigne, en Champagne, offrent partout de grands traits de ressemblance; Ay les résume dans ce qu'ils ont de plus parfait, et tel est le soin remarquable dont cette plante y est l'objet, que ce

vignoble d'élite peut être comparé au jardin le mieux
tenu ; nulle contrée, en France, ne saurait lui disputer
la prééminence à cet égard.

Le terrain destiné à porter la vigne est généralement
défoncé à 0^m,50 ou 60. Son nivellement effectué, on
ouvre d'abord de petites rigoles à l'aide d'un hoyau,
puis on y creuse des trous pour recevoir le plant. La
terre qui en est extraite est rejetée au dehors et forme
de légers ados encaissant plus ou moins ces sortes de
tranchées. Dans la rivière de Marne proprement dite,
on se sert habituellement de plants enracinés ayant
deux ou trois ans de pépinière. A Ay, on plante aussi
par gazon, opération coutumière autrefois, mais à peu
près tombée en désuétude à présent. Elle consiste à employer des marcottes dont on enveloppe parfois le collet avec une motte de terre grasse avant de la coucher
dans le trou creusé au-dessous d'elle. Ce procédé favorise singulièrement l'émission des racines, mais il exige
beaucoup de temps et une certaine habileté : un ouvrier
expérimenté ne peut marcotter que trois ou quatre
cents plants dans sa journée. On fume et l'année suivante on sèvre les marcottes, elles fournissent alors un
bon plant bien enraciné. Chaque plant, à Ay, est reçu
dans un trou ; les crossettes sont disposées en quinconce,
à 0^m,50 de distance les unes des autres, les lignes se
trouvant espacées à 0^m,90. On regarde le mois de décembre comme le plus favorable pour la plantation, mais
celle-ci peut se continuer jusqu'à la fin du mois de mars.
On fume toujours en plantant. Ailleurs, on suit d'autres

méthodes. Dans la côte d'Épernay, on plante depuis
novembre et décembre jusqu'en mars. Les crossettes
sont enracinées et plantées par *hoteaux*, c'est-à-dire
qu'on les place dans de petites fosses de 0ᵐ,10 de large
sur 40 de long et autant de profondeur quand il s'agit
d'une terre douce et pierreuse; a-t-on affaire à un sol
tenace, le plant ne descend qu'à 0ᵐ,30 ; dans le calcaire,
on le met à 0ᵐ,25 et dans le crayon à 0ᵐ,20 seulement
de profondeur : les plants sont à 0ᵐ,80 les uns des
autres et les lignes laissent entre elles un intervalle de
1 mètre. Dans la montagne de Reims, à Verzenay, à
Rilly, la plantation de la vigne a lieu dans le courant
d'avril, elle se fait en quinconce et par *pots* ou potées
espacées les unes des autres à 0ᵐ,50, les lignes étant
écartées de 1 mètre; chaque potée reçoit trois brins ou
boutures très rapprochées, mais à l'époque du recouchage, on fait des *avances*, on les écarte de manière à
les espacer à 0ᵐ,20 environ les unes des autres : on ne
fume pas en plantant, ce n'est qu'à la seconde année
qu'on applique l'engrais et l'on y revient à la quatrième.

Dans les premiers temps de la plantation, la jeune
vigne présente un aspect régulier qui disparaît aussitôt
que le provignage commence. Au vignoble d'Ay, le
plantier reçoit quatre sarclages; le premier a lieu en
mai, le second en juin, le troisième en juillet et le
quatrième en septembre : ces façons se donnent avec
la *rouale*, espèce de hoyau dont le fer mesure 0ᵐ,30 de
long sur 15 ou 18 de large. L'année suivante, on taille
le plant à un ou deux yeux, selon sa force, on lui ap-

plique un bêchage en mars avec le hoyau, puis il reçoit
trois sarclages durant l'été : dans un bon sol, tel que
celui d'Ay, quant tout a été bien conduit et que le
temps a favorisé la végétation, on a déjà, à la seconde
feuille, des pousses dont on peut tirer parti pour garnir
ou peupler la vigne, on s'en sert pour faire un premier
provignage désigné en Champagne sous le nom d'*assiselage*, sur le tiers environ du terrain complanté. Le
second provignage ou *déroutage* détruit de plus en plus
l'alignement primitif de la plantation, déjà rompu par
le premier provignage. A la troisième année, on pratique un *assiselage général ;* tout ce qui est en état
d'être provigné subit alors cette opération, elle assoit
la vigne et la répartit sur toute la surface du sol en
espaçant les ceps à 0^m,32 environ les uns des autres.
L'engrais n'est pas épargné ; chaque fois qu'on assisèle,
on remplit le trou des provins de terre neuve mélangée
avec du fumier traité en compost : ces diverses œuvres
s'effectuent dans le courant d'avril et de mai. On procède autrement dans la vallée d'Épernay ; à Pierry, au
Closet, le provignage ne commence qu'après la troisième feuille. On taille d'abord le plant sur un seul œil
et l'on conserve toutes les pousses. La seconde année, on
coupe sur deux yeux et l'on ne garde que trois jets sur
chaque souche. La troisième année, même taille qu'à
la seconde, seulement on ébourgeonne aussitôt que les
jeunes pousses ont 0^m,5 de développement et l'on ne
garde que trois ou quatre maîtres brins. Le temps du
provignage venu, on le pratique en deux fois, on en fait

une moitié à la quatrième pousse et l'autre moitié à la
cinquième année. D'après la vigueur des souches, on
provigne à un, deux ou trois brins, on couche le sarment dans des fosses d'une longueur variable et mesurant 0^m,35 de profondeur sur 0^m,32 de large; dans les
terrains en pente, on a soin d'appuyer les brins contre
le talus montant, chacun d'eux n'émet au dehors que
trois yeux. Quand on opère avec deux brins, on les
écarte de telle sorte qu'ils soient à 0^m,25 l'un de l'autre hors de terre; avec trois brins, on dispose ces derniers en triangle, afin que leur espacement soit à peu
près égal : chaque provin reçoit une forte poignée de
fumier au moment où on le couche dans sa fosse. L'assiselage ainsi exécuté au vignoble d'Épernay, on laisse
reposer la vigne pendant deux ans; mais à la septième
ou huitième pousse, on revient de nouveau au provignage. Celui-ci prend le nom de *déroutage* ou *gros provignage*, il disperse les ceps à travers le vignoble en
leur ménageant un espacement irrégulier de 0^m,35 environ; la vigne se trouve alors dans son assiette normale, il n'y a plus qu'à l'entretenir et à la régénérer
par des provignages et des recouchages successifs : il est
d'expérience, en Champagne, que plus une vigne est
provignée longuement, plus elle dure et donne de produits. Dans la côte d'Avize et la montagne de Reims, le
provignage, sauf quelques variantes, ne diffère pas sensiblement de ce qui se passe dans la rivière de Marne
proprement dite et à la côte d'Épernay; dans certaines
localités, il commence à l'automne, reste suspendu en

décembre et janvier pour reprendre ensuite en février
et se continuer jusqu'à la mi-mai, alors que le bourgeon a déjà livré passage aux jeunes rameaux.

La culture des vignobles, en Champagne, a lieu aux
frais du propriétaire et à son profit exclusif. Les usages
locaux diffèrent sur plusieurs points. Dans la commune
d'Ay, deux modes de faire valoir sont en vigueur. L'un
consiste à donner les vignes à la tâche ; le provignage,
la vendange et les travaux d'hiver ne sont pas compris
dans ce marché ; on assure de 130 à 150 francs par an
à l'ouvrier tâcheron, et on lui fournit la paille pour lier ;
par l'autre système, le travail des vignes s'exécute à la
journée. La journée d'hiver, de sept heures, se paie
1 fr. 50 c. aux hommes, 1 franc aux femmes ; la journée
de printemps suppose dix heures de travail effectif ; les
hommes, dans cette saison, reçoivent 2 fr. 25 c. et les
femmes 1 fr. 75 c. ; les journées d'été commencent avec
le premier binage et se continuent jusqu'à la vendange ;
les hommes ont alors 1 fr. 50 c. et les femmes 1 franc.
En aucun temps on ne nourrit les ouvriers à la journée.
Dans la côte d'Épernay, les vignobles sont cultivés à
prix fait, et il n'est pas rare, dans les ténements considérables, de voir un chef vigneron à la tête de lots de
vigne de 12 à 15 arpents. A Rilly, Chigny et Ludes,
dans la montagne de Reims, tout est donné à la tâche,
on n'emploie pas de journaliers pour le travail des
vignes. L'arpent de 33 ares coûte 70 francs de façons ;
le recouchage n'y est pas compris ; on le fait exécuter
moyennant 8 francs l'arpent.

Les différents travaux qu'exige la vigne après la plantation suivent naturellement la marche des saisons; tous
s'exécutent à la main. Sous le nom de *royes*, on comprend, en Champagne, une série de façons qui commencent ordinairement au sortir de l'hiver et se prolongent
jusqu'à l'automne : tels sont la taille, le bêchage, le
provignage, l'échalassement, royes principales; viennent ensuite le labour, le rognage et le liage de la
vigne, l'ébourgeonnement et les binages, la vendange
et le dépiquage. Sous la dénomination générale de travaux d'hiver, on entend le relevage et les portages de
terre. Trois mois sont consacrés à ces dernières opérations; elles s'accomplissent depuis le 1ᵉʳ novembre jusqu'au 1ᵉʳ février. Sauf quelques crus de la terre de
Saint-Thierry où l'on rencontre un petit nombre de
vignes hautes, partout, en Champagne, les vignes sont
tenues basses. Les premières, associées d'abord par
double souche à chaque pied, sont taillées *à crochet* et
à ploye; les autres, uniques, dressées sur une seule tige
portant une ou deux *broches* ou coursons suivant la
nature du sol, l'espèce et la vigueur du cépage, se taillent
sur deux ou trois yeux. Le mois de février est ordinairement consacré à cette œuvre; dans plusieurs localités
on la continue encore pendant tout le mois de mars.

A la taille succède le *bêchage* ou *hoyerie;* on l'exécute en mars et avril avec le hoyau. Dans beaucoup de
vignobles, on fait marcher, de temps en temps, de front
le *recouchage*, opération capitale à laquelle toutes les
vignes de la Champagne sont soumises. Elle a pour but

de soustraire la souche aux intempéries et à tout ce qui pourrait l'altérer ; pour cela faire, on fouille le sol, on creuse sous la vieille souche une fossette dans laquelle on couche le cep en l'enterrant jusqu'au collet de la dernière pousse. La vigne se trouve ainsi n'exposer à l'air qu'un bois toujours nouveau, et le sol, au-dessous de sa surface, ne présente plus, après un certain nombre d'années, qu'un immense lacis de souches s'entrecroisant dans tous les sens et ne permettant plus de reconnaître le pied mère au milieu de ce vaste réseau souterrain. A Hautvillers et à Cumières, une partie du vieux bois fait saillie hors de terre, le recouchage y est moins profond que dans le reste de la Champagne. A Ay, il a lieu à l'époque du bêchage d'hiver, en novembre et décembre ; mais généralement, dans les autres parties de la rivière de Marne comme dans la montagne de Reims, il se pratique au printemps.

Le sécateur fait justice de tout ce qui doit être retranché ; cependant, lorsque le vignoble se trouve dégarni en quelques endroits, on a coutume de réserver, au voisinage des lacunes, un certain nombre de ceps non taillés, désignés çà et là, sous les noms de *longuettes*, *menaces*, etc., pour repeupler, au moyen d'un provignage réparateur, les places vides et remplacer les souches qui ont péri. Ce mode d'entretien est observé avec beaucoup de soin par les bons vignerons ; ils font ces provins en avril et mai.

C'est encore dans ces mois qu'on procède au piquage des échalas ; ceux-ci ont 2 mètres de hauteur au clos

Saint-Thierry, 1ᵐ,16 à la côte d'Épernay et 1 mètre à
Ay. Dans cette dernière localité, ils valent 2 fr. 50 c. la
botte de cinquante échalas; ils sont de bois de chêne
et portent presque le pouce carré.

Pour appliquer le premier binage désigné généralement, en Champagne, sous le nom de *labour au bourgeon*, on attend que la vigne soit déjà développée; il a
lieu du 15 mai au 15 juin; on emploie, à cet effet, la
rouale; elle pénètre dans le sol à 0ᵐ,8 de profondeur.

La vigne est ordinairement en pleine fleur à la Saint-
Jean, c'est le moment de lier et de rogner; on maintient les ceps à 0ᵐ,35, 0ᵐ,40, 0ᵐ,60 et 0ᵐ,70 de hauteur,
suivant les localités; on *ébroute* ou ébourgeonne ensuite
les gourmands, puis on procède au second binage. Ces
travaux d'été conduisent le vigneron jusqu'au 1ᵉʳ août.
Ici, temps d'arrêt; on en profite pour faire, au bord des
vignes, des *magasins* ou dépôts d'engrais, véritables
composts formés d'un quart de fumier d'étable mêlé par
couches alternatives avec trois quarts de terre vierge;
ces dépôts, commencés souvent dès le mois de juillet,
se continuent en août et jusqu'en septembre. A Ay, aussi
bien qu'à Épernay, à Avize, etc., on n'entre plus dans
les vignes pendant tout le mois d'août; mais, ailleurs,
dans la montagne de Reims. cette précaution n'est pas
jugée nécessaire. Septembre venu, on ébourgeonne derechef, si le besoin s'en fait sentir, on donne le troisième
binage désigné sous les noms de *raclage*, *recouchage*,
et l'on dégage les raisins qui se trouvent en contact avec
le sol. Ils n'ont plus qu'à compléter leur maturité.

Dans les années bénies du ciel, la vendange commence du 15 au 20 septembre; dans les bonnes années moyennes, elle a lieu du 1er au 8 octobre; dans les années médiocres ou mauvaises, on ne vendange pas avant le 15 octobre. La Champagne n'est pas assujettie au ban de vendange.

La population rurale ne suffit pas partout à la cueillette du raisin; chaque année arrivent de la Meuse, de l'Aisne et des Ardennes, des troupes de vendangeurs et vendangeuses qui viennent en aide aux bras du pays. Dans le vignoble d'Ay, on les loue, au son de la cloche, à trois heures du matin sur la place du marché, et chaque jour on fait prix avec eux : il varie de 1 franc à 1 fr. 50 c., non compris 750 grammes de pain qu'il est d'usage de donner aux ouvriers vendangeurs; beaucoup de personnes leur font, en outre, servir de la soupe avant d'aller à la vigne; d'autres leur distribuent un peu de pain ou d'eau-de-vie, libéralités largement payées par un travail plus actif et plus gai.

Le vendangeur apporte avec lui son panier et sa serpette; ils lui appartiennent en propre. Chaque panier contient environ 5 kilogrammes de raisins. Les journaliers sont disposés par rangées parallèles et commencent toujours par le bas de la vigne; à la côte d'Épernay, pour cent vendangeuses on compte trois surveillants et un chef vigneron. Les femmes sont exclusivement chargées de la cueillette du raisin, elles le détachent du cep avec leur serpette et se servent de la pointe de cet outil pour l'éplucher sur place : chez quelques propriétaires, le raisin qui vient d'être cueilli est posé sur des claies placées au bas de la vigne, des femmes les y nettoient avec des ciseaux, ils doivent être purgés de tous grains gâtés, piqués par les insectes ou altérés par la grêle; on fait ordinairement un premier choix des raisins les plus mûrs et souvent encore un second choix. Quand les paniers sont remplis, des *porteurs*, échelonnés de distance en distance et dans la proportion d'un porteur pour douze femmes, prennent les paniers, les vident dans des mannequins d'une contenance de douze à quinze *pannerées* (de 60 à 75 kilogrammes de raisin), et portent cette vendange au bas du vignoble; là, des *débardeurs* passent une perche dans les anses des mannequins, ils chargent ces derniers sur leurs épaules et s'en vont les déposer sur les grandes sentes : des bêtes de somme les transportent à dos, de ce point au pressoir. Les porteurs ont ordinairement 25 centimes de plus que les vendangeuses, les débardeurs sont payés de même que les porteurs.

La vendange terminée, d'autres travaux réclament les soins du vigneron. Il faut d'abord dépiquer les échalas et en former des *moyères*, c'est-à-dire les dresser en tas dans la vigne en les inclinant légèrement les uns sur les autres : on compte une quarantaine de moyères par hectare. L'automne amène ensuite le binage final; on ne l'applique, toutefois, qu'autant que la dernière façon donnée en septembre n'a pas détruit les mauvaises herbes. Aux approches de l'hiver, on *relève les culées*, les *chevéts* et les sentes avoisinant un chemin; les terres dévalées sont

reportées dans les endroits dégarnis; enfin, de décembre
à février, on porte à dos d'homme l'engrais des *maga-*
sins et on le répartit à la surface du vignoble par petits
tas de 1 mètre dont on change la place chaque année;
c'est de ces dépôts qu'on tire l'engrais avec lequel on
fume les provins : cette dernière œuvre clôt la série des
façons multipliées qu'exige la culture des vignobles dans
le département de la Marne; la vigne y est en bon
rapport à six ans.

La fabrication du vin, par suite du soin tout particulier avec lequel on s'en occupe depuis cinquante ans, est
devenue un art véritable en Champagne, elle constitue
une industrie spéciale, souvent distincte de la culture de
la vigne; celle-ci ne fournit alors au négociant ou fabricant que la matière première sur laquelle il travaille.
Nombreuses et délicates sont les opérations destinées à
la transformer en cette liqueur piquante, vive, légère,
petillante, dont l'éloge n'est plus à faire. Il n'est pas
question ici des vins rouges. Bien qu'ils aient été l'honneur de la Champagne et le principe de sa réputation
viticole, ils ont dû disparaître devant le goût moderne.
Les fabricants ont délaissé un vin qu'on ne demandait
plus, les consommateurs se sont portés en foule vers le
nouveau venu, au grand profit du négociant qui y trouvait les éléments d'une brillante fortune : aussi les vins
rouges tant vantés de Sillery, de Bouzy, Verzenay,
Mailly, n'existent-ils plus, pour ainsi dire, qu'à l'état de
souvenirs, on n'en produit plus qu'à de longs intervalles,
dans les grandes années et seulement en petit nombre

chez quelques rares amateurs. Les cépages dont ils provenaient ont été conservés, il est vrai, mais leurs raisins
noirs sont tous convertis en vins blancs : le Pactole de la
Champagne, sans changer de source, a été dérivé dans
son cours ; il est toujours pour elle un fleuve bienfaisant.

Au sortir de la vigne, les raisins noirs et blancs sont
portés sur le pressoir pour être soumis à son action. Les
raisins noirs dominent en Champagne ; ils peuplent tous
les vignobles de la montagne, à l'exception du cru de
Verzy. Dans la rivière de Marne, les crus d'Hautvillers,
Disy, Ay, Mareuil, Pierry, ne produisent aussi que des
raisins noirs : toute la côte d'Avize, au contraire, Cramant, Avize, Oger, le Mesnil, comptent à peine un
dixième de raisins noirs ; Vertus n'en a qu'un vingtième ;
tout le reste est planté en vignes blanches. Les vins
qu'on obtient des raisins noirs ont plus de corps, de
générosité et de séve ; ils sont généralement supérieurs,
comme non mousseux et comme vins crémants, à ceux
qu'on fabrique avec des raisins blancs, mais ces derniers
donnent des vins remarquables par plus de finesse, de
légèreté, de transparence et de disposition à la mousse :
mélangés du quart au huitième avec les raisins noirs,
ils concourent à la perfection du vin, surtout de celui
qu'on tire en mousseux.

Les pressoirs les plus répandus dans le département
de la Marne sont le *pressoir à étiquette* ou *à vis sans fin,*
et le *pressoir troyen ;* on se sert aussi d'un pressoir appelé *coffre.* Le premier est préféré ; il est plus cher et
plus volumineux que le second. Le pressurage s'opère

le plus rapidement possible, afin de prévenir toute fermentation du raisin et la coloration du vin ; il a lieu à diverses reprises. On se règle, à cet égard, sur la qualité du moût, sa douceur, sa fermeté et sa transparence. Le jus des trois premières serres et le flot de la quatrième constituent le vin de choix ; celui de la quatrième presse est légèrement coloré et de bon goût, mais plus dur que celui des premières presses. Les dernières serres, sans donner précisément un vin rouge, sont assez chargées de parties colorantes pour ne pouvoir plus être considérées comme vins blancs, elles servent à améliorer les vins rouges de bas étage et à fabriquer des vins communs dits de *boisson* ou de *suite*. Ceux-ci ne se gardent pas au delà d'un an.

Le moût qui s'écoule du pressoir n'est pas entonné immédiatement : on le verse d'abord dans des cuves de diverses capacités ; il y reste pendant douze ou vingt-quatre heures pour déposer sa grosse lie ; quand la *cote* ou le marc remonte à la surface, on le soutire et on le met en tonneaux préalablement méchés.

Le vin fermente ordinairement, dans les tonneaux, jusqu'aux approches de Noël. Quand il est *mou* ou riche en sucre, sa fermentation est très longue ; elle est rapide si le vin est *vert*. Dans la seconde quinzaine de décembre, le plus souvent vers le 20 de ce mois, on procède à un premier soutirage, qui s'accomplit en dehors de toute considération de l'état de l'atmosphère. Dans la cuve comme dans les tonneaux, le soutirage s'effectue avec un robinet à l'aide duquel on fait couler

le vin dans des brocs contenant une dizaine de litres.
Les coupages ont lieu aussitôt après. Le vin blanc de
Champagne de premier choix n'admet de mélange
qu'entre les crus du pays. Les vins rouges distingués ne
s'assortissent jamais; ils sont purs de tout produit étranger au vignoble du propriétaire. Les petits vins rouges,
au contraire, reçoivent souvent un mélange de vins
blancs des dernières serres, qui leur donnent plus de
force et de régularité. On sait, par expérience, que la
montagne de Reims apporte le corps, la vinosité et
la solidité; la rivière de Marne proprement dite communique le moelleux; la côte d'Avize, la blancheur,
la finesse et la légèreté : cette dernière contrée porte
surtout à la mousse. Dans l'opinion de fabricants très
habiles, un mélange par tiers de Sillery, de Verzenay
et de Bouzy, un tiers de Mareuil, Ay et Dizy, et un autre
tiers de Pierry, Cramant, Avize et le Mesnil, constituent
le vin blanc de Champagne par excellence. D'autres,
non moins experts, déclarent que le mélange de l'Ay,
du Pierry et du Cramant, forme un vin parfait. Chacun
de ces crus, pris isolément, laisse quelque chose à désirer; leurs produits, associés, se complètent réciproquement. Du reste, les proportions ci-dessus ne sont
ni générales ni absolues; elles varient selon l'espèce de
vin qu'on veut faire, selon les habitudes du fabricant et
surtout suivant le goût des pays où il expédie ses vins;
c'est là, en définitive, son principal guide. On écarte
avec soin, dans les mélanges, tout vin qui a contracté
un goût de terroir.

On distingue plusieurs sortes de vins blancs de Champagne : le vin *grand mousseux*, le vin *mousseux ordinaire*, le vin *demi-mousseux*, dit *crémant*, le vin *non
mousseux*, et le vin blanc connu sous le nom de *tisane
de Champagne*.

Le vin grand mousseux est celui dont la liqueur, au
fond du verre, se blanchit de la plus forte mousse jusqu'au bord ; il est nécessairement très léger. Le vin simplement mousseux ne possède cette propriété qu'à un
moindre degré ; il est toujours plus corsé que le vin
grand mousseux. Les vins mousseux de Champagne
arrivent ordinairement à leur maturité dans la troisième
année de leur mise en bouteilles. Quand ils proviennent
de bons crus et qu'ils ont été fabriqués avec soin, ils se
conservent pendant une douzaine d'années sans rien
perdre de leur montant. Le vin crémant ne mousse qu'à
demi ; il petille moins dans le verre et sa liqueur s'y
couvre d'une légère écume bientôt évaporée. Le vin crémant provient de la mère goutte et excelle par ses qualités vineuses. Aux yeux du vrai connaisseur, c'est le
roi des vins blancs de Champagne ; c'est aussi le plus
fin, le plus délicat, le plus rare et le plus cher : on ne
saurait trop le payer, quand il est issu d'une bonne
source. Les vins crémants ne se vendent ordinairement
qu'après trois ou quatre années de bouteille ; il faut
qu'ils soient bien fondus pour atteindre toute leur perfection. Sous le nom modeste de *tisane*, on comprend
un joli ordinaire plein d'agrément, ayant plus de douceur que de vinosité. La tisane, en cercle, vaut la moitié

du prix des vins crémants; elle s'expédie peu de mois après sa mise en bouteilles. Les meilleures tisanes forment des vins mousseux de seconde qualité; les autres n'entrent que dans la troisième classe. Ces différents vins n'exigent pas de traitements particuliers, on les confectionne tous à peu près de la même manière.

Le collage suit de près le coupage. Lorsqu'on soutire les vins sur colle, on les entonne en les faisant passer sur un tamis garni d'un double fond, l'un de crin, l'autre de soie. Ce tamis, d'un usage général, a pour but d'empêcher qu'aucune matière étrangère au vin ne s'introduise dans les tonneaux; on le place au-dessus d'un entonnoir de cuivre qui surmonte la bonde. Le collage est partout très faible en Champagne. En même temps qu'on y procède, on *tannise* le vin avec du tanin liquide. C'est un préservatif contre les maladies, telles que la graisse, auxquelles le vin est parfois exposé; il empêche aussi la bouteille de *se masquer :* on le tient pour indispensable. Le vin tannisé reste sur colle jusqu'au mois d'avril, époque à laquelle on le soutire une seconde fois quand il doit être tiré en mousseux. Le vin qu'on veut obtenir non mousseux ou sous forme de tisane achève sa fermentation dans le tonneau, il y reste toute l'année. Quand sa fermentation est complétement éteinte, ce qui a lieu en janvier ou février, quinze mois environ après le pressurage, on le met en bouteilles exactement de même que les vins mousseux; son traitement n'en diffère que dans quelques détails secondaires.

Avant de mettre le vin blanc en verre, on fait

l'épreuve des bouteilles et on les rince avec soin. Ce
double travail s'exécute dans le cellier. La qualité des
bouteilles est l'objet d'une attention spéciale de la part
du fabricant de vin mousseux. Elles doivent être neuves
et parfaitement régulières; il faut, en outre, que le
verre ait la même épaisseur dans toute sa périphérie,
qu'il soit exempt de bulles d'air ou soufflures, et que le
goulot ne soit ni trop large ni trop étroit : elles contiennent près de 1 litre. Les meilleures bouteilles à vin de
Champagne sortent des usines de Quiquengrogne, de
Folembray et de Vauxrot. Les deux dernières sont préférées pour les expéditions en Angleterre; celles de
Quiquengrogne, plus transparentes, sont réservées pour
l'Allemagne. Le cent de bouteilles, premier choix, se
paie 29 fr. 50. Pour que les bouteilles soient acceptées,
il faut qu'elles résistent à 20 degrés du manomètre.
A cet effet, on les éprouve en les tintant deux à deux,
l'une contre l'autre; celle qui se casse ou s'étoile est
rejetée et reste au compte du vendeur. Pour rincer les
bouteilles, on dispose, sur un trépied de fer, à 0ᵐ,80
au-dessus du sol, une *gueule-bée*, ou petit baril pourvu
de quatre robinets correspondant à autant de baquets de
bois; on en tire l'eau nécessaire. Quand les femmes ont
bien nettoyé les bouteilles, elles en retirent les grains
d'étain piriformes qu'on y avait introduits afin de rendre
le lavage plus efficace, et elles le complètent en rinçant
derechef avec de l'eau. Ceci terminé, on s'occupe de la
mise en bouteilles : c'est en faisant cette opération depuis
le mois d'avril jusqu'au mois d'août qui suivent le pres-

surage qu'on obtient des vins mousseux. La mousse est le résultat du gaz acide carbonique produit par la fermentation qui, contrariée dans le tonneau, s'y est à peine développée et se reproduit dans la bouteille. Les vins qu'on veut tirer en mousseux ne prennent pas tous également la mousse. Celle-ci dépend, en partie, de la température; elle se forme rapidement quand le thermomètre marque de 20 à 24 degrés de chaleur. Elle commence ordinairement en juin et continue tout l'été. Sa plus grande intensité coïncide avec la floraison de la vigne et la seconde séve d'août. Il est certaines cuvées dans lesquelles elle se manifeste promptement, d'autres ne moussent qu'après plusieurs mois d'attente; quelques-unes, enfin, se décident au moment où l'on en désespérait. La diversité des provenances, les modes différents de fabrication, le verre des bouteilles, la construction et la disposition des caves sont autant de causes qui agissent sur le phénomène de la mousse. Jusqu'ici ce nouveau Protée s'est dérobé à toutes les recherches de la science, il défie encore aujourd'hui l'habileté des praticiens les plus consommés. La mise en bouteilles a lieu de la manière suivante. Les tonneaux sont dressés sur chantier dans le cellier. Veut-on les tirer, on les met en perce avec une fontaine de cuivre. Une femme emplit la bouteille jusque près de son orifice et la passe au *boucheur*. Cet ouvrier, assis sur un escabeau, fait l'inspection du vide réservé à dessein; il le régularise de manière qu'il y ait une lacune de 5 à 6 centimètres entre le vin et le bouchon, et il introduit ensuite dans la bouteille une

liqueur composée d'eau-de-vie et de sucre candi dont la
dose varie selon le goût des clients. L'Allemagne et la
Suisse préfèrent le Champagne légèrement sucré : pour
ces pays on ne liquorifie qu'à raison de 6 ou 8 pour 100.
En Angleterre et en Russie, au contraire, on aime
mieux le Champagne plus alcoolisé ; le vin reçoit 15 à
16 pour 100 de liqueur, et quelquefois davantage. Dès
que la liqueur a été donnée, l'ouvrier prend dans une
mannette un bouchon ramolli par le mouillage depuis
deux ou trois jours ; il le trempe dans l'eau, le glisse
dans la bouteille et place cette dernière sous le culot
mobile d'une machine de fer appelée *machine à bou-
chons;* un bras de levier fait jouer la broche qui vient
peser sur le bouchon : son rôle est fini. Un autre ouvrier,
désigné sous le nom de *maillocheur,* enfonce alors le
bouchon en le frappant de six coups de maillet. Deux
hommes mettent ensuite la ficelle et le fil de fer ; mais,
chez certains fabricants, cette opération manuelle s'exécute à l'aide d'une machine qui applique sur le bouchon
une plaque de fer-blanc maintenue par une bride de fer.
On tire ainsi une pièce de 4 hectolitres par heure et
huit pièces seulement dans une journée de dix heures,
à cause des détails accessoires qui empêchent de vaquer
exclusivement à la mise en bouteilles. Les bouteilles
ficelées, un nouvel ouvrier les enlève ; il les dépose
dans un panier divisé en trente-deux cases, monté sur
une espèce de brouette, et il les *entreille* lui-même à
l'endroit où elles doivent être mises en tas. Dans les
grandes maisons, plusieurs ouvriers sont affectés au

transport et à la mise en tas des bouteilles. Les tas se
dressent habituellement le long des murs du cellier et
de la cave ; ils ont pour base le sol nu, ou mieux encore,
des glacis de ciment. Cavoleau décrit ainsi leur disposition : « Les bouteilles sont rangées horizontalement
l'une contre l'autre dans les tas ; le rang qui repose sur
la terre ou sur le glacis a ses goulots dirigés vers le mur
et appuyés sur des lattes placées, l'une au bout de
l'autre, dans le sens de la longueur du mur. Les goulots
étant ainsi soutenus, la bouteille pose de tous points sur
son flanc et le vide laissé entre le bouchon et le vin,
lors de la mise en bouteilles, se manifeste au-dessus,
vers le point où le cylindre de la bouteille commence à
s'abaisser pour en former le col. Ce premier rang, qui
devient la base du tas, ainsi élevé, on passe à une seconde
rangée, où les bouteilles, placées entre deux des premières, ont, cette fois, vers le mur, leur fond qui y est
retenu, à droite et à gauche, par celles-ci, et s'appuie
sur les lattes dont il a été parlé. Les goulots de cette
seconde rangée sont, dès lors, en avant, et des lattes
posées cette fois sur l'extrémité des premières bouteilles
les soutiennent. On élève ainsi plusieurs rangées de bouteilles ayant alternativement leurs goulots et leurs fonds
vers le mur, ce qui s'appelle *mettre en tas* ou *entreiller*.
Ces tas sont très solides ; on peut en tirer ou y faire
rentrer à volonté une ou plusieurs des bouteilles qui ont
leurs goulots vers le mur. » Les extrémités des tas sont
soutenues et arrêtées par des lattes perpendiculaires qui
traversent des trous pratiqués dans les lattes horizon-

tales. Chaque tas se trouvant ainsi encadré à droite et
à gauche, la masse entière des bouteilles ne peut bou-
ger, ce qui n'empêche nullement de faire, avec la plus
grande facilité, l'inspection de chaque bouteille, dont
le fond regarde le spectateur. Chez les grands fabricants
de vin de Champagne, il n'est pas rare de voir deux ou
trois divisions longitudinales de tas semblables, rapprochés les uns des autres, mesurant 12 et 16 mètres de
longueur sur 2 mètres de hauteur et 1^m,29 d'épaisseur.

Lorsqu'un vin doit mousser, ou le reconnaît à un
signe certain. Huit ou dix jours après l'entreillage, le
dépôt, arrêté au fond du verre, *fouette*, il s'étend plus
ou moins et masque une partie de la bouteille : ce dépôt
porte le nom de *griffe*. La mousse seule décide du moment où il convient de descendre à la cave les bouteilles
mises en tas; on attend, pour cela, qu'elle soit bien
formée, ce qui n'arrive jamais sans que la *casse* se soit
déjà produite dans le cellier, et qu'il y en ait eu 2 ou 3
pour 100. La casse s'annonce par un léger bruit que
font entendre, en éclatant, les bulles de la bouteille
appelées *vierges;* elle commence en mai et finit en septembre, pour recommencer l'année suivante, mais alors
ses dégâts sont bien moins considérables. La perte
qu'elle occasionne, dans le premier cas, s'élève, en
moyenne, à 10 ou 12 pour 100, et prend quelquefois
d'énormes proportions; dans le second cas, elle ne dépasse pas 5 pour 100. La casse a lieu par 20 ou 22
degrés de chaleur ; elle se fait sentir surtout pendant la
floraison de la vigne et lorsque le raisin est sur le point

de tourner. Ces deux époques sont les plus redoutables ;
les orages l'occasionnent également. Ainsi que la mousse,
la casse n'offre rien de régulier dans sa marche, elle a
cependant ses préludes avant de parvenir à son maximum d'intensité : aujourd'hui ce sont deux ou trois
bouteilles qui cassent ; demain, huit, dix, douze casse-
ront ; plus tard, ce nombre s'accroîtra peut-être encore ; tantôt c'est le tas à gauche qui est décimé, tantôt
c'est le tour du tas placé à droite. Des courants d'air,
un soupirail ouvert au-dessus d'un tas, l'excitent parfois
avec énergie : c'est une perte absolue pour le fabricant
et qui contribue à rendre le vin de Champagne plus
cher. Lorsque les bouteilles éclatent, une partie du vin
qui s'en échappe s'évapore en mousse ; l'autre se dé-
verse sur les bouteilles environnantes : en restât-il
encore dans le verre, il n'en serait pas moins perdu.
Ce vin gazeux répandu passe bientôt de la fermentation
acide à la fermentation putride ; il ne tarderait pas à
vicier fâcheusement l'air de la cave, si on ne la lavait
tous les jours pendant cette période critique. Autrefois,
pour arrêter une casse furieuse, on mettait les bouteilles sur cul et on les laissait dégager un peu de leur
acide carbonique, ou bien on les descendait dans une
cave plus profonde ; ces expédients sont abandonnés
aujourd'hui. La première casse a lieu dans le cellier, la
seconde se passe dans la cave. Le vin reste dans le cellier jusqu'à ce que la mousse soit venue : lorsqu'elle est
bien prise, on le descend d'abord dans les parties les
plus froides de la cave ; l'année suivante, on le monte

dans une cave moins basse, et, avant de l'expédier, on
le remonte au cellier, afin de l'accoutumer graduellement à la température extérieure, et prévenir ainsi la
casse pendant le voyage.

Dans le courant d'octobre, après que la casse a cessé,
on relève les tas, on en détruit l'entreillage et l'on enlève
les verres cassés. Chaque bouteille est prise une à une
et soumise à un examen qui a pour but de s'assurer s'il
n'y a pas de *recouleuses,* c'est-à-dire si certaines bouteilles, malgré le bouchon, ne se sont pas appauvries
d'une partie de leur vin : ce vide s'étend quelquefois
jusqu'au quart de la bouteille ; on y pare en remplissant.
Cette inspection terminée, il s'agit de descendre le vin
à la cave ; mais auparavant on donne à chaque bouteille
un certain coup de poignet afin de détacher le dépôt
qui s'y est fixé : cette opération se répète plus tard dans
la cave au moment du réentreillage. Dans les maisons
importantes, les vins sont descendus à la cave dans des
mannettes rondes, de trente-deux cases chacune, par
un soupirail, à l'aide d'une grue : là les tas sont refor-
més, on réentreille ; mais, comme toutes les bouteilles
renferment un dépôt dont il faut les débarrasser après
l'avoir attiré sur le bouchon, on les fait passer par une
épreuve désignée sous le nom de *mise sur pointe.* Elle a
lieu dans le cellier, le bas cellier et la cave, suivant
l'emplacement dont on dispose ; l'hiver, saison pendant
laquelle on n'a point à craindre la casse, elle se fait souvent dans les greniers. L'appareil de la mise sur pointe,
à Épernay, consiste en tables de bois montées sur des

tréteaux de fer, à simple ou à double étage, et percées
de plusieurs rangées de trous. A Reims et dans d'autres
localités, le défaut de place a fait donper la préférence
à des pupitres de bois, en forme de V renversé, percés
de trous : ils économisent, il est vrai, de l'espace, mais
on leur reproche de se prêter moins bien que l'autre
appareil à la manipulation des bouteilles. Les bouteilles
destinées à être mises sur pointe sont tirées du nouveau
tas et apportées couchées dans des mannettes de trente
cases, afin que le dépôt ne se mêle pas au vin. Au commencement de la mise sur pointe, on incline le plus
possible les bouteilles, et, deux fois par jour, on leur
imprime vers le fond un rapide mouvement rotatoire, et,
de plus, on leur donne un autre coup de main appelé
quartier, qui leur fait subir un léger mouvement de con-
version. Les bouteilles restent, en moyenne, vingt jours
sur pointe ; chaque fois qu'on les remue, on les redresse
graduellement en les changeant de position. Vers le
vingtième jour, les bouteilles sont complétement droites,
le goulot tourné en bas : arrivé à cette période de la
fabrication, tout le dépôt se trouve descendu sur le bouchon ; c'est le moment de procéder au *dégorgement*. Un
ouvrier appelé *dégorgeur*, saisissant la bouteille par son
fond, la tient inclinée ; une main près du goulot, il fait
sauter, de l'autre, la ficelle et le fil de fer avec son crochet ; il enlève le bouchon avec une pince : une petite
portion du gaz s'échappe en faisant explosion, et, tandis
que l'ouvrier excite la mousse en frappant le fond du
verre avec son crochet, il fait sautiller en même temps

là bouteille afin que le dégorgement de la mousse lave complétement l'orifice du goulot et le nettoie de toute impureté. La transparence et la limpidité du vin sont alors parfaites. Cela fait, le dégorgeur place sur la bouteille un bouchon qui a déjà servi, mais très propre ; un de ses camarades, le *vidangeur*, s'empare de la bouteille dégorgée et en retire du vin, dans la proportion d'un cinquième à un dixième. Un troisième ouvrier, l'*opéreur*, y introduit la liqueur semblable à celle déjà employée pendant la mise en bouteilles, en ayant soin d'observer les proportions convenues : une trop forte dose provoque une casse excessive, une dose trop faible empêche le vin de mousser ; aussitôt après, il applique le bouchon. La bouteille arrive ainsi à un quatrième ouvrier, au *recouleur*, qui achève de la remplir. Chez M. Moët-Romont, un appareil ingénieux dû à M. Machet, maître de cave, exécute ce travail ; dans les autres maisons, il s'effectue à la main : mais, quelque soin qu'on y apporte, il entraîne toujours une perte de gaz et de vin. Du recouleur la bouteille passe aux mains du *boucheur*, lequel fonctionne exactement de même que le boucheur dans le cellier ; seulement ici, dans la cave, un seul et même ouvrier met le bouchon et l'enfonce à coups de maillet. Un sixième ouvrier, le *ficeleur*, attache la ficelle en la croisant sur le bouchon et après en avoir entouré aussi le goulot de la bouteille ; enfin, le septième et dernier ouvrier, le *ficeleur au fil de fer*, applique un fil de fer de manière que le bouchon soit serré et maintenu également dans tous les sens.

Toutes choses étant ainsi disposées, on entreille encore une fois; le vin n'est livré au commerce qu'après cette dernière mise en tas, et, avant de l'expédier, on examine une à une chaque bouteille pour voir si elle a bien gardé sa limpidité et si le bouchon ne s'est pas dérangé, puis on se rend à l'atelier d'expédition : c'est là que se donne la dernière œuvre précédant immédiatement le chargement. Suivant le goût du consommateur, le goulot de la bouteille de Champagne est entouré d'une feuille d'étain ou goudronné à son extrémité ; on l'enveloppe ensuite dans deux feuilles de papier de couleur non collé, puis on range les bouteilles tête-bêche dans des caisses ou paniers de diverses dimensions, garnis de carton sur leurs parois, doublés d'un lit de paille dans le fond et exactement dans le même ordre que si on les entreillait. Les caisses contiennent depuis douze jusqu'à cent vingt bouteilles. Chaque maison a son prix particulier et son cachet sur le bouchon : la bouteille se vend depuis 3 fr. 50 c. jusqu'à 6 fr. 50 c.; on expédie aussi des demi-bouteilles.

Indépendamment des vins blancs mousseux ou non mousseux, on fabrique encore, en Champagne, des vins gris ou rosés : leur confection ne diffère pas de celle des vins précédents. On leur donne la teinte qui les distingue au moyen d'une liqueur préparée avec des baies de sureau qu'on fait bouillir avec de la crème de tartre, qu'on filtre ensuite : cette liqueur porte le nom de *vin de Fismes*, du nom de la ville où elle se fabrique.

Les principaux vignobles de la Champagne sont : dans la rivière de Marne proprement dite, Mareuil, Ay, Disy, Hautvillers et Cumières; dans la côte d'Épernay, Éper- nay, Pierry, Mousy, Saint-Martin-d'Ablais et Chouilly; dans la côte d'Avize, Cramant, Avize, Oger, le Mesnil, Vertus, Cuis et Grauves; dans la région mixte, Bouzy et Ambonnay; dans la haute montagne de Reims, Sillery, Romont, Verzenay, Verzy, Mailly, Ludes, Chigny et Rilly; dans la basse montagne, le clos Saint-Thierry, Marsilly et Hermonville.

Le vignoble de Mareuil, d'une contenance de 234 hectares, se compose de deux coteaux. Le premier, en plein midi, à pente assez rapide, confine à la montagne d'Ay, dont il est une suite; boisé sur le plateau culminant, il s'infléchit, à l'est, au chemin de Mutigny, et va se perdre dans le territoire d'Avenay : à cette limite, il cesse de donner des vins blancs et ne produit plus que des vins rouges, bon ordinaire. Les quartiers les plus estimés de cette région sont la *place Saint-Pierre*, les *Ma-trets*, la *Blanche-Voie*, les *Charmons*, les *Bourdeleuses*, *Capinet* et *Crayon*. Le second coteau, rameau détaché de la chaîne principale qui court de l'est à l'ouest, est connu sous le nom de *mont de Fourche* : il réunit les quatre expositions. On y distingue trois quartiers, les *Valau-froys* sur crayon, les *Pruches* sur sol pierreux, et les *Montains*. Le vin des Valaufroys est particulièrement recherché pour le corps et la vinosité, caractères distinctifs des vins de Mareuil. Le *Plant doré* peuple presque exclusivement ce vignoble ; son rendement moyen est de 25 hectolitres par hectare. La pièce de 2 hectolitres vaut de 180 à 200 francs, premier choix.

Le *mont Hurlé*, à l'arrière-plan, sur le territoire d'Avenay, présente une côte très rapide au sud ; on y récolte de bons vins blancs, le reste de la commune ne donne que des vins rouges agréables, bien déchus de leur ancienne réputation : elle compte 187 hectares de vignes.

Le vignoble d'Ay commence aux Millenons du côté de Dizy, et finit aux Bourdeleuses du côté de Mareuil : il comprend près de 300 hectares de bonne qualité. La chaîne de montagnes plantée en vignes se découpe, en plusieurs endroits, en conques ou vallons formés par de petits rameaux qui se croisent en divers sens et déterminent autant d'expositions variées ; celle du sud y domine. A l'exception de la côte des Deux-Moulins, dont la pente est rapide, l'ensemble du vignoble offre une inclinaison douce. La couche arable, calcaire-argileuse, est généralement peu profonde ; elle repose sur le crayon. Soumise à l'analyse chimique, elle offre la composition suivante :

Oxyde de fer.	4,545
Alumine.	0,849
Magnésie.	1,401
Silice soluble	0,095
Acide phosphorique	0,147
Sels alcalins	0,985
Carbonate de chaux.	28,862
Matières organiques	3,750
Résidu insoluble.	59,156

$$\overline{}$$
100,000

22

Les deux cépages les plus cultivés à Ay sont le *Plant doré* et le *Plant vert doré*, celui-ci figure pour un quart; on y compte aussi un dixième environ de *Plant gris*. Les meilleurs cantons d'Ay sont : *Charmont, Asniers*, les *Blancs-Fossés*, les *Droualles*, les *Meunières, Cheuselles*, les *Côtes*, *Bonnote*, la *Goutte-d'Or*, les *Villers*, les *Vauselles*, le *Terme* et les *Chaudes-Terres;* en seconde classe, on cite *Pierre-Robert, Longchamps*, les *Clos*, les *Crayères*, les *Croix*, les *Valnons, Vaudreys* et les *Belles-Feuilles*. Le rendement moyen du vignoble d'Ay est de 25 hectolitres par hectare; le vin qu'il fournit brille par son bouquet, sa finesse et sa délicatesse; il se garde très bien. Des 1806 et des 1811, sortis des premiers crus, étaient encore excellents en 1855, après quarante ans de cave. La pièce, bon choix, se paie de 180 à 200 francs. Des vignes de première classe à Ay ont été vendues jusqu'à 15,000 francs l'arpent de 43 ares 27 centiares; l'hectare de même nature se paie couramment 25,000 francs. La plus grande finesse de toute la rivière de Marne provient des vignes qui s'étendent depuis les Bonnotes et Gouttes-d'Or jusqu'aux Millenons.

Le vignoble de Dizy prend naissance aux Millenons, à l'est, et se continue jusqu'aux Souchiennes; il se compose de 126 hectares. Le sol, de nature argilo-calcaire, y est plus profond qu'à Ay; il est mêlé de pierrailles désignées dans le pays sous le nom de *pierrotis*. La pente en est généralement douce, excepté à la côte Grimpechat, qui est très rapide. Son exposition regarde le sud et l'ouest. Le cru le plus renommé de Dizy est celui des *Crayons*, il fournit un vin blanc fort estimé : la pièce vaut communément de 120 à 150 francs, prise sur place.

Le vignoble d'Hautvillers, d'une contenance de 241 hectares, a son point de départ aux *Quartiers*, près la route de Reims à Épernay et se termine à la Côte-à-Bras, sur le territoire de Cumières. La couche végétale est généralement peu profonde; elle a pour sous-sol le crayon, excepté aux quartiers où celui-ci est pierreux. Les meilleures vignes à Hautvillers sont, en première classe, le *champ de Linette*, le *Hateau*, le *clos Saint-Pierre*, les *côtes de Léry*, le *Pignon*, le *Vorivat* et *Cave-Thomas*; en seconde classe, les *Montécuelles*, les *Bismarlettes*, les *Prières*, les *Maladreries*; en troisième classe, le *Trésor* et les *Garennes*.

Le sol, à Cumières, est plus fort qu'à Hautvillers et à Ay. Ce vignoble offre des crus de natures très diverses. Les meilleurs sont *Côte-à-Bras*, les *Barillets*, le *clos Sainte-Hélène*, les *Chèvres*, *Boisdijeaux* et les *Challemonts*; puis *Herpin* et *Pécher*. Hautvillers convertit la majeure partie de ses raisins en vin blanc, Cumières en vin rouge. Sauf les crus de Côte-à-Bras et de Cave-Thomas, dont les produits égalent presque ceux d'Ay, le vin d'Hautvillers vaut mieux que celui de Cumières; il a moins de finesse que celui d'Ay. La pièce, à Cumières, se paie, en moyenne, de 55 à 60 francs; elle vaut de 70 à 80 fr. à Hautvillers. Le rendement moyen de ces vignobles s'élève à une trentaine d'hectolitres par hectare. Les cépages diffèrent de ceux d'Ay.

Le canton d'Épernay possède près de 1200 hectares de vignes, dont plus de 800 produisent des vins blancs. Elles se trouvent ainsi réparties : Épernay, 329 hectares; Mardeuil, 203 hectares; Moussy, 109 hectares; Pierry, 112 hectares; Vinay, 119 hectares; Chouilly, 247 hectares; Ablois, 47 hectares. Leur produit moyen s'élève à 24 hectolitres par hectare.

La côte, rapide dans plusieurs endroits, se compose généralement d'un calcaire argileux quelquefois mêlé de pierres et ayant pour sous-sol le crayon. Son orientation regarde le sud-est. Ses produits, sauf dans quelques crus distingués qui vont de pair avec les meilleurs vignobles de la Champagne, sont inférieurs à ceux de la montagne d'Ay et d'Avize.

Les vignes les plus estimées au vignoble d'Epernay sont l'antique cru du *Closet* et les *Pateleines* sur Bernon; viennent ensuite les *Semons*, *Toulettes*, *Justices* et *Rocherets*.

Les meilleurs quartiers de Pierry sont *Goutte-d'Or*, *Porgeons*, les *Marqueteries* et les *Bordets*.

Le quartier des *Crayons*, sur le territoire de Saint-Martin-d'Ablois, produit un vin blanc fort recherché : il se vend aussi cher que les bons vins de Cramant.

Chouilly livre au commerce de jolis vins blancs légers et apéritifs, non moins estimés que ceux de Cuis et Grauves.

La côte d'Avize n'est pas très élevée; elle regarde le sud-est. Sa pente est généralement douce. De petits rameaux se détachent de la chaîne principale connue sous le nom de *montagne d'Avize*, et s'avancent à angle droit sur la plaine, dans la direction de l'est. Leur versant sud présente d'excellentes expositions; c'est là que se trouvent les meilleurs vignobles de cette région. Elle embrasse Cramant, Avize, Oger, le Mesnil, les seuls vignobles de la Champagne, avec Verzy, qui soient presque exclusivement plantés en cépages blancs. Leurs produits sont fort recherchés; on les regarde même comme indispensables dans la fabrication des bons vins blancs; ils leur communiquent de la finesse, de la légèreté, les préservent des maladies et les aident à faire une bonne fin. Ils entrent toujours, en certaine proportion, dans les grands vins mousseux. Vertus se trouve aussi dans cette zone, qui comprend encore Cuis et Grauves. Leur ensemble forme un peu plus de 1600 hectares, dont le produit est évalué à 25 ou 30 hectolitres par hectare. Le sol, assis partout sur le crayon, est tantôt calcaire-argileux, tantôt, mais plus rarement, argilo-calcaire. L'*Épinette* peuple presque entièrement les vignobles blancs.

Le vignoble de Cramant, d'une contenance de 221 hectares, vient aboutir, du côté du sud, au territoire d'Avize; il occupe toute la côte de Sarans. Le terrain, ici, est beaucoup plus accidenté que dans le reste de la montagne. L'exposition du midi s'y rencontre fréquemment par suite des ondulations du sol; aussi les produits qu'on y récolte sont-ils très fins : ils passent pour les meilleurs de toute la côte. On obtient 24 hectolitres, en moyenne, par hectare. Les quartiers les plus distingués de Cramant sont les *Buissons*, les *Sarans*, les *Gouttes-d'Or*;

viennent ensuite les *Clayères*, les *Voies d'Épernay* et les
Robats; en seconde ligne, les *Chantraines* et la *Porte-de-
Bas*. Une partie des produits de Cramant, dont presque
tout le territoire appartient aux habitants d'Avize, entre
dans la confection des vins de ce pays. Le Cramant
est plus vineux, plus corsé et plus riche en bouquet
que le vin d'Avize. La pièce de 2 hectolitres se paie
150 francs.

Le vignoble d'Avize commence, du côté du sud, à la
côte des Dimaines, et finit, vers le nord, au quartier des
Robats : il compte 175 hectares. L'exposition dominante est celle du levant, avec petits revers au midi.
Les meilleures pièces sont *Pierre-Vaudons*, le *Chemin-
Châlons*, les *Avats*, les *Cartelins;* au second rang, on
place les *Gros-Yeux* et les *Nobiats*. Le vin d'Avize se
distingue par sa blancheur, sa finesse et sa légèreté :
il vaut ordinairement 150 francs la pièce, premier
choix ; il est acheté principalement par les négociants
de Reims. On n'obtient pas plus de 20 hectolitres, en
moyenne, par hectare. Dans ce vignoble, les ceps ne
portent qu'une seule broche taillée à trois yeux. Avize
fait la clôture de la vendange dans la Champagne ; Ay
la commence quelquefois un mois plus tôt en rouge,
et généralement quinze jours auparavant en blanc.

Oger possède 198 hectares de vignes, dont le canton-
nement commence près d'Avize et finit non loin du
Mesnil. Les meilleurs quartiers de ce vignoble sont la
côte des Dimaines et les *Chemins-du-Bois*. En général,
le vin d'Oger est un peu inférieur à celui d'Avize et du

Mesnil ; il donne l'agrément, la finesse et la légèreté ;
Ay, Épernay, Reims, sont ses principaux débouchés.
La pièce se vend 100 francs en moyenne.

Le Mesnil, d'une contenance de 270 hectares, a son
exposition générale au levant et au sud. La couche
arable du terrain est mélangée de cailloux roulés. Ce
sol repousse les cépages noirs fins ; ils y végètent mal,
rendent peu et dépérissent promptement. En revanche,
la vigne blanche y prospère ; elle donne 30 hectolitres,
en moyenne, par hectare. Les meilleurs quartiers du
Mesnil sont, en première ligne, le *Moulin-à-Vent*, les
Joyets, *Volibar*, les *Jeanprin*, *Finciart*, *Rougemont*,
Ardlan ; en seconde ligne, les *Cauroys*, les *Gaumes*,
Varlots. Ils donnent environ 12 pièces de 2 hectolitres,
en moyenne, valant de 90 à 100 francs. Le premier
choix se paie 140 francs. Le Mesnil écoule presque
exclusivement ses produits sur Reims. Son vin porte à
la mousse et est très petillant.

Le vignoble de Vertus commence au Montferré du
côté du Mesnil, et se termine au territoire de Bergères-
lez-Vertus : il comprend 343 hectares. Jusqu'en 1825,
on ne faisait dans ce cru que du vin rouge, et il n'était
pas sans qualité ; aujourd'hui, pour peu que l'année soit
bonne, tout est converti en vin blanc. Le sol y est très
fort. Sur plusieurs points la couche arable a plus de
1 mètre d'épaisseur, aussi ses produits manquent-ils de
finesse. Les meilleures vignes de Vertus sont les *Montferré* et *Foucherat; Chantereine*, les *Monts-d'Épernay*,
et *En-derrière-le-Mur* viennent en seconde ligne. Le vin

qu'elles donnent est un vin très ferme, très vineux, qui se rapproche, sous ce rapport, des vins de la montagne de Reims. Le rendement moyen s'élève à 40 hectolitres par hectare. La vendange de Vertus est plus souvent achetée en raisin que convertie sur place en vin : ce sont les négociants de Reims, de Mareuil, d'Ay, du Mesnil et d'Avize qui en font l'acquisition. Le vin rouge de Vertus, dans les meilleures années, se vend de 100 à 150 francs la pièce. Il avait autrefois son principal débouché en Belgique et dans le nord de la France ; on le consomme aujourd'hui dans le département de la Marne.

Le vignoble de Grauves, d'une contenance de 76 hectares, celui de Cuis, de 95 hectares, tous deux sur crayon, à pente extrêmement abrupte et plantés en raisins blancs et noirs, ont le privilége de fournir, avec Chouilly, les meilleures tisanes de Champagne : ce sont les Chablis du pays, moins la vinosité. Les *Roualles* sont regardés comme le meilleur quartier de Grauves. Le vin qu'on y récolte se distingue par un goût de pierre à fusil ; il est plus vineux que le Cramant et offre quelque analogie avec le vin de la montagne de Reims. Il vaut, année moyenne, de 150 à 200 francs la pièce.

La montagne de Reims fournit des vins caractérisés principalement par leur corps, leur solidité et leur vinosité ; ils sont renommés pour leur grande qualité en mousseux. Là sont, entre autres crus, Bouzy, Ambonnay, Verzy, Versenay, Mailly, Sillery, Romont, Ludes, Chigny et Rilly, le clos de Saint-Thierry, Marsilly et Hermonville.

Bouzy se compose de 106 hectares de vignes. Ce coteau, à pente douce, situé au midi, n'a qu'une couche végétale peu profonde, assise sur le crayon. Les meilleurs quartiers de Bouzy sont les *Clos*, les *Champs-Férés*, les *Maillerets* et les *Jolivettes* : l'hectare rend, en moyenne, 25 hectolitres. Ce n'est que par exception que le raisin, à Bouzy, est converti en vin sur place : on le vend, en général, à l'état de vendange : celle-ci, dans les mauvaises années, ne vaut pas plus de 20 francs la caque ou l'hectolitre, mais dans les bonnes années on la paie jusqu'à 80 francs. On faisait autrefois une grande quantité de vin rouge dans ce vignoble ; mais il a été remplacé par la fabrication plus lucrative du vin blanc. Le vin rouge de Bouzy est délicat, léger, spiritueux et agréablement bouqueté ; la pièce vaut ordinairement 150 fr., mais elle est montée jusqu'à 500 fr. dans les grandes années, comme 1846 et 1849. Un cuvage très court, des raisins de bonne qualité et parfaitement mûrs, de fréquents soutirages, tels sont les moyens de confection qui réussissent le mieux pour le Bouzy comme pour tous les vins rouges fins de la Champagne. On obtient ainsi des vins parfaitement dépouillés, d'une limpidité irréprochable, un peu légers en couleur, mais pleins de séve et d'agrément : bien réussis, ils vont presque de pair avec les grands vins de la Bourgogne, qu'ils rappellent, moins l'arome. Les Bouzys rouges arrivent à leur maturité entre sept et huit ans.

Ambonnay fait suite à la côte de Bouzy ; c'est avec

le même sol, la même exposition, mais moins franchement au midi et inclinant davantage vers l'est. Les produits de ce petit vignoble sont un peu moins fins que
ceux de Bouzy ; ils se vendent le même prix.

Verzy, d'une contenance de 345 hectares, est le seul
vignoble de la montagne de Reims qui soit presque totalement planté en vigne blanche. Le sol, calcaire-argileux,
y est plus léger qu'à Verzenay; il est généralement
exposé à l'est. Ses meilleurs quartiers sont : *Vinselles*,
Baillon et le *clos Saint-Basse*. Ce dernier, d'environ
4 hectares et exclusivement planté en cépages noirs,
donne les produits les plus estimés de tout le cru. La
pièce se vend 250 francs ; mais généralement on vend
la vendange à la caque, de 80 à 100 francs : il en faut
cinq ou six pour faire une pièce. Le raisin est vendu
tout nettoyé ; le propriétaire subit un grand déchet dans
cette opération, par suite des dégâts du ver de vendange : cette larve est très répandue dans la montagne
de Reims. Verzy produit aussi d'agréables tisanes dont
le prix est de 50 à 60 francs la pièce, année moyenne.

Verzenay n'a pas moins d'importance que Verzy; il
forme une des têtes de vignobles de la montagne. La
couche arable renferme beaucoup de silex, sous forme
de pierres roulées ; elle a pour sous-sol le crayon, ainsi
que tous les grands crus de cette région. Ses meilleurs
quartiers sont : les *Bruyères*, les *Coutures*, les *Blancs-
Fossés*, les *Poiriers*, *Saint-Pierre* et *Champmartin*.
L'hectare rend, en moyenne, 24 hectolitres ; la pièce
vaut 250 francs, prix moyen. Les vins de Verzenay se

distinguent par beaucoup de corps et de vinosité. La vendange se vend ordinairement à la caque et le même prix qu'à Verzy.

Les produits de Mailly sont caractérisés par leur finesse et leur bouquet; ils ont beaucoup d'analogie avec ceux de Sillery. Mailly et Verzenay, placés à la même exposition et reposant sur le même fond de terre, ne forment, pour ainsi dire, qu'un seul vignoble. Mailly compte 77 hectares de vignes de bonne qualité.

Sillery, si l'on n'examinait que l'exiguïté de son vignoble, ne mériterait pas de figurer au nombre des principaux crus de la Champagne : c'est une simple éminence, en plaine, présentant ses deux versants à l'est et à l'ouest, au nord de la montagne de Reims. On n'y compte pas 50 hectares ; mais les hautes qualités du vin sec, non mousseux, d'une belle couleur ambrée qu'il fournit, lui assignent, sous le rapport de la vinosité et du bouquet, le premier rang parmi les vins blancs de Champagne. Sillery doit la grande réputation qui lui a été faite avec raison, non-seulement à la nature de son calcaire mêlé d'argile, au soin prodigieux qui présidait au triage du raisin et à la confection de son vin, mais encore à l'entrepôt que la maréchale d'Estrées, à qui ce cru appartenait, avait créé dans les caves du château de Sillery, en y concentrant les produits des vignes de Mailly, Verzenay et Verzy, dont elle était également propriétaire. Tous les vins y étaient traités avec une rare intelligence, et ils n'en sortaient que sous une seule et même étiquette ; le nom de la maréchale, sa position

élevée et ses nombreuses relations en haut lieu firent le
reste. Ce vin, éminemment tonique, est encore aujour-
d'hui digne de sa vieille renommée, mais il lui faut au
moins dix ans de tonneau pour arriver à sa perfection.
Il vaut 6 fr. 50 c. la bouteille. Il protége souvent de son
nom, dans le commerce, les produits d'ailleurs excellents des vignobles environnants.

Dans l'arrondissement de Reims, les vins dits de Sillery sont mis en bouteilles dès le mois de janvier qui
suit la fabrication, au risque de voir quelques bouteilles
prendre la mousse; on colle aussitôt après le premier
soutirage et l'on met en verre dix ou douze jours après :
ils ont ainsi plus de qualités vineuses. Quand on veut
obtenir du Sillery crémant, on ajoute 2 ou 3 litres
d'alcool par pièce de 2 hectolitres. Le vin de Sillery
et des Bruyères se vend, l'un dans l'autre, 300 francs
la pièce.

Romont, clos de 10 hectares d'un seul tenant, en
partie à l'est, en partie au midi, repose sur le même sol
que Sillery; ses produits, s'ils en diffèrent, en diffèrent
très peu : on les vend à peu près le même prix.

Rilly, Chigny et Ludes, bien que constituant trois
vignobles distincts, peuvent être réunis par la pensée.
Leurs vins présentent les mêmes qualités. Rilly cependant, moins dur, est plus recherché par le commerce
de vin blanc; les deux autres ont plus de corps et sont
préférés pour le vin rouge : ils donnent, en moyenne,
30 hectolitres par hectare, du prix de 200 fr. environ
la pièce. Le territoire de Rilly, Chigny et Ludes, est très

accidenté ; le sol y est calcaire-argileux. La partie haute regarde le nord, et donne un vin plus ferme et moins fin ; les parties basses ondulent de l'est au couchant. Les meilleurs quartiers de ces différents crus sont : les *Moutions*, les *Jambes-de-Lièvre*, les *Vauriages*, à Rilly ; les *Sous-le-Mont-Houssaye* et *Corne-de-Cerf*, sur le territoire de Chigny ; les *Grimpants* et *Saint-Marc*, à Ludes.

Le clos de Saint-Thierry, dans la montagne de ce nom, à 8 kilomètres de Reims, est un beau vignoble de 10 hectares d'un seul tenant, à pente douce, exposé au sud. Il a pour sol végétal un terrain siliceux mélangé de couches ferrugineuses et traversé par des bancs de marne superficiels ; le crayon en forme le sous-sol. A l'exception d'un vingtième de cépages blancs, tout est planté en vignes noires, tenues basses généralement ; une petite portion de ce clos renferme aussi des vignes hautes qu'on traite d'une manière spéciale. Elles sont plantées par association de deux souches ; ce qui se trouve en excès à quatre ou cinq ans est enlevé, on le coupe entre deux terres. On ravale pour régénérer la vigne, c'est-à-dire qu'on couche le vieux bois en terre tous les huit ou neuf ans. On taille dans l'Avent, à crochet et à ploye, celle-ci arquée en courgée et coupée, à la taille suivante, sur deux yeux. Au clos Saint-Thierry, les vignes hautes rendent 12 pièces par arpent de 34 ares ; les basses vignes ne produisent pas plus de 5 pièces ou 10 hectolitres de vin pour la même étendue. Le vin rouge de ce vignoble distingué rappelle le Bor-

deaux par son tanin et le Bourgogne par sa vinosité,
mais il est plus léger et moins bouqueté que ce dernier.
Il trouvait, naguère encore, son principal débouché en
Belgique; mais on ne fait plus aujourd'hui que du vin
blanc au clos de Saint-Thierry.

Marsilly et Hermonville fournissent de bons vins
rouges d'entremets.

Après le Sillery sec, vin tout à fait hors ligne quand
il est vraiment Sillery et de première qualité, les
meilleurs vins blancs de Champagne proviennent
d'Ay, Cramant, Verzenay et Bouzy ; ils valent au moins
300 francs la pièce et s'élèvent parfois à 5 et 600 fr. ;
Ay, cependant, ne dépasse guère 400 francs.

Dans les grandes années, la Champagne ne produit
pas moins de quinze millions de bouteilles de vin blanc ;
la fabrication moyenne peut être évaluée à sept millions
de bouteilles par an : on en expédie chaque année six
millions. Ce commerce a pris une extension considérable depuis quarante ans; ses principaux débouchés
sont l'Angleterre, l'Allemagne, la Russie. Les noms des
Moët, des Cliquot, des Ruinart, des Rœderer, des Piper,
des Périer, des Dinot, etc., sont connus du monde entier;
ces habiles fabricants ont bien mérité du pays en contribuant aux progrès d'une industrie qui fait sa richesse : la Champagne leur doit, en partie, son renom
universel.

VINS D'AUBIGNY ET DE MONTSAUJEON

(HAUTE–MARNE).

A la suite des vins de la Champagne, il convient de placer, comme se rattachant à cette ancienne province, deux crus renommés de la Haute–Marne, *Aubigny* et *Montsaujeon;* l'un et l'autre font partie de l'arrondissement de Langres.

Le vignoble d'Aubigny se compose de 146 hectares; le sol est argilo-calcaire, en pente douce et à l'exposition du midi. Des trois cépages qui le peuplent, le *Pineau* est le plus important, il en occupe les trois quarts; le reste se partage entre deux variétés désignées sous les noms de *Bourguignon* et de *Parisien*, et le *Gamai*, qui tend à remplacer cette dernière espèce blanche, et, par suite, à déprécier la qualité du vin de ce cru. Ses meilleurs quartiers sont la *Côte*, les *Eurchères*, et surtout la *Princesse*, où l'on récolte d'excellents vins dont la délicatesse se rapproche des produits distingués de la Bourgogne.

On plante au fossé avec trois quarts de simples boutures et un quart de plants enracinés. La taille a lieu en février; on laisse deux, trois et quatre yeux sur chaque courson, suivant la force des ceps. Ceux-ci reçoivent cinq façons chaque année; ils commencent à produire vers la cinquième feuille, et sont en plein rapport à dix

ans. Le rendement moyen de l'hectare s'élève à 35 hectolitres.

La vendange a lieu ordinairement du 20 septembre
au 15 octobre. On n'égrappe pas, on foule. Le cuvage
dure quinze jours ; on soutire en mars et l'on met en
bouteilles à deux ans : le vin à l'âge de quatre ans est
bon à boire.

Le vin d'Aubigny, peu foncé en couleur, se distingue
par sa délicatesse et un bouquet fort agréable. Il vaut
ordinairement 35 francs l'hectolitre, et s'écoule principalement sur Langres, Chaumont, Besançon, et même
sur Paris.

Le vin de Montsaujeon, produit du Pineau associé
à quelques cépages communs qui menacent d'envahir
complétement ce vignoble, a moins de finesse et de
générosité que le vin d'Aubigny ; il lui ressemble, du
reste, sous les autres rapports. C'est un bon ordinaire.

RÉGION DU CENTRE.

La région viticole du Centre, comprise entre le 45°
et le 48° degré de latitude, commence, vers le nord, au
département du Loiret, et finit, vers le sud, au Puy-de-
Dôme; elle renferme six départements, savoir :

Le Loiret,
Loir-et-Cher,
Le Cher,
La Nièvre,
L'Allier,
Et le Puy-de-Dôme.

Bien qu'on y compte plus de 150,000 hectares de
vignes, elle n'occupe cependant qu'un rang secondaire
dans la classification œnologique de la France. Aucun
de ses crus, même les plus estimés, ne possède les qualités qui constituent les vins fins; la plupart ne fournissent que des vins ordinaires, au-dessous des Mâcons
et des Bourgognes du même ordre, mais s'alliant très
bien, en mélange, avec des vins plus spiritueux. Certains vignobles du Centre méritent cependant d'être
tirés de l'obscurité : tels sont, entre autres, la côte des
Grouets, le vignoble de Pouilly, celui de Saint-Pourçain
et le clos Chanturgues; leurs produits sont recherchés
du commerce.

23

VIGNOBLE DE LA COTE DES GROUETS

(LOIR-ET-CHER).

La côte des Grouets commence aux portes mêmes de
Blois et se termine à la Vicomté. Réduite, pour ainsi
dire, à ne former qu'une portion de ceinture du fleuve
qui la baigne, elle ne s'étend pas au delà de 6 kilomètres et n'embrasse pas plus de 240 hectares. Ce
vignoble se partage en deux régions : le *plateau*, qui
borde la forêt de Blois ; les *pentes*, plus ou moins abruptes,
qui longent le cours de la Loire. Le sol, en général, est
argilo-calcaire.

Les meilleurs cépages de la côte des Grouets sont,
pour le vin rouge, le *Lignage*, cépage donnant un vin
délicat peu coloré, mais d'un médiocre rendement, et
l'*Auvernat*, qui n'est autre que le Pineau ou Noirien de
Bourgogne, d'une production encore plus restreinte que
le précédent. Ces deux plants tendent à disparaître de
plus en plus, pour faire place à l'*Auvernat* d'Auvergne,
cépage grossier, répondant par des vendanges énormes
aux fumures qu'on lui applique et ne donnant qu'un
vin plat mais assez coloré. Les ceps sont plantés à 0^m,85
de distance et échalassés ; la taille a lieu vers la fin de
janvier et le commencement de février, sur trois ou
quatre yeux. La vigne reçoit de trois à quatre façons
chaque année ; elle entre en bon rapport à cinq ans.

Les vendanges s'effectuent communément à la fin de septembre. En général, on n'égrappe pas; le raisin est foulé et cuve pendant huit ou dix jours. On le soutire deux fois par an, en mai et en octobre; il se laisse boire à dix-huit mois.

Paris absorbe un peu plus du tiers de la production annuelle de la côte des Grouets, le reste se consomme dans le département. Les meilleurs quartiers de ce vignoble sont la Vicomté, la Fontaine, Lagoure, la Justinière, le Coignier. Le rendement moyen par hectare est d'environ 10 fûts de 228 litres chaque; le produit moyen de l'hectolitre ne dépasse pas 20 francs. Les vins de la côte des Grouets provenant d'une bonne année sont des vins précoces qui ne manquent ni de spiritueux, ni de bon goût, ni même de bouquet; ils perdent rapidement leur couleur.

C'est encore dans le département de Loir-et-Cher que se trouvent quelques-uns des vins les plus estimés de la côte du Cher. Les vignobles les plus renommés de cette côte, depuis Montrichard jusqu'à Saint-Aignan, sont : *Thésée, Monthou-sur-Cher, Chissay* et *Saint-Georges-sur-Cher;* ils sont presque exclusivement peuplés de Côt ou Auxerrois rouge, et produisent des vins remarquables par leur corps, leur couleur, leur bon goût et leur alcoolicité : ils font partie de la catégorie des vins désignés dans le commerce sous le nom générique de *vins du Cher,* vins pourvus d'un certain mordant qui les fait rechercher pour remonter les vins faibles et rétablir les vins trop vieux : ils constituent de bons ordinaires.

En remontant le cours de la Loire, dans le département du Loiret, non loin du département de Loir-et-Cher, plusieurs vignobles méritent encore d'être tirés de la foule des crus ordinaires. Tels sont notamment :

Guignes, dont les vins corsés et d'une belle couleur se recommandent par leur excellent goût.

La côte de Saint-Jean-de-Bray. Ses vins ont du corps, de la couleur, un bon goût et même une certaine finesse, qualité rare dans les vins de ces parages : le clos *Sainte-Marie* y jouit d'une vieille réputation méritée.

Le vignoble de Saint-Jean-le-Blanc. Ses produits rivalisent presque avec ceux de la côte de Saint-Jean-de-Bray ; ils en rappellent les qualités.

Beaugency, dont les meilleures vignes fournissent un vin léger, précoce, d'excellent goût, fort agréable et presque au niveau d'un grand ordinaire.

Le reste de l'Orléanais, à part quelques exceptions, ne produit que des vins communs ; beaucoup d'entre eux sont convertis en vinaigre.

VIGNOBLE DE POUILLY
(NIÈVRE).

De tous les vins du Centre, le plus en renom, sans contredit, est le vin blanc de Pouilly (Nièvre), vin sec, relevé d'un goût de pierre à fusil bien prononcé, d'excellente garde, mais dont la transparence est sujette parfois à tourner au jaune.

Le coteau qui le produit n'est éloigné que de quelques kilomètres de la petite ville de Pouilly. D'après le cadastre, il contient 2,040 hectares. Sa pente, très rapide sur les bords de la Loire, présente une orientation variée ; celle du sud domine.

Le sol est argilo-calcaire et généralement profond. Trois cépages blancs le peuplent à peu près exclusivement, le *Blanc fumé*, le *Sauvignon*, et le *Muscadet* ou Chasselas : ce dernier, aujourd'hui plus répandu que les deux autres, se recommande surtout par sa fertilité dans les bons terrains ; il produit un vin fort ordinaire. Le Blanc fumé, d'après l'auteur de l'*Ampélographie universelle*, appartiendrait à la tribu des Sauvignons de la Gironde ; il n'en est pas de même du Sauvignon de Pouilly : malgré l'identité de nom, cette variété n'a rien de commun avec l'espèce bordelaise, bien caractérisée par une saveur particulière ; elle constitue, pour la Nièvre, un cépage spécial dont le principal mérite est de donner du montant au vin. Ses caractères distinctifs sont : Sarments à nœuds moyens. Feuilles plus larges que longues, épaisses, à cinq lobes, d'un beau vert en dessus, cotonneuses en dessous. Fleurs sujettes à couler. Grappe pyramidale, allongée, ailée, munie de grains ronds et serrés, d'une belle grosseur, blond doré piquetés, à peau épaisse. Maturité tardive.

La plantation, au vignoble de Pouilly, a lieu en automne ou au printemps ; la première est généralement

préférée. Tantôt on plante au fossé, tantôt on place le
sarment ou *chapon* dans des trous de 0ᵐ,50 de profondeur, à la distance de 1 mètre en tous sens. Les
plants enracinés ou les *chevelus* ne sont usités que pour
remplacer, l'année suivante, les pieds qui ont manqué.
On ne fume pas en plantant, mais seulement lorsque la
vigne compte déjà cinq ou six feuilles. Le jeune plant
reçoit ordinairement trois ou quatre façons : dès la
deuxième année, on le taille sur un œil ; vers quatre
ans, on le dresse sur plusieurs *membres*, selon la force
du cep. La vigne faite porte ordinairement trois membres ou coursons taillés chacun sur deux yeux. Pour
provigner, on regarde comme plus avantageux de coucher tout le cep en terre, en répartissant les sarments
sur différents points ; toutefois on emploie aussi comme
moins coûteuse la méthode qui consiste à coucher un
seul sarment dans une fosse de 0ᵐ,33 de profondeur.
La vigne est partout échalassée à Pouilly, on attache
avec de l'osier chaque membre ou courson à un échalas ;
il y en a ordinairement trois par cep. Cette opération,
désignée sous le nom de *liage*, suit immédiatement la
taille, qui commence en février et se termine en mars.
Quatre façons sont données au sol, et toutes à la main :
la première porte le nom de *sombraille ;* la deuxième
s'appelle *piochaille ;* la troisième, ou *binaille*, a pour but
essentiel de détruire les mauvaises herbes ; la quatrième,
connue sous le nom de *recuraille* ou façon d'hiver, ne
s'applique qu'après les vendanges. L'ébourgeonnement
et le rognage sont observés avec soin ; le premier se

pratique vers la floraison de la vigne, le second au
mois d'août. La vigne, à Pouilly, commence à donner
quelques fruits vers la quatrième année ; mais ce n'est
qu'entre six et sept ans qu'elle est en plein rapport.
Les vendanges coïncident ordinairement avec la fin de
septembre. Les vignes de première qualité donnent
rarement plus de 15 hectolitres par hectare ; mais là où
le Muscadet domine et se trouve dans un sol riche, il
n'est pas rare d'obtenir jusqu'à 40 hectolitres par hectare. Aussitôt cueilli, le raisin est porté au pressoir ; on
ne l'égrappe pas. Le moût est reçu immédiatement dans
des poinçons de 180 à 200 litres rincés préalablement
avec de l'eau chaude, égouttés et méchés avec soin.
Dès que la fermentation est achevée, on place une feuille
de vigne chargée de sable sur la bonde, et l'on remplit
au fur et à mesure des besoins. On soutire deux fois, au
printemps d'abord, puis en automne ; on mèche très
légèrement chaque fois qu'on soutire, afin de donner
de la blancheur au vin. Le vin de choix ne peut être
mis en bouteilles qu'après le deuxième soutirage ; quand
on le laisse vieillir dans le fût, il acquiert plus de
qualités.

Le vin blanc de Pouilly, premier choix, vaut, en
moyenne, 40 francs l'hectolitre ; le deuxième choix ne
se paie pas plus de 25 francs. Le vin blanc ordinaire
est réservé pour les coupages.

Les principaux débouchés du vin blanc de Pouilly
sont Paris et Nevers. Les meilleurs quartiers de vignoble
de Pouilly sont : la *côte des Nues*, la *Prée*, *Losserie* et

Vaurigny. Ces côtes produisent aussi un vin rouge, léger, qui ne manque pas d'agrément.

De l'autre côté de la Loire, dans le département du Cher, deux vignobles, *Chavignol* et *Saint-Satur*, à 2 kilomètres de Sancerre, méritent une mention; leurs vins blancs, sans égaler celui de Pouilly, ont, en nouveau, une légère pointe appelée *moustille* qui ne déplaît nullement. Les vins rouges de ces deux communes forment d'assez bons ordinaires.

VIGNOBLE DE SAINT-POURÇAIN
(ALLIER).

Sous ce nom, on comprend, non les vignes répandues autour de Saint-Pourçain, qui ne fournissent que des vins fort ordinaires, mais bien celles qui couvrent les coteaux de *Sanlcet*, *Louchy* et *Montort*. Cette côte, à pente assez rapide, à sol calcaire et généralement pierreux dans sa partie la plus élevée, court de l'est au sud; elle comprend 400 hectares environ : son cru le plus estimé est celui de la *Garenne-du-Sel;* les *Mattodes* de Montort et de Louchy lui sont presque comparables.

Avant de planter, on défonce le terrain à 0^m,25 de profondeur. La plantation a lieu, au printemps, par fossés, si le terrain n'est pas rocheux, et dans les roches, la *fiche* ou au pal. Les plants se trouvent à 0^m,50 les uns des autres, distribués sur deux lignes parallèles distantes de 0ᵐ,60 à 70 et séparées entre elles par un *paillas* ou intervalle de 1 mètre. On se sert généralement de boutures appelées *mayous*, tirées du Gamai, le seul cépage qui y règne aujourd'hui. On ne fume pas en plantant, mais seulement à la seconde année qui précède ordinairement le provignage ; celui-ci n'est usité que pour remplacer les pieds qui n'ont pas pris. La première année de la plantation, la vigne reçoit un béchage et un binage ; on la dresse ensuite sur trois branches ou coursons qu'on taille, en mars, sur deux ou trois yeux. Pendant la morte-saison, lorsque la vigne compte déjà plusieurs années, on récure les *razes* qui servent de sentiers, et avec la bêche coudée on relève la terre sur les *paillas :* cette façon s'appelle *hiverner ;* à la fin d'avril ou au commencement de mai, on ramène au pied de la souche la terre précédemment relevée : c'est ce qu'on nomme *marrer la terre.* On échalasse en mai, et, vers la fin de ce mois, on *trie* la vigne, c'est-à-dire on l'ébourgeonne. Aux approches de la Saint-Jean, on donne un binage, et, quand le raisin va mûrir, on relève et l'on épampre. La vigne commence à rapporter vers la cinquième année ; son rendement moyen dans la côte est de 25 hectolitres par hectare. La vendange a lieu ordinairement dans la première quinzaine d'octobre ; il faut d'excellentes années pour qu'elle s'effectue en septembre. Les cuves sont de bois et non couvertes ; leur capacité est très diverse : elle varie depuis 12 jusqu'à 60 hectolitres. Dans les clos d'élite, on ne foule pas; ailleurs, on foule partiellement : on n'égrappe nulle part. Le cuvage dure de vingt à trente jours. On ne soutire généralement qu'une fois et au printemps. On estime que le vin doit séjourner pendant trois ou quatre ans en tonneaux avant d'être mis en bouteilles; le bouquet se développe dans le verre à la cinquième ou sixième année.

Les vins de Louchy, Montort et la Garenne-du-Sel sont de jolis vins rouges corsés, spiritueux, de bon goût, très limpides et d'une belle couleur. Dans les grandes années, et déjà vieux, ils rappellent les bonnes qualités des Mâcons, avec lesquels ils ont de l'analogie ; ce sont alors de très bons ordinaires. Ils valent 40 francs le tonneau de 2 hectolitres, et s'écoulent sur la Creuse, le Puy-de-Dôme, la Nièvre, l'Allier et Paris.

VIGNOBLE DE CHANTURGUES

(PUY-DE-DÔME).

D'après le cadastre, le vignoble de Chanturgues comprend 117 hectares. Le sol est formé de marnes et de calcaires tertiaires qui se délitent facilement. La partie du vignoble désignée sous le nom de Chanturgues-de-Clermont, et qui en forme la moitié et le meilleur quartier, est orientée au midi; la partie dite de Montferrand regarde l'est ; le reste s'étend vers l'ouest et le nord, mais sans nom spécial.

Du pied de Chanturgues, dont l'altitude au-dessus de
la mer est de 355 mètres, au plateau basaltique qui le
couronne à 557 mètres de hauteur, la pente moyenne
est d'environ 25 pour 100.

Deux cépages, variétés d'un même type, peuplent à
peu près exclusivement ce vignoble et en proportions
égales, le *Lyonnais* et le *Gamai;* ce n'est qu'exceptionnellement qu'on y rencontre le *Neyron* ou Noirien de
Bourgogne, plant peu productif ici, mais donnant,
comme partout, un vin de qualité supérieure. Les procédés de culture, sauf certains détails, diffèrent peu de
ce qu'on observe ailleurs. Le sol est défoncé à 0^m,60
environ de profondeur; on plante à la bêche ordinairement en février et mars et toujours avec de simples
boutures, dans des trous au fond desquels le plant est
placé recourbé; on le couvre avec la terre extraite du
trou suivant. On donne aux plants, selon la qualité du
sol, 1 mètre de *raie* et 0^m,66 de *cep;* on ne fume pas
en plantant. La première année, la vigne reçoit cinq
ou six façons; quatre seulement les années suivantes :
la première a lieu en mars ou avril, la seconde en juin,
la troisième en août et la quatrième en septembre ou
octobre, quinze jours avant la vendange. Chaque cep
est dressé sur deux branches, une grande qui s'élève à
1^m,15 au-dessus du sol, une petite qui ne s'élève pas
à plus de 0^m,50. On taille dans le mois de février et de
mars; la grande branche porte huit ou dix yeux, la
petite seulement deux ou trois. On *émandronne* en juin,
c'est-à-dire qu'on retranche toutes les pousses inutiles;

on relève en août et l'on *retrousse* en septembre : par
cette dernière opération, on relève les sarments que
leur forte végétation projette à terre, et on les dresse en
forme de tresses ou guirlandes sur les échalas voisins
en même temps qu'on les pince à leur extrémité. La
vigne entre en bon rapport à cinq ans; le provignage
n'est employé que pour remplacer les souches mortes.
Le rendement moyen de l'hectare est de 40 hectolitres.

La vendange arrive ordinairement du 10 au 15 octobre; on foule, mais sans égrapper. Le cuvage dure
de dix à quinze jours. Les cuves ne sont pas couvertes;
on ne remplit pas; la plupart du temps on se dispense
même de soutirer ; quand on procède au soutirage, il
s'effectue en mars.

Le vin de Chanturgues, trop vanté par Jullien, qui,
sans doute sur la foi de quelque compatriote dévoué, le
range parmi nos vins rouges de troisième classe, ne
manque pas de certaines qualités : mis en bouteilles
à sept ou huit ans, il se conserve jusqu'à quinze ans;
comparativement aux autres vins du pays, il est léger
et alcoolique, et laisse même soupçonner une sorte de
bouquet : à Clermont, on le compare à un petit Bordeaux ; mais, bien entendu, la comparaison ne s'étend
pas jusqu'aux produits du Médoc. Il vaut, en moyenne,
20 francs l'hectolitre. Clermont-Ferrand est son unique
débouché.

RÉGION DE L'OUEST.

La région viticole de l'Ouest, limitée aux contrées remarquables par leurs produits, est la plus petite de toutes celles qui se partagent la France; elle ne s'étend pas au delà de quatre départements, savoir :

Indre-et-Loire,
Maine-et-Loire,
La Charente,
Et la Charente-Inférieure.

Elle est située entre le 45ᵉ et le 47ᵉ degré de latitude.

Peu renommée par ses vins, elle est la première pour la fabrication des eaux-de-vie. Cette branche spéciale lui a valu de tous temps et lui assure encore de nos jours une prépondérance incontestée, d'autant mieux assise, que le sol et le climat semblent, au premier abord, moins favorables à cette production que ceux des régions plus méridionales. Ses vins les plus estimés, les vins rouges de Joué et de Bourgueil, se récoltent dans Indre-et-Loire, département riche de 40,000 hectares de vignes; Maine-et-Loire, qui en compte 31,000, se dispute avec Indre-et-Loire le commerce des vins blancs : les plus estimés de cette zone sont ceux de Vouvray et des coteaux de Saumur. La fabrication des eaux-de-vie de Cognac est concentrée dans les deux Charentes.

VIGNOBLE DE JOUÉ

(INDRE-ET-LOIRE).

Ce vignoble, situé à 4 kilomètres de Tours, occupe une côte légèrement inclinée, dont le sol, généralement calcaire, est mêlé en certains endroits, de silex ; son orientation principale regarde le sud, mais c'est au nord et au nord-ouest qu'on récolte le meilleur vin, désigné dans le pays sous le nom de *vin noble de Joué*.

Les principaux cépages qui le peuplent sont, par rang de qualité : l'*Orléans* ou *petit Arnoison*, dénomination locale sous laquelle on désigne ici le Pineau noir ou Noirien de Bourgogne ; la *Malvoisie*, qui n'est autre que le Pineau gris ou Beurot des Bourguignons ; le *Côt* ou *Auxerrois*, à queue rouge ; mêlés en proportions diverses avec le *Grolot* et surtout avec le *Meunier*, plant grossier, de plus en plus envahissant et dont les défauts ne sont que légèrement atténués par la petite quantité de *Pinot blanc* de Vouvray qu'on rencontre encore dans les vignes de cette contrée.

Le Côt, Auxois ou Auxerrois à côtes rouges, se reconnaît aux caractères suivants : Sarments à nœuds moyennement écartés. Feuilles un peu plus longues que larges, tantôt à trois, tantôt à cinq lobes, parfois entières. Fleur sujette à couler. Grappe moyenne, pyramidale, allongée, ailée, garnie de grains très lâches, arrondis, de moyenne grosseur, bleu noirâtre, très fleuris, sup-

portés par des pédicelles d'un rouge vineux éclatant à la
maturité complète : ce qui a valu à ce cépage le nom de
Côtes-Rouges, de *Pieds-de-perdrix*, sous lequel on le désigne souvent. Ses raisins sont, en outre, très juteux, très
sucrés, caducs à leur maturité parfaite, qui est précoce ;
leur peau est assez fine.

Le mode de plantation le plus usité consiste à ouvrir
des fossés à pied droit, connus sous le nom d'*augeots*,
de 0ᵐ,75 de large sur 0ᵐ,40 ou 0ᵐ,50 de profondeur.
On en garnit le fond d'un lit d'ajoncs, de bruyères, de
paille, de tiges de maïs, qu'on a soin de recouvrir d'une
couche de terre de 0ᵐ,08 à 0ᵐ,10 d'épaisseur, et l'on
y plante, en mars ou avril, des crossettes légèrement
courbées en terre. Généralement on y mêle du chevelu
ou plant enraciné dans la proportion du tiers au quart
de la plantation. Les ceps sont à 0ᵐ,80 en tous sens.
Les uns taillent le jeune plant dès la deuxième année,
les autres attendent la troisième feuille, pour cette
opération : dans l'opinion des vignerons éclairés, la
souche ne doit pas s'élever à plus de 0ᵐ,40 au-dessus
du sol. La taille commence pendant l'Avent et se continue jusqu'en février ; on taille à *viai* et à *niquet*, c'est-
à-dire que, tout en conservant un courson ou *poussier*,
on laisse une verge de 0ᵐ,30 ou 0ᵐ,40, qu'on attache à
l'échalas en lui faisant décrire une courbe. Lorsqu'on
retranche la verge de l'année précédente, on garde le
talon ou niquet muni d'un œil, dans le but d'obtenir
une verge l'année suivante.

Les vignes cultivées en plein reçoivent trois façons.

La première, ou *béchage*, a lieu en avril, elle met la terre
en petites mottes; la deuxième, ou *rebéchage*, s'applique
en mai, et l'on rabat en juin. On échalasse la vigne à
quatre ans. Dans les vignobles bien tenus, chaque cep
a son échalas, mais beaucoup de propriétaires se con-
tentent d'un échalas pour deux souches. L'ébourgeonnement n'est pas usité. Au commencement de juillet,
on accole et l'on rogne en même temps; on revient
encore, six semaines après, à cette dernière opération
lorsque la vigne est très vigoureuse. L'épamprement
n'est pas pratiqué. La vigne, bien traitée, commence
à donner vers cinq ou six ans; elle est en plein rapport
à sept ans : le rendement moyen est de 12 à 15 pièces
de 250 litres chacune par hectare.

Les vendanges ont généralement lieu depuis la mi-
septembre jusqu'à la fin de ce mois. Le raisin est entièrement égrappé au-dessus de la cuve, on ne le soumet
pas à l'action de la presse; en revanche, on refoule
chaque jour le chapeau : le cuvage dure pendant dix
ou douze jours. Le vin entonné, on se contente de couvrir le tonneau avec une ardoise, et, huit ou dix jours
après, on bonde, mais légèrement; on ne serre fortement la bonde qu'à la Saint-Martin. L'ouillage est
observé avec soin; on remplit chaque fois que le besoin
s'en fait sentir. Le soutirage a lieu deux fois par an,
en mars et en septembre; on mèche en même temps
qu'on soutire.

Le vin noble de Joué, provenant d'un cru distingué
de la côte, forme un bon ordinaire; c'est un vin qui a du

corps et de la couleur; il se distingue par sa générosité
et une grande franchise de goût. Différent du vin de
Bourgueil, il se rapproche plus du Bourgogne que des
vins de Bordeaux : il vaut communément de 50 à
60 francs la pièce de 250 litres. Paris, Tours, la Belgique, sont ses principaux débouchés.

VIGNOBLE DE BOURGUEIL
(INDRE—ET—LOIRE).

Sous ce nom, on comprend la côte de Bourgueil et
particulièrement Saint-Nicolas-de-Bourgueil, son meilleur quartier. Deux natures de terre s'y font remarquer, le gravier à mi-côte et le calcaire sur le coteau. La
côte est généralement rapide; elle regarde le sud dans
sa plus grande étendue; une petite partie est tournée
vers l'est.

Un seul cépage la peuple exclusivement, c'est le
Breton, variété du Carmenet de la Gironde, excellent
plant, d'une maturité fort tardive dans le département
d'Indre-et-Loire, et qui n'y réussit réellement que dans
la plaine de Saint-Nicolas-de-Bourgueil.

Les procédés en usage dans ce vignoble diffèrent,
sous plus d'un rapport, de ceux du reste de la Touraine.
Pour planter, on ouvre, dans toute la ligne des fossés,
des augeots de $0^m;66$ de profondeur sur $0^m,80$ de largeur; les souches sont espacées à $1^m,16$ dans les lignes,

24

et celles-ci, disposées par joualles, laissent entre elles
un intervalle de 2 mètres qu'on ensemence en blé,
légumes et racines. Dans les terrains où l'on craint
l'humidité, on plante avant l'hiver; dans les terres
saines et bien égouttées, la plantation s'effectue depuis
novembre jusqu'en mars. On se sert exclusivement de
chevelu, qu'on couche avec soin sur un lit de terre
garni d'ajonc, de paille de maïs et d'engrais d'écurie.
Jusqu'à trois ans la vigne est abandonnée à elle-même
sans être taillée; arrivée à sa quatrième feuille, elle est
dressée sur deux bras ou coursons, et là où la vigne est
plantée par rangées, on choisit les deux plus beaux
brins dans la direction de cette rangée : chacun de ces
bras reçoit pour tuteur un échalas de 1",66 à 2",33 de
haut, et court, le plus souvent, sur des perches transversales supportées par des pieux dont on garnit les
joualles. Le bras qui doit porter le fruit est généralement taillé en courgée sur six ou huit yeux et attaché
à l'échalas après avoir décrit un demi-cercle; l'autre
n'est taillé que sur deux yeux et tenu droit : c'est de
lui qu'on attend le jet destiné à remplacer le sarment
fructifère; il est simplement accolé. La taille a lieu généralement depuis février jusqu'à la fin de mars. Le provignage sert uniquement à remplacer les souches qui
ont péri; on n'y a point recours ici pour entretenir et
régénérer la vigne, ainsi que cela se pratique en Champagne.

Les vignes faites reçoivent quatre façons annuelles :
la première se donne vers la mi-avril, on *relève alors*

la vigne en planches; la seconde a lieu au moment de
la floraison, on refend les planches et l'*on dresse la terre
en mottes* ou petites buttes; la troisième façon a pour
effet de changer les mottes de place au moment où le
raisin est près de tourner; la quatrième façon précède
de peu de temps la vendange, c'est un simple binage
à la houe destiné à niveler le terrain et à le tenir net
de mauvaises herbes. Indépendamment de cette main-
d'œuvre, qui regarde exclusivement le sol, la vigne est
soumise à plusieurs opérations dans le cours de sa végétation. C'est ainsi qu'on l'ébourgeonne une première
fois vers la floraison; le rognage n'a lieu qu'autant
qu'une souche s'emporte; on accole et l'on relève chaque
fois que le besoin s'en fait sentir; les vignes très vigoureuses sont épamprées et généralement aussi ébour-
geonnées une seconde fois. La vigne, à Bourgueil,
commence à rapporter à six ans; elle est en plein
rapport à la dixième feuille. Les vendanges précoces
s'ouvrent dès la fin de septembre; quand l'année est
tardive, elles ne commencent pas avant le 20 octobre
et quelquefois même elles ont lieu encore plus tard.
Les cuves sont de bois, et contiennent, en général, de
25 à 30 barriques de 220 litres chacune. On foule et
l'on égrappe complétement. Le cuvage dure douze
ou quinze jours, suivant la température et la maturité du raisin. Huit jours après avoir entonné, on
met la bonde; pendant cet intervalle, on ouille ordinairement deux fois. Jusqu'à ce que le vin ait trois ou
quatre ans de tonneau, le soutirage a lieu deux fois

chaque année, en mars et en septembre ; passé ce temps, on ne soutire plus qu'une seule fois. Le vin rouge de Bourgueil passe avec raison pour un ordinaire recherché. Quand il est arrivé à sa maturité, à dix ans par exemple, il est bouqueté au point de rappeler les vins bourgeois de Bordeaux, il en a la séve, mais non le moelleux ; il se distingue par un goût de framboise bien prononcé et par la propriété de se conserver très longtemps. Les premières qualités de Bourgueil valent, année commune, de 50 à 60 francs la pièce de 220 litres. Tours, Angers, le Mans, Laval, Château-Gontier et la Normandie sont ses principaux débouchés.

VIGNOBLE DE VOUVRAY

(INDRE-ET-LOIRE).

Le vignoble de Vouvray contient environ 1,500 hectares. Il est assis sur un coteau calcaire à sous-sol argileux ; sa face principale regarde le midi et présente une inclinaison assez rapide ; les expositions de l'est et de l'ouest donnent encore un vin estimé ; le plateau situé au nord constitue l'arrière-côte : ses produits sont bien inférieurs au reste du cru.

Vouvray, affecté principalement à la production du vin blanc, ne cultive, dans ce but, que deux cépages, le *gros* et le *menu Pinot blanc ;* ces espèces n'ont rien

de commun avec les Pineaux de Bourgogne. Elles sont
caractérisées ainsi qu'il suit :

Gros Pinot blanc : Sarments à nœuds rapprochés.
Feuilles de moyenne dimension, fines, lisses, à cinq
lobes, d'un vert gai en dessus, cotonneuses en dessous.
Fleur résistant bien à la coulure. Grappe moyenne, ramassée, serrée, rigide, parfois ailée et alors pyramidale,
garnie de grains de moyenne grosseur, oblongs, transparents, fleuris, d'un jaune verdâtre, marqués de points
roux, très juteux, sucrés, à peau fine, et d'une maturité tardive.

Menu Pinot blanc : Sarments à nœuds plus rapprochés. Feuilles plus épaisses, un peu plus larges que
longues, de forme plus arrondie, à lobes peu prononcés,
très mamelonnées, d'un vert foncé en dessus, cotonneuses en dessous. Fleur coulant assez facilement.
Grappe au-dessous de la moyenne, pyramidale, ailée,
garnie de grains moins serrés que ceux du gros Pinot,
de moyenne grosseur, arrondis, jaune doré, transparents, se détachant aisément à la maturité, d'une saveur
plus fine et plus sucrée que le gros Pinot, à peau plus
fine et d'une maturité un peu moins tardive. Il charge
beaucoup plus que l'autre espèce.

Les quartiers les plus renommés de Vouvray sont le
clos Baudouin, on y récolte annuellement de 15 à 20
pièces de 250 litres ; le *clos Bouchet,* production moyenne
30 à 35 pièces ; le *Mont,* d'un rendement annuel de 50
pièces, et *Boisrideau,* dont le produit moyen est évalué
de 50 à 60 pièces.

Dans la côte de Vouvray, la plantation a lieu en mars et en avril par augeots, mais en plein. Les ceps sont généralement à 0ᵐ,66 en tous sens; autant que faire se peut, on maintient la souche à 0ᵐ,33 ou à 0ᵐ,40 au-dessus de terre. Chaque souche ne porte qu'un bras ou courson, qu'on taille, depuis Noël jusqu'à la mi-mars, sur deux ou trois yeux. Le provignage est usité pour régénérer les vignes trop usées et remplacer les pieds manquants; on l'exécute en abattant la souche dans une fosse creusée à ses pieds, et l'on choisit les trois plus beaux sarments pour les coucher sur différents points; leur extrémité supérieure fait ordinairement saillie hors de terre et on les distance à 0ᵐ,40 ou 0ᵐ,45 les uns des autres. Pendant sa végétation, la vigne reçoit trois façons: la première, ou *le lever*, se donne du 1ᵉʳ au 15 avril, avec le pic à deux dents; la deuxième, ou *rabattage*, s'exécute, au moyen de la *marre*, vers la Saint-Jean; c'est aussi avec cet outil qu'on applique la troisième façon, ou *binage*, à la fin d'août. En général, on ne fume pas la vigne faite, on se borne à la fumer en plantant; toutefois, lorsque le terrain est fortement incliné, il est d'usage de l'amender tous les quatre ou cinq ans en reportant au sommet du coteau la terre dévalée des hauteurs. La vigne commence à donner quelques produits à quatre ans, mais ceux-ci n'ont d'importance réelle qu'à la sixième ou septième feuille. Les vignes blanches de Vouvray ne sont pas échalassées. L'ébourgeonnement et le rognage ne sont pas pratiqués; rarement même on a recours à l'épamprement, si ce n'est dans les années froides. Les

vendanges sont toujours très tardives à Vouvray ; elles
ont lieu le plus souvent vers la fin d'octobre et ne se
terminent guère avant le 8 novembre. Beaucoup de propriétaires commencent par fouler à demi le raisin avec
des sabots ; mais, en général, on le pressure *à la venue
de la hotte.* Le moût est immédiatement entonné dans
des futailles préalablement rincées avec de l'eau fraîche ;
on remplit d'abord tous les trois ou quatre jours, ensuite
une fois par semaine, puis tous les quinze jours, et l'on
bonde communément vers Noël. Le soutirage se répète
deux fois par an, en mars et en avril ; on choisit un
jour clair pour cette opération. Quand on soutire, on a
soin de mécher légèrement, afin de conserver au vin sa
transparence et retarder sa fermentation. Plusieurs propriétaires, quelques mois après le tirage en bouteilles,
font subir au vin blanc un dégorgement analogue à ce
qui se pratique en Champagne ; ce procédé contribue
singulièrement à lui conserver de la limpidité. Dans les
grandes années, le vin de Vouvray est très liquoreux ;
mais il faut considérer cette qualité comme exceptionnelle ; elle caractérisait les vins de 1801, 1808, 1822,
1825, 1834 et 1846. En général, le vin blanc de Vouvray est très capiteux et il a souvent un goût de tuf ou
de terroir qui le déprécie pour les coupages ; mais les
Hollandais, les Belges et les Flamands ne s'en plai-
gnaient nullement quand ce vin jouissait de la faveur
dont il a été longtemps en possession dans les Pays-
Bas. Aujourd'hui sa réputation est un peu déchue ;
cependant le Vouvray des grands crus se vend encore

de 90 à 100 francs la pièce dans les années moyennes.

C'est un vin au-dessus de l'ordinaire, mais qui ne saurait être élevé au rang de vin fin : il perd rapidement sa douceur et devient bientôt violent.

VIN BLANC DES COTEAUX DE SAUMUR

(MAINE-ET-LOIRE).

Le vin blanc des coteaux de Saumur fait partie des vins désignés dans le commerce sous le nom générique de *vins d'Anjou*. Les produits les plus estimés de cette ancienne province se rencontrent sur les bords de la Loire et du Layon ; ceux des environs de Saumur, dans les cantons de Saumur-Sud et de Montreuil-Bellay, bien qu'au-dessous de leur vieille réputation, en sont, sans contredit, la tête, prééminence qu'ils doivent, d'une part, au sol argilo-silico-calcaire, à une excellente exposition et aux Pineaux de la Loire ; de l'autre, aux soins particuliers dont la vigne et la fabrication du vin sont l'objet dans cette portion du département de Maine-et-Loire.

Toutes les vignes blanches sont cultivées en plein sur les coteaux de Saumur. Pour planter, on défonce le sol à 0ᵐ,40 ou 0ᵐ,50 de profondeur ; on ouvre, à 2ᵐ,50 environ les unes des autres, des tranchées parallèles de 0ᵐ,40 de large sur 0ᵐ,35 de profondeur, dans lesquelles on place d'abord, à la distance de 1 mètre à 1ᵐ,33, des chevelus ou crossettes enracinées; l'intervalle qui les sépare est rempli, plus tard, par des provins qui s'étendent, à semblable distance, entre les rangées occupées par la plantation. Beaucoup de propriétaires, imitant l'exemple de contrées voisines, en même temps qu'ils plantent, placent au fond des tranchées, creusées alors plus profondément, un lit d'ajoncs, de genêts ou de bruyères; ce procédé donne les meilleurs résultats : il assure la reprise du jeune plant et favorise son développement d'une manière surprenante.

Jusqu'à la cinquième feuille, les façons appliquées à la jeune vigne se bornent à quelques bêchages et binages; la plante est généralement livrée à sa végétation spontanée sans être taillée. L'usage le plus répandu est d'*enfolier* la vigne lorsqu'elle est parvenue à sa cinquième année; on renverse sur le sol, en les disposant en cercle, tous les sarments d'un même cep reconnus bons et on les recouvre de terre dressée en cône jusqu'à 0ᵐ,50 de hauteur : ces sarments, ainsi chargés, se couvrent de racines à leurs articulations. L'année suivante, on en choisit deux pour servir de provins; les autres, sevrés de la souche mère, fournissent des chevelus. Le provignage parfois n'a lieu qu'à la fin de la cinquième année; il a pour but principal de garnir le terrain; on l'emploie aussi pour remplacer de mauvais cépages.

Le provignage est le point de départ des façons régulières que doit recevoir une vigne faite. Celles-ci sont au nombre de cinq, savoir : le *déchaussement* ou la *débourrure*, la *taille*, le *provignage* et la *bêche*, l'*ébour-geonnure*, la *pénelure* et *accolure*, la *rabatture*.

Le déchaussement s'effectue en décembre et janvier ; à l'aide d'une houe fourchue, on enlève, à la profondeur de 0^m,10 à 0^m,12, la terre qui recouvre le pied des souches et l'on en forme de petits ados entre chaque rangée de vigne.

La taille a lieu le plus généralement en février ; des deux bras que porte chaque cep, le plus fort est taillé, chaque année, sur deux yeux, le plus faible sur un seul œil : les vignes, après cette opération, ne s'élèvent pas à plus de 0^m,60 ou 0^m,80 au-dessus du sol. Le provignage, indépendamment des procédés les plus usités partout, s'exécute aussi, sur les coteaux de Saumur, en couchant le cep entier dans une fosse; on le recouvre d'abord d'un peu de terre, on y ajoute ensuite du fumier, puis on le charge avec la terre extraite : cette fumure est à peu près la seule qu'on applique aux vignes, excepté lorsqu'elles souffrent d'un sol trop maigre ; dans ce cas, on ouvre la terre entre chaque rangée de vignes et l'on fume en plein. Les mois de mai et de juin donnent le signal de l'*ébourgeonnure* et de l'*accolure* ; les échalas, suivant qu'ils sont de bois blanc ou de chêne, mesurent , les premiers 2 mètres de hauteur, les seconds 1^m,40 : les uns et les autres sont enlevés, chaque année, à la fin des vendanges, pour être repiqués de nouveau au printemps. Vers la fin de juin s'opère la *rabatture;* on emploie pour cette œuvre la même houe fourchue qui a servi pour le déchaussement. Le rele-

vage et l'épamprement se pratiquent avec soin ; on y
procède dès que les raisins commencent à tourner.
L'épamprement, toutefois, n'est qu'occasionnel, il dépend entièrement de l'année. La vigne commence à
donner quelques raisins dès la cinquième année de sa
plantation, mais elle n'est en bon rapport qu'à partir de
la dixième année.

La vendange s'effectue à diverses reprises dans le
coteau de Saumur ; on attend, pour couper les raisins
blancs, que la pellicule ait subi déjà un commencement
de décomposition, qu'elle soit tombée en sphacèle. Les
grappes les plus belles et les plus mûres sont cueillies les
premières, elles donnent le vin de choix ; les autres se
récoltent ensuite et produisent la seconde qualité de vin.
Les raisins détachés du cep sont reçus tantôt dans des
paniers, tantôt dans des baquets ; on les transporte dans
de petits cuviers appelés *portoires*, et on les amène ainsi
au pressoir. Le moût est entonné aussitôt ; on le laisse
dans les futailles non bondées jusqu'à ce que la fermentation violente soit passée. On ouille, on mèche et l'on
soutire avec soin. La fabrication, du reste, n'offre rien
de spécial, elle ne diffère pas des procédés généralement en usage pour la confection des vins blancs. Le
produit moyen de l'hectare ne dépasse guère 20 ou
22 hectolitres. Les premiers choix, dans les bonnes
années, se paient de 100 à 120 francs la barrique de
228 litres ; les vins de seconde classe ne valent pas plus
de 60 francs en moyenne.

Le vin blanc des coteaux de Saumur se fait surtout

remarquer par son alcoolicité : c'est un vin très capiteux, auquel on reconnaît de la finesse, un bon goût et du corps ; il a le mérite de supporter parfaitement le transport. Les *Rotissans*, la *Perrière*, les *Poilleux*, les clos *Morin*, ont le privilége de fournir le meilleur vin blanc de cette côte ; on en récolte encore d'une qualité à peu près égale dans les communes de Dampierre, Chacé, Montsoreau, Parnay, Souzay, Turquant et Varrains dans le canton de Saumur-Sud. Les vins de Saint-Aubin, de Luigné, Rochefort et Savenières, près d'Angers, se rapprochent beaucoup de ceux des coteaux de Saumur ; on distingue particulièrement les vins de *la coulée de Serrans*, sur le territoire angevin, à l'exposition du sud-ouest et dans un fond argileux. Les vins mousseux du Saumurois ne manquent pas d'une certaine finesse : ils rappellent le Champagne, moins la légèreté et la délicatesse exquise de ce vin ; ils sont surtout beaucoup plus capiteux ; les produits du vignoble de Joué entrent souvent dans leur composition.

Les meilleurs vins rouges du département de Maine-et-Loire se récoltent à Champigny, notamment *au clos des Cordeliers*, à quelques kilomètres de Saumur. Les vignobles de cette commune sont disposés en joualles et plantés en *Breton* et en *Côt rouge ;* le vin qu'on en retire est corsé, d'une belle couleur, alcoolique, de bon goût et agréable à boire après trois ou quatre ans de tonneau. Allonnes, Dampierre et Varrains, sans valoir Champigny, peuvent lui être comparés pour leur bon vin rouge.

EAUX-DE-VIE DE COGNAC

(CHARENTE ET CHARENTE-INFÉRIEURE).

Ce n'est pas comme producteurs de vins distingués que la Charente et la Charente-Inférieure figurent dans le tableau de notre richesse œnologique ; ces deux départements ne possèdent aucun cru qui fournisse même un grand ordinaire, mais ils rachètent cette infériorité par la fabrication spéciale de l'eau-de-vie. A cet égard, nulle région en France ne peut leur être comparée, et ils laissent bien loin derrière eux, dans cette industrie, les départements du Midi les plus favorisés : plus de 2 millions d'hectolitres de vins provenant des anciennes provinces de l'Aunis, de la Saintonge et de l'Angoumois sont convertis annuellement en eaux-de-vie et livrés au commerce sur une échelle ordinaire de 4 à 500,000 hectolitres, représentant un capital de 40 à 50 millions de francs.

La surface cultivée en vigne dans la Charente et la Charente-Inférieure est évaluée à 200,000 hectares ; les deux tiers seulement de cette étendue alimentent les fabriques ; le reste, à l'état de vin, se consomme sur place ou est exporté à l'étranger.

Bien qu'une commune étiquette porte au monde entier sous le titre d'*eaux-de-vie de Cognac* les produits alcooliques de la Charente et de la Charente-Inférieure, il existe cependant des différences bien tranchées entre

le produit des zones variées de ces deux **départements.**
La meilleure eau-de-vie, celle qui n'a de rivale dans
aucun pays quand elle provient d'une bonne année,
qu'elle a été faite avec soin et que la sophistication ou
les mélanges ne l'ont point altérée, sort de la contrée
appelée *Champagne*, comprenant une partie des arrondissements de Saintes et de Jonzac dans la Charente-
Inférieure, et celui de Cognac dans la Charente, auquel
revient la majeure partie de ce territoire d'élite ; le
centre de cette zone privilégiée porte le nom de *fine
Champagne*. Son sol consiste en un tuf blanchâtre,
argilo-calcaire, reposant sur le terrain crétacé ; c'est là
que se rencontrent les meilleures eaux-de-vie de Cognac,
leur réputation bien établie vaut toujours un prix de
faveur. Immédiatement après les fines Champagnes
vient la seconde classe d'eaux-de-vie de Cognac, connues
sous le nom de *Champagnes ordinaires ;* le troisième
rang appartient aux *Champagnes des bois* ou *bon bois ;*
enfin la quatrième catégorie comprend les *eaux-de-vie
des bois.* Ces dernières enrichissent le pays qui s'étend
sur la rive droite de la Charente depuis Angoulême jusqu'à Saintes ; les vignes qui les produisent couvrent les
coteaux argilo-siliceux du terrain tertiaire. Quant aux
eaux-de-vie de l'Aunis, le commerce les partage en
trois catégories. Sans parler des îles de Ré et d'Oleron,
dont les eaux-de-vie ont peu d'importance comme quantité et qualité, on distingue. 1° Les *eaux-de-vie du littoral*, c'est-à-dire celles tirées des vignes situées sur le
bord de la mer, de Marsilly à Saint-Vivien, sur une

lisière de 4 à 5 kilomètres; elles sont médiocrement estimées. 2° Les eaux-de-vie de la zone comprise entre les marais de Longève et ceux de Ballon et de Ciré, sur une largeur de 6 à 7 kilomètres. Supérieures à celles de la zone précédente, elles ne valent pas les eaux-de-vie de la troisième zone, comprise entre Lalaigne, Pesé et Surgères : celles-ci obtiennent sur le marché un boni de 5 à 10 francs.

En dehors du sol, de l'exposition et des autres circonstances qui peuvent exercer une heureuse influence sur la qualité des produits destinés à la distillation, on préfère à tout autre, dans la Saintonge aussi bien que dans l'Aunis, les vins provenant des vignes blanches plantées en terrains élevés, puis ceux obtenus des mêmes vignes en terrains bas : le vin des vignes rouges, surtout celui des jeunes vignes, ne vient qu'en dernier lieu. La *Folle blanche* forme le fond des meilleurs vignobles dont on veut distiller les vins; c'est le cépage le plus répandu : sur beaucoup de points il règne exclusivement; sur d'autres, comme dans l'arrondissement de la Rochelle, il est associé au *Colombar*, à la *Chalosse* et au *Saint-Pierre* ou *Gros blanc;* dans la Charente-Inférieure on rencontre aussi le *Balzac* mêlé accidentellement à la Folle blanche. Mais, quels que soient ces cépages, ils sont sans importance auprès de cette source abondante de nos meilleures eaux-de-vie : dans les bonnes années elle produit aisément de 40 à 50 hectolitres de vin par hectare. La Folle blanche a pour caractères distinctifs : Sarments noués long. Feuilles de moyenne

grandeur, plus larges que longues, généralement à cinq
lobes, d'un beau vert. Grappes courtes, agglomérées,
ramassées, sans ailes, garnies de grains de moyenne
grosseur, débordant souvent les pédoncules, inégaux,
arrondis, légèrement dorés, mais conservant presque
toujours une teinte verte, d'une saveur acidulée. Maturité ordinaire. La Folle blanche se voit à toutes les
expositions, à toutes les hauteurs, dans toute espèce de
sol; elle réussit partout; c'est un cépage des plus fertiles,
peu sensible à la gelée, résistant supérieurement à la
coulure, en un mot, la ressource providentielle de cette
partie de l'ouest de la France. On plante à la barre à la
distance de 1 mètre à 1ᵐ,25 en tous sens. Généralement
on taille assez court, sur le littoral principalement, et
toujours sur deux yeux. La Folle reçoit annuellement
trois ou quatre façons, données, suivant les localités, à la
main ou à la charrue. Les vases de mer sur le littoral,
les fumiers d'étable dans l'intérieur des terres, sont les
engrais dont on fait usage pour entretenir et exciter sa
vigueur; la fumure se répète de loin en loin. Les vendanges commencent rarement avant la fin de septembre; elles ont souvent lieu dans la première quinzaine d'octobre; elles arrivent plus tôt dans les îles et
sur le littoral que dans l'intérieur des terres.

Le raisin, après avoir été cueilli et à demi écrasé, est
transporté au cellier; là on le foule avec les pieds, puis
on le met sous le pressoir. Le moût est entonné aussitôt.
A peine la fermentation est-elle terminée, qu'on soumet
le vin à la distillation. Cette industrie annexe est si

répandue chez les propriétaires de la Charente et de la Charente-Inférieure, qu'on trouve un appareil à fabriquer l'eau-de-vie même chez ceux qui ne possèdent que 2 ou 3 hectares de vignes. Pour distiller le vin, on se sert généralement, dans la Charente, d'une simple chaudière contenant 3 ou 4 hectolitres, avec réfrigérant et chauffe-vin, du prix de 600 à 1,200 francs environ. Jusqu'ici on semble préférer cet appareil, qui ne produit l'eau-de-vie qu'à la seconde distillation; il donne sur 7 litres de vin, qualité moyenne, 1 litre d'eau-de-vie de 22 à 25 degrés Réaumur, et il en fabrique, par jour, 2 ou 3 hectolitres. C'est toujours avec ce modeste appareil que se fait la fabrication dans les fins crus de Cognac. On est obligé d'ouvrir la chaudière à chaque *chauffe*, après avoir éteint complétement le feu, encore n'obtient-on, la première fois, qu'une liqueur trop faible nommée *brouillis;* il faut la rectifier une seconde fois. On chauffe toujours au bois dans ces parages, tandis qu'ailleurs l'usage du charbon de terre a prévalu depuis une vingtaine d'années environ. Toutefois, dans ces derniers temps, des appareils plus considérables ont été importés dans l'arrondissement de Cognac : tels sont, entre autres, les appareils à la Derosne et à la Chambardel. Ils se font surtout remarquer par l'économie de temps et de combustible qu'ils procurent; mais l'eau-de-vie obtenue à l'aide des petites chaudières jouit toujours de plus d'estime : auprès du plus grand nombre, elle passe pour conserver plus longtemps son degré. Aux environs de la Rochelle, les anciens alambics ont

25

complétement disparu ; le plus répandu aujourd'hui est
l'appareil Adams. Il distille, à chaque chauffe, 5 hectolitres de vin, dont on retire un peu plus d'un demi-
hectolitre d'eau–de-vie à 66°,3 ; on fait de cinq à six
chauffes par journée de quinze heures : c'est donc de
2 1/2 à 3 hectolitres d'eau-de-vie qu'on obtient par jour
avec cet appareil, pour lequel un seul homme suffit
ordinairement.

Le temps de la distillation n'a rien de bien fixe ; on
commence à fabriquer dès que le vin a suffisamment
fermenté, on ne cesse que lorsque la matière première
est épuisée. Le fort de la distillation a lieu en hiver,
particulièrement depuis la Toussaint jusqu'à Noël ; dans
les années où la vendange est très abondante, on est
souvent forcé, faute de vaisseaux vinaires, de commencer la distillation après huit ou dix jours de fermentation ; il y a alors nécessairement une perte à
subir sur le rendement du vin.

A considérer l'ensemble de la distillation dans les
deux départements de la Charente et de la Charente-
Inférieure, on peut dire que cette fabrication est généralement exercée par les propriétaires. Certains industriels cependant font métier d'acheter du vin, qu'ils
paient toujours comptant, pour le convertir en eau-de-
vie ; plusieurs même vont aujourd'hui distiller chez le
producteur avec un appareil portatif et prélèvent un
tantième d'eau-de-vie par chaque hectolitre obtenu.

Les vins de chaudière sont logés dans des tonneaux
et des fûts de 5 à 6 hectolitres ; leur richesse alcoolique,

quoique très variable, est toujours en raison directe de
la chaleur sous laquelle le raisin s'est développé, et,
par suite, de la précocité de la vendange. Dans les
très bonnes années, on a vu quelquefois la barrique
donner 5 veltes, soit 45 litres par 250 litres; mais on
estime que les vins à distiller contiennent, en moyenne,
1/6 à 1/8 d'eau-de-vie à 60 degrés. L'eau-de-vie
fraîche pèse ordinairement 66 degrés centésimaux ; on
la met, dans de bonnes futailles, dans un lieu sec,
mais le moins aéré possible, pour éviter une trop grande
évaporation. Toute préparation en dehors d'une distillation soignée est nuisible à la finesse de l'eau-de-vie,
le temps seul l'améliore et la conduit à sa perfection
quand elle est de bonne source ; aussi est-il passé en
principe, que l'eau-de-vie ne gagne en qualité qu'autant
qu'elle a perdu en quantité et en degrés. La plupart des
propriétaires se font un point d'honneur d'écarter de
leurs produits tout ce qui pourrait en diminuer la qualité ; ils les livrent souvent peu de temps après les avoir
fabriqués : ces eaux-de-vie portent alors le nom d'eaux-
de-vie *nouvelles* jusqu'à la campagne prochaine ; les
deux années suivantes, on les dit *rassises;* passé ce
temps, elles entrent dans la catégorie des *vieilles* eaux-
de-vie. Mais, si le producteur exerce consciencieuse-
ment son industrie, il s'en faut qu'on puisse en dire
autant du commerce : non-seulement il se fait de nombreux mélanges avec les trois-six du Midi, même dans
les meilleurs centres de fabrication ; mais, suivant les
lieux d'expédition, on modifie la couleur des eaux-de-vie

à l'aide du caramel et l'on communique artificiellement
au liquide le goût de *rancio*, si recherché dans les
vieilles eaux-de-vie. Ainsi va s'effaçant l'antique loyauté
des transactions de nos pères; chaque jour on la bat en
brèche par une concurrence furieuse et une soif immo-
dérée de gain, dont les excès doivent infailliblement
aboutir au discrédit, sinon à la ruine, d'une des plus
belles richesses viticoles de notre pays.

L'eau-de-vie du commerce est titrée pour la France à
60 degrés centésimaux; elle n'est que de 58 degrés pour
l'Angleterre; elle s'élève, au contraire, à 61 degrés
pour l'Amérique. Lorsqu'elle dépasse le titre marchand
de 60 degrés, l'acheteur paie au propriétaire 5 pour 100
de la valeur fixée par chaque degré en sus et par hectolitre; mais si l'eau-de-vie ne pèse pas 60 degrés, chose
fort rare, on en diminue le prix à raison de 10 pour
100 par degré en moins et par hectolitre. Il n'y a pas
d'inspecteurs publics, comme dans l'Hérault, pour titrer
les eaux-de-vie. Les ventes se font presque toujours au
comptant, ordinairement sur montre ou échantillon
contenant dans une petite bouteille de verre blanc
une certaine quantité d'eau-de-vie de chaque pièce à
vendre; le propriétaire débat son prix avec le négociant, l'échantillon reste entre les mains de l'acheteur
jusqu'au jour de la livraison, dont le propriétaire est
chargé à ses frais. Dans une partie de la Saintonge, les
ventes se font, chez le propriétaire, à de petits marchands appelés *carotteurs*, commissionnés ordinairement par les grandes maisons de Cognac; mais, depuis

un certain nombre d'années, beaucoup de propriétaires se sont affranchis de ces intermédiaires par la création de compagnies d'expédition régies par un de leurs délégués. A la Rochelle, les propriétaires ruraux éloignés du chef-lieu ont recours à des courtiers ayant mission d'opérer les ventes d'après des échantillons et un minimum de prix auquel ils doivent s'arrêter. Ces agents obtiennent, en général, un prix plus avantageux que le propriétaire qui traite directement avec le négociant ; mais la livraison ne se termine pas toujours sans difficultés, la mesure et le poids deviennent parfois un sujet de contestations : ces inconvénients n'existent pas avec la vente directe ; on sait que le commerce paie les courtiers.

L'eau-de-vie perd plus ou moins, suivant la nature et la capacité des fûts où elle se trouve logée et la température des magasins où on la tient en dépôt. Elle vieillit beaucoup plus vite en fûts neufs et dans un lieu chaud ; en vieux fûts et dans des magasins frais, elle perd fort peu de son degré et n'acquiert que lentement le goût de rancio. En moyenne, l'eau-de-vie de Cognac ne perd que 5 pour 100 ; mais cette déperdition est plus apparente que réelle pour le détenteur, elle ne touche pas à ses intérêts, car, à partir d'un certain âge, chaque année ajoute 5 pour 100 de valeur aux vieilles eaux-de-vie, toujours fort recherchées du commerce. Les futailles expédiées de Cognac sont de bois de chêne et cerclées en fer ; elles contiennent ordinairement 40 veltes ou un peu plus de 3 hectolitres, dont le prix moyen ne peut être estimé au-dessous de 100 francs l'hectolitre à 60 degrés. La fine Champagne vaut un cinquième en sus par hectolitre ; son prix s'élève quelquefois à 130 francs.

Les marcs, quand ils ne servent pas à fabriquer des boissons ou *piquettes*, sont, le plus souvent, jetés dans un coin de la cour et viennent s'ajouter aux engrais ; quelques petits propriétaires les utilisent aussi comme mottes à brûler. Ce n'est que par exception qu'on les distille ; l'eau-de-vie qu'on en retire a un goût si détestable, qu'il est presque impossible de s'en défaire autrement qu'à perte. Le meilleur emploi du marc serait de l'employer comme nourriture pour les bêtes à laine à l'engrais ; il les met rapidement en bon état, surtout quand on tempère par un mélange de foin et de paille hachés, et notamment de racines, l'échauffement que cet aliment alcoolique occasionne souvent. Nulle part, dans les deux Charentes, le tartre n'est un objet de fabrication.

Les marchés les plus importants pour la vente des eaux-de-vie sont Cognac et Rouillac, puis Saint-Jean-d'Angély, Surgères et la Rochelle ; mais, quel que soit le point de provenance ou d'expédition, toutes les eaux-de-vie des deux Charentes n'arrivent à leur destination que sous le nom plus ou moins véridique d'*eaux-de-vie de Cognac* inscrit sur les futailles.

L'Angleterre, le nord de l'Europe et l'Amérique septentrionale sont particulièrement tributaires de cette précieuse liqueur ; les meilleures qualités ne sont pas moins goûtées à l'étranger qu'en France.

RÉGION DU SUD-OUEST.

Cette région, comprise entre le 45° et le 42° degré de latitude, embrasse onze départements, savoir :

La Gironde,
La Dordogne,
Les Landes,
Les Hautes et les Basses-Pyrénées,
Le Gers,
La Haute-Garonne,
Le Tarn,
Tarn-et-Garonne,
Le Lot,
Lot-et-Garonne,

surface considérable, dont la vigne occupe une large part, moindre cependant que celle réservée à la culture des céréales. Il s'en faut, toutefois, que la qualité de ses vins, considérés dans leur ensemble, réponde à son importance territoriale. La plupart restent au-dessous des meilleurs produits des Pyrénées-Orientales, de l'Hérault, du Gard et de la côte du Rhône ; les Bourgognes et les Champagnes leur sont très supérieurs. Si l'on fait, comme il convient, une classe hors ligne des grands vins de la Gironde dont l'excellence va de pair avec les premiers vins d'élite, et si l'on établit une distinction spéciale en faveur du

Jurançon et du Montbazillac, on trouve qu'aucun des vins
du sud-ouest ne peut entrer ni dans la première ni dans
la seconde classe générale des vins français : Bordeaux,
Jurançon et Montbazillac exceptés, ils n'ont droit qu'aux
troisième et quatrième rangs comme vins d'entremets
ou comme grands ordinaires. Mais quand on ne sépare
pas du sud—ouest le vignoble de la Gironde, la tête des
vignobles français, toute inégalité de rang disparaît,
cette région n'a plus rien à envier aux contrées les plus
favorisées : elle possède le Médoc et Sauterne. Grâce à
cet insigne privilége, la zone entière se relève de toute
la supériorité des plus grands crus de France, c'est le
couronnement de notre richesse viticole.

Les principaux vins qu'elle livre au commerce, après
les grands vins de Bordeaux, sont :

> Les vins de la côte de Bergerac (Dordogne),
> Les vins de sable du département des Landes,
> Les vins de Gan et du Jurançon dans les Basses-
> Pyrénées,
> L'eau-de-vie de l'Armagnac ou du Gers,
> Les vins de Fronton et de Villaudric dans la Haute-
> Garonne,
> Les vins de Gaillac, de Cunac et Caisaguet (Tarn),
> Le vin de Pech—Langlade dans Tarn-et—Garonne,
> Le vin de Cahors dans le Lot,
> Et les vins de Buzet et de Clairac dans Lot-et-
> Garonne.

VINS DE BORDEAUX

(GIRONDE).

D'après les relevés officiels, le département de la Gironde possède plus de 130,000 hectares de vignes, produisant, année moyenne, 250,000 tonneaux ou 2,280,000 hectolitres de vin. L'éloge de ce magnifique vignoble n'est plus à faire. Si quelques-uns lui contestent le premier rang, tous proclament la qualité supérieure de ses vins, le monde entier est leur tributaire. Bien qu'ils aient une commune origine et qu'ils soient tous désignés sous une même dénomination générale, ils sont loin de réunir les mêmes perfections; le commerce les répartit en cinq grandes catégories :

Les vins de Médoc, les vins de Graves, les vins de côtes, les vins de palus, et les vins d'Entre-deux-Mers. Les quatre premières seules renferment des vins remarquables.

VINS DE MÉDOC.

Sous le nom de Médoc, on comprend cette langue de terre qui s'avance au milieu de la Gironde et de l'Océan en longeant la rive gauche du fleuve jusqu'à la mer. Géographiquement parlant, le Médoc commence à la commune de Blanquefort, à 15 kilomètres de Bordeaux. Mais, pour l'œnologue, le berceau du vrai Médoc est

plus loin. Il faut franchir Ludon, dont les meilleurs vins
s'exportent surtout en Hollande et arriver de prime saut
à Cantemerle, dans la commune de Macau : là s'annonce le véritable Médoc ; ce n'est qu'à partir de ce point
que la séve médocaine se fait réellement jour. Chemin
faisant, elle ennoblit les vins de Labarde et de Cantenac ;
elle illustre, à son apogée, ceux de Margaux, au cœur du
Médoc ; elle jette un vif éclat sur les grands crus de
Saint-Julien et de Pauillac, et vient s'éteindre, non loin
de Saint-Estèphe, à Saint-Seurin-de-Cadourne, dernière
limite du haut Médoc : au delà s'étend le bas Médoc,
région tout à fait différente, où le fruit de la vigne n'a
plus aucune distinction. C'est donc dans le haut Médoc,
sur une longueur d'environ 45 kilomètres et sur une largeur variable de 8 à 20 kilomètres, que se trouvent les
grands crus de la Gironde et peut-être de la France
entière. La contrée se présente sous l'aspect d'une vaste
plaine coupée, près de la Gironde, par des coteaux n'offrant d'autre ressource à la végétation qu'un dépôt caillouteux, composé en partie de quartz roulés recouvrant
un sous-sol quelquefois argileux, mais le plus souvent
formé de sable pur ou de sable agglutiné par l'oxyde de
fer, espèce de poudingue tantôt friable, tantôt très dur,
et connu sous le nom local d'*alios*. Cette diversité dans
la nature du sol en amène nécessairement une très grande
dans les produits. A côté de crus fort distingués, il n'est
pas rare d'en rencontrer d'un ordre tout à fait secondaire, quoique placés, en apparence, dans les mêmes
conditions, et *vice versâ*. Ces anomalies se remarquent

dans tous les vignobles : elles sont aussi fréquentes dans
le Médoc qu'ailleurs ; elles ne dépendent ni des cépages
ni du mode de culture, puisque cépages et cultures sont
identiques dans cette contrée : leur véritable cause est
encore inconnue.

La culture de la vigne dans le Médoc a ses exigences et
ses particularités qui la rapprochent ou l'éloignent plus
ou moins des méthodes usitées dans le reste de la France ;
mais sa conduite *à la latte* ou en espalier près de terre,
à rangs serrés et équidistants, qui caractérise le haut
Médoc, diffère totalement de ce qu'on voit ailleurs : elle
constitue un art spécial à cette région.

Les cépages les plus répandus dans le Médoc sont :
le *Cabernet–Sauvignon*, le *franc Cabernet* ou *Cabernet
gris*, le *Merlot*, le *Malbec* et le *Verdot*.

Le Cabernet–Sauvignon, appelé aussi *petite Vidure*
aux environs de Bordeaux, forme le fond des vignobles
du Médoc; il est ainsi caractérisé : Sarments à nœuds
rapprochés. Feuilles petites, de consistance assez épaisse,
plus longues que larges, très découpées, à cinq lobes
à sinus profonds, denture forte; face supérieure d'un
vert gai, rugueuse ; face inférieure duveteuse. Fleur
résistant bien à la coulure. Grappe au-dessous de la
moyenne grosseur, pyramidale, allongée, généralement
munie de deux petites ailes peu détachées, garnie de
grains serrés, égaux, de petit volume, bleu noirâtre,
très bruinés; pédoncule court; raisin très juteux, d'une
saveur acerbe mais vineuse, peau fine. Maturité précoce.
Le Cabernet-Sauvignon est le meilleur des cépages de

la Gironde et le plus estimé dans les grands crus de
Pauillac, de Saint-Julien et de Margaux : il entre pour les
cinq huitièmes dans les plantations de Laffitte, Mouton,
Latour, Léoville, Margaux, Rauzan, etc. Le Cabernet-
Sauvignon se plaît, par excellence, dans les graves
fortes mélangées de sable et d'argile. Régulier dans sa
production, ordinairement plus modérée qu'abondante,
comme celle de tous les cépages d'élite, il a l'avantage
d'amener ses raisins à une égale maturité, sans présenter, sur la même grappe, des grains noirs, rouges et
verts ; il fournit un vin d'une belle couleur, plein de
délicatesse et d'un bouquet très exalté. A la vérité, il est
un peu dur dans les premiers temps, et pour qu'il
acquière toute sa perfection, il faut qu'il passe d'abord
quatre années en barriques, puis deux autres années
encore en bouteilles ; mais dans ces conditions, s'il provient d'une bonne année, il est d'excellente garde, il
gagne en bouquet et en délicatesse jusqu'à quinze ans et
conserve ses qualités jusqu'à vingt : au delà il perd de
son moelleux et devient plus sec. Le Cabernet-Sauvignon
est aux grands vins du Médoc ce qu'est le Pinot ou Noirien aux grands vins de la Côte-d'Or, un cépage tout à
fait hors ligne pour la qualité.

Le franc Cabernet, ou Cabernet gris, doit être considéré comme une variété de l'espèce précédente. Il se distingue à ses sarments à nœuds moyennement écartés.
Ses feuilles sont plus larges que longues, à cinq lobes,
d'un vert foncé à la face supérieure, légèrement cotonneuses en dessous. Sa fleur résiste bien à la coulure.

A l'époque de la floraison, ses pétales, au lieu de tomber, s'ouvrent par leur sommet et forment une sorte de capuchon au-dessus de l'ovaire. Sa grappe est moyenne, pyramidale, allongée, munie de deux ailes détachées ; ses grains sont petits, peu serrés, ronds, bleu noirâtre, très bruinés ; le raisin est juteux et recouvert d'une peau fine, il mûrit de bonne heure. Le franc Cabernet réussit mieux dans les graves douces que dans les graves fortes ; sa production est satisfaisante ; son vin a presque les mêmes qualités que celui du Cabernet-Sauvignon, il se comporte de même.

Le Merlot se reconnaît à ses sarments à nœuds rapprochés. Ses feuilles sont épaisses, plus larges que longues, à cinq lobes ; leur face inférieure est cotonneuse. La fleur résiste à la coulure. Sa grappe, au-dessus de la moyenne, forme une pyramide allongée, ailée ; ses grains sont lâches, ronds, égaux, noir bleuâtre, très bruinés, enveloppés d'une peau épaisse. Ils mûrissent de bonne heure.

Le Merlot craint la sécheresse et se plaît dans les graves fraîches, il réussit mieux en coteaux qu'en plaines ; sa maturité devance de quelques jours celle des Cabernets, mais son raisin, une fois mûr, est très sujet à la pourriture. Le vin du Merlot, plus léger et plus précoce que celui du Cabernet, est loin d'avoir le bouquet et la séve de ce dernier ; en revanche, il a plus de moelleux, mais il pèche par le défaut de corps et de durée.

Le Malbec, connu aussi dans la Gironde sous les noms de *Noir de Pressac*, *Gourdoux*, *Estrangey*, *Côt rouge*

Pied-de-Perdrix, se recommande surtout par sa production abondante. Il prospère dans les terrains con-
sistants, sans redouter toutefois les graves qui ne sont
pas trop maigres. Le Malbec dònne un raisin précoce,
très doux, très savoureux, mais qui, outre sa disposition
à tourner à la pourriture quand il est arrivé à son point
de maturité, produit un vin léger auquel on reproche de
manquer de qualités, dans les terrains gras surtout;
c'est ce qui explique pourquoi ce cépage n'est admis
qu'avec restriction dans les grands crus du Médoc : il en
occupe les bas-fonds, et n'entre jamais que dans les
seconds vins.

Le Verdot, dans les vignobles du Médoc, figure uniquement comme plant auxiliaire; dans les palus, au
contraire, c'est un cépage de premier ordre : les vins
de Queyries et de Montferrand lui doivent leur réputation. Ses caractères sont : Sarments à nœuds rapprochés. Feuilles plus longues que larges, assez fines, à trois
ou cinq lobes dont le médian s'allonge en pointe; face
supérieure mamelonnée, d'un beau vert; face inférieure
cotonneuse. Fleur peu sujette à couler. Grappe au-
dessous de la moyenne, allongée, pourvue de deux ailes
régulières très détachées. Grains petits, lâches, inégaux,
ronds, noir rougeâtre, très bruinés, mêlés de petits
grains, d'une saveur acidulée; peau fine. Maturité tardive. Le Verdot prospère d'autant mieux, que le terrain
est plus frais; pour qu'il réussisse dans les graves, il
faut que celles-ci soient fertiles et que leur sous-sol
mêlé d'argile lui assure de la fraîcheur. C'est le plus

tardif de tous les raisins noirs du Médoc : aussi lui
réserve-t-on généralement de bonnes expositions ; du
reste, ce retard dans la maturité est racheté par de précieux avantages. Le vin du Verdot a beaucoup de séve,
de plénitude et de vinosité, il s'allie avec avantage à
celui du Cabernet ; c'est pourquoi on rencontre le Verdot dans les meilleurs crus du Médoc, à Pauillac, Saint-
Julien, Margaux : il donne de la durée aux vins avec
lesquels on le mélange.

Indépendamment de ces divers cépages qui forment
la base des vignobles du Médoc, on trouve encore quelques autres variétés dont la fertilité compose le principal
mérite, mais elles sont sévèrement proscrites de tous
les grands crus ; il faut en excepter toutefois deux
cépages, le *Cruchinet* et la *Carmenère*. Le premier est
remarquable par la suavité du bouquet qu'il communique au vin : on le propage depuis quelques années à
Château-Laffitte. Le second, cultivé à Margaux et à Cantenac, vient mieux dans les sables vifs que dans les
graves fortes ; son raisin ne craint pas la sécheresse, il
est très doux et très savoureux. La Carmenère est très
longue à se mettre à fruit ; sa production est irrégulière, mais quand elle donne, le rendement est très
satisfaisant : son vin a plus de corps et de couleur que
celui du Cabernet-Sauvignon. Le Cruchinet et la Carmenère, associés en mélange, constituent un excellent vin.

Les procédés de culture sont uniformes dans tout le
haut Médoc.

Quelle que soit la nature du terrain, qu'il ait été ou

non affecté déjà à la culture de la vigne, il est d'usage,
en Médoc, de ne jamais planter de vignes qu'après avoir
renversé ou défoncé le sol et l'avoir nivelé avec soin. Le
nivellement n'est pas une simple satisfaction accordée
au coup d'œil, il a pour but essentiel d'assurer un libre
écoulement aux eaux et de les empêcher de séjourner
dans le vignoble. Pour atteindre ce résultat, si le terrain
est horizontal, on le *dispose en coteaux;* autant que faire
se peut, on exhausse le centre des pièces au moyen de
transports de terre, de manière que.la surface nivelée
présente une pente légère de chaque côté et que les eaux
pluviales trouvent un écoulement facile aux extrémités
de la pièce. L'assainissement du sol réclame-t-il des
moyens plus énergiques, on a recours à des fossés de
ceinture ; ceux-ci sont creusés plus ou moins profondément au-dessous du sol défoncé, selon que le terrain
a plus ou moins besoin d'être égoutté ; l'eau ne doit
jamais y rester stagnante, sous peine de réagir sur le
vignoble. Quand ce remède ne suffit pas, on a enfin   ‘
pour ressource le drainage, opération délicate et coûteuse, mais infaillible, qui, tout en complétant l'action
des fossés, la rend plus prompte et plus efficace, décharge
le sous-sol de son humidité surabondante et exerce la
plus grande influence sur la maturité du raisin, la bonté
de ses produits, et prolonge l'existence de la vigne,
dont les eaux souterraines sont le plus redoutable fléau.

Le renversement, pratiqué partout dans les graves du
Médoc, n'est autre qu'un défoncement auquel on procède par tranchées régulières et successives ; il s'opère

de la manière suivante. Un cordeau est tendu dans toute la longueur de la pièce qu'il s'agit de renverser, au point où doit se trouver le premier rang de vignes. Des ouvriers, armés d'un pic fourchu ou de la pioche, commencent par creuser un fossé de 1 mètre de large sur 48 centimètres de profondeur. Si l'alios existe non loin de la surface, on l'attaque ; mais, s'il gît à la profondeur de 1 mètre, on le néglige : en général, dans le Médoc, le renversement ne descend pas à plus de 40 ou 48 centimètres, mais l'opération n'est réputée parfaite qu'autant que la terre a été remuée à 60 centimètres. La plupart du temps, lorsqu'on défonce, on transporte des terres grasses sur les terrains de graves et on les mélange au sol avec beaucoup de soin. Le premier fossé ouvert et pioché à la profondeur déterminée, on en extrait la terre et on la met à part, elle est destinée à combler le dernier fossé. Avant de passer à la dernière tranchée, on marque avec des pieux la place où se trouveront les plants de vigne dans le premier fossé. Quand celui-ci est garni, on enlève le cordeau, on le porte à 1 mètre de la première tranchée, et l'on ouvre un second fossé absolument semblable au premier : la terre de ce deuxième fossé sert à remplir le premier fossé. Dès qu'on a indiqué par de nouveaux pieux la place que le plant de vigne devra occuper dans la deuxième tranchée, on porte le cordeau au troisième rang, on y ouvre un troisième fossé dont la terre de déblai remplit le deuxième fossé ; et ainsi de suite, de rang en rang, jusqu'à ce que toute la pièce ait été ren-

versée. Arrivé à la dernière tranchée, on va prendre la
terre provenant du premier fossé ouvert et l'on s'en sert
pour combler le dernier fossé : l'opération est alors terminée. Lorsqu'on renverse un terrain dans le Médoc, on
est dans l'habitude de mettre au fond du fossé la couche
la plus voisine de la surface, et de réserver la terre du
fond pour garnir le fossé; mais plusieurs blâment cet
usage, ils préfèrent mélanger la couche supérieure avec
le sous-sol, de manière à former une seule masse homo-
gène : par cette pratique désignée sous le nom de *renversement à tail ouvert*, la vigne, dit-on, se soutient
mieux. Cette opération a, en outre, l'avantage d'être
plus économique, elle revient à 4 ou 500 francs l'hectare, selon la nature du sol ; tandis que le renversement
ordinaire coûte de 6 à 700 francs : l'un et l'autre sont
effectués à la tâche, ils ont lieu ordinairement en hiver
et jusqu'à la fin d'avril.

Le renversement achevé, on attend, pour planter,
qu'une pluie ait raffermi le sol. Dans le Médoc, on plante
généralement la vigne depuis le mois d'avril jusqu'en
juin. L'ancien usage de planter à la barre existe encore
aujourd'hui ; rien de plus simple. On fait des trous avec
une barre de fer qui descend à 33 centimètres dans le
sol. Quand le plant y a été introduit, on y coule un peu
de sable, on comble le trou, on arrose le plant avec
des eaux chargées de principes fertilisants, et l'on serre
enfin la terre autour du cep avec un morceau de bois
en forme de plantoir : ce travail n'est bien fait qu'autant que le plant est fortement scellé dans le sol, et qu'il

exigerait un certain effort pour en être retiré. Dans beaucoup de propriétés on suit une autre méthode. A chaque endroit marqué d'un pieu dans les fossés, on ouvre la terre avec la pioche, on fait un trou de 16 centimètres de large sur 33 centimètres environ de profondeur, et l'on y place la crossette. Ce trou est rempli de fumier consommé ou de terreau qu'on tasse et qu'on charge ensuite de terre; lorsqu'on ne fume pas en plantant, on arrose aussitôt après avoir terminé la plantation : celle-ci, faite de la sorte, manque rarement. Les plants qui ne prennent pas sont remplacés pendant les deux premières années par des boutures; passé ce temps, on se sert de *barbeaux* ou plants enracinés pour regarnir les places vides : les simples boutures seraient trop ombragées par la vigne développée, elles ne prendraient pas. Il en coûte 90 francs pour planter 1 hectare de cette manière. Dès que la plantation est achevée, on redresse le plant, on le coupe à deux ou trois yeux au-dessus du sol, et on l'attache à son tuteur avec un brin d'osier. Dans le Médoc, toutes les vignes sont plantées à égale distance et sans lacune dans chaque pièce; les pieds se trouvent à 1 mètre 10 centimètres sur la même ligne, chaque rangée de vignes ou *rége* étant séparée l'une de l'autre par un intervalle de 1 mètre. Les réges établies dans les meilleures conditions ne doivent contenir que cinquante ou soixante ceps, généralement on en compte jusqu'à cent; l'hectare renferme neuf mille pieds de vigne.

L'année de la plantation, la vigne reçoit six façons;

mais, à partir de la seconde feuille, on ne lui en applique
plus que quatre, nombre ordinaire des façons qu'on
donne à la vigne faite. A la deuxième pousse, la vigne
est taillée au printemps sur deux ou trois yeux ; à trois
ans, quand elle a prospéré dans un bon terrain, on
commence à l'établir en espalier, on la dresse sur deux
bras pourvus chacun de deux ou trois yeux, et on la
garnit en même temps de lattes. Dès sa première année,
la vigne est attachée à des tuteurs appelés *carassons;*
il y en a un à chaque pied et un autre dans l'intervalle
qui sépare les souches d'une même rangée. Ces carassons sont de petits piquets de 66 centimètres de longueur, fabriqués avec du bois de châtaignier ou de pin
maritime : les premiers proviennent de la Dordogne et
sont les plus répandus dans le Médoc ; toutefois ceux de
pin gemmé ou non gemmé sont aussi communément
adoptés, et, grâce au procédé Boucherie, le sulfate de
cuivre, avec lequel on les injecte, leur assure une durée
qu'ils sont loin d'avoir naturellement et tend à vulga-
riser leur emploi. Les carassons de châtaignier coûtent
de 6 à 7 francs le millier ; le sulfatage n'ajoute qu'une
dépense de 1 franc au prix des pins non gemmés comparé à la valeur des pins gemmés : les uns et les autres,
fichés en terre, ne s'élèvent qu'à 40 centimètres au-
dessus du sol.

Ce n'est ordinairement qu'à la troisième année qu'on
place les lattes pour former les espaliers. Les meilleures
et les plus usitées sont celles faites avec de jeunes pins
semés très épais dans ce but, et qu'on arrache quand ils

ont atteint le développement requis; on les tire des terrains sablonneux de la Gironde, et surtout du département des Landes par le port de Langon. Elles se paient de 60 à 90 centimes les cinquante lattes, suivant leur qualité ; leur longueur, dans les vignobles, varie entre 3 mètres et 3 mètres 50 centimètres.

Au fur et à mesure que la vigne prend plus de force et qu'elle se dispose à fructifier, on applique une fumure dans la proportion de 1 mètre cube par cinquante pieds de vigne, ainsi qu'il suit. On déchausse la souche en pratiquant un trou de 40 centimètres de large et de long sur 16 centimètres de profondeur : arrivé aux racines coronales, on les ébarbe et l'on dépose l'engrais au pied du cep ; on le recouvre, puis on répand une brouettée de terre plus ou moins forte ou légère, selon la nature du sol qu'on veut bonifier. Les cent pieds de vigne ainsi fumés et amendés coûtent 80 centimes pour frais de transport de terre, et 1 franc pour l'épandage du fumier, le déchaussement et le rechaussement des ceps : l'action de cette fumure se fait sentir pendant une dizaine d'années.

La taille de la vigne, dans le Médoc, commence dès les premiers jours de novembre et se continue jusque dans le mois de janvier. Pendant les premières années, on cherche principalement à fortifier la souche, afin d'obtenir des jets vigoureux ; on taille court, à deux ou trois yeux. Lorsque la vigne est à sa troisième pousse, qu'elle s'est bien développée, on l'établit sur deux branches destinées à devenir les deux bras principaux ; on laisse,

en outre, deux *tirets* ou branches perpendiculaires aux
pieds les plus vigoureux, et l'on garnit en même temps
la vigne de lattes : celles-ci, solidement attachées aux
carassons, forment un véritable espalier s'allongeant en
ligne droite d'un bout à l'autre de la rége. On ne saurait
apporter trop de soin à l'embranchement de la vigne,
c'est le point de départ de sa réussite ou de son insuccès
futur. Avant tout, il faut que la bifurcation ait son origine
à 15 centimètres du sol, la souche étant déchaussée, et
que les bras soient dirigés sur la ligne des lattes et non
au-dessus, de manière à faire corps, pour ainsi dire, avec
elles. Ces conditions nécessaires ne se rencontrent pas
toujours. L'une des deux fait-elle défaut à la vigne, il
faut tâcher d'y obvier, mais sans vouloir établir trop vite
l'embranchement ; il vaut mieux d'abord se contenter
d'un seul bras plutôt que de compromettre l'embranchement régulier en bifurquant prématurément la plante
d'une manière vicieuse : dans ce cas, on supprime la
branche inférieure, on ne conserve qu'une branche à
fruit, ou petit côt, pourvu d'un seul œil, d'où sortira,
l'année suivante, la branche qui formera le second bras.
D'ailleurs on ne doit pas perdre de vue que les branches
de prolongement ne constituent pas des bras proprement
dits dès leur sortie, la plupart du temps elles ont besoin
de se fortifier avant de remplir cet office. Veut-on même,
dans leur état de développement imparfait, les étendre
sur toute la longueur de la latte et les attacher aux extrémités, il importe de ne conserver que les deux ou trois
yeux les plus voisins de la souche et d'éborgner tous les

autres : la plante, ainsi soulagée de la plus grande partie de ses bourgeons, n'a plus à craindre un épuisement fâcheux que ne comporte pas son jeune âge. Lorsque les deux branches latérales ont pris assez de force, on dirige les bras en V sur la latte, au niveau de la sommité de la rége formée par le rechaussement : ces bras présentent une ouverture de 40 à 45 degrés. Ils ne doivent pas dépasser leur limite ; chaque fois qu'ils tendent à en sortir en s'élevant au-dessus de la latte, on les y ramène en les abaissant. Ils prennent, de la sorte, une direction de plus en plus horizontale ; aussi, après les avoir rabattus plusieurs fois, est-on enfin obligé de procéder à leur renouvellement : dans leur position normale, l'un des bras doit se trouver au niveau de la latte, et l'autre à quelques centimètres plus bas.

En général, on établit chaque bras successivement. On se borne d'abord à un seul bras sur une partie des vignes, puis on s'occupe de l'autre bras sur l'autre portion du vignoble, quand la vigueur des ceps le permet. Vers la cinquième année de la plantation, toutes les vignes ont ordinairement leurs deux bras ; on porte alors, par degrés, le nombre des yeux de deux à quatre, mais sans dépasser ce nombre avant le moment où l'on *taille la vigne à l'aste*.

On donne le nom d'*aste*, ou branche à vin. à la branche venue sur l'un des bras de la vigne, essentiellement destinée à porter fruit et assez bien disposée pour être courbée en demi-cercle sur la latte où elle est attachée par deux liens d'osier placés l'un à son origine et l'autre

à son extrémité : son choix est très important. Autant
que possible, on prend la branche la plus rapprochée
de la souche qui a porté le plus de raisins, et, de préférence, la branche de dessous plutôt que celle de dessus,
car celle-ci, par sa tendance à s'élever, se plierait
moins aisément à la direction qu'on voudrait lui donner
et décrirait un arc trop ouvert au-dessus de la latte.
Le choix de l'aste fait d'après ces principes, on lui laisse
de six à huit yeux, et on la plie encore sur la latte.
Chaque pied de vigne bien constitué et pourvu de ses
deux bras porte ordinairement, vers la huitième année,
deux astes courbées et plus ou moins chargées de bourgeons, selon leur vigueur : quand on a affaire à un cépage faible ou délicat, on les éborgne à l'extrémité ;
leur longueur dépasse rarement 40 centimètres. L'aste
ne dure jamais qu'une année, on la renouvelle en conservant à la taille, sur l'aste même, l'œil le plus inférieur, ou bien on la remplace par un *tiret* bien placé.
Les tirets sont des branches droites naissant sur le vieux
bois, ne se pliant pas sur la latte, et ayant pour mission
de prendre un jour la place des astes dont ils subissent
la taille et la direction quand celles-ci sont épuisées ou
trop élevées ; les tirets servent encore à rabaisser la
vigne. Ils ne se rencontrent jamais qu'à la naissance ou
au centre des bras ; on ne leur laisse qu'un ou deux
yeux tant qu'ils ne sont pas convertis en astes. Les
tirets venus sur bois nouveau ont pour destination principale de porter du fruit, ils en donnent dès la seconde
année. On taille les tirets assez long pour pouvoir être

attachés à la latte, et l'on a soin d'éborgner les yeux
supérieurs, qui, sans cette précaution, seraient une
surcharge pour la vigne.

Indépendamment de l'aste et du tiret, les vignes du
Médoc portent encore des *côts* ou tronçons de branches
conservées tantôt pour avoir du fruit, c'est le cas le plus
rare, tantôt pour procurer du bois de remplacement, ce
cas est très fréquent. Les côts destinés à donner du fruit
sont pris sur des branches munies toujours de plus de
deux yeux, ils proviennent du bois nouveau de l'année
précédente; on ne taille ainsi que quand on n'a pas de
bonnes branches à vin ou qu'on n'en a que de trop
courtes. Les côts destinés à fournir du bois de remplacement sont ménagés sur des branches venues sur vieux
bois, sur le tronc ou les bras; ils ne portent jamais
qu'un œil poussant. Les bourgeons placés dans le bas
de la souche sont les meilleurs : à leur défaut, ceux qui
se sont développés près de la bifurcation de la souche
méritent la préférence; puis ceux qui, venus sur les
bras, au point même de l'embranchement ou un peu
au-dessus de la ligne et dans la direction des lattes, permettent de renouveler soit l'un des bras, soit tous les
deux à la fois, sans que la nouvelle bifurcation se trouve
sensiblement plus élevée que l'ancienne.

Ce mode de taille est généralement pratiqué dans le
Médoc. Divers essais ont été tentés pour introduire la
taille à court bois, mais elle tendait à ruiner la souche
et ne donnait que de petits raisins; on y a complète-
ment renoncé. La taille à l'aste règne seule aujourd'hui

dans le Médoc : elle s'applique à tous les cépages de cette contrée, mais avec certaines restrictions que réclame leur constitution particulière; tous, en effet, ne peuvent supporter la même charge.

Le Cabernet gris ou franc Cabernet, en raison de sa vigueur, ne craint nullement de porter huit bourgeons dans un sol qui lui convient : si on ne le charge pas assez, il s'emporte en bois et coule à la floraison ; il faut le tailler court. Il n'en est pas de même du Cabernet-Sauvignon, moins robuste; six ou sept yeux lui suffisent. Ce cépage, du reste, est celui qui met le plus à l'épreuve l'habileté du vigneron : il demande à être conduit avec circonspection, sous peine de s'épuiser très vite si l'on abuse de ses forces, et de ne donner qu'un rendement insuffisant si l'on ne le charge pas assez ; néanmoins, des deux inconvénients le dernier est le moins regrettable, sa production étant assez régulière. Le Cabernet-Sauvignon ainsi que le Cabernet gris émettent assez facilement des branches de renouvellement sur leur vieux bois jusqu'à dix ou douze ans; on peut donc attendre jusqu'à cet âge pour les rabattre. Mais, s'ils se trouvent dans un terrain médiocre ou affaibli, on ne renouvellera chaque bras que successivement au lieu de les remplacer tous les deux à la fois; et même, dans ce cas, il est bon de se contenter d'un tiret ou d'un côt d'un seul côté, afin de ménager la souche pour laquelle les astes à vin sont déjà une assez lourde charge. La taille à tiret et à côt convient au Malbec et au Merlot : on a coutume, pour le premier de ces cépages, de laisser un tiret sur la branche de l'année précédente, au-dessous de l'aste à vin ; il n'en résulte qu'une plus grande abondance de produits, sans nul inconvénient. Le Verdot se taille également à tiret, au-dessus de la latte ; son tronc bifurqué ne présente pas deux longs bras comme les autres variétés, les tirets qu'il porte sont renouvelés souvent à leur base. Ici, comme partout, l'art du vigneron consiste à appliquer à chaque cépage le mode de taille qui lui convient le mieux : l'expérience, sous ce rapport, peut lui venir en aide ; mais les règles qui président à la taille ne lui sont pas d'un secours moins précieux. Elles se résument dans les principes suivants : 1° Établir la vigne sur une base vigoureuse, et, pour cela, ne rien négliger de ce qui peut asseoir solidement sa charpente. 2° La constituer sur deux bras dont la bifurcation, à son origine, ne devra pas s'élever à plus de 15 centimètres au-dessus du sol, la vigne étant déchaussée. 3° Tenir les bras de la vigne aussi bas que possible, sans leur permettre de dépasser la hauteur de la latte : à cet effet, la rabattre souvent. Raccourcir la vigne, c'est la régénérer, disent les vignerons. 4° Armer chaque bras d'une aste à vin munie d'un nombre suffisant de bourgeons, et pourvoir à leur remplacement en se ménageant des côts et des tirets bien placés.

La taille des vignes achevée, si le temps le permet, on s'occupe de placer les carassons et les lattes, puis on lie la vigne. La première de ces œuvres s'appelle *garnissage ;* on y procède de la manière suivante : Les carassons sont *mis sur pointe*, c'est-à-dire qu'on les fiche

d'abord légèrement en terre au pied de chaque cep avec
la main ; toutes les rangées ainsi carassonnées, on
revient sur ses pas, et, à l'aide d'un maillet, on achève
d'enfoncer les carassons à 18 ou 20 centimètres de profondeur. On compte ordinairement deux carassons par
chaque cep : l'un d'eux est placé au pied de la vigne,
et l'autre au milieu de l'intervalle qui sépare chaque
pied de vigne dans la rége. Quand les carassons sont
tous posés, on place les lattes et on les attache au bout
des carassons avec de l'osier ou vime fendu : c'est
ce qui constitue le *levage*. L'espalier est alors dressé.
Dans un garnissage bien fait, les carassons doivent se
trouver aussi bien alignés que possible du même côté,
en sorte qu'on aperçoive tous les ceps d'un côté et tous
les carassons de l'autre ; ceux-ci présentant une légère
inclinaison à gauche, du côté opposé aux ceps, disposition la plus favorable pour pouvoir placer la latte entre
le carasson et les bras de la vigne La perfection de l'alignement a pour effet principal de préserver la vigne des
accidents que le passage de l'araire ne manquerait pas
de lui occasionner si les carassons étaient mal placés.

Dans le Médoc, on n'enlève pas, chaque année, les
tuteurs et autres bois destinés à soutenir la vigne, ainsi
que cela a lieu en Champagne et en Bourgogne ; quand
les carassons et les lattes ont été mis en place, on
n'y touche plus, si ce n'est pour remplacer ce qui est
trop usé.

Au levage succède l'opération du *pliage*. On désigne
sous ce nom l'action de courber les *astes* ou branches

à vin en les attachant aux carassons. Le levage et le pliage, tout simples qu'ils sont, exigent quelques précautions. Ainsi celui qui en est chargé ne doit pas perdre de vue que les bras tendent, chaque année, à s'écarter davantage de la ligne horizontale, et qu'il faut nécessairement peser sur ceux qui sont très développés pour les abaisser au niveau de la latte et les y fixer solidement en pratiquant la ligature à la naissance de l'aste à vin. S'il existe des tirets destinés à remplacer un membre principal, ils doivent nécessairement être penchés dans le sens où incline le membre qu'ils sont destinés à remplacer; si deux branches ont de la tendance à se croiser, il faut s'opposer à la confusion, etc. Une certaine attention doit donc présider au liage et au levage, opérations qui ne sont pas aussi machinales qu'elles le paraissent au premier coup d'œil. Elles sont exclusivement confiées aux femmes, qui s'en acquittent en deux fois; on les paie à raison de 7 francs à 7 fr. 50 par hectare pour ce travail. Il est d'expérience qu'un temps humide favorise le pliage en donnant plus de souplesse et de flexibilité au bois; un froid sec ou un soleil ardent, au contraire, rendent le bois cassant; le vent du nord produit le même effet.

Ordinairement, en Médoc, avant de lever et de plier, on s'occupe du proviguage. L'usage le plus répandu est de provigner en février, aussitôt après la taille de la vigne; on regarde tout le mois de février et le temps qui s'écoule depuis le mois de mars jusqu'à la fin d'avril comme la meilleure époque pour cette opération : elle

occasionne une dépense de 2 fr. 50 à 3 francs par cent
provins. Un des points essentiels pour sa réussite, c'est
que le terrain se trouve dans de bonnes conditions d'assainissement : tout provin fait dans un sol humide est
très compromis. La manière dont on procède au provignage dans le Médoc n'offre rien de particulier. On
creuse un fossé de 40 centimètres de profondeur, on y
met du fumier, puis on y couche la branche du bas de
la souche la mieux appropriée à cette fin. Le pied qui a
fourni la branche à provigner est déchaussé jusqu'aux
premières racines, on l'entoure d'une bonne jointée de
fumier et on le couvre ensuite de terre. L'année qui suit
le provignage, on commence le sevrage : on fait sur le
pied mère, au point même d'où part la branche couchée en terre, une entaille qui entame le vieux pied
jusqu'à la moelle. L'année suivante, on sèvre entièrement
le provin en le séparant tout à fait du pied mère ; on
déchausse le pied sevré, on le débarrasse de tout le vieux
bois extérieur qui le rattachait à la vieille souche, et on
lui donne une abondante fumure. Cette pratique est
générale ; il en est beaucoup, cependant, qui préfèrent
à ce mode les *provins en saute-gric*. Ceux-ci diffèrent
des autres en ce que, au lieu de conserver la souche
mère et de ne lui emprunter qu'une branche pour être
couchée dans le fossé, on la déchausse jusqu'aux racines
et on la renverse complétement au fond de la fosse ; là
les sarments qu'on a choisis sont pliés ou croisés sur
eux-mêmes et on les dirige vers les points d'où l'on veut
qu'ils surgissent hors de terre : la plupart du temps, on

les fait sortir entre deux carassons. Cet usage est très
répandu en Médoc, mais d'habiles praticiens le désap-
prouvent ; ils trouvent qu'en détruisant ainsi la souche
qu'on pouvait conserver encore plus ou moins longtemps, on se prive de produits d'excellente qualité, et
que l'on sacrifie, de cette manière, le certain pour
l'incertain.

Le retour du printemps est ordinairement le signal
du labourage. Les vignes faites reçoivent quatre labours,
et, de plus, deux petites façons à la main pour *renverser
les cavaillons*, c'est-à-dire pour abattre la bande de terre
qui se trouve entre les pieds de vigne dans la rége. A
l'exception des petits propriétaires, qui se servent de la
pioche pour cultiver leurs vignes, tous les autres emploient la charrue. On en distingue deux sortes : l'*araire
cabat* et la *courbe*. La première, devant serrer de très
près les souches, est munie d'un age contourné de gauche à droite, en S à sa partie postérieure, de manière
à pouvoir les raser sans leur nuire; on l'emploie pour
déchausser la vigne. La seconde est destinée à reporter
la terre au pied des souches, à les rechausser : sa cour-
bure, analogue à celle du cabat, est dirigée en sens inverse, c'est-à-dire de droite à gauche, en forme d'S renversée; son soc est plus large que celui du cabat, son
versoir est également plus long et plus large ; elle est
aussi armée d'un coutre plus grand et plus fort.

Le premier labour se donne dans les premiers jours
de mars : c'est ce qu'on appelle *ouvrir la vigne*. Le
laboureur fait passer le cabat de chaque côté de la rége

où sont plantées les vignes; le versoir déplace la terre
et la renverse dans l'intervalle qui sépare les rangées
de vignes; il laisse une raie ouverte à la place du petit
billon qui s'y trouvait. Au fur et à mesure que l'instrument chemine, des ouvriers munis de bêches abattent
les cavaillons et les déversent sur les sillons entre chaque rége. Le second labour a lieu en avril, c'est alors le
tour de la courbe. Elle opère en sens inverse du premier instrument : elle .fend le billon précédemment
formé par le cabat et en reporte la terre au pied des
souches ; un sillon reste alors ouvert dans l'intervalle
des réges, il y fait l'office de rigole d'écoulement d'où
les eaux s'écoulent vers l'extrémité de la pièce. Ainsi
de même au troisième et au quatrième labour : le cabat
repasse de nouveau à la troisième façon, ordinairement
en mai; la courbe fonctionne ensuite et vient compléter
la dernière œuvre du labourage. La charrue' pénètre
ordinairement à 10 centimètres dans le sol ; il est d'usage
de chausser à 16 centimètres de hauteur. S'il se trouve
des provins dans le vignoble , on a soin de faire suivre
la courbe par des ouvriers pourvus d'une pelle; ils
interposent leur outil entre le versoir et les provins,
afin d'empêcher que ceux-ci ne soient couverts par
la terre renversée. Toutes ces façons sont fort importantes, elles ont une action efficace sur la végétation des
plantes. Quand on repasse avec le cabat dans la vigne,
celle—ci est déjà bien développée : la moindre négligence de la part du laboureur peut être fatale aux jeunes pousses; il doit donc raser les pieds de vignes avec

précaution, de peur d'endommager les rameaux. Le quatrième labour, au dire des vignerons, exerce une grande influence sur la vendange ; on ne doit pas le donner avant que le raisin soit déjà noué et que ses grains soient bien formés : cette dernière façon coïncide avec la fin de juillet ou le commencement du mois d'août. Il faut qu'à cette époque la terre soit nette de mauvaises herbes et en bon état d'ameublissement, si l'on veut qu'elle s'imprègne des principes fertilisants répandus dans l'atmosphère ; quand cette double condition se trouve remplie, le développement du raisin en profite d'une manière sensible, sa maturité en est avancée et, par suite, d'autant plus assurée. Le dernier labour, s'il est donné avant le terme voulu, est regardé comme plus nuisible qu'utile.

En même temps qu'on commence à labourer la vigne dans le Médoc, on a coutume de la fumer. Cette plante, dans le sol vif des graves, ne peut se passer d'engrais ; on n'en obtiendrait que des produits insignifiants et elle serait bien vite épuisée, si l'on se dispensait de la fumer : du reste, on ne lui applique qu'une simple fumure d'entretien. On creuse autour de chaque cep un trou carré de 16 centimètres de profondeur, on y dépose le fumier à raison de 1 mètre cube par cinquante pieds de vigne, et on le recouvre avec l'araire courbe : chaque rége est ainsi fumée une fois tous les dix ans. Le fumier, dans cette mesure, n'influe nullement d'une manière fâcheuse sur la qualité du vin ; son seul inconvénient est de multiplier les mauvaises herbes et de faire naître

27

beaucoup de petites racines autour de la souche. Dans les
graves sèches on fume dès le commencement de novembre, dans les terrains plus frais on se trouve mieux de
fumer la vigne en mars ou avril, quand les fortes gelées
sont passées. Les fumiers d'étable forment l'engrais le
plus usité. On emploie également avec succès pour la
vigne le sol des landes et la terre des sentiers. Ces
allées, désignées aussi sous le nom de *capvirades*, servent à la fois à diviser le vignoble en différentes pièces,
et, par leur position en contre-bas, à remplir l'office
de fossés d'écoulement; la terre qu'on en extrait de
temps à autre est transportée à l'aide d'un *bayart* ou
civière, et plus ordinairement au moyen de brouettes,
sur la vigne qu'on veut amender. Ce travail s'effectue
à temps perdu; le plus ordinairement il est confié à des
terrassiers des Pyrénées qui descendent, chaque année,
dans la Gironde.

La floraison de la vigne a lieu habituellement du
10 au 15 juin dans le Médoc. Dès qu'elle est passée,
on procède à l'ébourgeonnement : cette façon s'exécute
avec la serpe dans tous les vignobles et demande à être
suivie avec soin; car non-seulement c'est une taille an-
ticipée dont l'action se fait sentir et sur la récolte pen-
dante et sur la direction future de la vigne, mais elle
exige des modifications suivant le mode de végétation
de chaque cépage. Les Cabernets, par exemple, demandent une main discrète qui retranche avec précaution les gourmands : à un certain âge, en effet, leur vieux
bois n'émet plus de jets. Il n'en est pas de même du

Malbec, du Merlot, et surtout du Verdot ; chaque année, leurs rejets foisonnent, on peut donc les ébourgeonner à fond, sans aucun risque.

Le rognage proprement dit ne s'effectue réellement qu'une seule fois en Médoc, aux approches de la vendange ; il a alors pour but principal de hâter la maturité du raisin en arrêtant momentanément le cours de la séve pour la concentrer spécialement sur le fruit. Le premier retranchement de la sommité des sarments qui s'opère peu de temps après l'ébourgeonnement n'est destiné qu'à ouvrir un passage au laboureur et à ses animaux, il supprime simplement ce qui pourrait gêner leur action : en lui donnant, plus tard, des proportions plus larges, on cherche, il est vrai, à préparer un libre accès aux vendangeurs, mais surtout à favoriser le développement du raisin. Sous ce dernier rapport, c'est la force de la vigne et l'état de la saison sèche ou humide qu'il faut consulter pour déterminer l'intensité du rognage ; on doit aussi se régler d'après la nature des cépages : les Cabernets redoutent moins les suites d'un rognage exagéré que le Merlot, le Malbec et le Verdot. Trop souvent, par malheur, cette utile opération n'est considérée par les vignerons que comme un moyen d'accroître les ressources alimentaires du bétail.

L'usage d'effeuiller ou d'épamprer la vigne est très répandu dans les vignobles du Médoc, mais il s'en faut que ce procédé soit toujours conduit avec l'intelligence et les soins minutieux qu'il exigerait pour être vraiment

efficace. D'une part, on y procède brusquement, sans
les transitions nécessaires pour découvrir le raisin et
l'exposer graduellement à l'action du soleil ; de l'autre,
on soumet uniformément à l'effeuillage toutes les espèces de vignes, précoces ou tardives, vigoureuses ou
délicates, sans distinguer entre le Verdot, si lent à
mûrir, et les Cabernets, moins hâtifs que le Malbec et
le Merlot. On semble oublier, enfin, que l'épamprement convient surtout dans les années froides et humides, qu'on ne doit l'effectuer que lorsque le raisin
est déjà presque mûr ; qu'il importe d'y procéder avec
beaucoup de modération dans le sol brûlant des graves
où un excès de végétation est rarement à craindre, et
que, dans aucun cas, il ne faut enlever le pétiole avec
la marge de la feuille, sous peine de priver les bourgeons des sucs nourriciers que lui apporte cet organe
protecteur.

Tel est le résumé des principaux travaux dont la
vigne est l'objet dans le Médoc. Pendant sa végétation, elle est sujette à être attaquée par divers animaux, dont plusieurs sont pour elle de véritables
fléaux : tels sont, entre autres, certaines espèces de
chenilles, l'altise, l'attelabe appelé *crabe* dans le Médoc,
les limaces, et surtout l'escargot (*Helix aspersa*). Ce
mollusque, seul, cause plus de mal que tous les autres
ensemble : l'unique moyen connu jusqu'ici, pour s'en
débarrasser, consiste à lui faire faire la chasse par des
femmes et des enfants : ceux-ci le ramassent dans des
vases et le portent ensuite sur les chemins, où on

l'écrase. Il cause parfois de grands dégâts lorsque l'hiver est doux et le printemps humide ; on est souvent obligé de faire passer à plusieurs reprises des troupes d'ouvriers dans les vignes pour préserver les premiers bourgeons de ses ravages.

La longévité de la vigne varie selon les localités : d'une durée presque illimitée dans certains crus, elle est, au contraire, rapidement épuisée dans quelques autres, comme à Margaux et à Cantenac, par exemple. Partout on renouvelle le sol par des transports de terre, mais partout aussi on commet la faute de replanter immédiatement après avoir arraché, sans renouveler le terrain par des cultures améliorantes.

Les vendanges, dans les grands crus du Médoc, précèdent de quinze jours celles des autres crus en rouge de la Gironde, et un mois environ les vendanges de Sauternes : dans les bonnes années, elles commencent au 20 septembre ; dans les années moyennes, elles ont lieu depuis le 25 septembre jusqu'au 1ᵉʳ octobre. Quand elles n'arrivent que dans la première quinzaine de ce mois, l'année est réputée médiocre ou mauvaise. Chacun vendange quand bon lui semble, le département de la Gironde n'étant assujetti à aucun ban. Ainsi que partout ailleurs, le raisin, dans le Médoc, est exposé, aux approches de sa maturité, à deux inconvénients, celui d'être brûlé ou échaudé par des coups de soleil, ou d'être altéré par des pluies tardives et prolongées : ce dernier accident se fait sentir plus fréquemment que l'autre. Une petite pluie survenue peu de temps avant la maturité complète ne fait qu'ajouter à la qualité du raisin, tout en accroissant le volume de la vendange.

La vendange, en Médoc, s'effectue aux frais du propriétaire. L'année est-elle prospère, on voit s'abattre sur la contrée des troupes de femmes et d'enfants accourus du Bazadais, du Libournais, des départements voisins, particulièrement de la Charente et des Landes et même des Pyrénées ; si l'année est peu abondante, les gens du pays suffisent à la vendange. Les détails en sont parfaitement organisés. Les femmes et les enfants coupent le raisin, ils le trient sur place et en retranchent tous les grains verts, gâtés ou échaudés, qui nuiraient à la qualité du vin, ce qui n'empêche pas de l'épurer encore plusieurs fois avant de le faire passer par le pressoir. Les vignerons et les hommes d'affaires sont constitués surveillants : à chaque rangée de vignes se trouve un *rangeur*, qui met les raisins dans les paniers et les passe à un *vide-paniers*, dont l'office consiste à les vider, à mesure qu'ils sont pleins, dans de petits baquets de bois appelés *bastes;* on place, en outre, deux *porteurs* par huit rangées de vignes, pour recevoir à dos les bastes pleines et les porter ainsi jusqu'aux charrettes, où deux hommes versent le raisin dans des *douils* et le foulent au fur et à mesure qu'il arrive. Les femmes et les enfants reçoivent 50 centimes par jour et sont nourris et couchés ; les porteurs ont 1 franc avec la nourriture et le coucher ; les ouvriers qui travaillent au pressoir ont le même salaire que ces derniers, avec une légère gratification en sus. Un *commandant* par chaque 9ᵉ ou 10ᵉ rége préside à la manœuvre ; il active les coupeurs, surveille et dirige les opérations depuis la cueillette du raisin jusqu'au moment où, les douils placés sur la charrette étant remplis, un bouvier les conduit au *cuvier*.

On appelle de ce nom le local où le raisin est converti en vin ; en général, on y trouve réunis les pressoirs ou fouloirs et les cuves, les uns rangés d'un côté et les autres placées vis-à-vis, contre le mur opposé. Chaque cuvier renferme ordinairement trois pressoirs : l'un reçoit la vendange, l'autre sert à extraire la rafle, le troisième remplit les fonctions de presse. La plupart des pressoirs sont de bois, mais on en trouve aussi quelques-uns de pierre dans les anciens vignobles, comme à Laffitte, à Calon-Ségur et à Château-Margaux. Les pressoirs ordinaires sont représentés par des cadres formés de madriers de chêne mis sur champ, foncés de fortes planches et mesurant 3 mètres ou 3ᵐ,50 sur chaque côté ; un large trou est ménagé dans leur partie inférieure pour l'écoulement du moût. Les cuves les plus usitées dans le Médoc sont de bois ; leur dimension varie, mais il est d'expérience que le vin des grandes cuves est plus corsé que celui des petites : les unes et les autres restent généralement découvertes pendant la fermentation.

La plupart du temps, la confection du vin est confiée à un paysan vigneron ou à un régisseur ; plusieurs propriétaires, cependant, s'en occupent personnellement.

A peine la vendange est-elle arrivée au cuvier, que

les hommes du pressoir, ordinairement au nombre de
cinq, renversent les douils et les vident sur l'un des
pressoirs. Partout on égrappe : les petits propriétaires
égrappent avec le râteau ; dans les grands vignobles, on
se sert de l'égrappoir. L'appareil le plus généralement
adopté consiste en un cadre de 2 mètres de long sur
1 mètre ou 1 mètre 1/2 de large, porté sur quatre pieds,
de 30 centimètres environ de profondeur et garni de
baguettes de bois aux deux tiers de sa hauteur. Des
hommes armés de pelles jettent la vendange sur l'égrappoir ; d'autres, rangés de chaque côté du cadre, saisis-
sent les raisins avec leurs mains et les ramènent sur
les baguettes ; les grains de raisins tombent à travers les
vides qu'elles laissent, la rafle seule reste au-dessus. Les
deux hommes placés au bout le plus reculé ramènent
alors la vendange et la jettent dans le fouloir suivant,
où un ouvrier la remue avec un râteau et détache les
grains qui sont restés suspendus à la rafle. Quand la
grappe se trouve complétement dépouillée, on la remet,
en tout ou en partie, dans la vendange pour être
foulée ; le surplus est placé sous la presse et serré chaque soir : le jus qui s'en échappe est versé dans le
second vin ou même dans le troisième, s'il est trop
vert. Il suffit de quatre ou cinq minutes pour passer à
l'égrappoir une charretée de vendange contenant deux
barriques de vin. Les rafles enlevées et les grains de
raisin relevés en tas, on procède au foulage. Tout le
Médoc, autrefois, foulait sans exception ; mais aujour-
d'hui la moitié des vignobles s'en dispense et fait le vin

avec des raisins non écrasés : le résultat est le même
par l'une ou l'autre méthode. Les fouloirs les plus
répandus présentent un trou dans le bas; des hommes,
pieds nus, marchent sur le raisin et le piétinent : chez
beaucoup de propriétaires, on fait danser, au son du
violon, les ouvriers chargés de cette tâche; elle ne s'en
effectue que plus vite et plus gaiement. Il faut six ou
huit minutes pour fouler la vendange; ce temps écoulé,
on la relève et on la laisse égoutter. Quand le moût ne
coule plus, on foule de nouveau de la même manière,
et ainsi de suite jusqu'à trois et quatre reprises. Au fur
et à mesure que le foulage se poursuit, le moût tombe
dans une baille appelée *gargouille;* les porteurs de vin
le versent dans des comportes, on le porte ensuite à la
cuve. Ainsi que dans toutes les contrées où le vin se
fait avec soin, les cuves, dans le Médoc, sont préparées
pour recevoir le vin : on les abreuve à l'avance, on les
lave plusieurs fois, et on les éponge avec de l'eau-de-
vie. Il en est de même pour les autres vaisseaux vinaires,
douils, gargouilles, barriques. Celles-ci sont passées
dans deux eaux fraîches, rincées à froid et mises à
égoutter pendant vingt-quatre ou quarante-huit heures,
puis placées dans le *chais,* après avoir été rincées encore avec de l'eau-de-vie et bien bondées. Les cuves
ainsi préparées, les ouvriers du pressoir s'occupent de
les charger. On cherche, autant que possible, à remplir
chaque cuve le soir même du jour où l'on a commencé
à la charger, de manière à n'être pas obligé d'y ajouter,
le lendemain, une nouvelle vendange qui ralentirait la

fermentation; cela fait, on la laisse dans un repos absolu jusqu'à ce que le vin soit formé. La durée du cuvage
n'a rien d'absolu, elle dépend de la température de la
saison et du degré de maturité du raisin; toutefois,
quand l'année se comporte bien, il ne se prolonge pas
au delà de quatre ou cinq jours. Quel qu'en soit le
terme, il est essentiel de décuver le plus tôt possible,
afin qu'il y ait uniformité dans la coloration du vin et
dans sa qualité; cette précaution contribue beaucoup
à lui faire faire une bonne fin. On n'attend pas, pour
écouler, que le vin soit limpide et froid; un cuvage
prolongé donne, il est vrai, plus de plénitude au vin,
mais au détriment du bon goût, du moelleux et de la
délicatesse, qualités précieuses qu'on recherche avant
tout dans le Médoc, où l'on n'a affaire qu'à des vins fins
et riches en bouquet. Lors donc qu'un palais exercé a
reconnu que le moût a perdu sa saveur sucrée et est
arrivé à la saveur vineuse, on procède aussitôt à la mise
en barriques. Au moyen de l'instrument appelé *griffon*
qu'on place sur la bonde, le vin coule clair et limpide
jusqu'à la fin : on met à la bonde un *jau* ou gros robinet; en repoussant la bonde en dedans, le vin coule
dans une gargouille; un ouvrier l'y puise avec un vase
de bois appelé *cane*, et il le répartit par portions égales
dans les futailles, qu'on a préalablement garnies d'un
entonnoir grillé, pour empêcher toute matière étrangère d'altérer la pureté du vin.

Il n'est pas d'usage, dans le Médoc, de mettre à part
le vin de chaque cuve, ainsi que cela se pratique dans

plusieurs départements viticoles. On dispose dans le
chais un certain nombre de barriques calculé d'après la
quantité de vin de premier choix qu'on espère obtenir,
et l'on verse dans chacune une égale portion du vin
provenant de chaque cuve, jusqu'à la dernière qu'on
réserve pour les remplir toutes : ce choix forme le
premier vin. On fait, en outre, un second et un troisième vin. Le second vin se compose des raisins récoltés
dans des vignes de moindre qualité : il a de la force et
de la rondeur ; il se vend à peu près les deux tiers du
prix des vins de premier choix. Le troisième vin est
le produit des vins de presse. Il ne suffit pas que le
vin se rende dans la gargouille, il faut qu'il y arrive
clair. On se sert, dit M. d'Armailhacq, dans son ouvrage sur la culture de la vigne dans le Médoc, d'un
panier profond, en fil de fer, lequel est supporté par
deux traverses portant par leurs deux bouts sur les
bords de la gargouille où tombe le liquide : ce panier
est destiné à recevoir les pulpes et les rafles qui passent
malgré l'office du griffon, ainsi que les pepins.

La plupart laissent écouler en totalité le vin de la
cuve jusqu'à ce qu'il s'arrête de lui-même, ce qui reste
forme le *fond de cuve*. Les fonds de cuve sont toujours
grossiers. Les petits propriétaires, qui ne veulent rien
perdre, ne font qu'un seul vin et mêlent ensemble le
fond de cuve et le premier vin ; mais ceux qui sont
jaloux de faire du vin fin et moelleux n'agissent pas
ainsi, ils surveillent avec soin la fin de la cuve. Dès
qu'ils s'aperçoivent que la liqueur commence à devenir

trouble, ils ferment le jau, répartissent également entre
les barriques le vin de premier choix que contient la
gargouille, puis ils ouvrent de nouveau le jau pour faire
couler le résidu : celui-ci n'entre que dans le second
vin. Cette manière d'opérer n'est pas si générale, toutefois, que certains propriétaires éclairés ne mêlent aussi
leur fond de cuve dans la masse du vin : suivant eux,
le fond de cuve nourrit le vin. Mais, au premier soutirage au fin, ils ont soin de laisser au fond de la barrique le vin qui paraît trouble ou semble avoir perdu
de sa limpidité : cette sorte de lie ne ferait qu'altérer la
délicatesse du vin, si on la conservait plus longtemps
dans les barriques. Le pressurage suit de près l'écoulement de la cuve. Le vin qu'on en obtient a l'avantage
d'être très foncé en couleur, mais il est rude et épais :
on ne le mêle jamais au premier vin en Médoc; on le
coupe souvent avec des vins blancs, ce qui le rend
moins dur, plus léger et en fait une boisson de ménage
très potable. Le remplissage des barriques doit se faire
le plus rapidement possible, en deux ou trois jours,
quand on veut conserver toutes ses qualités. L'ouillage
est observé avec soin : pendant le premier mois, on
ouille tous les quatre ou cinq jours, le second mois tous
les huit jours, et ensuite tous les quinze jours, jusqu'au
soutirage; on n'emploie jamais que du vin de même
qualité pour ouiller. Le soutirage se répète jusqu'à
trois fois la première année : en janvier ou février, en
juin• et en septembre; les années suivantes, on se contente de deux soutirages. En général, le vin reste quatre

ans en barriques, dans le Médoc, avant d'être mis
en bouteilles; il est ordinairement bon à boire à six
ans, mais on ne saurait établir aucun principe à cet
égard. Ainsi, des vins de l'excellente année 1825 n'ont
pu être appréciés que vingt ans après; les 1828 se sont
faits dans le temps ordinaire, en sept ou huit ans; on
a attendu longtemps les 1831; 1834 et 1847 ont été
précoces, tandis que 1846 n'est pas encore prêt. La
maturité du vin n'a rien d'absolu; elle dépend de l'année plus ou moins favorable qui l'a produit.

Le Médoc compte environ 20,000 hectares de vignes
dont le rendement moyen, calculé à raison de deux
tonneaux par hectare, soit 18 hectolitres 24 litres,
forme un total de 40,000 tonneaux. Sur cette quantité,
4,500 tonneaux ne contiennent que des vins de qualité
supérieure; il s'en produit annuellement autant en vins
simplement fins, ce qui élève le chiffre de tous les vins
fins de cette contrée à 9000 tonneaux, ou 82,000 hectolitres : le reste, bien que vendu sous le nom de *vins de
Médoc*, ne sort pas du cercle des vins ordinaires.

Les vins fins du Médoc peuvent être rangés sous
trois catégories principales : les *vins classés*, provenant
des vignobles situés dans certaines communes de l'arrondissement de Bordeaux et de Lesparre; 2° les *vins
bourgeois*, subdivisés en *bourgeois supérieurs*, en *bons
bourgeois* et en *bourgeois ordinaires ;* 3° les *paysans*, ou
vins des petits propriétaires.

Quelle que soit la catégorie à laquelle ils appartiennent, tous les vins du Médoc se reconnaissent à

certains caractères généraux qui ne permettent pas de
les confondre avec des vins d'une autre origine. Ils se
distinguent, en effet, tout d'abord, par une légère
âpreté qui leur est spéciale, par leur finesse, leur séve,
leur moelleux, et surtout par le bouquet qu'ils exhalent
après plusieurs années de garde; tous jouissent, en
outre, de cette propriété remarquable, de pouvoir être
bus à haute dose sans fatiguer la tête ni l'estomac. Sous
ce rapport, aucun autre vin de France ne peut leur être
comparé, et mieux qu'aucun d'entre eux ils supportent
le transport, et particulièrement les traversées de long
cours, qui les bonifient d'une manière surprenante.

Dans son traité sur les vins du Médoc, William Franck
énumère une soixantaine de crus classés, et, d'accord
en cela avec la classification adoptée par le commerce
de Bordeaux, il les répartit en cinq grandes divisions.

La première classe renferme les trois premiers crus
de tout le Médoc, rangés dans l'ordre suivant :

1° Château-Margaux, récoltant annuellement de 100
à 110 tonneaux de vin ;

2° Château-Laffitte, récoltant annuellement de 120
à 150 tonneaux de vin ;

3° Château-Latour, récoltant annuellement de 70 à
90 tonneaux de vin.

Le vignoble de Château-Margaux s'étend sur 80 hectares. Le sol consiste en une grave de couleur grise,
avec sous-sol de poudingue tantôt argileux, tantôt
sablonneux et souvent veiné d'oxyde de fer. L'exposition de l'est et du couchant domine, cependant le meil-

leur quartier du vignoble, le Sampeyre, regarde à la fois le sud et le nord : le vin est de première qualité à cette double orientation. Le Cabernet-Sauvignon occupe la moitié environ de ce cru célèbre.

Le vin de Château-Margaux, provenant d'une grande année, est le premier des vins du Médoc; aucun vin de Bordeaux ne peut lui être opposé, Laffitte et Latour eux-mêmes pâlissent à côté de ce nectar incomparable :

> Idole des gourmets, c'est le plus grand des trois,
> Il est seul sur son trône, il est le roi des rois.

(BIARNEZ.)

Dans les années médiocres, au contraire, Laffitte et Latour lui sont supérieurs. Château-Margaux a plus de finesse et est plus riche en séve, mais moins corsé que Saint-Julien et que Pauillac. Soumis à l'analyse, le sol de Château-Margaux présente la composition suivante :

Oxyde de fer.	3,341
Alumine.	1,590
Magnésie.	0,263
Silice soluble	0,380
Acide phosphorique	0,147
Potasse de soude.	1,291
Carbonate de chaux	0,891
Matières organiques	6,670
Résidu insoluble	85,427
	100,000

Château-Laffitte possède 67 hectares de vignes. Le sol est très accidenté; il se présente sous l'aspect d'une

grave forte, regardant toutes les expositions, mais où
domine celle du nord. Le sous—sol offre beaucoup d'uniformité; il se compose d'une grande quantité de quartz
roulés de diverses grosseurs, mêlés avec le sable et l'argile. Le Cabernet-Sauvignon peuple les cinq huitièmes
du vignoble; il se trouve associé au Cabernet gris et au
Merlot.

Le vin de Laffitte, aussi moelleux que celui de Château-Margaux, n'en a pas la finesse, mais il rachète ce
désavantage par plus de corps et une séve des plus
distinguées.

Château-Latour ne compte que 42 hectares. Ses
vignes reposent sur une grave forte, à sous—sol compacte et mêlé de beaucoup de graviers. Il est moins
accidenté que Laffitte; ses pentes inclinent généralement au nord et au sud. Le Cabernet-Sauvignon entre
pour les deux tiers dans les plantations de ce vignoble,
où l'on trouve encore du Cabernet gris et du Malbec,
ce dernier relégué dans les bas-fonds.

Le vin de Château-Latour est le plus corsé des trois
grands vins du Médoc, mais il a moins de finesse et
de bouquet que Laffitte et Margaux.

La seconde classe des vins du Médoc comprend les
vignobles suivants :

	CONTENANCE en hectares.	RENDEMENT en tonneaux, d'après MM. Franck et d'Armailhacq.	
De Branne-Cantenac.	45	50 à 60	»
Cos-Destournel.	28	60 à 70	60
Durfort de Vivens	32	30 à 35	45

	CONTENANCE en hectares.	RENDEMENT en tonneaux, d'après MM. Franck et d'Armailhacq.	
Gruau-Larose	51	100 à 120	120
Lascombe	21	15 à 20	20
Léoville. { Lascases	65	80 à 100	130
Poyferé	30	40 à 50	60
Barton.	25	25 à 70	50
Mouton-Rothschild.	52	120 à 140	90
Pichon de Longueville.	50	100 à 120	100
Rauzan-Rauzan	51	70 à 80	70

Dans la troisième classe se trouvent rangés les vignobles ci-après :

Issan.	43	50 à 70	»
Desmirail	14	30 à 40	20
Philippe-Dubignon.	13	15 à 20	10
Beau-Caillou	35	100 à 120	80
Fruitier	38	60 à 70	90
Ganot	16	20 à 25	22
Giscours.	45	80 à 100	80
Kirwan	24	35 à 40	36
Lagrange.	122	120 à 150	250
Langoa-Barton.	70	100 à 120	»
Pouget et Chavaille	11	25 à 30	20
Lacolonie et Malescot	50		70

La quatrième classe renferme :

Talbot	69	70 à 80	120
Beychevelle	40	100 à 120	80
Calon - Lestapis , autrefois Calon-Ségur	55	120 à 160	120
Carnet.	52	100 à 120	100

	CONTÉNANCE en hectares.	RENDEMENT en tonneaux, d'après MM. Franck et d'Armailhacq.	
Castéja à Milon	30	60 à 70	70
Dubignon M.		12 à 15	»
Duluc aîné.	60	80 à 90	130
Verrière	8	10 à 15	1
Rochet.	22	30 à 40	50
Lalagune	36	40 à 50	40
Solberg	30	25 à 30	30
Pagès au prieuré	11	25 à 30	20
Palmer.	85	50 à 60	110
Saint-Pierre. { . . . . 18 / . . . . 9 } / 9		50 à 70	80

Enfin, la cinquième classe contient, entre autres vignobles :

Batailley	34	60 à 80	85
De Bedout.	17	50 à 55	35
Canet-Pontet.	67	100 à 120	140
Cantemerle	91	120 à 130	160
Jurine	40	100 à 120	80
Ducasse	33	80 à 90	100
Le Grand-Puy.	52	50 à 60	100
Montpeloup-Castéja	14	25 à 30	20 à 24

Le prix des vins de Médoc, ainsi que celui des autres contrées, varie nécessairement selon les années et l'importance des demandes. Jusque dans ces derniers temps, il existait un rapport exact entre le prix des vins des premiers crus et celui du vin des autres classes. Quand

l'année était favorable, les secondes classes se vendaient
300 francs au-dessous des premières, les troisièmes
300 francs au-dessous des secondes, et ainsi de suite jusqu'à la cinquième classe qui, de cette manière, obtenait
juste la moitié du prix des vins de première classe, cotés
sur le pied de 2,400 francs le tonneau au moment du
tirage. Mais les premiers crus de Château-Margaux et de
Latour ayant été livrés, par abonnement, à un prix fixe
de 2,100 francs le tonneau pendant neuf ans, les vins
de Laffitte se sont trouvés seuls à la disposition du commerce ; ils ont servi d'abord de régulateur, mais leur
taux s'étant élevé d'une manière exagérée, le rapport
entre les vins classés du Médoc s'est naturellement modifié, on a cessé de se régler sur les premiers crus, le
prix s'est établi d'après celui des vins de la seconde classe,
au grand préjudice des vins de la cinquième, qui ne se
sont plus vendus ainsi que la moitié du prix attribué aux
secondes classes, au lieu d'obtenir, comme autrefois, la
moitié du prix attribué aux vins de la première classe.

Si l'on prenait pour point de comparaison les prix de
vente d'une des grandes années du Médoc, on aurait une
idée exagérée de la valeur réelle des produits viticoles
de cette contrée : en 1844, par exemple, Laffitte a
vendu une partie de ses vins 4,500 francs le tonneau
(9 hectolitres 12 litres) ; Haut-Brion, 3000 francs;
Mouton, 2,500 francs; Lagrange, 1,900 francs; Kirwan,
1,850 francs ; Giscours, 1,800 francs, Langoa-Barton,
1,600 francs. Mais d'après M. d'Armailhacq, ce sont là
des prix maxima pour chaque classe : les deuxièmes crus,

vendus 2,500 francs en 1844, ne se vendent, dans les
années ordinaires, que 12 ou 1,400 francs le tonneau;
les vins de troisième classe valent ordinairement de
800 à 1000 francs le tonneau; ceux de quatrième classe
s'en éloignent peu; enfin le prix des vins de la cinquième
classe du Médoc ne dépasse guère 6 ou 700 francs dans
les années normales. Les mêmes réflexions s'appliquent
aux autres vins de cette contrée. Les bourgeois supérieurs, en 1844, se sont vendus de 1000 à 1,200 francs;
les bons bourgeois ordinaires de 7 à 800 francs.

Les paysans de Pauillac et de Margaux servent de
régulateurs pour plusieurs vignobles de la même catégorie : les meilleurs obtiennent ordinairement la moitié
du prix accordé aux vins de la cinquième classe; en
1844, ils se sont vendus jusqu'à 600 et 650 francs le
tonneau, mais c'est encore là un prix forcé; dans les
années ordinaires, il ne faut compter que sur la moitié
de ce chiffre. Laissant donc à part ce que des cas de
réussite ou d'insuccès exceptionnels peuvent amener
d'insolite dans le prix des vins de Médoc et ne tenant
compte que des ventes moyennes comme base régula-
trice, on trouve les prix suivants :

1re classe (hors ligne) de	2 à 5000 fr. le tonneau.
2e classe	12 à 1400	—
3e classe	800 à 900	—
4e classe	700 à 900	—
5e classe	600 à 700	—

D'après cette même échelle, les bourgeois supérieurs
valent, en moyenne, de 4 à 500 francs le tonneau; les

bourgeois ordinaires de 350 à 400 francs, et les paysans,
de 300 à 325 francs : pour ces derniers, les prix, en
général, sont les mêmes dans chaque village ; ils s'éta-
blissent de village à village, sans aucune différence de
cru à cru. La plupart des achats en Médoc se traitent par
l'entremise de courtiers. Ceux-ci, en général, connais-
sent le fort et le faible des contrées qu'ils exploitent ; ce
sont eux qui visitent les celliers, qui dégustent les vins
et les classent aux rangs qui leur appartiennent : il n'est
pas rare de les voir tantôt élever, tantôt abaisser les
produits de certains crus, suivant que ceux-ci ont été
plus ou moins bien conduits. La plupart du temps les
négociants acceptent leur jugement ; mais, il faut le dire,
le propriétaire ne partage pas toujours leur avis et taxe
souvent leurs décisions d'arbitraire ; mais, en fin de
compte, il les lui faut subir pour peu qu'il y ait encombrement sur le marché.

L'Angleterre, la Hollande, la Russie, tout le nord de
l'Europe, sont les principaux débouchés des vins de
Médoc. Les premières classes sont rarement bues en
France, elles passent presque toutes à l'étranger. Les
vins de Médoc, destinés pour l'Angleterre, subissent,
avant leur expédition, une préparation particulière qui
consiste à les mélanger avec une certaine quantité de vins
du Midi, notamment avec les vins rouges de l'Ermitage :
cette alliance, réclamée par des palais accoutumés aux
vins de Porto et aux liqueurs fortement alcoolisées,
communique nécessairement aux vins de Médoc un degré
de chaleur et de spirituosité qu'ils ne possèdent pas na-

turellement; mais ils leur font perdre en même temps
une partie de cette finesse et de ce moelleux qui résident
tout entiers dans la séve. L'art peut bien essayer de se
les approprier, mais il ne les imite jamais qu'imparfaitement : les grands vins de Médoc, pour jouir de toutes
leurs perfections, ne veulent d'aucun mélange.

VINS DE GRAVES.

On donne spécialement le nom de *graves*, dans la
Gironde, à cette couche de graviers mêlée de sablons,
de sable et d'une proportion plus ou moins forte d'argile
qui recouvre les plateaux et les collines de formation
tertiaire aux environs de Bordeaux. Elles occupent les
plaines hautes, voisines des confluents de la Garonne
et de la Dordogne, du Céron et de la Garonne, de l'Ille
et de la Dordogne, et embrassent une zone de près de
50 kilomètres, depuis Châtillon-sur-Gironde jusqu'au
delà de Langon. Formées en grande partie de quartz
roulés, elles varient d'épaisseur et reposent tantôt sur
l'argile, tantôt sur le roc calcaire, d'autres fois sur l'alios,
comme dans certaines parties du Médoc. La vigne y
réussit particulièrement. Les vins rouges qu'on y récolte sont, en général, plus corsés, plus colorés et plus
spiritueux que ceux du Médoc ; mais ils ont moins de
bouquet et leur séve est toute différente; il leur faut, en
outre, six et huit ans de tonneau avant de pouvoir être
mis en bouteilles, mais après ce temps ils sont d'excellente garde. A l'exception d'un seul vin rouge, consi-

déré avec raison comme un des plus grands vins de
la Gironde, les Graves sont plus remarquables par leurs
vins blancs que par les vins rouges qu'elles produisent ;
on en distingue deux sortes : suivant que les vins blancs
proviennent des vignobles situés sur l'une ou l'autre
rive de la Garonne, ils sont légers, peu spiritueux, d'une
transparence remarquable, avec un bouquet prononcé
de pierre à fusil ; les autres sont plus moelleux. C'est
dans cette dernière catégorie que se trouvent les fameux
vins de Bommes, de Barsac et de Sauternes.

La première qualité des vins rouges de Graves appar
tient, sans contredit, au *Château-Haut-Brion*. Ce
vignoble d'élite, situé dans la commune de Pessac, à
6 kilomètres de Bordeaux, dont les produits sont classés
immédiatement après Margaux, Laffitte et Latour, se
compose de 44 hectares ; le mode de culture qu'on y
suit diffère des usages du Médoc : il représente exactement les procédés particuliers aux Graves. Son sol consiste en une grave profonde, très sablonneuse, en pente
douce, tournée vers le sud. La grosse Vidure et la
Vidure-Sauvignone, associées au Malbec et au Cruchinet, en sont les principaux cépages. Les ceps, à
1^m,16 en tous sens, occupent, sur deux et quatre rangs,
des réges de 2^m,33 à 4^m,66 de large et légèrement bombées vers le milieu pour l'écoulement des eaux. A partir
de la quatrième feuille, la vigne est dressée d'abord sur
deux bras, et ensuite sur trois coursons, soutenus chacun par un échalas de 2^m,33 de haut. On la taille à aste
et à côt : la première porte de six à sept yeux, l'autre

n'en a jamais plus de quatre. Elle reçoit quatre façons
annuelles, toutes à bras : la première avant le développement des bourgeons, la seconde avant la fleur, la
troisième quand le raisin est près de nouer, et la dernière lorsqu'il commence à tourner. L'ébourgeonnement et le liage ont lieu vers la Saint-Jean; on ne rogne
pas, on se borne à relever; l'effeuillage n'est usité que
dans les années pluvieuses. Vendanges et vinification
s'opèrent comme dans le Médoc.

Le vin de Haut-Brion se distingue par une belle couleur, un bouquet fort agréable et beaucoup de vivacité;
il ne lui manque qu'un peu plus de moelleux pour
égaler les plus grands vins de Médoc.

Après Haut-Brion, mais à une grande distance de cet
excellent vin, les vins du Haut-Talence sont les plus
recherchés dans la catégorie des vins rouges de Graves;
viennent ensuite ceux de Mérignac, de Carbonnieux et
de Léognan. Le vin de Mérignac ne manque pas de
délicatesse; celui de Carbonnieux se recommande par
une jolie couleur, beaucoup de corps et de générosité :
c'est presque un Bourgogne Bordelais; le vin de Léognan ne forme qu'un bon ordinaire.

La culture des vignes blanches est à peu près la
même dans toute l'étendue des Graves. Le sol est préalablement défoncé à 0m,50 de profondeur. La plantation a lieu en mai et, de préférence, du 1er au 15 de ce
mois; on se sert exclusivement de boutures. Le Sémillon et le Sauvignon, mêlés à quelque peu de Muscadelle, sont les seuls cépages employés. Le premier

occupe les deux tiers du terrain; les ceps sont placés à 1 mètre les uns des autres dans les lignes, celles-ci espacées à 0^m,90. A Barsac, les vignes se cultivent à la main ; à Sauternes et dans le Haut-Preignac, elles sont en joualles et travaillées à la charrue : on leur donne trois façons chaque année. A la fin de la première feuille, on taille très court, on fume vers la troisième année, on dresse ensuite la vigne sur deux bras, et, à la fin de la cinquième année, on l'établit définitivement sur trois coursons. La taille se pratique depuis décembre jusqu'à la fin de février ; elle s'opère de même que sur les vignes rouges, avec cette différence essentielle que ce qui est aste chez celles-ci devient côt chez les autres et porte généralement deux yeux : le Sauvignon est ordinairement chargé d'un œil de plus que le Sémillon. On ébourgeonne avant la floraison ; on ne rogne pas, mais on épampre, en ayant soin de laisser quelques feuilles au Sémillon du côté du midi, afin de l'abriter des rayons trop vifs du soleil; cette précaution n'est pas nécessaire pour le Sauvignon, on l'effeuille compléte- ment jusqu'au-dessous du raisin.

Les vendanges arrivent généralement dans les pre- miers jours d'octobre, elles se continuent souvent jus- qu'à la Saint-Martin à Sauternes. On y procède ordinai- rement à trois reprises, par trois triages qui ont pour effet d'enlever chaque fois, sur la même grappe, avec des ciseaux, les grains pansis au soleil et ceux qui sont *pourris* et couverts de moisissure : c'est dans cet état qu'ils donnent le meilleur vin. La population du pays

suffit à ces vendanges partielles. Le raisin, cueilli le
matin, est transporté au cuvier, foulé et pressé chaque
fois et mis aussitôt en barriques. A peine le moût est-il
écoulé, qu'on relève la vendange sur le pressoir ; celle-ci
est foulée avec les pieds, et ainsi jusqu'à trois reprises.
Vient ensuite le tour du marc ; on le soumet à l'action
de la presse, le jus qui s'en échappe est mêlé avec
le premier moût obtenu par le foulage et constitue le
premier vin. Pour les vins blancs, on laisse toujours
bonde dessus ; tant qu'ils restent en barriques, on les
ouille tous les huit ou quinze jours ; on bonde du 11
au 15 novembre, on *débourre* à Noël, et l'on soutire
trois fois la même année, en mars, en juin et à la fin
d'août ou au commencement de septembre. A chaque
soutirage, mais surtout au premier, on mute le vin
blanc dans le double but d'éteindre la fermentation et
d'obtenir de la blancheur. La proportion du soufre
varie selon que le vin est plus ou moins liquoreux : il
faut d'autant plus de soufre que le vin a plus de douceur. Après trois ou quatre ans de tonneau, le vin
blanc est bon à transvaser, on le fouette avant de le
mettre en bouteilles ; sa durée est, pour ainsi dire, illimitée dans ces conditions.

Barsac, Sauternes, Bommes, sont les principaux crus
en blanc des terrains de Graves.

Les vins de Barsac ont beaucoup de corps, de spiritueux et de bouquet ; ils sont plus capiteux que le Sauternes ; ils s'en distinguent aussi par une séve plus vive
et par leur couleur plus ou moins ambrée. Le *Château-*

Contet passe, avec raison, pour le premier cru du territoire de Barsac.

Le vin de Sauternes se fait principalement remarquer par son moelleux, sa finesse, sa transparence et son bouquet des plus agréables. Le *Château-Iquem* en est la plus haute expression et peut être regardé comme un des premiers vins de France ; il fournit annuellement une centaine de tonneaux. Dans de grandes années exceptionnelles, Iquem devient tout à fait liquoreux ; il parvient alors à une grande finesse et acquiert un bouquet si riche, qu'il ne saurait être trop payé : dans ces conditions il vaut, s'il ne surpasse même, nos meilleurs vins de paille ; dans les bonnes années ordinaires, il conserve sur les autres vins de Sauternes une supériorité relative, il est toujours plus ou moins liquoreux. Les autres crus de Sauternes participent, à différents degrés, de ses qualités. Iquem, en 1844, a valu jusqu'à 1,200 francs le tonneau. Le sol d'Iquem, soumis à l'analyse, présente la composition suivante :

Oxyde de fer.	2,856
Alumine.	4,675
Magnésie.	0,456
Silice soluble	0,429
Acide phosphorique	0,109
Potasse et soude	1,167
Carbonate de chaux.	0,830
Matières organiques	5,469
Résidu insoluble.	84,009
	100,000

Bommes confine aux vignobles de Sauternes et de Preignac; son vin est placé sur la même ligne que ces deux grands crus.

Preignac, situé entre Barsac, Bommes et Sauternes, fournit un vin moins capiteux que celui de Sauternes et de Barsac; il est pourvu d'une séve fort agréable; sa couleur est légèrement ambrée.

Le vin blanc de Carbonnieux a plus d'une analogie avec le Sauternes, mais avec cette différence que, dans les années où celui-ci est liquoreux, le Carbonnieux n'est qu'à demi-liquoreux, et lorsque le Sauternes est semi-liquoreux, l'autre prend alors tous les caractères d'un vin sec; sa séve ne manque pas de finesse et se reconnaît à un goût prononcé de pierre à fusil, mais on y trouve moins de corps et de spirituosité que dans le Sauternes, dont le vin, au reste, lui est très supérieur.

Le vin blanc des Graves a son principal débouché dans le nord de l'Europe, surtout en Russie.

VINS DE COTES.
VIGNOBLE DE SAINT-ÉMILION.

Les vins désignés communément sous le nom de *vins de côtes*, dans la Gironde, s'obtiennent sur la chaîne de coteaux qui s'étend sur la rive droite de la Garonne, depuis Ambarez jusqu'à Sainte-Croix-du-Mont. Le nord de cette contrée produit, en général, des vins d'une couleur foncée, quelquefois durs et âpres en primeur, mais se bonifiant avec l'âge ; ils s'expédient sous le nom de *vins de bonnes côtes.* Dans la partie méridionale on récolte peu de vins rouges, encore sont-ils médiocres ; en revanche, on fabrique beaucoup de vins blancs, secs comme ceux des Graves et connus sous le nom de *vins de petites côtes.* Sous ce même titre, le commerce de Bordeaux comprend encore les vins de la rive droite de la Dordogne, depuis Bourg, à 20 kilomètres au nord de Bordeaux, jusqu'à Fronsac, distant de 24 kilomètres au nord-est de la même ville ; ils ont du corps, de la finesse et une jolie couleur. Mais, de tous ces vins, les plus renommés, à juste titre, sont ceux qu'on récolte sur la commune de Saint-Émilion ; ils en portent le nom. Quelques communes limitrophes, telles que Saint-Laurent, Saint-Hippolyte, Saint-Christophe-de-Saint-Georges, donnent aussi de bons vins, mais moins fins que ceux de Saint-Émilion ; la commune de Pomerol, seule, rivalise avec ces derniers : ses produits, toutefois, ont un cachet différent et se vendent, d'ailleurs, sous le nom de *vins de Pommerol.*

Le vignoble de Saint-Émilion compte 1,049 hectares 82 ares. Les premières qualités s'obtiennent sur les plateaux de la Madeleine et de Saint-Martin et sur les coteaux inclinant au sud et à l'ouest de la partie méridionale et occidentale des côtes dites de Saint-Émilion. On trouve encore des vins de premier choix au nord de la ville, sur les coteaux de Soutard et du Cadet, ainsi qu'au nord-ouest sur les terrains graveleux et ferrugineux de la section de Figeac et du Cheval-Blanc.

Sur les coteaux, le sol, calcaire-argileux, est assis sur le roc ; au bas des côtes et dans les plaines qui s'étendent vers le sud, l'ouest et le nord-ouest, le terrain, sablonneux, repose le plus souvent sur un sous-sol ferrugineux. Sa pente générale est tournée au sud et à l'ouest.

Le *Noir de Pressac*, le *Merlot* et le *Bouchet* ou *Cabernet*, chacun dans la proportion d'un tiers, peuplent exclusivement le vignoble de Saint-Émilion.

Suivant que le terrain est plus ou moins sec, on le défonce à 33 ou 50 centimètres de profondeur. La plantation s'effectue en lignes régulières; les ceps sont placés tantôt à 1^m,16 dans un sens et à 1^m,33 dans l'autre sens, souvent à 1^m,16 en tous sens. On préfère les boutures dans les sols sablonneux et les barbeaux ou plants enracinés pour les sols argileux; ces derniers sont mis en terre à la fin de l'hiver, les autres ne sont plantés que dans le courant de mai. On se sert d'un pal de fer pour ouvrir les trous, l'instrument descend à 33 centimètres de profondeur; on laisse passer trois yeux hors de terre sur chaque sarment. L'année de la plantation, les cultures se bornent à deux façons à la marre ou bigot; il est rare qu'on fume en plantant. La vigne est dressée sur plusieurs bras. Les deux premières années, on la déchausse et l'on supprime les racines coronales; vers la troisième année, on place les échalas : ceux-ci ont tantôt 2 mètres, tantôt 2^m,33 de hauteur; ils sont désignés sous le nom de *carassonnes*. La taille s'effectue en novembre et décembre, et, au-

tant que possible, avant Noël. Le Noir de Pressac ne se
taille qu'à côt à Saint-Émilion; le Bouchet et le Merlot,
au contraire, se taillent à l'aste. A la fin de janvier, le
vigneron *sécaille*, c'est-à-dire qu'il enlève les échalas
usés et ceux dont la pointe a besoin d'être rafraîchie;
cette opération faite, il les fiche au point où l'aste doit
être attachée, en observant l'alignement primitif. Le
reste de l'hiver se passe à préparer les fosses à provins
et à faire les transports de terre ou de fumier destinés
à fortifier la vigne. En mars, commence le bêchage.
Les vignes faites reçoivent ordinairement trois façons au
bigot : la première vers le 15 mars, la seconde dans
les premiers jours de juin, et la troisième vers le mois
d'août, après la moisson et le battage du blé. Dans le
cours de la végétation, on supprime les bourgeons
adventifs sur le vieux bois, à moins que le pied, trop
élevé, ne demande à être rabattu, auquel cas on réserve un bourgeon bien placé, sur lequel on ravale le
cep. Chaque pied de vigne est solidement attaché à la
carassonne par un brin de vime. Quand les pousses sont
bien développées, on relève les *flages* ou pampres, et
on les maintient contre l'échalas avec du jonc ou de la
paille de seigle; cette opération se répète encore deux
fois avant la vendange. Le rognage est inusité; mais,
si l'année n'est pas très chaude, aux approches de la
maturité, quand le raisin change de couleur, on effeuille
les pieds les plus touffus, en ayant soin de laisser quelques feuilles au-dessus des raisins pour les préserver de
l'action trop vive du soleil.

La vigne dont la plantation a bien réussi commence
à produire à la cinquième année, elle est en plein rapport à dix ans. Les vignobles réputés pour la qualité de
leurs vins ne rendent pas plus de six barriques, soit
13 hectolitres 68 litres, en moyenne, par hectare ; dans
les vignes communes, on obtient près du double. Les
vendanges ont lieu généralement, à Saint-Émilion, du
15 septembre au 10 octobre, selon que l'année s'est
montrée plus ou moins favorable ; celles faites en septembre se distinguent ordinairement par la qualité : elles
durent le plus souvent de quinze à vingt jours. Les cuves
sont toutes de chêne ; suivant leur capacité, elles peuvent
écouler douze, vingt-quatre ou quarante-huit barriques ;
les cuves moyennes sont préférées à Saint-Émilion : on
ne les couvre pas. La plupart des propriétaires sont dans
l'usage de fouler le raisin avant de le jeter dans la cuve ;
l'égrappage n'est pratiqué que par un petit nombre de
personnes. En général, huit jours de cuvage sont regardés comme suffisants pour les bons vins de Saint-
Émilion ; dans certaines années, on s'est même contenté
de quatre jours. Au sortir de la cuve, le vin est mis dans
des futailles neuves ; il ne tarde pas à s'y éclaircir : aussi
peut—on, sans inconvénient, le bonder aussitôt, mais
avec la précaution de ne pas serrer la bonde dans les
premiers jours. Au décuvage, on répartit le coupage
aussi également que possible entre les barriques, de manière qu'elles présentent toutes la même qualité de vin.
Les propriétaires président eux-mêmes à cette opération ; le soin avec lequel on y procède facilite beaucoup

la vente de la récolte. On ouille une fois par semaine et pendant toute la première année, même après le soutirage de mars ; le second soutirage a lieu en septembre : on peut alors mettre la barrique bonde de côté sans nul inconvénient ; dans les années où le vin est très généreux, on ne met les barriques bonde de côté qu'au bout de dix-huit mois ou deux ans.

Les bonnes qualités de vins de Saint-Émilion peuvent être mises en bouteilles vers quatre ans et doivent l'être, en tous cas, vers la sixième année : un plus long séjour en barriques et des soutirages trop répétés exposeraient le vin à *maigrir*, il cesserait d'être charnu et perdrait le goût riche et étoffé qui caractérise les premiers choix. Le Saint-Émilion, mis en verre avant l'âge de quatre ans, dépose davantage ; mais il n'en est pas moins bon pour cela, seulement il faut le décanter avant de le boire.

Le Saint-Émilion est, sans contredit, la plus haute expression des vins de côtes. Il a du corps, une belle couleur, une séve agréable, de la générosité et un bouquet tout particulier, qu'on trouve surtout dans les meilleurs quartiers de ce vignoble distingué. Le bon vin de Saint-Émilion, après les premières années, doit avoir une couleur foncée brillante et veloutée et un cachet d'amertume qui flatte le palais ; il faut, en outre, qu'il ait du corps, ce qui ne l'empêche pas de devenir plus tard très coulant. Après six mois de bouteille, il gagne singulièrement en finesse ; il est dans toute sa perfection de dix à vingt ans.

Les premières qualités de Saint-Émilion, en nou-

veau, valent, terme moyen, 300 francs le tonneau ou
les quatre barriques, jaugeant chacune 2 hectolitres
28 litres, ce qui porte la barrique à 75 francs; les qualités secondaires ne valent que moitié de ces prix. Les
principaux débouchés, pour les vins fins, sont le nord
de la France et la Belgique, mais surtout la Hollande,
le Danemark et la Suède; les Saint-Émilion deuxième
qualité vont à Paris.

Canon, petite portion du territoire du Fronsadais,
récolte à mi-côte, mais en petite quantité, un vin très
généreux, ferme et très coloré, très distinct du vin de
Saint-Émilion; il ne communique pas sa distinction
aux crus environnants et n'est l'objet que d'un commerce très limité; il se vend plutôt au-dessus qu'au-
dessous des prix de Saint-Émilion. Les autres parties
du Fronsadais ne fournissent que des vins ordinaires,
auxquels on reproche un peu de sécheresse.

VINS DE PALUS.

Ainsi que l'indique son étymologie latine, le nom de
palus s'applique aux alluvions à fond tourbeux et ma-
récageux qui bordent les rives de la Garonne, près Bordeaux. Formés par les atterrissements du fleuve, sous
la puissante influence des marées et enrichis du tribut
incessant que leur apportent de nombreux petits cours
d'eau, ils se présentent sous l'aspect de terrains argilo-
calcaires d'une haute fertilité; le Merlot, le Malbec ou
Malausat, et surtout le Gros et le Petit Verdot, en sont

les principaux cépages. Les palus destinés à être convertis en vignobles sont préalablement défoncés. La
plantation s'effectue en février et mars. On dispose le sol
en planches ou *platains* d'une longueur indéterminée,
larges de 2 mètres, et séparées par un intervalle de
$1^m,80$ qu'on maintient un peu au-dessous du niveau
des platains, pour servir de moyen d'écoulement, sans
produire aucune récolte. Chaque planche porte deux
rangées de vignes ; les ceps sont plantés à 2 mètres
en tous sens les uns des autres. Toutes les cultures se
font à bras ; on en donne généralement trois par an.
Pendant les trois premières années, les façons s'exécutent avec le pic étroit ; mais, à partir de la quatrième
feuille, on emploie la marre. La première année après
la plantation, on taille la vigne sur quatre ou cinq yeux ;
on ne lui en laisse que trois ou quatre la seconde année ;
à la troisième, on la dresse sur trois branches ou *astes*,
deux bras latéraux et un brin montant, toujours moins
long que les deux autres. Chaque aste, de 66 centimètres environ de longueur, est taillée sur quatre yeux
ménagés dans la partie la plus rapprochée de la souche ;
les yeux supérieurs sont éborgnés. La première année,
on donne un petit tuteur au plantier ; l'année suivante,
on garnit tous les ceps avec des carassons ordinaires de
pin ou de châtaignier de $2^m,33$ de hauteur ; chaque
aste en reçoit un. Le liage des astes suit immédiatement
la taille, on y revient sur les pousses nouvelles et même
deux fois si la végétation est très vigoureuse ; peu de
temps avant la fleur, on ébourgeonne et l'on *mouche* le

sommet des sarments; cette dernière opération, qui
n'est autre que le rognage, est souvent répétée plusieurs
fois lorsque la vigne s'emporte; l'effeuillage se pratique
ordinairement aux approches de la maturité du raisin.
Les vendanges, dans les palus, commencent rarement
avant la fin de septembre ou le commencement d'octobre. On foule le raisin avant de le mettre en cuve,
mais on ne l'égrappe pas; la durée du cuvage varie
entre huit et quinze jours. Au tirage, on a soin de
répartir le plus également possible le vin dans les barriques; lorsque la répartition laisse à désirer, *on repasse
le vin dans la cuve*, afin d'obtenir un vin uniforme;
cela fait, on remplit les barriques. On bonde à la Saint-
Martin. Dans le principe, les vins nouveaux sont ouillés
tous les quatre ou cinq jours, ensuite tous les huit jours.

Les palus fournissent des vins très colorés, spiritueux
et exempts de goût de terroir; mais on leur reproche
généralement de manquer un peu de corps et de nerf:
ils doivent rester sept ou huit ans en tonneaux avant
d'être mis en bouteilles; les voyages sur mer leur sont
très favorables.

Les meilleurs vins des palus se récoltent aux quartiers
de Queyries et de Montferrand, sur la rive droite de la
Garonne, vis-à-vis des Chartrons : le premier de ces
vins a plus de couleur et de corps que l'autre; tous deux
sont recherchés comme vins d'expédition et servent
aussi pour couper les vins faibles du Médoc; dans les
bonnes années ordinaires, on les paie 400 francs le tonneau. Quant à l'Entre-deux-Mers, c'est-à-dire au pays

compris entre la Dordogne et la Garonne, les vins qu'il
produit ne se recommandent par aucune distinction.
Les vins rouges y sont rares et de qualité médiocre;
ses vins blancs, au contraire, forment l'objet d'un commerce important : les meilleurs s'expédient sur Paris,
ils méritent une simple mention. Tous les autres vins
récoltés dans la Gironde, notamment dans le Blayais et
le Libournais, rentrent dans la classe des vins ordinaires de troisième et de quatrième ordre ; leur nom
ne doit pas même être prononcé en face des vins de
Médoc, de Graves et de Saint-Émilion ; ils donnent lieu
à un commerce considérable, mais des plus vulgaires.

VINS DE LA COTE DE BERGERAC
(DORDOGNE).

Quiconque a pu apprécier, aux lieux mêmes de leur
provenance, les vins de choix de la côte de Bergerac,
s'étonne à bon droit qu'ils ne jouissent pas de plus de
renom. Non-seulement ces vins sont les meilleurs de
la Dordogne et occupent un des premiers rangs parmi
les productions viticoles du sud-ouest de la France,
mais, à les juger d'après leur mérite, ils seraient dignes
de prendre place au-dessus de certains vins mieux
classés. Légèreté, finesse, alcoolicité, franchise de goût,
telles sont les qualités qui recommandent les bons vins
rouges de cette contrée; quant au vin de liqueur de la
côte de Montbazillac, il est sans rival dans sa région et

ne déparerait pas les tables les plus recherchées, non
loin des Muscats de Rivesaltes et de Frontignan : l'oubli
dans lequel ces vins languissent tient, sans doute, au
petit nombre de débouchés qui leur sont ouverts, et
peut-être aussi à ce qu'ils sont rarement livrés aux
consommateurs purs et sous leur véritable nom : le
commerce s'en sert le plus souvent pour opérer des
mélanges et fortifier les vins faibles de Bordeaux.

C'est sur la rive gauche de la Dordogne, sur le coteau
de Montbazillac, à 4 kilomètres au sud de Bergerac,
que se récolte l'excellent vin de liqueur connu sous ce
nom. Le vignoble compte 492 hectares, son exposition
principale regarde le nord. Élevé de 136 mètres au-
dessus de la plaine de Bergerac, il est fort accidenté et
présente des pentes très rapides, qui diminuent d'autant plus qu'on s'approche davantage de la partie inférieure du coteau. Son sol est argilo-calcaire et la vigne
y plonge ses racines dans un sous-sol marneux; soumis
à l'analyse, il offre la composition suivante :

Oxyde de fer.	7,030
Alumine.	5,046
Magnésie	0,058
Silice soluble	0,031
Acide phosphorique	0,098
Potasse et soude.	0,045
Carbonate de chaux.	1,062
Matières organiques	11,080
Résidu insoluble.	71,050
	100,000

Plus l'argile domine, plus le vin a de *graisse* ou de liqueur; là où le calcaire et l'argile s'unissent en proportions à peu près égales, les vins perdent un peu de leur liqueur, mais en revanche ils acquièrent une douceur et une finesse souvent préférées des amateurs; dans les parties enfin où le calcaire domine, le vin a peu de graisse, parfois même il y perd sa douceur, mais toujours il conserve la finesse, la séve, le spiritueux et le bouquet qui caractérisent le Montbazillac.

Deux cépages règnent presque exclusivement dans ce vignoble. Sur les hauteurs et dans les terrains secs, la *Muscade* ou *Muscat fou* (Muscadelle de la Gironde) donne un vin fin, alcoolique, très bouqueté, mais dans les années de sécheresse il a le défaut de couler et de dégénérer en petits grains. Au bas du coteau et dans les terrains frais, le *Blanc-Sémillon* domine : ce cépage, dans les sols riches et les années pluvieuses, pourrit de bonne heure avant sa maturité complète ; son vin, gras et doux, a moins de finesse que celui du Muscat fou. L'une et l'autre variété occupent les dix-neuf vingtièmes de la surface, le reste est planté en Picardan et quelques autres espèces secondaires.

La préparation du sol s'effectue de deux manières : au fossé en février ou mars, ou bien en hiver par le défoncement appelé *défrichement;* le procédé le plus parfait consiste à défoncer le terrain dans toute son étendue, à 0^m,50 ou 0^m,60 de profondeur. Pour planter, on se sert de *cottes* appelées aussi *broches* et de crossettes enracinées nommées *barbas* ou *barbues*, de deux

ou trois ans de pépinière et destinées à la plantation par
fossés ou à remplacer les broches qui ont manqué.
Quand le sol a été défriché, on plante en mai ou juin :
c'est l'époque la plus favorable. La terre ayant été
préalablement nivelée avec soin, on tend un cordeau à
l'une des extrémités de la pièce et, à l'aide d'une *sarcle*
ou binette, on trace une ligne droite, d'un bout à
l'autre, dans la direction du midi au nord ; on procède
ainsi parallèlement de mètre en mètre, puis on coupe
horizontalement les parallèles dans la direction du
levant au couchant. On plante alors avec un plantoir
de fer une cotte à chaque point de section ; un autre
ouvrier la *soutille*, c'est-à-dire qu'il presse la terre
contre la crossette avec une cheville de bois, et il rabat
ensuite les plants à deux yeux : ceux-ci se trouvent
espacés à 1 mètre carré les uns des autres.

La première année, on se contente de biner deux ou
trois fois la plantation pour la tenir nette de mauvaises
herbes ; les années suivantes, la vigne reçoit régulièrement deux façons à la bêche, la première ou *béchage* en
avril ou mai, la seconde ou *binage* à la fin de mai ou dans
les premiers jours de juin. Cette dernière est parfois
suivie d'une troisième œuvre appelée *débinage ;* elle s'applique en septembre lorsque le raisin commence à mûrir,
mais là seulement où le sol est envahi par les plantes
parasites. Dans les pentes trop rapides, on *bêche à plat ;*
on *bêche à rasier*, si le terrain a besoin d'être égoutté :
quel que soit, du reste, le mode qu'on emploie, toutes
les façons à la bêche s'exécutent de bas en haut, ce qui

tend à dégarnir la partie supérieure du coteau ; aussi est-on obligé fréquemment de remonter les terres à dos d'homme.

La taille commence dès la seconde feuille, dans les mois de février et de mars, et toujours à *côt* ou *court-bois ;* les ceps, selon leur force, portent deux ou trois bras. Avant de procéder à la première taille, on déchausse tous les plants, afin de mettre à nu les jeunes pousses ; on les retranche toutes, à l'exception du plus beau sarment, qu'on garde pour former le pied. S'élève-t-il à quelques centimètres au-dessus du sol, on le rabat simplement à un ou deux yeux ; mais, si les yeux partent du niveau même du sol, on éborgne les bourgeons inférieurs jusqu'à 8 ou 10 centimètres de hauteur, on en réserve deux et l'on rabat. Après la seconde pousse, on taille encore fort court sur la tige inférieure, afin de donner plus de force au pied. La quatrième année de la plantation, on établit des *coups-droits* sur les pieds les plus vigoureux, c'est-à-dire qu'on taille sur le sarment le plus perpendiculaire et, autant que possible, le plus fort ; on le rabat sur deux yeux : c'est à cette époque qu'on donne des tuteurs à la vigne. On taille ainsi jusqu'à la huitième, neuvième ou dixième année, en ayant soin, dès la cinquième année, de laisser un courson de deux yeux au-dessous du *coup-droit* pour commencer à l'établir sur ses bras ; quand la vigne est faite, on supprime les coups-droits et l'on ne taille plus qu'à côt, sur chaque bras, à un ou deux yeux. L'échalassement s'effectue aussitôt après la taille. Pendant tout le temps que la vigne garde ses tuteurs, des femmes y fixent le coup droit avec de l'osier ; en mai ou juin, on attache les rameaux aux échalas avec des liens de paille ; on ébourgeonne à deux reprises, une première fois en mai ou juin, une seconde fois en juillet : ce travail important est fait à la tâche et toujours fort mal exécuté par des femmes et des enfants. Le rognage est inusité ; par compensation, aux approches de la maturité, quand on n'a pas à craindre que de fortes chaleurs brûlent le raisin, on relève les rameaux en les reliant ensemble à leur extrémité ou avec les ceps voisins, afin que le raisin profite de l'action du soleil.

La vigne commence à donner vers quatre ou cinq ans, elle est en bon rapport entre dix ou douze ans ; son rendement moyen, dans la côte de Montbazillac, varie entre 15 ou 18 hectolitres par hectare.

Les vendanges arrivent ordinairement dans les premiers jours d'octobre et ne se terminent guère avant la mi-novembre ; parfois même elles se prolongent jusqu'à la fin de ce mois, lorsque les pluies sont fréquentes : l'usage, à la côte, est d'attendre non-seulement la maturité complète du raisin, mais de ne le cueillir que lorsqu'il est *sorbé* ou, mieux encore, quand il est *barbu* ou *pourri ;* on fait plusieurs triages, et à chacun d'eux on coupe avec des ciseaux les grappes ou les parties de grappes pourries : c'est alors que le raisin possède les qualités requises pour être converti en excellent vin de liqueur. Le premier triage donne les vins inférieurs désignés sous le nom de *premiers*

numéros, ils ne gardent pas leur douceur et sont dé-
pourvus de graisse; le second et le troisième triage
fournissent les meilleurs vins, les plus doux et les plus
gras; les quatrième et cinquième triages, qu'on désigne
sous le nom de *ramasser à taille* et *arlotter*, ne produisent que des vins de rebut et d'arlot, impropres au
commerce.

Les vendangeurs trient d'abord la vendange, ils la
déposent dans un panier et l'apportent au *ballin;* là,
elle subit une nouvelle épuration : les grains verts ou
gâtés sont mis de côté par le vigneron le plus expérimenté; le raisin sain est jeté dans la comporte, on l'y
écrase avec les mains, on le transporte ensuite à la
grange vinaire, où on le vide sur la maie du pressoir.
Dans la soirée, les vignerons se réunissent pour presser
la vendange ramassée dans la journée; deux d'entre
eux la relèvent au milieu de la maie et l'équarrissent
aussi bien que possible; on fait alors jouer la vis, mais
lentement et à plusieurs reprises, afin de donner au
moût le temps de s'écouler. Cette tâche achevée, on
desserre la vis, on coupe 15 à 20 centimètres de chaque
côté du marc pour l'équarrir de nouveau et l'on procède
à un second pressurage. On répète quatre, cinq et même
jusqu'à six fois cette opération, selon la quantité de
vendange déposée sur le pressoir. La dernière pressée est
mise à part et sert à faire du vin de rebut. Au fur et à
mesure que le moût s'échappe du pressoir, il est recueilli
dans un *tinol*, passé au tamis et déposé dans de petites
cuves de bois de chêne contenant 17 à 20 hectolitres

et munies d'un couvercle mobile; il y séjourne douze
ou vingt-quatre heures, suivant l'élévation de la température, et même quarante-huit heures lorsque les nuits
sont longues et froides. Pendant ce repos, la grosse lie
s'élève à la surface; lorsqu'elle se forme en croûte,
qu'elle est bien *ressuyée*, desséchée, et qu'elle commence à se fendre, on peut décuver ; se forme-t-il des
globules à la surface, il faut se hâter de décuver : c'est
un indice certain de l'approche de l'ébullition. On
écoule et l'on porte le vin au *chais* dans des barriques
neuves, préalablement abreuvées, nettoyées et soufrées; en même temps qu'on l'écoule, on a soin de le
couper, c'est-à-dire de le diviser de telle sorte, que
chaque futaille renferme une quantité égale du premier et du dernier vin d'une même cuve; quand il
commence à passer trouble, on le met à part pour le
clarifier. Ce vin de lie est amer et acerbe.

Les soins donnés au vin blanc mis en tonneaux se
bornent à l'ouiller, le soutirer et le fouetter ou coller.
La première fois, avant de l'ouiller, on attend que la
fermentation, interrompue au moment du décuvage, se
rétablisse dans la barrique et que l'écume qui s'élève à
la surface ait été chassée par l'ébullition; il se forme
alors un vide, on le comble en remplissant. Cet ouillage
se répète deux ou trois fois dans la première quinzaine,
on y revient ensuite tous les quinze jours jusqu'au soutirage, puis enfin tous les huit jours jusqu'à la mise en
verre, quel que soit l'âge du vin.

Le vin blanc se vend ordinairement tout chaud de la

mi-novembre à la fin de décembre ; on le soutire au moment de la livraison, s'il est vendu pour être consommé
dans l'intérieur de la France ; on le livre sur lie, quand
il est vendu pour l'étranger. Le vin de conserve, gardé
par les propriétaires, est soutiré généralement deux fois
la première année, en février ou mars d'abord, puis en
septembre ; quand on est jaloux de bien conserver son
vin, on débourre encore une fois en décembre. Les vins
vieux sont soutirés en février, juin et septembre, chaque
fois qu'on aperçoit un commencement de fermentation.
A chaque soutirage, on nettoie les barriques, on les lave
et on les soufre avec une mèche entière, une demi-
mèche ou un tiers de mèche, selon qu'il se manifeste
plus ou moins de fermentation. On fouette trois ou quatre
fois avant de mettre en bouteilles ; mars et décembre
sont les époques les plus favorables pour cette opération.
Le vin de Montbazillac reste dans la futaille six ans et
plus ; il peut être mis en bouteilles dès l'âge de quatre
à cinq ans ; il est bon à boire quelques mois après, mais
il gagne beaucoup à vieillir dans le verre. Sa durée est,
pour ainsi dire, illimitée : il existe encore, dans certaines
caves, des vins de Montbazillac, Rauly, Marsalet, Setty
de 1807 et de 1821, parfaitement conservés : ils sont
arrivés à un tel degré de perfection, qu'on les prendrait
pour d'excellents vins d'Espagne. Le prix moyen du
Montbazillac nouveau est de 18 à 19 francs l'hectolitre,
non compris le fût, ce qui porte à 200 francs le tonneau
de quatre barriques de 220 litres ; le prix augmente en
raison de l'âge et de la qualité : à quatre ou cinq ans, le

vin de choix trouve facilement preneur à 200 francs
la barrique.

Les principaux débouchés du vin blanc de Montbazillac
sont Sainte-Foix, Libourne et Bordeaux ; la Hollande
autrefois en prenait une grande partie, cette ressource
lui est presque entièrement fermée aujourd'hui. Les
ventes s'opèrent par l'entremise de courtiers.

Les vignobles de Bergerac consacrés à la production
du vin blanc ont les mêmes cépages et la même culture
qu'à Montbazillac ; mais, comme la végétation y est plus
précoce et la maturité plus hâtive, les vendanges s'y
terminent généralement dix ou quinze jours plus tôt.
C'est au *mont de Neyra* qu'on trouve les vignobles blancs
les plus estimés de la côte de Bergerac ; viennent ensuite
ceux de *Rosette, Boisse, Concombre, Prigonrieux*. Le vin
s'y fabrique exactement de même qu'à la côte de Montbazillac ; il a de la douceur, de la finesse, et se distingue
par un goût prononcé de Muscat ; mais il est moins
liquoreux, moins corsé et garde moins longtemps sa
liqueur. Le rendement moyen de l'hectare est de 15 à
16 hectolitres ; le tonneau, dans les meilleurs crus, se
vend en moyenne 180 francs.

Si la côte de Montbazillac est privilégiée pour le vin
blanc, il n'en est pas de même pour les vins rouges ;
ceux-ci se récoltent, en majeure partie, sur la rive
droite de la Dordogne, au nord de la ville de Bergerac. C'est sur le coteau argilo-siliceux qui part de la
commune de Creisse et vient aboutir à celle de Prigonrieux, qu'on rencontre au plus haut degré les qualités

qui caractérisent les vins rouges de Bergerac, légèreté, finesse, vivacité, bon goût et alcoolicité; ils ont généralement peu de bouquet; les crus les plus distingués de cette zone sont *Tiregand*, *Pécharment*, *Hugon*, les *Farcies*, *Galinoux*, *Lembras*, *mont de Neyra* et *Prigonrieux-la-Force*.

Le vignoble de Tiregand, connu généralement sous le nom de *la Terrasse*, dont le quartier d'élite contient 3 hectares, occupe sans contredit le premier rang parmi les vins rouges de Bergerac. Il doit cette supériorité à son excellente exposition en plein midi, à la qualité et à l'ancienneté de ses cépages, et à la nature caillouteuse de son sol légèrement sablonneux.

Au sortir de Tiregand, en se rapprochant de Bergerac, se développe le coteau de Pécharment, d'une étendue de 180 hectares environ; il se divise en trois parties: le *haut Pécharment*, 60 hectares, comprenant le vignoble de Hugon; le *moyen Pécharment*, 70 hectares, renfermant les Farcies, et le *bas Pécharment*, de 50 hectares, où se trouvent les Galinoux. Les vins de ce coteau viennent immédiatement après celui de la Terrasse; quoiqu'ils se vendent tous sous la dénomination générale de *vins de Pécharment*, on les classe de la manière suivante:

		HECTARES.	RENDEMENT MOYEN en hectolitres.
N° 1.	Hugon	10	160
N° 2.	Les Farcies	20	270
	Les Farcies-Magne. . . .	15	270
N° 3.	Les Galinoux-Briasse . . .	15	270

Le reste de Pécharment se compose de petits

vignobles mesurant chacun moins de 10 hectares et
répartis entre les trois catégories ci-dessus; la côte,
dans son ensemble, produit en moyenne 3,200 hectolitres de vin, dont 500 hectolitres environ en blanc.

Après Pécharment s'élève la côte de Lembras; on y
rencontre quelques bons crus : tels sont ceux de *Suvei-
gné*, *Malsinta*, *Jauze*, la *Renaudie*, etc.; leur contenance ne dépasse pas 7 hectares; ils produisent, en
moyenne, 1000 hectolitres. Les vins de Malsinta et de
la Renaudie, remarquables par la couleur, la générosité et la franchise de goût, sont très recherchés pour
les coupages et se paient aussi cher que les crus de
Pécharment : ils sont plus durs et se font plus difficilement que ceux-ci.

En descendant vers l'ouest de la plaine arrosée par le
ruisseau du Codeau, s'étend une côte que domine le
mont de Neyra; 96 hectares y sont plantés en vignes
rouges; sur plusieurs points, comme à la Catte et à
Berbesson, une partie du vignoble est plantée en blanc:
le vin de ces deux finages jouit d'une grande réputation. En s'avançant davantage vers l'ouest, on découvre
deux autres crus distingués, *Rossette* et le *Terme du
Roy :* là finit la côte nord de Bergerac. Au delà de
la gorge qui en fait la limite, se trouvent Prigonrieux
et la Force, vignobles reposant sur une bouvée froide
et donnant des vins précoces, peu capiteux, légers en
couleur et fort agréables au goût : Brousse, Cava-
lerie, Latour, et surtout Coucombre, sont les meilleurs
vignobles de cette contrée.

Tels sont les crus les plus distingués de la côte nord

de Bergerac. Parmi les cépages rouges qui les peuplent, les plus répandus sont le *Côt rouge* ou *Auxerrois*, le *Carmenet*, le *Verdot*, le *Picpoule*, le *Fer*, le *Périgord*, et le *Navarre :* ces trois derniers appartiennent plus spécialement à la Dordogne.

Le Fer, caractérisé par ses feuilles assez épaisses, à peu près aussi larges que longues, tantôt à cinq lobes, tantôt entières ; par sa grappe allongée, garnie de grains très serrés, ronds, de moyenne grosseur, supportés par un pédoncule très court, d'un goût acerbe et d'une maturité tardive, donne un vin très noir et très corsé, mais sans finesse ni bouquet ; il veut un sol profond.

Le Périgord, appelé *Pouchon* à Périgueux, se recommande par sa rusticité et son extrême abondance ; il ne doit être *vergué* que rarement. Ses raisins, un peu allongés, d'une belle grosseur, sont excellents à manger ; mais le vin qu'on en retire est peu coloré et peu alcoolique.

Le Navarre présente beaucoup d'analogie avec le Côt à queue rouge, dont il n'est peut-être qu'une variété plus tardive et plus fine ; il ne veut pas être vergué.

Les procédés de culture dans la côte nord de Bergerac ne diffèrent de ceux usités dans la côte sud que relativement à la taille. La vigne est généralement plantée en plein, à 1 mètre en tous sens et travaillée à la bêche ; elle se trouve quelquefois aussi en joualles, à 1^m,33 dans les lignes, celles-ci laissant entre elles un intervalle de 2 mètres qu'on travaille à la charrue. On déchausse en avril et l'on rechausse en mai. La vigne est dressée sur

30

deux bras et parfois sur quatre. La plupart des cépages rouges sont taillés *à vergues*, c'est-à-dire qu'on réserve sur chaque cep un sarment de 0m,60 de long, muni de trois à six yeux ; on le courbe sur lui-même, puis on l'attache, ainsi replié, au cep ou à un échalas placé près de la souche : au—dessous de cette vergue, on laisse toujours un *côt* pour remplacer la vergue qui viendrait à périr.

Les vendanges ont lieu ordinairement du 1er au 15 octobre. Les raisins, cueillis avec des ciseaux, sont déposés dans des comportes et vidés sur une table à rebords appelée *ballin;* là s'opère le triage. La vendange, une fois épurée, est jetée dans des cuves, à l'aide desquelles on la transporte au cellier; on la place sur la maie et on l'égrappe, on la foule ensuite légèrement avant de la jeter dans la cuve.

Le vin rouge, destiné à la Hollande, s'expédie sur lie ; quand on mêle dans la cuve de vin rouge une portion de moût provenant de raisins blancs, tels qu'Enrageat, Muscat fou et Blanc Sémillon non pourris, on a soin de clarifier le vin blanc avant de le verser sur le moût de la cuve : le vin rouge acquiert ainsi une couleur plus nette. Chez les propriétaires soigneux, on décuve entre le sixième et le douzième jour ; mais beaucoup attendent que le vin soit entièrement refroidi : dans ce dernier cas, il contracte souvent un goût de rafle.

Avant d'écouler la cuve, on fait *tremper* pendant quelque temps les barriques, on les égoutte et on les mèche légèrement. Quand elles sont toutes *écoulées,* on procède au coupage des divers numéros, soit en jetant tous les vins dans une grande cuve, soit en coupant à l'aide du siphon ; cela fait, les vins n'ont plus qu'à attendre l'acheteur. Les propriétaires dont les vignobles sont chargés de cépages blancs et qui ne veulent pas faire de vins blancs doux, jettent sur la vendange de la cuve, dès qu'elle est écoulée, le vin blanc qu'ils ont obtenu ; ils le laissent fermenter ainsi pendant quatre ou cinq jours et écoulent ensuite des vins fort agréables, un peu moins colorés que les premiers vins rouges fabriqués : ils constituent les *vins rosés de Bergerac*. Tous les bons vins rouges de cette contrée sont d'excellente garde ; ils gagnent beaucoup en vieillissant.

VINS DE SABLE

(DÉPARTEMENT DES LANDES).

Indépendamment de ses vins communs dont la Chalosse fait un grand commerce ; le département des Landes possède, le long du golfe de Gascogne, dans le Maransin, quelques crus remarquables dont les produits sont généralement connus du commerce sous le nom de *vins de sable ;* on les rencontre dans les communes de Soustons, Messanges, Vieux-Boucaut et Cap-Breton : leur contenance totale est de 150 hectares.

Ces quatre petits crus présentent la même physionomie originale et sont autant de conquêtes sur les sables
mouvants enlevés des bas-fonds de la mer par les vents
d'ouest et lancés vers l'intérieur des terres sous forme
de dunes. Ces dunes ont constamment leur direction
longitudinale du nord au sud ; leur pente en talus varie
entre 25° et 30°. Lorsque nulle végétation ne vient les
fixer, leur côté est se trouve à l'abri des vents, qui
soufflent avec fureur dans ces parages en automne et en
hiver ; c'est sur cette base mobile que les habitants du
littoral, à Cap–Breton par exemple, plantent leur
vignoble. Il s'agit d'abord, pour eux, de choisir une
dune assez inclinée vers l'est, pour leur permettre d'arrêter la mobilité des sables envahisseurs et de garantir
les bourgeons de la vigne des émanations salines de la
mer, qui les feraient infailliblement périr. L'emplacement trouvé, veut-on opérer sur 1 hectare, on prend
une étendue de 500 mètres, du nord au sud, sur une
largeur de 20 mètres, de l'ouest à l'est. On clôture cet
espace de 10,000 mètres avec des branchages de
bruyères hautes de 1 mètre environ ; on le divise ensuite
en cinquante compartiments appelés *tournets*, chacun
de 2 ares, et séparés l'un de l'autre par une haie de
bruyère de 18 mètres de longueur seulement, afin de
ménager autant de points de communication : la vigne
est plantée dans l'intérieur des tournets. Afin d'assu-
jettir les haies, surtout celles de l'ouest qui doivent
résister au vent le plus violent, on plante un pieu à
chaque distance de 1^m,50, et l'on fortifie cette défense

au moyen de barres transversales de pin disposées sur deux lignes, l'une supérieure et l'autre inférieure, auxquelles on attache la bruyère avec des brins d'osier, en ayant soin de fermer avec de la paille de seigle tous les jours que laisse la bruyère : cette enceinte barricadée présente l'aspect d'un échiquier. On conçoit que les vents viennent s'amortir contre elle et que les sables qu'elle renferme résistent à leur action et demeurent immobiles ; les vents d'ouest les plus furieux, frappant l'enclos de vignes à dos à sa plus grande hauteur, s'y brisent en laissant au dehors les sables d'invasion et les particules salines entraînées avec eux : ces haies, fort coûteuses à établir, ne durent pas plus de sept ou huit ans; après ce temps, il faut nécessairement les remplacer.

Chaque vignoble présente un pêle-mêle de cépages, où les raisins de table se trouvent associés aux raisins de vigne; ceux qui y dominent sont le *Cap-Breton*, le *Cruchon*, le *Bordelais*, le *Picpouille* et le *Chasselas :* ce dernier, d'une finesse et d'une saveur exquises, est ordinairement porté sur les marchés de Biarritz et de Bayonne.

La culture de la vigne à Cap-Breton est fort ancienne : elle remonte au xiii° siècle; plusieurs de ses procédés méritent d'être connus. Pour planter, on ouvre, à la profondeur de 50 centimètres, des fossés ou réges, de l'est à l'ouest, à la distance de 90 centimètres. La plantation a lieu en février et mars. On se sert de crossettes enracinées ou, à leur défaut, de simples bou-

tures toujours fumées lors de leur mise en terre; elles
sont à 20 centimètres les unes des autres. La première
année, les façons consistent en de simples sarclages;
on se borne à ratisser le sol pour le débarrasser des
mauvaises herbes; vers trois ou quatre ans, on dresse
la vigne sur deux branches. A partir de ce moment, on
divise le vignoble en deux soles : chaque année, une
partie des ceps est sablée et l'autre provignée, et *vice
versa*. Les provins ne portent qu'une branche; les autres
en gardent deux, si l'espace le permet. En sablant, on
a soin de charger davantage le côté ouest du vignoble,
afin d'augmenter son inclinaison vers l'est et de l'abriter
d'une manière plus efficace. Cet alternat judicieux s'explique par des circonstances locales. L'énorme quantité
de sable que la mer rejette sur les côtes du golfe de
Gascogne en exhausse sans cesse le sol; les vignes, dé-
fendues contre ces invasions, finiraient par se trouver
en contre-bas des terres adjacentes, si femmes et enfants ne venaient avec des corbeilles prendre du sable
hors de la vigne pour en charger régulièrement les
ceps à une hauteur de 9 à 12 centimètres, afin de
maintenir le vignoble au niveau de l'exhaussement continu des dunes. Ces apports de sable sont encore moti-
vés par une autre nécessité. Le sable, par lui-même,
est infertile; la vigne n'y prospère que sous le bénéfice
des débris coquilliers et des détritus organiques qu'il
contient et d'une atmosphère chargée de vapeurs salines; mais calcaire et détritus sont bien vite épuisés
par les nombreuses racines dont le sol est entrelacé; il

faut raviver par un sable nouveau le terrain usé, c'est
le but qu'on se propose en sablant chaque année la
moitié du vignoble. Le provignage, ou, pour parler
plus exactement, le couchage, qui s'effectue en même
temps sur l'autre moitié du vignoble, est le moyen dont
on se sert pour régénérer la vigne par un rajeunisse-
ment perpétuel. En enfouissant aussi fréquemment le
vieux bois, on renouvelle réellement la plante : car,
tandis que les sarments ensablés émettent de nouvelles
racines de leurs bourgeons souterrains, les yeux exté-
rieurs se développent, à l'air libre, en feuilles et en
rameaux, et, ce rôle aérien terminé, ils vont l'échanger
sous terre contre d'autres fonctions, et accroître à leur
tour le vaste réseau qui enveloppe tout le vignoble sous
ses couches successives de sable. Chaque fois qu'on
provigne, on fume et on laisse de distance en distance
quelques pieds qu'on ne couche pas; ils sont destinés
à remplacer ceux qui viendraient à manquer. Sarcler
en février, tailler dans ce mois et en mars sur trois
ou quatre yeux, échalasser en mars et avril, sarcler
et ébourgeonner en mai, épamprer en juin, *trousser*
ou relever en juillet, telles sont les diverses façons dont
la vigne est l'objet à Cap-Breton, Vieux-Boucaut, Messanges et Soustons; elle entre en bon rapport à sa
septième année, et donne 30 hectolitres, en moyenne,
par hectare. Les vendanges ont lieu ordinairement
de la fin de septembre aux premiers jours d'octobre;
le cuvage dure douze ou quinze jours; on soutire
en mars.

Le vin de sable se distingue par sa couleur, son velouté et son bouquet, qui rappelle celui du vin de Bordeaux; il ne manque pas de générosité : c'est un grand ordinaire, très peu connu hors du Maransin, de Dax et de Bayonne, où il se consomme exclusivement; on le paie ordinairement 50 francs la barrique de 300 litres.

VIGNOBLES DE GAN, GELOS, SAINFOS ET JURANÇON

(BASSES-PYRÉNÉES).

Les vignobles de Gan, Gelos, Sainfos et Jurançon, par suite de l'identité de climat, de sol, de cépages et de culture qui leur est commune, peuvent être considérés comme un seul et même vignoble. Le souvenir de Henri IV s'y rattache : on sait que le vin de Jurançon fut le premier qui mouilla les lèvres de ce roi populaire. Situés tous quatre aux portes de Pau dans un rayon de 2 à 6 kilomètres, ils occupent des coteaux de moyenne élévation, à pente généralement trop rapide pour admettre le travail de la charrue, et présentant diverses orientations parmi lesquelles domine cependant l'exposition du sud. La couche arable, peu profonde, repose presque partout sur le roc; étudiée plus spécialement sur le coteau de Jurançon, à mi-côte, elle offre la composition suivante :

Oxyde de fer	11,013
Alumine	3,045
Magnésie	0,079
Silice soluble	0,032
Acide phosphorique	0,085
Potasse et soude	0,078
Carbonate de chaux	7,004
Matières organiques	9,081
Résidu insoluble	65,083
	100,000

Les principaux cépages qui peuplent ces vignobles sont l'*Arrouyat*, le *Bouchi*, le *Tannat* et le *Mansenc noir* et *blanc*.

L'Arrouyat a la souche vigoureuse, les sarments forts, moyennement noués et garnis de bourgeons pointus qui débourrent vers le 1er avril dans les Pyrénées. Ses feuilles, de moyenne grandeur, aussi larges que longues, assez fines, à peine trilobées, et, partant, presque entières, d'un vert clair sur la face supérieure, feutrées en dessous et tapissées de fortes nervures, sont portées sur un court pétiole. Ses grappes, moins volumineuses que celles du Tannat, sont pyramidales, ailées; elles sont mêlées de petits grains serrés. Leurs raisins ne dépassent pas une grosseur moyenne; ils conservent toujours leur couleur rougeâtre clair, d'où le cépage a tiré son nom d'Arrouyat; le pédoncule est court, la pellicule ferme, la saveur acide et la maturité tardive, vers le 15 novembre, ce qui n'empêche pas l'Arrouyat de donner de la qualité au vin.

Le Bouchi se distingue par une souche vigoureuse et des sarments très allongés, munis de nœuds très rapprochés. Ses bourgeons, gros et coniques, s'ouvrent dans les premiers jours d'avril. Il a les feuilles grandes, épaisses, aussi larges que longues, verruqueuses, à cinq lobes se recouvrant à la base, fortement dentées; leur face supérieure est lisse et d'un vert foncé, leur face inférieure èst à peine garnie d'un léger duvet; le pétiole est long et vigoureux. Sa fleur est très sujette à couler. Ses grappes sont moyennes, ramassées, ailées, garnies de grains serrés, ronds, de moyenne grosseur, de couleur rouge, transparents; leur saveur est sucrée, et leur maturité relativement précoce. Le Bouchi rend peu, mais c'est le meilleur cépage après l'Arrouyat pour le vin rouge de cette contrée : il lui donne de la finesse et de la générosité.

Le Tannat présente peu de vigueur dans sa souche. Ses sarments sont grêles, noués court et pourvus de gros bourgeons coniques. Ses feuilles trilobées, parfois à cinq lobes, assez épaisses, se replient en dessous par leurs bords et se recouvrent à la base; elles affectent la position perpendiculaire d'une manière prononcée; leur face inférieure est blanchâtre. La fleur résiste à la coulure. Le Tannat émet une grappe de moyenne grosseur, ailée, allongée, garnie de grains ovalaires noir bleuâtre, croquants. Plus précoce de quinze jours que l'Arrouyat, il est beaucoup plus fertile que ce cépage, mais ses produits ont moins de qualité.

Le Mansenc noir est un cépage de quantité ; son vin a de l'amertume en commençant, mais il finit bien.

Le petit Mansenc blanc passe pour donner le meilleur vin blanc de Jurançon. Ses sarments, vigoureux et très longs, sont pourvus de nœuds très écartés, abritant des bourgeons pointus qui débourrent tard. Ses feuilles, fines, aussi larges que longues, sont peu divisées; leur face inférieure est légèrement duvetée, le pétiole long. Sa fleur résiste bien à la coulure. Ses grappes, au-dessous d'une grosseur moyenne, sont allongées, ailées, garnies de grains très lâches, arrondis, petits, fleuris, dorés à leur maturité ; la chair en est ferme et la peau épaisse, leur saveur légèrement piquante. Ce raisin mûrit très tard : on ne le vendange souvent qu'au 20 novembre; il charge peu. Ne serait-ce pas une variété de la Blanquette?

Les procédés de culture sont à peu de chose près les mêmes à Gan, Gelos et Jurançon.

On défonce le terrain avec la bêche à 0m,50 de profondeur. On plante en mai, quand les gelées sont passées et lorsque le terrain est déjà échauffé. Les fossés ont 0m,50 de profondeur sur 0m,80 de large et de long ; ils forment une espèce d'angle à l'une de leurs extrémités. Chacun d'eux reçoit, dans sa plus grande largeur, trois boutures placées à égale distance les unes des autres, de telle sorte que, après avoir été couchées au fond du fossé, elles viennent sortir de terre auprès

du piquet fiché vers le milieu de la portion du fossé
rétrécie en angle. Les boutures sont d'abord recouvertes
d'un peu de terre, qu'on charge ensuite de fumier
d'étable bien consommé. D'après ce mode de plantation, trois ceps garnissent, dans le principe, chacun des
piquets : ceux-ci sont placés à 3 mètres les uns des
autres en tous sens; plus tard, on supprime le cep le
moins vigoureux, ce qui les réduit définitivement à
deux; chacun d'eux est attaché au pieu par un seul
lien d'osier. Le terrain complanté en vignes reçoit
annuellement deux façons données avec la pioche à
trois pointes appelée *râteau :* la première œuvre a lieu
en avril, la seconde en juin. Au fur et à mesure que la
vigne grandit, on l'attache à des piquets d'abord de
2 mètres et remplacés plus tard, quand la vigne est
parvenue à tout son développement, par d'autres pieux
de 4 mètres de hauteur. Jusqu'à la cinquième année, la
vigne monte verticalement sur les pieux; à la cinquième
feuille, on étend ses bras sur des *flèches* transversales
attachées aux pieux à la hauteur de 2 mètres et les
dépassant de 1 mètre : c'est sur ces flèches saillantes
qu'on accroche les bras montants de la vigne; les bras
se relient les uns aux autres à l'aide de cordons de clé-
matite appelée *viorne* dans le pays.

La taille a lieu en décembre et janvier. A Gan, certains propriétaires taillent sur dix ou douze yeux; à
Jurançon, on ne laisse généralement que huit yeux : on
prend pour guides, à cet égard, la vigueur des souches
et l'état de fertilité du sol. Les bras sont attachés trans-

versalement en février et mars. Le provignage se fait
en hiver et seulement pour remplacer les pieds qui ont
péri ; pendant l'année où cette opération s'effectue, on
ménage la souche mère en affaiblissant le provin par
une entaille destinée à ralentir le cours de la séve dans
sa branche de remplacement : c'est presque un demi-
sevrage; l'année suivante, on le sèvre tout à fait. On
fume en provignant, comme si l'on plantait. On ébourgeonne en mai et juin. Vers le mois de septembre on
commence à dégager les raisins, en enlevant une partie
des feuilles qui les couvrent, et l'on relève vers le même
temps ; les travaux d'hiver consistent à reporter de la
terre là où la couche végétale est insuffisante ou a été
enlevée par des orages ou de fortes pluies.

La vigne commence à rapporter à la cinquième année.

Les vendanges n'ont jamais lieu avant le 15 octobre,
et souvent elles ne s'ouvrent que dans la première quinzaine de novembre; on attend une maturité consommée
pour vendanger, et l'on cueille le raisin au fur et à
mesure qu'il est très mûr.

A Gan, Gelos, Sainfos et Jurançon, on égrappe pour
le vin rouge, mais non pour le vin blanc ; celui-ci ne
cuve jamais. Le raisin destiné à être converti en vin
rouge est foulé dans des cuviers de bois contenant
environ dix barriques de 300 litres; on l'y laisse fermenter pendant une dizaine de jours, puis on l'entonne
et on l'ouille chaque fois que le besoin s'en fait sentir.
On soutire en mars et, généralement, une seconde fois
encore à la fin de septembre ou au mois de mars de

l'année suivante. Dans le pays, le vin n'est mis en bouteilles qu'à la sixième année ; il se conserve indéfiniment sans perdre de ses qualités.

Les quartiers les plus renommés dans ces quatre
crus distingués, dont les produits circulent dans le
commerce sous le nom commun de Jurançon, se classent ainsi :

1° A Gan, la *petite vigne de Gaye* d'environ 1 hectare, au sommet du coteau et en plein midi : l'Arrouyat
et le Bouchi y dominent. Le vin rouge qu'on en retire
tient la tête du vin rouge de Jurançon ; il ne s'en produit que 6 hectolitres en moyenne chaque année, on le
paie 5 francs le litre à deux ans.

2° A Jurançon, *Pourtau, Perpigna, Ségur, Noguet,
Roux, Larreyat, Jurques, Neys* et *Loustau.*

3° A Gelos, *Tortiquat, Cassau, Laloubère* et *Maunot.*

4° A Gan, *Bastaroux, Sicavat, Jolys, Souyet, Lar-
raque* et *Escoubat.*

Le vin blanc de Jurançon, dans sa première qualité,
est préférable au vin rouge, il est surtout plus alcoolique : c'est un vin corsé, généreux et très bouqueté,
digne en un mot du Béarnais, mais violent et capiteux.
Il vaut, en moyenne, de 60 à 65 francs la barrique de
300 litres ; il s'écoule principalement en Hollande : le
vin rouge se consomme dans le pays. Les coteaux de
Jurançon produisent le meilleur vin blanc, ceux de Gan,
au contraire, le meilleur vin rouge. Le rendement
moyen de Gan, Gelos, Sainfos et Jurançon, n'est que
de 6 hectolitres par hectare.

VIGNOBLE DE MADIRAN

(HAUTES-PYRÉNÉES).

Le vignoble de Madiran s'étend sur un coteau qui court du midi au nord, le long de la plaine de l'Adour. D'après le cadastre, il comprend 1,754 hectares, répartis entre les communes de Soublecause, Castelnau-Rivière-Basse, Madiran et Saint-Lanne dans les Hautes-Pyrénées, et les communes de Gouts et de Canet dans le Gers. Le terrain est argilo-silico-calcaire, couvert presque partout de cailloux roulés et reposant sur un sous-sol marneux. Son exposition, très variée en raison des gorges qui le sillonnent, regarde principalement l'est et le couchant.

Tous les anciens cépages rouges et blancs qui peuplaient autrefois le vignoble de Madiran ont disparu aujourd'hui. Le Tannat y règne seul; on le cultive en *espalière* et *en vigne haute*. Suivant le terrain, on plante à la barre ou au fossé, et toujours avec de simples boutures. Dans l'espalière, les rangées sont espacées à 2ᵐ,80, et chaque cep, planté séparément, se trouve à 1 mètre de ceux qui l'avoisinent dans la rangée. Les vignes hautes sont à 2ᵐ,80 en tous sens, associées deux par deux, soutenues par un fort échalas; leurs bras s'étendent sur des traverses en forme de croix, à la hauteur de 1ᵐ,60 à 1ᵐ,70 ; ils forment des cordons en se reliant les uns aux autres. Pendant les trois premières années, la vigne est improductive; à la quatrième et à la cinquième année, ses produits paient les frais d'entretien ; les bénéfices commencent avec la sixième feuille. La taille se pratique en novembre, décembre et janvier. Chaque souche porte deux coursons, à chacun desquels on laisse cinq, sept, neuf et même dix yeux, selon la richesse du sol et la vigueur du cépage; on réserve en même temps deux *aroueis*, pourvus l'un et l'autre de deux yeux pour former le bois d'attente, ce qui permet de maintenir toujours la vigne à peu près à la même hauteur. La vigne reçoit deux labours annuels : le premier, en mars, a pour but de déchausser les souches; le second, appliqué en mai, les rechausse. Dans l'intervalle de ces deux façons, on bêche avec soin le pied des vignes pour ameublir la terre et détruire en même temps les mauvaises herbes, les ronces surtout qui tendent constamment à envahir le vignoble; les autres œuvres consistent à tirer des raies d'écoulement, à relever la terre après le passage des bouviers, et à soutenir les vignes faibles par des terrages ou des composts. Pendant le cours de la végétation, on ébourgeonne, on épampre et on lie.

Les vendanges précoces commencent avec les premiers jours d'octobre; mais ordinairement elles n'ont lieu que dans la seconde quinzaine de ce mois, elles se prolongent parfois jusqu'en novembre. L'égrappage est peu usité. Le cuvage dure au moins dix jours, mais les propriétaires qui veulent se procurer des vins liquoreux ne laissent cuver que pendant quelques heures. Les soins à donner au vin après sa confection sont fort négligés à Madiran. La plupart le laissent vieillir sur lie sans jamais le soutirer, et s'inquiètent peu si les tonneaux où on le renferme sont ou non chargés de tartre. Malgré cette négligence, le vin de Madiran, provenant d'une bonne année, peut être offert comme vin d'entremets lorsqu'il compte cinq ou six ans de fût, qu'il s'est bien dépouillé et est arrivé, en bouteilles, à sa maturité, entre huit et dix ans : il prend alors un moelleux qu'il n'a jamais dans le principe, il est généreux et d'excellent goût. En primeur, on l'emploie avec succès pour les coupages ; c'est aujourd'hui sa principale destination. Le commerce le livre rarement pur à la consommation, presque toujours il le vend mélangé avec des vins blancs d'une qualité inférieure ; aussi recherche-t-il, de préférence, le Madiran le plus corsé et le plus chargé en couleur, deux conditions qui ne portent guère le propriétaire à s'attacher à la qualité essentielle en dehors de la qualité marchande.

Les meilleurs crus du vignoble de Madiran sont *Latyre* (Castelnau), *las Tichanères* (Madiran), les *Arrouquets*, et la plus grande partie de Saint-Lanne.

Bayonne est le principal point d'écoulement du vin de Madiran ; on l'emploie à soutenir et colorer les vins faibles, auxquels on ajoute encore des vins blancs de la Chalosse. Bordeaux ne l'achète qu'accidentellement. Le Bigorre et Pau sont pour lui un débouché secondaire, mais nullement à dédaigner. Son prix moyen varie

entre 12 et 13 francs l'hectolitre, en vin nouveau, et
20 francs après deux ans de garde. Dans les bons
fonds, on obtient sans peine de 40 à 50 hectolitres
par hectare.

EAUX-DE-VIE DE L'ARMAGNAC
OU DU GERS.

Le département du Gers, bien qu'inférieur aux deux
Charentes, quant à la fabrication de l'eau-de-vie, n'en
a pas moins une importance réelle sous ce rapport ; il en
distille, chaque année, plus de 80,000 hectolitres : c'est
sa principale ressource et son produit viticole le plus
estimé. Les eaux-de-vie d'Armagnac, en effet, viennent
immédiatement après celles de Cognac ; elles l'emportent sur toutes les autres par leur finesse, leur franchise et leur excellent goût. Cette industrie s'exerce sur
différents points du Gers. On fabrique de l'eau-de-vie
dans les cantons de Condom, Valence et Montréal ; mais
la vigne n'occupe que le second rang dans les autres
localités, consacrées plus spécialement à la culture des
céréales. Dans les cantons d'Eauze, Cazaubon, Nogaro
et Vic-Fezensac, au contraire, la distillation joue un rôle
principal ; elle prime toute autre espèce de spéculation.
Il faut en dire autant de Portlebosc et de Labastide-

d'Armagnac, communes englobées dans le département des Landes, et qui, en réalité, font partie du territoire de Cazaubon.

Les trois cantons d'Armagnac, Eauze, Cazaubon et Nogaro, ainsi que les communes de Labastide, de Port-lebosc et de Castelnau-d'Auzan, ont le privilége de produire la meilleure eau-de-vie, celle désignée dans le commerce sous le nom de *bas Armagnac*. Elles se classent ainsi d'après leur qualité :

1° Cazaubon, Portlebosc, Labastide, Castelnau ;
2° Nogaro ;
3° Eauze.

L'eau-de-vie de ces provenances est moelleuse et a une saveur de fruit particulière ; mais, entre toutes, on distingue celle des communes de Maupas, Sanjas et Estang, dans le canton de Cazaubon, comme ètant hors ligne par sa séve et son arome. Comparées à cette liqueur de choix, les eaux-de-vie du Condomois sont rudes et sans bouquet ; on les classe ainsi qu'il suit :

1° Montréal,
2° Condom,
3 Valence,
4° Vic-Fezensac.

Dans le commerce, les eaux-de-vie du Condomois sont toujours coupées avec du bas Armagnac ; le con-sommateur subit les conséquences de cette fraude.

Le *Piquepout*, cépage qui n'est autre que la Folle blanche, forme, dans l'Armagnac comme dans les deux Charentes, la source des meilleures eaux-de-vie; il règne à peu près exclusivement dans les bons crus; parfois cependant on rencontre aussi quelque peu de Clairette dans les vieilles vignes, mais les nouvelles plantations n'admettent que le Piquepout. Il produit un vin rude, désagréable au goût, très capiteux, dont on extrait ordinairement, par chaque 6 hectolitres, 1 hectolitre d'eau-de-vie à 52° centigrades. Sa culture n'offre rien de particulier; il vient à toutes les expositions, dans tous les terrains argilo-siliceux du Gers, amendés dans certaines localités, comme à Cazaubon, à Nogaro, le Houga, avec le falun coquillier.

Jusque dans ces derniers temps on ne se servait, dans le Gers, que des plus simples appareils pour distiller; la fabrication marchait ainsi lentement, mais les produits étaient, dit-on, d'une qualité supérieure. Aujourd'hui l'ancien système est abandonné presque partout. Poussé par une concurrence redoutable, chacun cherche, avant tout, une économie de temps et de combustible; aussi les appareils à distillation continue, tels que les systèmes Privat, Baglioni, tendent-ils à prévaloir; selon leur force, ils coûtent de 1,600 à 2,400 francs, et donnent, en vingt-quatre heures, trois pièces contenant chacune 4 hectolitres d'eau-de-vie à 52° centigrades. Au-dessous de l'alambic, on trouve généralement un récipient étalonné avec soin, d'une contenance de 1 à 2 hectolitres; il tire successivement

toute l'eau–de-vie fabriquée. Le service d'un appareil
à distillation continue exige trois personnes : un brûleur, qui dirige l'opération, et deux aides ou manœuvres
chargés de fournir le bois et le vin au fur et à mesure
des besoins.

Dans le Gers, les propriétaires fabriquent eux-mêmes
leur eau–de-vie ou la font fabriquer chez eux par des
industriels appelés *brûleurs*, quand ils ne possèdent pas
d'alambic. La campagne commence presque aussitôt
après la vendange ; elle continue pendant une partie de
l'hiver. Les vins distillés peu de temps après avoir été
entonnés donnent des produits supérieurs, en quantité
et en qualité, à ceux qu'on extrait à l'arrière-saison.
Il en est qui brûlent nuit et jour ; d'autres travaillent
seulement le jour. La journée commence alors à cinq
heures du matin et finit à deux heures du soir. Le brûleur gagne de 1 fr. 50 c. à 2 francs par jour ; il est
de plus logé et nourri.

L'eau-de-vie fabriquée est mise dans des pièces contenant chacune 4 hectolitres. Chaque propriétaire traite
directement avec le négociant, sans intermédiaire de
courtiers ; il vend sur ou sans échantillon. Le prix fixé,
l'acheteur se rend dans le chais du vendeur ; il examine
la marchandise, l'agrée, la paie comptant et la fait enlever à ses frais et risques. Le propriétaire vend l'eau-
de-vie telle qu'elle est sortie de l'alambic, sans apprêt
ni coloration autre que celle que lui communique le
bois de chêne ; le commerce ensuite la colore suivant
les exigences des pays où elle doit être expédiée.

Les eaux-de-vie du bas Armagnac se vendent à
Eauze ; il s'y tient un marché spécial le jeudi de chaque
semaine. Celles du haut Armagnac se vendent, tous les
samedis, au marché de Condom ; il n'y a ni inspecteurs
ni vérificateurs publics. L'eau-de-vie marchande, bon
goût, doit peser 52° centésimaux ; le prix moyen de la
pièce est de 160 francs, soit 40 francs l'hectolitre.

La plus grande partie des produits de Cazaubon, Labastide et Nogaro, est transportée à Mont-de-Marsan ;
le Portlebosc, Castelnau, Eauze et le Condomois se
rendent à Pont-de-Bordes et Bordeaux ; arrivés dans ces
entrepôts, ils n'en sortent plus que dénaturés.

Quelques personnes distillent les marcs, mais par
exception seulement ; les eaux-de-vie de *grappe* sont
plus que médiocres et sans cours. En général, on convertit les marcs en engrais.

Les États-Unis d'Amérique et la Californie sont les
principaux débouchés des eaux-de-vie d'Armagnac.

VIGNOBLES
DE FRONTON ET DE VILLAUDRIC
(HAUTE-GARONNE).

Fronton et Villaudric, assis tous deux sur un plateau
silico-argileux et se faisant réciproquement limite, sont
les deux meilleurs vignobles de la Haute-Garonne ;

d'après le cadastre, le premier contient 1,827 hectares, le second 525.

Sol, exposition, cépages, culture, tout leur est commun : on peut donc les considérer comme un seul et même cru ; le vin de Villaudric, cependant, passe pour avoir un peu plus de qualité que celui de Fronton.

Le *Bordelais* et la *Chalosse* sont les deux principaux cépages de ces vignobles ; on les trouve associés au *Négret* et au *Mauzac*. Les ceps sont plantés à 1^m,10 les uns des autres ; on les taille ordinairement sur trois yeux. Chaque année, pendant leur végétation, ils reçoivent deux façons à la charrue. Le premier labour, aidé de la pioche, déchausse le pied des vignes et en reporte la terre au milieu de l'intervalle qui sépare les rangées ; on rechausse par le second labour : un sillon reste alors ouvert au milieu de chaque rangée après cette opération.

La vigne entre en rapport vers six ans ; l'hectare produit, en moyenne, de 15 à 16 hectolitres. Les vendanges ont lieu à la fin de septembre. L'égrappage est généralement usité ; le cuvage dure au moins un mois ; le soutirage est chose exceptionnelle.

Les vins de Fronton et de Villaudric sont corsés, riches en couleur et en alcool ; lorsqu'ils proviennent d'une bonne année et qu'ils sont bien traités, ils ne manquent ni de finesse ni d'une espèce de bouquet, surtout quand on les boit à trois ou quatre ans, époque de leur maturité : ils forment alors un bon ordinaire. Mais la plupart des vins vendus sous ce nom laissent beaucoup

à désirer, par suite du peu de soin apporté à leur fabrication : on les consomme dans la Haute-Garonne et
dans le Tarn-et-Garonne ; Bordeaux, quelquefois, en
achète de petites parties pour ses coupages. Les vins de
Fronton et de Villaudric se marient très bien avec ceux
des Palus ; ils valent ordinairement de 15 à 18 francs
l'hectolitre.

VIGNOBLES
DE GAILLAC, CUNAC ET CAYSAGUET
(TARN).

Le département du Tarn possède deux qualités de
vins bien distinctes : les vins de commerce, dont l'arrondissement de Gaillac a le monopole, et les vins de table
qui se récoltent sur les coteaux de Cunac et de Caysaguet, aux environs d'Albi.

Le vignoble proprement dit de Gaillac, celui qui
fournit le vin rouge recherché du commerce, est
presque entièrement en plaine ; sa contenance embrasse
4,165 hectares. Les vins blancs proviennent particulièrement des coteaux. Le sol est argilo-calcaire, profond.
L'exposition la plus générale regarde le sud.

Les principaux cépages du vignoble de Gaillac sont
le *Duras*, le *Taloche*, le *Muscat* et le *Prunelard*, associés au *Mauzac* et à plusieurs espèces importées du bas

Languedoc, telles que les Terrets, le Mourastel et l'Œillade. Le sol destiné à être converti en vignoble est préparé par un défoncement de 40 centimètres. La plantation s'effectue au pal ou au fossé. Les ceps sont à 1ᵐ,34 en tous sens, quand la vigne doit être travaillée à bras; à 88 centimètres dans un sens et à 1ᵐ,90 dans l'autre sens, lorsqu'elle doit être cultivée à la charrue. Dans ce dernier cas, on plante au fossé, en ouvrant le sol par deux traits de charrue suivis de deux pointes de houe bidentée : chaque fossé mesure de 60 à 70 centimètres de large sur 40 ou 45 centimètres de profondeur. La taille s'exécute en deux fois : une première fois la serpette enlève, en octobre et novembre, le bois inutile et ne laisse que deux ou trois brins à chaque cep : c'est l'opération connue sous le nom de *recurage* ou *décharge;* avant d'y procéder, on nettoie les rases ou raies d'écoulement. La taille proprement dite a lieu en février et mars; elle est suivie immédiatement du provignage, quand celui-ci doit être pratiqué : on taille ordinairement sur trois yeux. Dans les *vignes à bras,* la première façon se donne en mars et avril, avec la houe ou *foussue;* elle a pour effet de déchausser les souches et de ramener la terre qui les couvre au milieu de l'intervalle qui sépare les rangées de vignes. La seconde façon porte le nom de *binage;* elle s'applique un ou deux mois après : son but est de rechausser les ceps, d'ameublir le sol et de détruire en même temps les mauvaises herbes. Dans les *vignes à la charrue,* le premier labour s'effectue en mars ou avril, le second en mai ou juin. Dans le cours de la végétation on épampre, puis on effeuille un peu avant la maturité. La vigne commence à produire dès-la quatrième année ; elle est en plein rapport à huit ans : l'hectare rend, en moyenne, de 16 à 18 hectolitres, dont le prix moyen varie entre 10 et 12 francs. Les vendanges commencent généralement avec le mois d'octobre. A Gaillac on égrappe ; cette précaution n'est pas usitée à Albi. Le vin cuve pendant quinze ou vingt jours ; pour lui donner plus de couleur, et peut-être aussi pour lui communiquer plus de douceur, on fait bouillir un dixième de la vendange et on le verse tout chaud sur la cuve. Le soutirage se répète deux fois à Gaillac ; à Albi, on ne soutire le vin qu'au moment de la vente : il est rare qu'on le mette en bouteilles avant le temps où il doit être bu.

Le vin forme la principale richesse du territoire de Gaillac. Il se distingue par sa couleur foncée, beaucoup de corps, de spiritueux, une grande franchise de goût et sa facilité à supporter le transport. Il convient très bien aux coupages ; aussi est-il fort employé par les négociants de Bordeaux et de Paris pour soutenir et relever les vins faibles. Le vin blanc de Gaillac ne manque ni de corps, ni de générosité ; en primeur, sa douceur le rend très agréable.

Cunac ne compte que 321 hectares de vignes, Caysaguet en possède 642 hectares ; l'un et l'autre vignoble occupent des coteaux siliceux formés de cailloux roulés et mêlés de schistes sur plusieurs points. Le *Mausac*, le *Picpouille*, l'*Œillade*, le *Terret* et la *Blanquette* constituent leurs principaux cépages; à part quelques nuances secondaires, la culture de la vigne et la fabrication du vin sont les mêmes qu'à Gaillao.

Les vins de Cunac et de Caysaguet, auxquels on peut associer également ceux du Roc, vignoble de 70 hectares, mériteraient d'être plus connus. Ils sont d'une bonne conservation, fins, légers, moelleux, généreux, pleins de délicatesse et bouquetés, dignes, en un mot, d'être tirés de leur obscurité. Ce n'est pas sans raison qu'on les compare aux meilleures provenances du Beaujolais; ils en ont, en effet, tout l'agrément, mais avec plus de feu et de montant : le Midi a peu d'ordinaires qui leur soient comparables. Ils se consomment presque exclusivement dans l'Albigeois; leur prix moyen ne dépasse pas 20 francs l'hectolitre, en moyenne.

VIGNOBLE DE PECH-LANGLADE

(TARN-ET-GARONNE).

Le clos de Pech-Langlade, le meilleur vignoble de Montbartier près Castel-Sarrasin, ne s'étend pas au delà de 7 hectares. Le sol consiste en une boulbène graveleuse. Des trois zones qui le partagent, celle du milieu garnit la pente rapide d'un coteau, la partie supérieure occupe une espèce de plateau, la dernière zone s'étend en plaine. Ce clos est peuplé, dans sa moitié environ, des cépages connus localement sous les noms de *Morillon* et de *Bordelais*; le *Fer*, le *Perpignan*, le *Mauzac rouge*, le *Milgrane*, se partagent le reste avec un mélange de variétés blanches composées de *Blanquette*, *Clairette* et *Mauzac blanc*. Les ceps sont plantés à 2ᵐ,30 dans un sens, et 1ᵐ,15 dans l'autre sens; on les taille sur deux yeux; ils reçoivent trois façons chaque année et sont en plein rapport entre sept et huit ans : l'hectare rend, en moyenne, une dizaine d'hectolitres. La vendange a lieu ordinairement à la fin de septembre. On foule après avoir égrappé; le cuvage dure une dizaine de jours; on soutire deux fois par an, en mai et en septembre.

Le vin de Pech-Langlade se distingue par sa couleur et sa spirituosité; il acquiert de la qualité avec l'âge, et peut alors passer pour un très bon ordinaire. Son prix moyen est de 15 francs l'hectolitre.

Les meilleurs vins de Tarn-et-Garonne, après celui de Pech-Langlade, sont ceux de Beausoleil et de Fau près Montauban, puis ceux de Vignarnaud, de Léojac, de Villedieu, et le vin blanc d'Aussac. Ces vins, bien traités, forment de simples ordinaires; ils ne sortent guère du département.

VIGNOBLE DE CAHORS

(LOT).

Sous le nom de *vin de Cahors*, le commerce comprend les produits des vignobles situés sur les coteaux des deux rives du Lot, en amont de la ville de Cahors jusqu'à Cajarc, et en aval jusqu'à Duravel; d'après le cadastre, ce cru distingué renferme 24,000 hectares. Le sol est généralement un calcaire siliceux, plus ou moins mélangé d'argile; il repose sur une roche de carbonate de chaux facilement perméable et se délitant à l'air. L'orientation est très diverse, ce qui n'empêche pas le raisin de mûrir parfaitement sur tous les points; mais on préfère les expositions du sud et du sud-ouest. La pente des coteaux est très rapide.

Les différents cépages qu'on y observe sont tous mêlés dans les anciennes vignes, mais avec une sorte de régularité dans leur association. L'*Auxerrois à côtes vertes* et l'*Auxerrois à côtes rouges* en forment le fond. Le premier se recommande surtout par son abondance et sa rusticité, mais ses produits sont peu distingués; le second donne au vin de Cahors les qualités qu'on lui demande: une belle couleur, du corps, de la générosité, un bon goût. Son défaut principal est d'être sujet à la coulure; il réussit même dans les terrains maigres.

Les espèces blanches les plus estimées sont la *Blan-quette*, la *Clarette*, le *Sémillon*, le *Taloche*, le *Mauzac* et le *Rouxallin ;* ces trois dernières variétés forment un peu plus du quart dans les anciennes plantations.

Au vignoble de Cahors la vigne se plante au pal, avec de simples boutures, à la distance de 1 mètre 60 centimètres à 2 mètres en tous sens. On la dresse, en général, sur quatre ou cinq coursons taillés dans le courant de février, chacun sur deux yeux. Elle reçoit annuellement deux façons à la main sur les pentes trop rapides pour comporter le travail des animaux ; dans la plaine on emploie souvent la charrue. Là où le labour peut s'effectuer, on l'exécute avec la charrue à versoir : l'instrument trace de quatre à six raies entre chaque rangée de souches et déchausse d'abord les ceps en rejetant la terre du pied des ceps au milieu de chaque rangée ; au second labour, on rechausse les ceps et on laisse un sillon vide au milieu de chaque rangée. Le provignage n'offre rien de particulier, il n'est usité que pour remplacer les souches qui périssent. La vigne, plantée dans de bonnes conditions, commence à produire à cinq ans ; elle est en plein rapport à sa huitième feuille. Les coteaux ne rendent pas plus de 15 hectolitres par hectare en moyenne.

Les vendanges ont lieu ordinairement dans la première quinzaine d'octobre ; un ban en détermine le jour. Partout on égrappe et l'on foule. Suivant la température de l'année, on laisse cuver plus ou moins longtemps, mais ordinairement le cuvage dure un mois. Le vin, une fois en barriques, est ouillé chaque fois qu'il devient nécessaire de remplir ; les vins jeunes sont soutirés au moins deux fois, en mars et en novembre ; les vins vieux une seule fois, le plus souvent en mars. On ne met en bouteilles que le vin destiné à paraître sur les tables recherchées, et seulement lorsqu'il a déjà séjourné pendant six ou huit ans en tonneaux : c'est l'époque de sa maturité. Il peut être bu après deux ans de verre.

Les vins de Cahors se distinguent en trois classes : les *vins noirs*, les *vins rosés* ou *légers*, et les *vins blancs*. Les premiers sont destinés au commerce, et, pour la plupart, expédiés à Bordeaux, où ils jouent un grand rôle dans les coupages ; les autres servent à la consommation locale ; l'excédant est transporté dans la Dordogne, la Corrèze, le Cantal, l'Aveyron. Bordeaux forme le principal débouché des vins noirs de Cahors ; l'hectolitre vaut ordinairement 15 francs. Les meilleurs quartiers du vignoble de Cahors sont : Savagnac, Saint-Henri, Mel, Lagarde, Parnac, Saint-Vincent, la Pistoule, le Montat, Larroque, etc.

VIGNOBLES DE CLAIRAC ET DE BUZET

(LOT-ET-GARONNE).

Les vins rouges de Lot-et-Garonne ne méritent aucune mention particulière ; les meilleurs ne s'élèvent pas au-dessus des vins ordinaires de seconde qualité ; en revanche, ce département possède, en blanc, deux crus remarquables : *Clairac* et *Buzet*.

Le premier de ces vignobles contient, d'après le cadastre, 200 hectares dont 40 sont spécialement affectés à la fabrication des *vins pourris,* nom sous lequel on désigne les vins blancs liquoreux de cette commune confectionnés avec des raisins parvenus à leur extrême maturité. Les plus estimés se récoltent dans la côte, sur le calcaire et à l'exposition du sud. Les cépages qui peuplent ce vignoble sont le *Sémillon* gros et petit, le *Cruchin,* l'*OEil-de-tour*, la grosse et petite *Chalosse* et le *Muscat ;* ils y sont associés en proportions à peu près égales. Avant de planter, on défonce le sol à 50 centimètres. La plantation s'effectue de deux manières : au pal dans le terrain rocailleux, au fossé dans la plaine ; dans le premier cas on emploie de simples boutures, dans le second cas les crossettes sont enracinées. On plante en avril et à la Saint-Jean, et toujours sans fumure ; les ceps sont ordinairement placés à 1 mètre en tous sens. La première année, la vigne reçoit deux façons; on en ajoute une troisième les années suivantes. Pendant les trois premières feuilles on l'abandonne à elle-même sans la tailler; la taille ne commence qu'à partir de la quatrième année, elle a lieu en février et mars et toujours sur trois yeux. Chaque cep est dressé sur trois branches; on épampre à la fin de mai. La vigne entre en bon rapport à six ans; les propriétaires soigneux l'entretiennent par le provignage. Pour vendanger, on attend que le raisin tombe en sphacèle; aussi fait-on souvent plusieurs triages. Le moût est entonné au sortir du pressoir; on soutire fréquemment.

Le vin blanc de Clairac est un joli vin, pourvu de bouquet, de finesse et de séve; il peut être bu à trois ans, mais on ne le met guère en bouteilles avant sept ans : plus il vieillit, plus il acquiert de qualités.

L'hectare de vignes à Clairac rend, en moyenne, 9 hectolitres de vin blanc pourri; la pièce jauge 220 litres, du prix moyen de 35 francs. Ce vin ne s'exporte pas; le commerce de Bordeaux en achète quelquefois. Indépendamment du vin pourri, on fabrique encore, dans la vallée du Lot, dans un rayon de 20 à 25 kilomètres de Clairac, des vins blancs doux pour la table, mais la production en est très circonscrite; l'un des plus estimés est celui de Pujols, dans le canton de Villeneuve : cépages, culture et fabrication, sont les mêmes qu'à Clairac.

Le vignoble de Buzet, qui comprend aussi celui de Saint-Pierre-de-Buzet, n'a pas moins de 837 hectares de vignes de toute nature, dont un quart environ est

converti en vin blanc pourri. Quatre autres communes,
Saint-Léon, Damazan, Vianne et Montgaillard, vont de
pair avec Buzet pour ce genre d'industrie, ce qui porte
à 400 hectares environ la totalité des vins blancs fabriqués dans cette commune. Le sol varie. Sur certains
points, il consiste en une argile froide appelée *bouvée*,
ailleurs il est graveleux ; dans quelques endroits sa pente
est douce, sur d'autres, au contraire, elle est très
rapide. La côte de Saint-Pierre passe pour le meilleur
quartier du vignoble de Buzet ; elle produit, en
moyenne, par hectare, 15 hectolitres de vin blanc, dont
une partie se consomme immédiatement sous forme
de vin doux ; le reste devient sec aux approches de l'été
et se garde très longtemps sous cet état. Le *Muscat*, le
Jurançon ou l'*Œil-de-tour*, le *Sauvignon* et le *Sémillon*,
sont les principaux cépages de ce vignoble. Les procédés de culture ressemblent beaucoup à ceux dont on
fait usage à Clairac. Les ceps se plantent en mars, à
1 mètre dans les rangées, qui sont espacées à 1ᵐ,80 les
unes des autres. Selon sa force, la vigne porte deux,
trois ou quatre coursons. On taille en février et mars sur
un seul œil ; trois façons sont appliquées chaque année ;
on ébourgeonne et l'on épampre en mai. Dès la quatrième ou cinquième année de la plantation, on obtient
déjà quelques produits, mais le plus fort rendement n'a
lieu qu'entre dix et douze ans. La vendange se fait dans
le courant d'octobre ; on n'égrappe pas ; on ne met le
tonneau sous bonde que trois ans après avoir entonné.
La première année, on soutire quatre ou cinq fois ;

on met le vin en bouteilles à six ou sept ans : on peut
le boire à cet âge, mais plus on l'attend, plus ses qualités se développent. La pièce jauge de 220 à 225 litres.
Le vin blanc nouveau de Buzet vaut ordinairement de
20 à 22 francs l'hectolitre. Bordeaux et la Bretagne
sont ses principaux débouchés.

DE LA CULTURE DU CHASSELAS

A THOMERY, PRÈS FONTAINEBLEAU.

On regarde généralement le chasselas de Fontainebleau comme le plus parfait de tous les raisins de table.
Ce n'est pas que d'autres cépages ne lui soient supérieurs en quelques points. Beaucoup d'espèces méridionales, par exemple, sont plus sucrées, d'autres ont une
saveur plus relevée, quelques-unes se recommandent
par une production plus abondante, plusieurs sont plus
précoces ; mais aucune ne possède d'une manière aussi
complète les qualités qu'on demande au raisin de table :
grappe volumineuse, grains à peau mince, d'une belle
grosseur, dorés, fondants, d'une saveur fine et suffisamment sucrée. Ces avantages, le chasselas de Fontainebleau les réunit tous à un haut degré. Il doit son nom
et sa célébrité à la fameuse treille de Fontainebleau
créée, il y a environ cent ans, et citée longtemps comme
modèle. Mais la plupart des raisins vendus sous la dénomination de *chasselas de Fontainebleau* n'appartiennent
pas au territoire de cette ville; ils proviennent de Thomery, petit village des environs, dont la culture indus-
trieuse verse annuellement sur le marché de Paris plus
d'un million de kilogrammes de raisins. Ce résultat
remarquable ne tient pas à un sol ni à un climat privilégiés; loin de là, la vigne y croît dans un terrain lourd
et froid et sous l'influence d'une maturité tardive. Mais,

grâce aux soins apportés à la plantation, à l'excellente disposition des treilles et à une taille parfaitement approprié qui force la séve à se répartir également dans toutes les parties de la plante, les obstacles naturels qui semblaient devoir s'opposer à sa réussite ont été levés : nulle part on ne voit d'aussi beaux raisins de treille qu'à Thomery. Les procédés judicieux qu'on y suit résument les plus habiles pratiques usitées jusqu'ici; ils constituent une méthode spéciale, susceptible d'application dans tous les jardins du centre, de l'ouest et du nord de la France placés sous un climat analogue.

Thomery ne compte guère plus de 120 hectares de vignes cultivées en treilles. Deux sortes de murs se les partagent, les murs de clôture de $2^m,60$ de haut, et les murs de refend de $2^m,15$ d'élévation, séparés les uns des autres par un intervalle de 12 à 14 mètres : ces derniers divisent le vignoble en une foule de jardins ou clos intérieurs consacrés exclusivement à la vigne. Tous les murs, blanchis à la chaux, sont munis de chaperons de tuiles; leur saillie, à double pente, est ordinairement de $0^m,25$ pour les murs de clôture, et de $0^m,20$ seulement pour les murs de refend : elle protège les bourgeons contre les gelées printanières, préserve les raisins des premières gelées de l'automne, les met à l'abri de l'humidité, et permet ainsi de retarder la récolte, au profit de sa conservation. Tous les treillages sont de bois et fixés contre les murs au moyen de crochets scellés de mètre en mètre; les montants se placent généralement à $0^m,45$ les uns des autres, et on les coupe

horizontalement par des traverses distantes de $0^m,22$
ou $0^m,25$ l'une de l'autre. Dans les treilles les mieux
établies, les crochets forment une saillie de $0^m,3$; la
perche horizontale du bas et celle du haut sont enga-
gées dans les crochets, les montants sont appliqués
contre le mur, de telle sorte que les traverses sur lesquelles doivent courir les cordons se présentent en
avant : on évite ainsi les étranglements fâcheux auxquels
la vigne est exposée quand les cordons passent entre les
montants et le mur. L'exposition préférée est celle du
sud-est : c'est là qu'on voit les plus beaux raisins; à
l'ouest et au sud-ouest, on n'obtient que des produits
de qualité inférieure.

Pour planter, on défonce le sol à $0^m,80$ de profondeur; à partir du pied du mur, sur $1^m,33$ en avant, on
garnit le fond de la tranchée de terre végétale avec une
addition d'engrais. Le plant est l'objet d'un soin tout
particulier à Thomery : on choisit, pour servir de crossette ou de marcotte, un sarment vigoureux exempt de
maladies, ayant fructifié dans l'année, et dont les fruits
reproduisent de la manière la plus parfaite le cépage
qu'on veut multiplier. Les crossettes sont fréquemment
employées, mais elles ne commencent à rapporter que
vers la quatrième année ; c'est pourquoi on préfère les
marcottes, plus précoces. Ces dernières, appelées communément *chevelées* à Thomery, se distinguent en marcottes nues et en marcottes en paniers. Les marcottes
nues se plantent tout d'abord à demeure et fructifient
souvent dès la deuxième année. Le marcottage en panier

consiste à faire passer un sarment par le fond d'un panier d'osier vert, qu'on place dans le sol à 0^m,15 de profondeur ; on remplit ce panier de bonne terre mélangée de terreau , on coupe le sarment de manière à ne laisser que deux yeux hors de terre, et l'on éborgne sur le sarment marcotté tous les bourgeons existant entre le pied mère et le panier, et qui, sans cette précaution, absorberaient une partie de la séve maternelle au préjudice de la marcotte : celle-ci, à la fin de l'année, est en état d'être sevrée ; on peut la mettre en place avec son panier au printemps suivant. La transplantation ne lui fait aucun tort.

Les ceps, à Thomery, sont généralement à 0^m,44 les uns des autres ; quelques propriétaires plantent la vigne au pied même du mur, les autres à une distance de 0^m,50, et l'amènent, au moyen du couchage, au pied de l'espalier. Chaque cep se trouve vis-à-vis d'un montant de treillage. Le temps venu de la mise en place des marcottes, on commence par supprimer le plus faible des deux sarments qu'elles portent ; au fond de la tranchée, ouverte d'avance à 0^m,70 du mur, on creuse, à l'endroit où les marcottes doivent être placées, un trou dans lequel on loge un panier, de manière que le sommet de la marcotte regarde le mur et que le haut du panier soit à 0^m,25 au-dessous du niveau du sol. Cela fait, on entaille le panier à son bord supérieur, du côté du mur, afin de pouvoir incliner la marcotte sur ce point ; on ouvre en même temps , en face, une petite fosse de 0^m,08 à 0^m,10 de profondeur sur 0^m,25 environ

de longueur, dans laquelle on couche la marcotte, et
on la charge de terre mélangée de terreau jusqu'à fleur
du sol. La tranchée proprement dite est remplie, mais
non complétement, avec la terre qu'on a extraite; le
haut du panier se trouve ainsi recouvert de 0^m,05 de
terre, ce qui met le sarment à 0^m,08 ou 0^m,10 de profondeur. Quand tout est comblé jusqu'à 0^m,20 du sol,
au-dessus de l'œil le plus bas, on coupe le sarment et
on lui donne un petit tuteur. Les soins que réclame le
plant pendant sa jeunesse exercent une grande influence
sur son développement ultérieur. La première année,
lorsque le sarment a atteint 0^m,50 environ de hauteur,
on le rogne à son extrémité et l'on pince successivement
tous les bourgeons au fur et à mesure qu'ils atteignent
0^m,10 de longueur; dans le courant de l'été, on donne
trois ou quatre binages; à l'entrée de l'hiver, on répand une couche de fumier sur la tranchée et l'on
achève de la combler avec la terre disposée en ados sur
ses bords. La deuxième année de la plantation, on taille
le sarment sur les trois yeux les plus inférieurs, et l'on
remplace le premier tuteur par un échalas de 1^m,33 de
hauteur; pendant le cours de la végétation, on ébourgeonne avec le plus grand soin, de manière à n'avoir
que les trois sarments provenant des trois bourgeons
conservés : on les accole au tuteur à mesure qu'ils se
développent. Arrivés à 1^m,33 d'élévation, on les rogne.
Les binages ont lieu comme l'année précédente, et
l'on donne un labour à l'entrée de l'hiver. La troisième année amène le recouchage au premier prin-

temps. On ouvre une tranchée de 0ᵐ,40 de profondeur en partant du mur jusqu'au jeune cep ; on en dégage la souche avec précaution. Si chaque pied de vigne ne doit fournir qu'un cep le long du mur, on ne garde que le plus beau sarment, on le couche dans la tranchée en le garnissant de bonne terre mêlée de terreau, et l'on achève de combler la tranchée avec la terre précédemment extraite ; on place enfin au pied du mur, au point où le sarment vient sortir de terre, un tuteur auquel on attache la vigne et qu'on relie à la première traverse du treillage. Chaque cep est taillé sur trois yeux inférieurs.

Trois années sont donc ainsi employées à amener la vigne au pied du mur ; ce laps de temps, toutefois, n'est pas absolu, il dépend surtout de la vigueur des sujets. Ce qu'il importe avant tout, c'est que le sarment soumis au recouchage se couvre de nombreuses racines dans toute l'étendue de sa tige souterraine. La beauté de l'espalier en dépend ; aussi convient-il de ne pas faire arriver trop tôt la vigne au pied du mur : le recouchage ne doit pas s'étendre à plus de 0ᵐ,30 de longueur chaque année.

La conduite de la vigne sur l'espalier exige toute l'attention d'un praticien habile ; elle varie suivant que le cep doit courir sur un simple cordon horizontal ou sur plusieurs cordons horizontaux, ou qu'il doit se développer en cordons verticaux à coursons alternes ou opposés : Thomery présente la vigne sous ces différents aspects.

La treille en cordon horizontal simple offre deux avantages principaux : d'un côté, elle permet de répartir la séve d'une manière égale sur toutes les parties de la plante ; de l'autre, elle garnit toute la surface du mur qu'elle occupe, sans y laisser de vide. Mais, pour que cette double condition soit satisfaite, il faut que le même cep n'ait pas plusieurs cordons superposés, que ses deux cordons latéraux aient la même longueur, que chacun ne dépasse pas 1^m,33 , et que les coursons soient régulièrement espacés à 0^m,20 les uns des autres.

A Thomery, chaque pied de vigne qui tapisse le mur, considéré isolément, présente la disposition du cordon horizontal simple ; les murs sont couverts, de bas en haut, de cordons superposés dont chaque bras mesure 1^m,10 de longueur, placés à une égale distance et provenant de ceps régulièrement espacés à 0^m,44 les uns des autres.

Les murs, en général, de 2^m,60 d'élévation sous chaperon, reçoivent ordinairement cinq cordons. Le premier pied de vigne forme le premier cordon à 0^m,40 au-dessus du sol ; les coursons qu'il supporte sont pincés aussitôt qu'ils atteignent 0^m,44 d'élévation : cet espace est la limite de leur développement en hauteur et sert de point de départ pour un nouveau cordon. Le second cordon se trouve à 0^m,84 au-dessus du sol ; le troisième, à 1^m,28. Le dernier cordon s'arrête à 2^m,16 du sol.

Cette disposition, la seule qu'on ait suivie pendant longtemps à Thomery, a fait place à une distribution plus heureuse des cordons. La première disposition, en effet, offrait un inconvénient sérieux : pendant la création des cordons, un bras de chaque cep se trouvait ombragé par le cordon supérieur, tandis que l'autre bras opposé, exempt de tout ombrage, prenait un dé-veloppement plus considérable. M. Charmeux père a remédié à ce vice en modifiant l'ordre dans lequel chaque cep fournit ses cordons. Le premier cep donne naissance au premier cordon comme dans l'ancienne méthode, mais le second cep forme le quatrième cor-don; le second cordon est produit par le troisième cep, le quatrième cep fournit le cinquième cordon, et le troisième cordon tire son origine du cinquième cep. Par cette distribution ingénieuse, les cordons ne s'om-bragent pas irrégulièrement pendant les premières années de leur formation, puisqu'ils ne reçoivent cette influence qu'à la cinquième année; mais alors l'om-brage frappe également chaque bras et ne porte d'abord que sur les extrémités de chaque cordon. Cette dispo-sition exige un mur de 6 mètres au moins de longueur; si la vigne devait se développer sur une moindre sur-face, on ne pourrait donner une même longueur aux deux bras du plus grand nombre des ceps, et dès lors il serait fort difficile d'obtenir une égale répartition de la séve.

Les treilles en cordon vertical improprement appelé *palmette* sont loin d'être aussi générales que celles à cordon horizontal. D'après cette disposition, les ceps, plantés de mètre en mètre, se développent vertica-

lement sur une seule tige sans autre ramification que
les séries de coursons dont on palisse obliquement les
bourgeons dans l'intervalle qui sépare chaque pied de
vigne. On distingue deux sortes de cordon vertical : le
cordon vertical à coursons alternes, et le cordon vertical
à coursons opposés. L'une et l'autre offrent des avantages
réels quand on a affaire à des surfaces étroites ou à des
murs très peu élevés; elles ont été perfectionnées, dans
ces derniers temps, par M. Rose Charmeux. Chez cet
habile propriétaire, les ceps destinés à former des cordons verticaux à coursons alternes sont plantés à 0^m,70
les uns des autres et les coursons partent alternativement
de chaque 0^m,25, de telle sorte qu'ils se trouvent à 0,50
sur le même côté de la tige : cette disposition suffit toutes
les fois que le mur n'excède pas 2 mètres de hauteur.
S'il s'agit de garnir un mur plus élevé, on plante les
ceps à 0^m,40 les uns des autres; leurs tiges s'élèvent indistinctement jusqu'à 1^m,66, mais avec cette différence
essentielle que les premières seules portent des coursons
depuis leur point de départ, tandis que toutes celles qui
doivent dépasser 1^m,66 ne commencent à porter des
coursons qu'à partir de 1^m,66, limite à laquelle s'arrêtent
les autres. Pour le cordon vertical opposé, il suffit de
faire naître les coursons à chaque 0^m,25 en les opposant
les uns aux autres. Cette dernière disposition donne
moitié plus de coursons que le cordon vertical à coursons
alternes; elle produit autant que les treilles à cordons
horizontaux, et elle a sur elles l'avantage d'être plus
facile à former.

La taille de la vigne n'est pas moins bien entendue à Thomery que la disposition des treilles; elle est naturellement la conséquence de la disposition à laquelle on a donné la préférence : nous ne saurions mieux faire, pour en donner une idée, que de suivre l'exposé qu'en a fait M. Dubreuil dans son excellent ouvrage sur l'arboriculture.

La formation et l'entretien de la treille à cordon horizontal perfectionné par M. Charmeux s'effectuent de la manière suivante. La première année d'espalier, les sarments ayant été amenés et fixés au pied du mur, on attend le développement des trois bourgeons réservés à la taille en les protégeant contre les limaçons. Lorsqu'ils ont atteint $0^m,15$ de longueur, on supprime les bourgeons stipulaires qui naissent souvent à leur base; dès qu'ils sont arrivés à $0^m,33$ de longueur, on supprime le plus rapproché du sol; en même temps on enlève toutes les vrilles qui se trouvent encore à l'état herbacé, ce sont autant d'absorbants inutiles de la séve. Les deux sarments conservés sont palissés avec du jonc presque verticalement; au fur et à mesure qu'ils s'allongent, on retranche, comme précédemment, les bourgeons stipulaires qui se sont développés à l'aisselle des feuilles. On *recolle*, on palisse de nouveau les sarments, et on les pince aussitôt qu'ils arrivent à $1^m,20$ de hauteur. Peu de temps après ce pincement, s'il se développe des bourgeons au sommet de la tige, on les supprime. Chaque sarment issu des yeux primitifs porte le plus souvent deux grappes; on en retranche une, et,

quand le raisin a acquis la grosseur d'un petit pois, on
le *cisèle*, c'est-à-dire on coupe, à l'aide de ciseaux à
pointe émoussée, tous les petits grains inégaux sur les
grappes trop serrées, ou même le côté inférieur de la
grappe lorsqu'elle est très volumineuse. Par ce moyen,
on obtient une maturité plus précoce et des grappes plus
régulières. Cette opération est bientôt suivie d'un premier épamprement; on peut déjà enlever quelques
feuilles serrées contre le mur en conservant, toutefois,
leur pétiole, organe protecteur et nourricier du bouton
qu'il recèle à sa base. Plus tard, lorsque le raisin devient transparent, on enlève avec précaution quelques-
unes des feuilles de devant; enfin, au moment de la
maturité complète, on enlève les feuilles qui ombragent
les grappes : celles-ci, exposées alors directement à l'action de la rosée et des rayons du soleil, prennent une
belle teinte dorée qui ajoute à leur prix. La récolte
achevée, on enlève les joncs qui servaient à fixer les
sarments. La taille commence avec la deuxième année
d'espalier. Tous les ceps portent encore chacun deux
sarments : on ne leur en laisse plus qu'un seul, le plus
beau ; l'autre est coupé près de la tige au-dessous du
bourgeon le plus voisin de la première traverse. Chaque
année, on l'allonge à 0^m,25, jusqu'à ce que ce cep
arrive, à son tour, au point où il doit former un cordon.
Pour une treille garnie de cinq cordons, ce n'est qu'à
la dixième année que le cinquième cordon commence
à être formé. Le cep qui doit fournir le premier cordon
est taillé d'une manière spéciale. On choisit sur les

deux sarments dont il est pourvu celui qui présente à
sa base les bourgeons les plus rapprochés. Afin que
le T, point de départ des deux bras, soit établi le plus
régulièrement possible, on le coupe au-dessus du bour-
geon placé à 0^m,06 ou 0^m,08 au delà de la première
traverse, de manière que le bourgeon situé immédia-
tement au-dessous se trouve au niveau de cette traverse.
On incline alors sur un angle de 45 degrés le petit
prolongement placé au-dessus de ce dernier bourgeon,
et l'on fixe le tout avec des liens d'osier : le bourgeon
de droite, en se développant, formera le cordon de
droite, et celui de gauche formera le cordon opposé.
Pendant la marche de la végétation, on palisse le bourgeon développé né de l'œil placé à gauche dans une
direction oblique semblable à celle du tronçon qui le
porte; le bourgeon développé provenant du bourgeon
de droite est palissé presque verticalement : à la taille
d'hiver, tout bourgeon inférieur à ceux-ci est supprimé.
Les deux autres sarments sont placés horizontalement
sur la traverse et semblent partir d'une bifurcation
commune. Dès que le T est formé, il importe d'amener
le développement de tous les yeux à bois que renferment les cordons; dans ce but, on taille court. Le
premier œil produit un bourgeon destiné à devenir le
premier courson; l'œil terminal, placé à la face inférieure du sarment, forme le prolongement du cordon.
Le premier est palissé verticalement; le second est
dirigé d'abord obliquement, jusqu'à ce que sa consistance permette de l'incliner tout à fait horizontale-

ment. L'année suivante, le premier sarment obtenu est
coupé immédiatement au-dessus du deuxième œil et le
plus près possible de la base; le second, qui sert à prolonger le cordon, est taillé à deux ou trois yeux et traité
comme l'année précédente. A la troisième année,
même opération qu'à la seconde, toutefois en ména-
geant une distance de 0^m,20 ou 0^m,25 à chaque courson :
on n'en forme qu'un tous les deux ans, lorsque chaque
bras en porte deux. Les sarments des coursons se sont-
ils développés deux à deux, on supprime complétement
celui qui s'éloigne le plus du cordon, l'autre est taillé à
deux yeux comme précédemment; et ainsi de suite jusqu'à ce que les deux cordons qui se développent sur la
même traverse soient sur le point de se rejoindre. Il
s'agit alors de raccourcir les bras des cordons en laissant un bourgeon se développer vers le milieu du bras
qui doit servir de prolongement; on en supprime l'extrémité, et l'on continue à tailler comme les années
précédentes, en ayant soin de rajeunir, chaque année,
les coursons en les taillant sur les deux yeux les plus
rapprochés du cordon : ainsi de suite jusqu'à la dixième
année, époque à laquelle les cinq cordons se développent tous horizontalement sur la treille.

La conduite et l'entretien des treilles à cordon vertical
sont beaucoup plus simples. Le cep une fois amené au
pied du mur, on taille d'abord de la même manière que
pour la treille en cordons horizontaux Charmeux. « La
deuxième année, dit M. Dubreuil, on choisit sur chaque
cep celui des deux sarments qui, appliqué verticalement

contre le mur, présente, à droite, un bourgeon latéral placé à peu près à la hauteur de la première traverse, à 0^m,40 du sol ; on le taille immédiatement au-dessus du bouton qui surmonte le bourgeon situé près de la première traverse ; l'autre sarment est supprimé. A l'époque de l'ébourgeonnement, on ne conserve que les pousses sorties des deux yeux réservés à la taille ; le pincement, le palissage et les autres opérations sont exactement les mêmes que pour la treille à cordon horizontal. La troisième année, le sarment destiné à fournir le premier courson est taillé sur les deux yeux les plus inférieurs ; l'autre sarment est supprimé en partie, de façon à garder, à gauche, un bourgeon placé à 0^m,25 au-dessus de la première traverse et un bourgeon situé immédiatement au-dessus pour prolonger la tige. A l'époque de l'ébourgeonnement, on ne conserve sur ces ceps que les deux bourgeons du premier courson et ceux des bourgeons placés à gauche. La quatrième année, la tige de prolongement est traitée comme l'année précédente ; on la taille sur les deux yeux les plus inférieurs destinés à fournir de nouveaux coursons. Les coursons déjà formés sont traités comme ceux des treilles à cordon horizontal ; en ébourgeonnant, on ne laisse que deux bourgeons sur chacun des coursons et deux sur la branche de prolongement. Ces divers bourgeons, qui, pendant les années précédentes, ont été arrêtés à 1^m,20 de longueur et palissés presque verticalement, sont tous pincés, y compris le prolongement, dès qu'ils dépassent 0^m,40, et palissés, à l'exception de

33

la branche de prolongement, sur un angle de 45 degrés. On répète la même opération, chaque année, en plaçant toujours alternativement les coursons à 0ᵐ,25 les uns au-dessus des autres jusqu'au sommet du mur, où la tige est terminée par un courson. »

INDICATION DES CÉPAGES

DONT IL EST FAIT MENTION DANS CET OUVRAGE.

RÉGION DU SUD.

Corse.

Sciacarello.
Montanaccio.
Cargajolo nero.
Vermentino.
Genovese.
Biancolella.
Malvasia.
Creminese.
Moscatello.

Roussillon.

Grenache noir.
Carignane.
Mataro ou Mourvède.
Picpoule noir.
Clairette.
Muscat de Rivesaltes.
Maccabeo.
Malvoisie.

Bas Languedoc.

Terret noir.
Mourastel.
Aspiran ou Piran.
Œillade.
Sinsaou.
Picpoule blanc.
Aramon.
Terret-bourret.
Blanquette.
Gallet.
Picpoule gris.
Muscat de Frontignan, rouge
   et blanc.
Furmint.
Picardan.

Provence.

Catalan.
Tibouren.

Bouteillan.

Pecoui-touar.

Brun-fourca.

Téoulier.

Pascal, noir et blanc.

Barbaroux.

Rousselet.

Uni blanc.

Colombaud.

Araignan.

Mayorquin.

Panse.

RÉGION DU SUD-EST.

Dauphiné.

Camavèze.

Calitor.

Mollard.

Mollardon.

Plant du Four.

Espagnin.

Roussanne.

Marsanne.

Grosse et petite Sirrah.

Lyonnais.

Vionnier.

Serine noire.

RÉGION DE L'EST.

Beaujolais.

Petit Gamai.

Gamai Nicolas.

Mâconnais

Bons Plants ou Plants de la Dombe.

Gamai picard.

Chardenet.

Haute Bourgogne.

Noirien ou Pineau.

Beurot ou Pineau gris.

Gamai.

Giboudot.

Gamai de montagne.

Pineau blanc.

Basse Bourgogne.

Beaunois.

Lombard.

Tresseau.
Romain.
Pineau de Coulange.
Gros et petit Vérot.
Vérot mousseux.
Pineau noir à petits grains.
Sévignés rouge, blanc et vert.
Troyen.

Franche-Comté.

Poulsard.
Trousseau.
Baclan.
Enfariné.
Savagnin noir.
Maldoux.
Gamai blanc ou Melon.
Savagnin jaune.

Alsace.

Gentil blanc.

Gentil gris.
Gentil rose.
Tokai gris.
Pineau noir de Ribeauvillé.
Petit Riesling.
Petit-Mielleux.

Lorraine.

Petit-Noir.
Grosse race noire.
Éricé noir, ou Liverdun.
Vert-noir.
Gros-Bec.
Aubin blanc et Aubin vert.
Pétracine.
Vert-Plant.

Champagne.

Plant doré.
Plant Vert doré.
Épinette.

RÉGION DU CENTRE.

Blaisois et Orléanais.

Lignage.
Auvernat.

Nivernais.

Blanc fumé.

Sauvignon de Pouilly.
Muscadet ou Chasselas.

Auvergne.

Lyonnais.
Gamai.

RÉGION DE L'OUEST.

Touraine.

Arnoison.
Côt rouge.
Malvoisie.
Meunier.
Grolot.
Breton.

Gros et menu Pinot de la Loire.

Aunis et Saintonge.

Folle Blanche.
Colombar.
Balzac.

RÉGION DU SUD-OUEST.

Bordelais.

Cabernet-Sauvignon.
Franc Cabernet.
Merlot.
Malbec.
Verdot.
Cruchinet.
Carmenère.

Périgord.

Fer.
Périgord.
Navarre.

Béarn.

Arrouyat.
Bouchi.
Tannat.
Mansenc noir et blanc.

Haut Languedoc.

Bordelais.
Chalosse.
Duras.
Talosse.
Prunelard.

NOMENCLATURE
DES VIGNOBLES SECONDAIRES
PRODUISANT
DES VINS D'ORDINAIRE ESTIMÉS.

.

AIN.

Vin rouge. — Amberieux, Anglefort, Cerveyrieux, Champagne, Culoz, Groslée, Lagneux, Machurat, Saint-Benoît, Saint-Rambert, Saint-Sorlin, Talissieux, Torcieux, Vaux, Villebois, Virieux.

Vin blanc. — Pont-de-Veyle.

AISNE.

Vin rouge. — Arancy, Bellevue, Bièvre, Craonne, Craonnelle, Château-Thierry, Crépy, Cussy, Jumigny, Laon, dans les crus la *Cuisine* et la *Cave Saint-Vincent*, Mont-Châlons, Orjeval, Pargnant, Piotard, Roncy, Soupire, Treloup, Vailly, Vassogne, Vourcienne.

Vin blanc. — Azay, Charly, Château-Thierry, Cussy, Pargnant.

ALLIER.

Vin blanc. — Creuzier-le-Neuf et Creuzier-le-Vieux, La Chaise, Saint-Pourçain.

ALPÉS (BASSES-).

Vin rouge. — Les deuxièmes qualités des Mées.

ALPES (HAUTES-).

Vin rouge. — Les environs de Ventavon et les coteaux qui bordent la Durance.

ARDÈCHE.

Vin rouge. — Aubenas, Limony, Mauve, Saint-Peray. Sara,
Vin blanc. — Guilherand.

ARDENNES.

Vin rouge. — Baldy près Vouziers.

ARIÉGE.

Vin rouge. — Bordes, Campagne, Engravies, Pamiers, Teilhet.

AUBE.

Vin rouge. — Bar-sur-Aube, Bar-sur-Seine, Bouilly, Côte des Gravilliers à Neuville, Javernan, Laine-aux-Bois, Souligny.

Vin blanc. — Bar-sur-Aube, Les Riceys, Rigny-le-Féron.

AUDE.

Vin rouge. — Aleth, Argelliers, La Grasse, Névian, Saint-Nazaire, Villedaigne.

Vin blanc. — Magrie.

AVEYRON.

Vin rouge. — Agnac, Cruon, Gradels, Lancedat.

BOUCHES-DU-RHONE.

Vin rouge. — Arles, Aubagne, Châteaurenard, Eguilles, Marseille, Orgon, Tarascon.

Vin blanc. — Aubagne, Géménos, Marseille, Roquevaire, Saint-Julien, Saint-Marcel.

CHARENTE.

Vin rouge. — Asnières, Linars, Moulidard, Saint-Genis, Saint-Saturnin.

CHARENTE-INFÉRIEURE.

Vin rouge. — Beauvais-sur-Matha, Bussac, Chapniers, Fontcouverte, La Chapelle, Nouillers, Saintes (vins de Borderies), Saint-Julien-de-Lescap.

Vin blanc. — Chérac, La Rochelle, Saint-Jean-d'Angély, Surgères.

CHER.

Vin rouge. — Bourges, Fussy, Saint-Amand, Sancerre, Vasselay.

Vin blanc. — Bourges, Chavignol, Saint-Amand.

CORRÈZE.

Vin rouge. — Allassac, Donzenac, Saillac, Syneix, Varetz.

Vin blanc. — Argental.

CORSE.

Vin rouge. — Ajaccio, Bastia, Calvi, Cervione, Corte (environs de), Luri, Rogliano, Sartène.

COTE-D'OR.

Vin rouge. — Les vins dits de seconde cuvée récoltés sur les territoires de Beaune, Chambolle, Flavigny, Morey, Nuits, Pomard, Volnay, Vosne.

Vin blanc. — Les secondes cuvées de Meursault.

DORDOGNE.

Vin rouge. — Bergerac, Chancelade, Domme, Le Masnègre près Montignac, Mareuil, Montmarvès, Mousac, Saint-Cyprien, Saint-Pantaly, Saint-Léon, Thonac.

Vin blanc. — Bergerac.

DOUBS.

Vin rouge. — Besançon, Byans, Lavans, Liesle, Lombard, Mouthier.

Vin blanc. — Milerey.

DROME.

Vin rouge. — Alan, Châteauneuf-du-Rhône, Die, Donzère, Gervant, Montélimart, Montségur, Roussas, Saillans, Vercheny.

Vin blanc. — Chanos, Curson.

EURE.

Bueil, Château-d'Illiers, Menilles, Nonancourt, Portmort.

EURE-ET-LOIR.

Vin rouge. — Côtes de Macheclou et clos Champdé, Roussière, Saint-Piat, Sèche-Côte.

GARD.

Vin rouge. — Aiguesvives, Bagnols, Beaucaire, Calvisson, Jonquières, Lacostière, Milhaud, Pageault, Saint-Césaire, Vauvert.

Vin blanc. — Saint-Gilles, Tavel.

GARONNE (HAUTE-).

Vin rouge. — Buzet, Cugnaux, Muret.

GERS.

Vin rouge. — Mielan, Plaisance, Vertus, Viella, Villecontal.

GIRONDE.

Vin rouge. — Ambès, Arcins, Arsac, Aversan, Bacalan, Bassens, Bayon, Blanquefort, Bouillac, Bourg-sur-Mer, Camblanes, Camillac, Cissac, Civrac, Cussac, Labarde, La Libarde, La Marque, Léognan, Le Pian, Libourne, Listrac, Lormont, Ludon, Lussac, Machau, Moulis, Parsac, Poujeaux, Puinormand, Puisségrin, Quinsac, Saint-Christophe, Saint-Germain, Saint-Gervais, Sainte-Eulalie-d'Ambarès, Saint-Laurent, Saint-Martin-de-Mazerac, Saint-Sauveur, Saint-Seurin-de-Bourg, Saint-Surin-de-Cadourne, Samonac, Soussans, Tauriac, Vertreuil.

Vin blanc. — Cadillac, Castres, Cerons, Entre-deux-Mers, Fargues, Langon, Laugoiran, Léognan, Loupiac, Monprinblanc, Podensac, Portets, Toulenne.

HÉRAULT.

Vin rouge. — Agde, Béziers, Castries, Cette, Frontignan, Loupian, Lunel, Mèze, Pézenas, Saint-Geniez, Sauvlan.

INDRE.

Vin rouge. — Concremiers, Latour-du-Breuil, Saint-Hilaire, Valençay, Veuil, Vic-la-Moustière.

INDRE-ET-LOIRE.

Vin rouge. — Athée et Azay-sur-Cher, Balan, Bléré, Chargey, Chenonceau, Chinon, Chisseaux, Civray, Dierre, Épeigné, Francueil, Fondettes, La Croix-de-Bléré, Langeais, Limeray, Luynes, Mones, Pocé, Saint-Avertin, Saint-Cyr-sur-Loire, Saint-Marc, Saint-Ouen, Souvigny-de-Chargey.

Vin blanc. — Chançais, Lusault, Nazelles, Noisay, Rochecorbon, Rougny, Saint-Georges, Saint-Martin-le-Beau, Vernon.

ISÈRE.

Vin rouge. — Jarrie (Haute-), Revantin, Saint-Chef, Saint-Savin, Saint-Vérand, Vienne.

Vin blanc. — La Côte Saint-André.

JURA.

Vin rouge. — Blandans, Gérage, Saint-Laurent, Saint-Lothain, Vadans.

Vin blanc. — Montigny.

LANDES.

Vin rouge. — Castelnau, Saint-Loubouer, Urgons.

Vin blanc. — La Côte de Lénye, La Haute-Chalosse, Le Tursan, Monfort, Nousse, Saint-Laurent.

LOIRE.

Vin rouge. — Chavenay, Chuynes, Luppé, Saint-Michel, Saint-Pierre-de-Bœuf.

Vin blanc. — Chuynes, La Chapelle.

LOIRE (HAUTE-).

Vin rouge. — Brioude, La Voute, Monistrol.

LOIR-ET-CHER.

Vin rouge. — Angé, Bouré, Chambon, Chaumont, Chissay, Faverolles, Lusillé, Mareuil, Mer-la-Ville, Meusnes, Montrichard, Onzain, Pouillé, Saint-Aignan, Saint-Georges.

Vin blanc. — Courchiverny, Mer-la-Ville, Meusnes, Muides, Saint-Dié, Suèvres.

LOIRE-INFÉRIEURE.

Vin blanc. — La Chapelle, La Chapelle-Hulin, La Haye, Le Loroux, Le Palet, Maisdon, Montrelais, Riaillé, Saint-Fiacre, Saint-Gervais, Saint-Herblon, Valet, Varades.

LOIRET.

Vin rouge. — Jargeau, Saint-Denis en Jargeau, Saint-Gy, Saint-Marc, Saint-Privé, Sandillon.

Vin blanc. — Marigny, Rebrechien, Saint-Mesmin.

LOT.

Vin rouge. — Camy, La Pistoule, Lebas, Premiac, Pressac, Saint-Vincent.

LOT-ET-GARONNE

Vin rouge. — Buzet, Mont-Flanquin, Péricard, Sommenzac, Thezac.

Vin blanc. — Marmande.

MAINE-ET-LOIRE.

Vin rouge. — Bellai dans la commune d'Allonnes, Brézé, Chassé, Dampierre, Neuillé, Saint-Cyr en Bourg, Saumur, Varrains.

Vin blanc. — Beaulieu, Coteaux de Saumur, Dampierre, Foy, Martigné-Briant, Parnay, Rablay, Rochefort, Saint-Aubin-de-Luygnes, Saint-Luygnes, Savonières, Souzé, Turquant, Thouarcé.

MARNE.

Vin rouge. — Avenay, Chamery, Champillon, Claveau, Damery, Fleury-la-Rivière, Mancy, Montelon, Moussy, Pargny, Reuil, Vauteuil, Vertus, Vinay.

Vin blanc. — Beaumont, Grauves, Mancy, Molins, Monthelon, Montgrimand, Villers-aux-Nœuds, Vinay.

MARNE (HAUTE-).

Vin rouge. — Château-Vilain, Créancey, Essey-les-Ponts, Joinville, La Côte de Saint-Urbin, Prauthoy, Rivière-les-Fossés, Vaux.

MEURTHE.

Vin rouge. — Achain, Bayonville, Boudonville, Bruley, Charrey, Côte des Chanoines près Nancy, Côte-Rôtie, Dom Germain, Écrouves, Envezin, Essey, Idulnay, Lucey, Neuviller, Pannes, Pixérécourt, Rambercourt, Rauille, Tinery, Toul, Vic, Wandelainville.

Vin blanc. — Bruley, Salival.

MEUSE.

Vin rouge. — Apremont, Béhonne, Chardogne, Côte de Saint-Michel à Belleville, Creüe, Haroncôte à Saint-Mihiel, Les Allouveaux, Les Rochelles, Ligny, Liouville, Loupmont, Naives, Rosières, Saint-Julien, Varney, Vaucouleurs, Vigneules, Warneville, Woinville.

Vin blanc. — Boncourt, Creüe.

MOSELLE.

Vin rouge. — Ars, Dale, Nouilly, Semécourt.

Vin blanc. — Dornot.

NIÈVRE.

Vin rouge. — Pouilly-sur-Loire.

OISE.

Vin blanc. — Mouchy-Saint-Éloi.

PUY-DE-DOME.

Vin rouge. — Chateldon, Mariol, Ris.

Vin blanc. — Chauriat, Corent.

. PYRÉNÉES (BASSES-).

Vins rouge et blanc. — Aubertin, Aubous, Burosse, Cadillon, Conchet, Dinsse, Moneins, Ponts, Portet.

PYRÉNÉES (HAUTES-).

Vin rouge. — Castelnau-Rivière-Basse, Lascazères, Souble-cauze.

Vin blanc. — Castel-Vieil, Périguières.

PYRÉNÉES-ORIENTALES.

Vin rouge. — Esparron, Le Vernet, Milbas, Oms, Saint-Nazaire, Terrats.

Vin blanc. — Rodez-en-Conflans, Saint-Nazaire.

RHIN (BAS-).

Vin blanc. — Ernolsheim, Imbsheim, Molsheim, Mutzig, Neuviller, Wolxheim.

RHIN (HAUT-).

Vin rouge. — Ammerschwir, Kaiserberg, Kientsheim, Olwiller, Walbach.

Vin blanc. — Babelheim, Bergaoltzell, Inguersheim, Katzenthal, Mittelweyer, Pfaffenheim, Sigolzheim, Rufach.

RHONE.

Vin rouge. — Charly, Cogny, Couzon, Curis, Iriguy, La Galée, Les Barolles, Millery, Montmélas, Saint-Forlin, Sainte-Foy, Vauxrenard.

SAONE (HAUTE-).

Vin rouge. — Charicy, Gy, Ray.

SAONE-ET-LOIRE.

Vin rouge. — Blacé, Buxy, Charnay, Chasnes, Chenove, Chevagny, Jambles, Laines, Le Ragal, Loché, Lurigny, Montagny, Saint-Gengoux, Saint-Jean-de-Vaux, Saint-Jullien, Saint-Marc, Saint-Vallerin, Sancé, Sanecé, Saules, Vinzelles.

Vin blanc. — Bouzeron, Buxy, Chenôve, Davayé, Givry, Loché, Montagny, Saint-Vallerin, Saules, Vergisson, Vinzelles.

SARTHE.

Vin rouge. — Le clos des Jasnières dans la commune de l'Homme, près Château-du-Loir.

SEINE-ET-MARNE.

Vin rouge. — Boissise, Côte des Vallées à Chartrettes, Féricy, Héricy, La Grande-Paroisse, Moret, Sablon.

Vin blanc. — Côte des Vallées.

SEINE-ET-OISE.

Vin rouge. — Athis, Boissy-sans-Avoir, Mantes-sur-Seine, Mons, Septeuil.

Vin blanc. — Mignaux.

SÈVRES (DEUX-)

Vin rouge. — Airvault, Bouillé-Loretz, Lafaye-Mongeault, Mont-en-Saint-Martin de Sauzaire, Rochenard.

TARN.

Vin rouge. — Florentin, Lagrave, Laroque, Meilhart, Rabastens, Saint-Amarans, Saint-Juéry, Tecou.

Vin blanc. — Gaillac.

34

TARN-ET-GARONNE.

Vin rouge. — Aussac, Auvillar, Fau.

VAR.

Vin rouge. — Brignoles, Cuers, La Cadière, Laroque, Lorgues, Ollioules, Pierrefeu, Saint-Maximin, Saint-Nazaire, Saint-Tropez, Saint-Zacharie, Tourves.

VAUCLUSE.

[**Vin rouge.** — Avignon, Châteauneuf-de-Gadagne, Morières, Orange, Sorgues.

VENDÉE.

Vin rouge. — Fay-Moreau, Les Herbiers, Loge-Fourgereuse, Luçon, Sigournay, Talmont.

VIENNE.

Vin rouge. — Champigny, Conture, Dissais, Jaulnais, Saint-Georges-les-Bailleraux.

Vin blanc. — Roiffé, Saix, Salonne.

VOSGES.

Vin rouge. — Charmes, Gircourt, Porcieux, Ubexy, Vincey, Xaronval. Les meilleurs vins des vignobles de l'arrondissement de Neufchâteau appartiennent à la classe des vins d'ordinaire, deuxième qualité.

YONNÉ.

Vin rouge. — Auxerre, Commissey, Coulange-la-Vineuse, Givry près Avallon, Joigny, La Côte de la Belle-Fille à Jussy, La Vieille-Plante à Pontigny, Marsangy, Neuvy-le-Sautour, Rosay, Rousson, Saint-Martin-sur-Armançon, Vermanton, Vezelay, Vézinnes, Villeneuve-le-Roi, Vincelotte.

Vin blanc. — Bernouil, Béru, Champs, Chemilly, Dié, Roffey, Saint-Bris, Sérigny, Tanlay, Tissy, Vézannes, Vivier.

CLASSIFICATION GÉNÉRALE

DES VINS DE FRANCE *.

VINS ROUGES.

PREMIÈRE CLASSE.

Les vins qui composent cette classe se récoltent dans un petit nombre de crus privilégiés, dont la plupart ont une trop faible étendue pour que leurs produits puissent suffire aux demandes des amateurs : c'est pourquoi le prix en est toujours très élevé, surtout lorsqu'ils proviennent d'une année dont la température a été favorable à la vigne. Trois provinces se partagent ces vignobles célèbres, la Bourgogne, le Bordelais et le Dauphiné. Les vins qu'ils produisent réunissent, dans de justes proportions, toutes les qualités qui constituent les vins parfaits de leur espèce, et diffèrent entre eux par un caractère qui leur est particulier. Les vins de Bourgogne se distinguent par la suavité de leur goût, leur finesse et leur arome spiritueux ; ceux du Bordelais, par un bouquet très prononcé, beaucoup de séve,

---

* Ces renseignements sont extraits de l'excellent ouvrage de Jullien, intitulé : *Topographie de tous les vignobles connus*, 5ᵉ édition. Paris, 1848, 1 vol. in-8°. — 7 fr. 50.

de la force sans être fumeux, et une légère âpreté qui
les caractérise ; les vins du Dauphiné ont quelque chose
de la nature de ceux du Bordelais, beaucoup de corps
et une partie du moelleux des vins de Bourgogne ; ils
sont aussi très spiritueux.

Les premiers crus de la *Bourgogne* sont : la Romanée-
Conti , le Chambertin, le Richebourg, le clos Vougeot,
la Romanée-de-Saint-Vivant, la Tâche, le clos Saint-
Georges et le Corton, département de la Côte-d'Or.

Le *Bordelais* fournit à cette classe : 1° Les vins de
ses quatre premiers crus, qui sont Château-Margaux, à
Margaux ; Château-Laffitte, à Pauillac ; Château-Latour,
à Saint-Lambert , et Château-Haut-Brion, à Pessac.
2° Les vins des seconds crus, qui diffèrent très peu des
premiers, tels que ceux de Rauzan et de Lascombe, à
Margaux ; de Léoville et de Larose-Balguerie, à Saint-
Julien-de-Reignac ; de Gorze à Cantenac ; de Branne-
Mouton, à Pauillac, et de Pichon-Longueville, à Saint-
Lambert, département de la Gironde.

Les vins de première qualité, des crus nommés Méal,
Greffieu , Bessas, sur le territoire de l'Ermitage, département de la Drôme, sont les plus estimés de tous ceux
du *Dauphiné*.

VINS ROUGES.

DEUXIÈME CLASSE.

La plupart des vins de cette classe diffèrent peu de
ceux de la première, et les remplacent ordinairement

dans le commerce : on les récolte sur le territoire de
huit provinces. Les vins de la Champagne ont beaucoup de délicatesse, de moelleux et de finesse ; ils portent
assez promptement à la tête, mais leur fumée se dissipe
presque aussitôt, et ils sont en général très salubres. Les
vins du Lyonnais diffèrent de ceux du Dauphiné par un
peu moins de corps, plus de légèreté et de vivacité.
Ceux du comtat d'Avignon ont beaucoup de feu, de
finesse et d'agrément ; ceux du Béarn sont corsés, spiritueux et moelleux. Les vins de Roussillon ont plus
de couleur, de force et de spiritueux, mais moins de
finesse et de bouquet. Voici les crus qui produisent ces
différents vins.

Champagne.—Verzy, Verzenay, Mailly, Saint-Basle,
Bouzy et le clos de Saint-Thierry, département de la
Marne.

Bourgogne, Beaujolais. — Vosne, Nuits, Prémeau,
Chambolle, Volnay, Pomard, Beaune, Morey, Savigny,
Meursault et la ferme de Blagny, département de la
Côte-d'Or. La côte des Olivottes, à Dannemoine ; les côtes
Pitoy, des Perrières et des Préaux, à Tonnerre ; les clos
de la Chaînette et de Migrenne, à Auxerre, départe-
ment de l'Yonne ; enfin le Moulin-à-Vent, les Thorins et
Chénas, dans le Beaujolais et le Mâconnais, départe-
ment de Saône-et-Loire et du Rhône.

Dauphiné. — Les vins de deuxième qualité des crus
de l'Ermitage, cités dans la première classe, département de la Drôme.

Lyonnais. — Les vins de Côte-Rôtie, département du Rhône.

Bordelais. — Les troisièmes et le choix des quatrièmes crus de Cantenac, Margaux, Saint-Julien-de-Reignac, Saint-Laurent, Sainte-Gemme, Pauillac et Saint-Estèphe, département de la Gironde.

Comtat d'Avignon. — Il ne présente dans cette classe que le clos de la Nerthe, à Châteauneuf-du-Pape.

Béarn. — Les vins de Jurançon et de Gan, département des Basses-Pyrénées.

VINS ROUGES.

TROISIÈME CLASSE.

Roussillon. — Banyuls, Cosperon, Port-Vendres et Collioure, département des Pyrénées-Orientales.

Les crus que les provinces ci-dessus nommées fournissent à la troisième classe donnent des vins qui ne diffèrent des précédents que parce qu'ils sont moins parfaits.

Champagne. — Elle fournit ici les vins rouges de Haut-villers, Mareuil, Disy, Pierry, Épernay, Taisy, Ludes, Chigny, Rilly, Villers-Allerand et Cumières, département de la Marne; avec les meilleurs des Riceys, de Balnot-sur-Laigne, d'Aviray et de Bagneux-la-Fosse, département de l'Aube.

Bourgogne, Beaujolais. — Gevray, Chassagne, Aloxe, Savigny-sous-Beaune, Santenay et Chenôve, département de la Côte-d'Or; plusieurs crus de Tonnerre, de Dannemoine et d'Épineuil; Clairion et Boivin, à Auxerre, département de l'Yonne; enfin Fleury, la Chapelle-Guinchay et Romanèche, dans le Mâconnais et le Beaujolais, départements du Rhône et de Saône-et-Loire.

Auvergne.—Possède le petit coteau de Chanturgues, près Clermont-Ferrand, département du Puy-de-Dôme, dont les vins ont une partie du caractère et de la qualité de ceux du Bordelais qui entrent dans cette classe.

Dauphiné. — Croses, Mercurol et Gervant, département de la Drôme.

Lyonnais. — Vérinay, département du Rhône.

Bordelais. — 1° Les quatrièmes et cinquièmes crus dépendant des communes de Margaux, Saint-Julien-de-Reignac, Cantenac, Pauillac, Saint-Lambert, Sainte-Gemme et Saint-Estèphe, dans le Médoc; les vins de Talence, Mérignac et Léognan, dans la contrée dite des *Graves.* 2° Les meilleurs crus de Ludon, Labarde, Macau, Cussac, la Marque, Sousans, Arcins, Listrac, Moulis, Poujeaux, Aversan, Saint-Sauveur, Cissac, Verteuil, Saint-Laurent, Saint-Surin-de-Cadourne, dans le Médoc, département de la Gironde.

Périgord. — Fournit, dans les meilleurs crus de Bergerac, département de la Dordogne, des vins secs, fins, légers et spiritueux.

Gascogne proprement dite. — Les vins corsés et spiritueux de Cap-Breton, Messange et Souston, département des Landes.

Languedoc. — Chusclan, Tavel, Saint-Geniez, Lirac, Lédenon, Saint-Laurent-des-Arbres et les vins dits de *Cante-Perdrix*, à Beaucaire, département du Gard; Cornas et Saint-Joseph, département de l'Ardèche : les premiers comme vins fins et légers, ceux de Cornas comme vins corsés, et ceux de Saint-Joseph comme vins délicats. Tous sont très spiritueux, mais ont peu de bouquet.

Comtat d'Avignon. — Châteauneuf-du-Pape; Coteau-Brûlé, à Sorgues et la terre de Saint-Sauveur, à Aubagne, département de Vaucluse, dont les vins ont du velouté et sont fort agréables.

Provence. — La Gaude, Saint-Laurent, Cagnes, Saint-Paul, Villeneuve et la Malgue, département du Var.

Béarn. — Les seconds crus de Jurançon et de Gan, département des Basses-Pyrénées.

Roussillon. — Les seconds crus de Banyuls, Cosperon, Port-Vendres et Collioure, département des Pyrénées-Orientales, comme fournissant des vins très généreux et propres à donner du corps, de la force et un bon goût aux vins faibles.

VINS ROUGES.

QUATRIÈME CLASSE.

La supériorité que le consommateur exige dans les vins qu'il offre à l'entremets, et le prix qu'il met à leur acquisition, sont proportionnés à la qualité de ceux dont il fait un usage journalier : d'où il résulte que les vins d'ordinaire de première qualité, qui composent cette classe, sont souvent accueillis comme vins fins par les personnes qui en boivent habituellement de bien inférieurs. Il en est plusieurs qui, bien soignés, acquièrent beaucoup d'agrément en vieillissant et finissent par devenir comparables à quelques-uns de ceux de la troisième classe.

Les vignobles cités dans les précédentes classes ont des crus dont les vins, moins parfaits, ne peuvent être compris que dans celle-ci. Ils ont, en général, plus de fermeté et de grain, ce qui les rend susceptibles d'être mêlés avec une certaine quantité d'eau, et de conserver assez de goût pour former une boisson agréable.

Champagne. — Villedemange, Écueil, Chamery et la terre de Saint-Thierry, département de la Marne, Aubigny et Montsaujeon, dans celui de la Haute-Marne.

Lorraine. — Bar-le-Duc, Bussy-la-Côte, Longeville, Savonnière, Ligny, Naives, Rosières, Behonne, Chardogne, Varnay et Creuë, département de la Meuse; Scy, Jussy, Sainte-Ruffine et Dôle, département de la Moselle, fournissent de fort bons vins.

Alsace. — Riquewir, Ribauvillé, Ammerschwir, Kiensheim, Kaisersberg, le château d'Olwiller et Walbach, département du Haut-Rhin.

Anjou. —Champigny-le-Sec, département de Maine-et-Loire.

Touraine. —Les vins de Joué et ceux du clos de Saint-Nicolas-de-Bourgueil, département d'Indre-et-Loire.

Orléanais, Blaisois. — On y cite les vins de quelques crus tels que ceux de Guignes, Saint-Jean-de-Bray, Saint-Jean-le-Blanc, Saint-Denis-en-Val, la Chapelle, Saint-Ay, Fourneaux, Meun, Beaule, Beaulette et Sandillon, département du Loiret; enfin de la côte des Grouels, département de Loir-et-Cher.

Bourgogne, Beaujolais. — Ceux de Mercurey, Givry, Dijon, Monthélie, Meursault, Fixin, Fixe, Brochon, Saint-Martin; Rully et Monbogre, dans le département de la Côte-d'Or et l'arrondissement de Châlon-sur-Saône; les vignes dites Judas, Pied-de-Rat, Rosoir et Quetard, etc., à Auxerre; plusieurs crus de Tonnerre; Irancy, Coulange-la-Vineuse, Avallon, Vézelay, Givry, Joigny, Pontigny et quelques autres du département de l'Yonne; Lancié, Brouilly, Odenas, Saint-Lager, Jullienas, Chiroubles, Morgon, Saint-Étienne-la-Varennes, Juillier, Émeringe et Davayé, dans le département de Saône-et-Loire et l'arrondissement de Villefranche, département du Rhône.

Franche-Comté. — Les Arsures, Salins, Marnoz, Aigle-Pierre et Arbois, département du Jura.

Bresse, Bugey. — Seyssel, département de l'Ain.

Auvergne. — Chateldon et Ris, département du Puy-de-Dôme.

Forez. — Luppé, Chuynes, Chaveny, Saint-Michel, Saint-Pierre-de-Bœuf et Boen, département de la Loire.

Dauphiné. — Saillans, Vercheny, Die, Donzère, Roussas, Châteauneuf-du-Rhône, Alan, la Garde-Adhémar, Montségur et Montélimart, département de la

Drôme; la Porte-du-Lyon, Revantin et Seyssuel, département de l'Isère.

Lyonnais. — Sainte-Foi, les Barolles, Millery et la Galée, département du Rhône.

Bordelais. — 1º Les vins du Médoc, dits *ordinaires bourgeois*, avec le choix de ceux nommés *petits vins.* 2º Ceux des premiers crus des palus de Queyries, Montferrand et Bassens; des côtes de Saint-Émilion, de Canon et de Fronsac; des communes de Blanquefort, le Pian et Arsac, dans le haut Médoc; de Saint-Germain, Valeyrac, Civrac, Saint-Bonnet et Saint-Christoli, dans le bas Médoc, département de la Gironde.

Périgord. — Les cantons de Linde, Beaumont, Cunéges, Domme et Saint-Cyprien, département de la Dordogne.

Gascogne. — Les meilleurs crus du Tursan, département des Landes.

Quercy. — Les premiers vignobles de l'arrondissement de Cahors, département du Lot.

Languedoc. — Roquemaure, Saint-Gilles-les-Boucheries et Bagnols, département du Gard; Saint-Georges d'Orques, Verargues, Saint-Christol, Saint-Drézery, Saint-Geniez et Castries, département de l'Hérault; Cunac, Caysaguet, Saint-Juéry, Saint-Amarans et Gaillac, département du Tarn; Leucate, Treilles, Portel, Narbonne, Névian, Villedaigne, Mirepeisset, Argelliers, Saint-Nazaire et Ginestas, département de l'Aude.

Comtat d'Avignon. — Châteauneuf–de–Gadagne et Sorgues, département de Vaucluse.

Provence. — Les Mées, département des Basses–Alpes; Bandol, le Castelet, Saint-Cyr et le Beausset, département du Var; Séon-Saint–Henri, Séon–Saint–André, Saint-Louis, Sainte-Marthe, Cuques, Château–Gombert, Saint–Gérôme et le quartier des Olives, département des Bouches-du–Rhône.

Béarn, Navarre. — Moneins, Aubertin, Conchez, Portet, Aydie, Aubous, Diusse, Jadousse, Usseau, Saint-Jean-Pougé, Pontz et Burosse, département des Basses-Pyrénées.

Bigorre. — Madiran, Castelnau-de-Rivière–Basse, Saint-Laune, Soublecauze et Lascazères, département des Hautes-Pyrénées.

Roussillon. — Espira-de-la-Gly, Rivesaltes, Salces, Baixas, Corneilla–de–la–Rivière, Pézilla et Villeneuve-de-la-Rivière, département des Pyrénées-Orientales.

Ile de Corse. — Les premiers crus d'Ajaccio, Sari, Peri, Vico, Bastia, Pietra-Negra, Cap-Corse, Bassanese, Maccaticcia, Calvi, Algajola, Callenzana, Monte-Maggiore, Corte, Tallano, Bonifacio et Porto-Vecchio.

VINS ROUGES.

CINQUIÈME CLASSE.

Tous les vins inférieurs à ceux des crus mentionnés dans les précédentes classes entrent dans celle-ci; mais

ils sont en si grand nombre et de qualités si variées,
que, pour mieux reconnaître ceux qui méritent quelque
préférence, il est nécessaire d'en former deux sections,
dont la première comprend les vins d'ordinaire de
deuxième et de troisième qualité, la seconde ceux
de quatrième qualité et les vins communs.

PREMIÈRE SECTION.

Les vins d'ordinaire de deuxième et de troisième
qualité sont ceux que le plus grand nombre des consommateurs aisés emploient pour leur boisson journalière. Bien choisis et conservés avec soin, ils n'acquièrent
ni la finesse ni le bouquet des précédents, mais ils ont
un goût agréable, et servent encore quelquefois de vins
d'entremets chez les personnes qui en boivent de communs à leur ordinaire : la plupart supportent bien l'eau.

Picardie. — Fournit ici les crus de Pargnan,
Craonne, Craonnelle, Jumigny, Vassogne, Bellevue,
Cussy, Roucy et Laon, département de l'Aisne.

Ile-de-France. — La côte des Célestins, à Mantes-
sur-Seine et le clos d'Athis, département de Seine-et-
Oise; la côte des Vallées, à Chartrettes, département
de Seine-et-Marne.

Champagne. — Vertus, Avenay, Champillon, Damery,
Monthelon, Mardeuil, Moussy, Vinay, Chaveau, Mancy,
Chamery, Pargny, Vanteuil, Reuil et Fleury-la-Rivière,
département de la Marne ; Vaux, Rivière-les-Fosses et
Prauthoy, département de la Haute-Marne; Bouilly,

Laine-aux-Bois, Javernan, Souligny, Bar-sur-Seine et Bar-sur-Aube, département de l'Aube.

Lorraine. — Les vignobles d'Apremont, Loupmont, Woinville, Warneville, Liouville, Vigneules, Saint-Julien, Champougny, Vaucouleurs, Vignot, Sampigny, Saint-Mihiel, Dampcevrin, Buxières, Buxerules, Montsec et Hatton-Châtel, département de la Meuse; Thiaucourt, Pagny, Arnaville, Bayonville, Charrey, Essey, Villers-sous-Pruny et Wandelainville, départe-ment de la Meurthe; Charmes, Xaronval et Ubexi, département des Vosges.

Alsace. — Quelques crus du département du Haut-Rhin.

Anjou, Maine. — Dampierre, Varrains, Chacé, Saint-Cyr, Brezé, Saumur et Neuillé, département de Maine-et-Loire; et le clos des Jasnières, département de la Sarthe.

Touraine. — Chisseaux, Civray, la Croix-de-Bléré, Bléré, Athée, Azay-sur-Cher, Chenonceaux, Dierre, Épeigné, Franceuil, Verets, Saint-Cyr-sur-Loire, Saint-Avertin et Balan, département d'Indre-et-Loire.

Orléanais. — Jargeau, Saint-Denis-de-Jargeau, Saint-Marc, Saint-Gy et Saint-Privé, département du Loiret.

Blaisois. — Thésée, Monthon-sur-Cher, Bouré, Mont-richard, Chissay, Mareuil, Pouillé, Angé, Faverolle, Saint-Georges, Lusillé, Meusnes et Chambon, départe-ment de Loir-et-Cher.

Bourgogne, Beaujolais. — Montagny, Chenôve, Buxy, Saint-Vallerin et Saules, dans l'arrondissement

de Châlon-sur-Saône; plusieurs crus du département
de la Côte-d'Or; Cheney, Vaulichère, Tronchoy,
Molosme, Cravant, Jussy, Vermanton, Joigny, Saint-
Bris, Arcy-sur-Cure et Pourly, département de l'Yonne;
la Chassagne, Villiers, Regnier, Lantignier, Quincié,
Marchand, Duret, les Étoux, Cercié, Saint-Jean-Dar-
dières, Pizay, Jasseron, Vadoux, Belleville, Montmélas-
Saint-Forlin, Charentay, Charnay, Prissé, Vauxrenard,
Saint-Amour, Chevagny, Chasnes, Laines et Saint-
Vérand, dans le département de Saône-et-Loire, et
l'arrondissement de Villefranche, département du
Rhône.

Franche-Comté. — Le clos du Château, à Ray,
département de la Haute-Saône; Voiteur, Ménetru,
Blandans, Vadans, Saint-Lothain, Poligny, Gérage et
Saint-Laurent, département du Jura; Besançon, Byans,
Mouthier, Lombard, Liesle et Lavans, département du
Doubs.

Bresse, Bugey, pays de Gex. — Seyssel, Champagne,
Machurat, Talissieux, Culoz, Anglefort, Groslée, Saint-
Benoît, Virieux et Cerveyrieux, département de l'Ain.

Poitou. — Champigny, Saint-Georges-les-Bailleraux,
Coutures, Jaulnais et Dissais, département de la Vienne.

Berry, Nivernais, Bourbonnais. — Chavignol et Sancerre, département du Cher; la Garenne-du-Sel, département de l'Allier; Pouilly, département de la Nièvre.

Aunis, Angoumois, Saintonge. —Saintes, Chapnières,
Fontcouverte, Bussac, la Chapelle, Saint-Romain,
Saujon, le Gua, Saint-Julien-de-Lescape, Nouillers

et Beauvais-sur-Matha, département de la Charente-Inférieure ; Saint-Saturnin, Asnières, Saint-Genis, Linars, Moulidard, et les meilleurs crus des autres vignobles du département de la Charente.

Limousin. — Les côtes d'Allassac, Saillac, Donzenac, Varetz et Syneix, département de la Corrèze.

Auvergne, *Velay*, *Forez.* — Mariol, le Lachau, Calville, la Chaux, les Martres, Anthezal, Monton, Vic-le-Comte, Montpeyroux et Coudes, département du Puy-de-Dôme ; Renaison, département de la Loire.

Lyonnais. — Irigny, Charly, Curis, Poleymieux et Couzon, département du Rhône.

Dauphiné. — Saint-Chef, Saint-Savin, Jaillieu, Rui, les Roches et Vienne, département de l'Isère ; Saillans, et les autres vignobles du département de la Drôme déjà cités dans la quatrième classe, doivent entrer dans celle-ci pour la plus grande quantité de leurs produits.

Bordelais. — La plupart des petits vins du Médoc, ceux de Lussac, de Puisseguin, de Parsac, du canton de Coutras et de plusieurs autres communes des environs de Libourne ; d'Ambès et des autres vignobles des palus de la Garonne, près Bordeaux ; des côtes qui s'étendent depuis Ambarès jusqu'à Sainte-Croix-du-Mont, et des environs de Bourg-sur-Mer, département de la Gironde.

Périgord. — Chancelade et plusieurs des communes du département de la Dordogne citées dans la quatrième classe.

Gascogne. — Le Tursan, la côte de Lénye et la

35

Haute-Chalosse, département des Landes; Verlus et Mazéres, département du Gers.

Agenais. — Thésac, Péricard et Montflanquin, département de Lot-et-Garonne.

Quercy. — Les vins rouges de deuxième qualité du département du Lot et quelques-uns de ses vins rosés.

Languedoc. — Mauve, Limony, Sara, Vion, Aubenas et l'Argentière, département de l'Ardèche; Lacostière, Jonquières et Pugeault, département du Gard; Fau, Aussac, Auvillar, Saint-Loup, Campsas, la Villedieu et Montbartier, département de Tarn-et-Garonne; Meïlhart, la Roque, Lagrave, Técou et Rabastens, département du Tarn; Garrigues, Pérols, Villeveyrac, Bouzigues, Frontignan et Poussan, département de l'Hérault; Villaudric et Fronton, département de la Haute-Garonne; Fitou, Leucate, Treilles, Portet et Narbonne, département de l'Aude.

Comtat d'Avignon. — Morières, Avignon et Orange, département de Vaucluse.

Provence. — La Cadière, Saint-Nazaire, Ollioules, Pierrefeu et Cuers, département du Var.

Béarn, Navarre. — Lasseuble, la Hourcade, Saut-de-Navailles, Cucuron, Luc, Lagor, Navarreins et Sauveterre, département des Basses-Pyrénées.

Bigorre. — Les vins de seconde qualité des crus cités dans la quatrième classe, département des Hautes-Pyrénées.

Roussillon. — Torremila, Terrats, Esparron, le Vernet et plusieurs autres vignobles du département des Pyrénées-Orientales.

Île de Corse. — Les crus secondaires.

Tous les crus qui fournissent des vins inférieurs à ceux d'ordinaire de troisième qualité doivent trouver place dans cette section : les meilleurs sont qualifiés de vins d'ordinaire de quatrième qualité ; les autres sont les vins communs, dont le nombre et la variété fourniraient encore la matière de plusieurs sous-divisions.

Picardie. — Crépy, Brives, Orgeval, Mont-Châlons, Vourcienne, Ployard, Arancy, Château-Thierry, Treloup, Vailly et Soupières, département de l'Aisne, vins d'ordinaire de quatrième qualité ; les autres crus ne donnent que des vins communs.

Normandie. — Château-d'Illers, Nonancourt, Bueil, Menilles et Portmort, département de l'Eure, n'en fournissent que de qualité inférieure.

Ile-de-France, Brie, et partie du Gâtinais. — Mons, Andresy, Mantes-sur-Seine, Septeuil et Boissy-sans-Avoir, département de Seine-et-Oise, produisent d'assez bons vins d'ordinaire. Clermont, Beauvais, Compiègne et Senlis, département de l'Oise ; Deuil, Montmorency, Argenteuil et Sannois, département de Seine-et-Oise ; la Grande-Paroisse, Fontainebleau, Saint-Girex, Orly, Courpalay, Meaux et Lagny, département de Seine-et-Marne, ne donnent que des vins communs.

Champagne. — Les vignobles de Châtillon, Romery, Vincelles, Cormoyeux, Villers, OEuilly, Vandières, Verneuil, Troissy, des environs de Sézanne, de Châlons et de Vitry-sur-Marne, département de la Marne ; tous ceux du département des Ardennes ; Saint-Dizier, département de la Haute-Marne ; Gyé, Neuville, Landreville et Villenoxe, département de l'Aube, donnent quelques vins ordinaires et beaucoup de vins communs.

Lorraine. — Les environs de Sarguemines, département de la Moselle ; Belleville, les Rochelles, les Allouveaux, Rambercourt, Loicey, Ancerville, etc., département de la Meuse ; Toul, Bruley, Dom-Germain, Pannes, Anvezin, Jaulnay, Rambercourt, Ecrouves, Lucey, Boudonville, Côte-Rôtie, Pixerécourt, Roville, Neuviller, Vic, Tinery et Achain, département de la Meurthe, et les environs de Neufchâteau, Épinal et Saint-Dié, département des Vosges, font des vins qui parcourent les différents degrés de cette section ; le plus grand nombre ne supporte pas le transport.

Alsace. — La plupart des vins rouges sont communs et de qualité inférieure.

Bretagne. — On fait très peu de vins rouges dans cette province, ils sont tous mauvais.

Anjou, Maine. — Bazouges, Brouassin, Arthezé, la Chapelle-d'Aligné, Saint-Vérand, Cromières, la Flèche et Gazoufière, département de la Sarthe, donnent quelques vins d'ordinaire. Les autres vignobles de ces provinces ne fournissent que des vins communs.

Touraine. — Chinon, Luynes, Fondettes, Langeais,

Saint-Marc, Amboise, Pocé, Saint-Ouen, Saint-Denis, Chargey, Limeray, Mones, Souvigny et Chargé, département d'Indre-et-Loire, fournissent quelques vins d'ordinaire; les autres crus ne produisent que des vins communs.

Orléanais. — Bou, Mardié, Olivet, Saint-Mesmin, Saint-Marceau, Saint-André, Cléry, Saint-Paterne, Sarang, Gedy, Ingré, Fleury et Senoy, département du Loiret, produisent des vins d'ordinaire et des vins communs de diverses qualités.

Gâtinais. — Les arrondissements de Montargis et de Pithiviers, département du Loiret, donnent, en petite quantité, des vins d'ordinaire, et beaucoup de vins communs.

Blaisois. — Onzain, Mer et Chaumont, donnent des vins d'ordinaire. Les environs de Romorantin et de Vendôme, département de Loir-et-Cher, ne produisent que des vins communs.

Bourgogne, Beaujolais. — Jambles, Saint-Jean-de-Vaux, Saint-Marc et plusieurs autres vignobles de l'arrondissement de Châlon-sur-Saône ; quelques-uns de ceux de Semur et de Châtillon, département de la Côte-d'Or ; Pontigny, Vezinnes, Junay, Saint-Martin, Commissey, Neuvy-le-Sautour, Villeneuve-sur-Yonne, Saint-Julien-du-Sault, Paron, Véron et beaucoup d'autres crus du département de l'Yonne ; Loché, Vinzelles, Hurigny, Sancé, Sénecé, Saint-Jean-de-Prêche, Saint-Gengoux-le-Royal, Blacé, Saint-Julien, Sâle, Denicé, Lacenas, Bussière, Domage, Saint-Sorlin, Azé, Pierreclos, Verzé,

Igé, Saint-Gengoux-de-Chissey, Clessé-Viré, Lezé, Pé-
ronne, Cogny, Liergue, Tournus, Lacrost, Grattey,
Boyet, Plotte, Ozenay, le Villars, Lugny, Crusille, etc.,
dans le département de Saône-et-Loire et l'arrondissement de Villefranche, département du Rhône, fournissent en abondance des vins d'ordinaire assez bons,
et beaucoup de vins communs de diverses qualités.

Franche-Comté. —Ray, Charicy, Navenne, Quincey,
Gy et Champlitte-le-Château, département de la Haute-
Saône; Jalleranges, Pouilley-des-Vignes, Beurre, Châ-
tillon-le-Duc, Chouzelot et Pointvillers, département
du Doubs, et quelques crus du département du Jura,
font des vins d'ordinaire et des vins communs.

Bresse, Bugey, pays de Gex. — Saint-Rambert, Torcieux, Ambérieux, Vaux, Lagnieux, Saint-Sorlin, Vil-
lehols, Lhuis, Montmerle, Thoissey, Montagneux, etc.,
département de l'Ain, donnent des vins d'ordinaire et
des vins communs assez bons.

Poitou, Saintonge. — Chauvigny, Saint-Martin-la-
Rivière, Villemort, Saint-Romain et Vaux, département de la Vienne; Mont-en-Saint-Martin-de-Sauzaire,
Bouillé-Loretz, Rochenard, Lafoye-Mongeault et Airvault, département des Deux-Sèvres; Luçon, Fay-
Moreau, Loge-Fougereuse et Talmont, département de
la Vendée, font quelques vins d'ordinaire et des vins
communs de qualité inférieure.

Berry, Nivernais, Bourbonnais. — Vasselay, Fussy-
et Saint-Amand, département du Cher; Valençay, Vic-
la-Moustière, Veuil, Latour-du-Breuil, Concremières et

Saint-Hilaire, département de l'Indre, donnent des vins d'ordinaire et des vins communs assez bons.

Aunis, Angoumois, et partie de la Saintonge. — Saint-Jean-d'Angély, Marennes, Saint-Just, la Rochelle, l'île d'Oléron et l'île de Ré, département de la Charente-Inférieure; Fouquebrune, Gardes, Blanzac, Vars, Montignac, Saint-Sernin, Vonthon, Marthon, Mornax, la Couronne-la-Pallue, Roules, Nersac, Chassors, Julienne, et les vignobles des arrondissements de Confolens et de Barbezieux, département de la Charente, produisent d'assez bons vins d'ordinaire et beaucoup de vins communs de qualité inférieure.

Limousin. — Meissac, Saint-Bazile, Queissac, Nonnars, Puydernac, Beaulieu, Argentat, département de la Corrèze, et tous les vignobles du département de la Haute-Vienne, donnent plus de vins communs que de vins d'ordinaire.

Auvergne, Velay, Forez. — Une grande partie des crus cités dans la première section de cette classe, avec Néché, Issoire, Cornon, Landet, Orcet, Lesandre, Mezelle, Dallet, Pont-du-Château, Beaumont, Aubières, etc., département du Puy-de-Dôme; Saint-André-d'Apchon, Saint-Haon-le-Châtel et Charlieu, département de la Loire, font une grande quantité de vins communs de diverses qualités.

Dauphiné, Lyonnais. — Lambin, Crolles, la Terrasse, Grignon, Saint-Maximin, Murinais, Bessins, Pont-en-Royans et Saint-André, département de l'Isère; Étoile, Livron et Saint-Paul, département de la Drôme, et tous

les crus du département des Hautes-Alpes; les vignobles
mentionnés dans la première section de cette classe,
donnent aussi des vins qui ne doivent entrer que dans
celle-ci.

Bordelais. — Plusieurs des petits vins du Médoc, un
plus grand nombre de ceux des palus de la Dordogne,
du canton de Guitres-sur-l'Isle, du canton de Bourg;
les vins inférieurs des palus de la Garonne, voisins de
Bordeaux, du canton de Carbon-Blanc, des petites côtes
qui bordent la rive droite de la Garonne; du pays dit
l'Entre-deux-Mers; de Saint-Macaire et de Blaye,
département de la Gironde, fournissent des vins
d'ordinaire assez bons, et une prodigieuse quantité de
vins communs de différentes qualités.

Périgord. — Brantôme, Bourdeille, Saint-Pantaly,
Sainte-Orse, Varrins et plusieurs autres vignobles du
département de la Dordogne.

Gascogne. — La plupart des vignobles du département des Landes, Viella, Gouts, Lussan, Ville comtal,
Miélan, Beaumarchais, Plaisance, Vie-Fezensac, Valence
et Miradoux, département du Gers.

Agenais. — Buzet, Cassel-Moron, Sommensac, la
Chapelle, Notre-Dame-de-Pech, Marsac, etc., département de Lot-et-Garonne.

Quercy. — Les vins rosés qu'on fait dans plusieurs
cantons du département du Lot.

Rouergue. — Lancedac, Agnac, Marcillac, Gradels,
Cruon et beaucoup d'autres crus du département de
l'Aveyron, fournissent quelques vins d'ordinaire et des

vins communs qui sont presque tous de médiocre qualité.

Languedoc. — Les crus du département de l'Ardèche compris dans la première section de cette classe : Marvejols, Florac et Villefort, département de la Lozère ; Laudun, Langlade, Vauvert, Milhau, Calvisson, Aigues-Vives et Alais, département du Gard ; la plupart des crus du département de Tarn-et-Garonne ; les environs de Gaillac et d'Alby, département du Tarn ; Loupian, Mèze, Agde, Pézénas, Béziers, Lodève et Montpellier, département de l'Hérault ; Montesquieu-de-Volvestre, Cappens, Buzet et Cugnaux, département de la Haute-Garonne ; Lagrasse et Alet, département de l'Aude, produisent des vins d'ordinaire et des vins communs.

Comtat d'Avignon. — Le département de Vaucluse a beaucoup de crus qui ne donnent que des vins communs.

Provence. — Pierrefeu, Cuers, Solliès-la-Farlède, Hyères, Lorgues, Saint-Tropez, Brignoles, etc., département du Var ; Aubagne, Gemenos, Auriol, Cugnes, et beaucoup d'autres vignobles du département des Bouches-du-Rhône, ainsi que presque tous ceux du département des Basses-Alpes.

Béarn, Navarre. — Les crus du département des Basses-Pyrénées, cités dans la première section de cette classe.

Bigorre. — Bagnères, Argelès, etc., département des Hautes-Pyrénées.

Conserans, Comté de Foix. — Les Bordes, Campagne, Teilhet et Engravies, département de l'Ariége.

Roussillon. — Prades et ses environs, département des Pyrénées-Orientales.

Ile de Corse. — La plupart de ses vins rouges ne peuvent entrer que dans cette section.

VINS BLANCS.

PREMIÈRE CLASSE.

Cinq provinces de France fournissent des vins blancs de qualité supérieure, savoir :

Champagne. — Les vins *secs* dit de Sillery, que l'on récolte à Ludes, Mailly, Verzenay et Verzy ; les vins moelleux d'Ay, de Mareuil, de Dissy, d'Hautvillers, de Pierry, et des vignes dites *le Clozet*, à Épernay, département de la Marne : ils se distinguent par leur légèreté, leur délicatesse et leur agrément.

Bourgogne. — Les célèbres vins du Montrachet, département de la Côte-d'Or, réunissent le corps et le spiritueux à beaucoup de finesse et de bouquet.

Bordelais. — Il offre les vins moelleux, pleins de sève et de parfum des premiers crus de Barsac, Preignac, Sauternes et Bommes avec les vins *secs* de Villenave-d'Ornon, département de la Gironde.

Forez. — Les excellents vins de Château-Grillet, département de la Loire.

Dauphiné. — Ceux de l'Ermitage, qui brillent par beaucoup de corps, de spiritueux et de parfum.

VINS BLANCS.

DEUXIÈME CLASSE.

Champagne.—Elle fournit ici les crus de Cramant, le Ménil, Avise, Épernay et Saint-Martin-d'Ablois, département de la Marne.

Alsace. — Les vins *secs* de Guebwiller, Turckheim, Riquewihr, Ribeauvillé, Thann, Bergholtzell, Ruffach, Pfaffenheim, Enguisheim, Inguersheim, Mittelweyer, Hunneveyr, Katzenthal, Ammerschwihr, Kaisersberg, Kientzheim, Sigolzheim et Babelheim, département du Haut-Rhin, Mulsheim et Wolxheim, département du Bas-Rhin, qui produisent des vins *secs* fort estimés.

Bourgogne. — Les vignes dites *la Perrière, la Combotte, la Goutte-d'Or, la Genevrière* et *les Charmes,* à Meursault, département de la Côte-d'Or.

Franche-Comté. — Château-Châlons, Arbois et Pupillin, département du Jura, tant pour leurs vins mousseux que pour les non mousseux.

Lyonnais. —Il fournit ici les vins de Condrieu, département du Rhône.

Bordelais. — Les deuxièmes et les troisièmes crus de Barsac, Preignac, Sauternes, Bommes, Villenave-d'Ornon et Blanquefort, avec les premiers crus de Langon, Toulenne, Saint-Pey-Langon, Fargues, Pujols, Sainte-Croix-du-Mont, Loupiac, Léognan et Martillac, département de la Gironde.

Agenais. — Clairac et Buzet, département de Lot-et-Garonne.

Languedoc. — Saint-Péray, département de l'Ardèche, tant comme vins mousseux que comme non mousseux.

Béarn. — Jurançon, Gan, Laroin, Saint-Fost, Gélos, Roustignon et Mazères, département des Basses-Pyrénées.

VINS BLANCS.

TROISIÈME CLASSE.

Champagne. — Les vins de troisième qualité des crus déjà cités, avec ceux d'Oger et Grauves, département de la Marne.

Alsace. — Les vins *secs* de deuxième qualité des vignobles indiqués dans la deuxième classe.

Anjou, Maine. — Les crus des coteaux de Saumur, nommés les *Rotissans*, la *Perrière*, les clos *Morin* et des *Pailleux*. Les vins mousseux de première qualité entrent aussi dans cette classe.

Bourgogne, Beaujolais. — Fournissent beaucoup de vins à cette classe, savoir : la ferme de Blagny, les vins dits de *première cuvée* de Meursault, département de la Côte-d'Or ; les côtes de Vaumorillon, à Junay ; le cru des Grisées, à Épineuil ; les côtes des Préaux et de Pitoy, à Tonnerre ; des Olivottes, à Dannemoine ; les vignes dites *le Clos, Valmure, Grenouille, Vaudésir, Bouguereau* et *Mont-Milieu*, à Chablis, et les meilleurs vins mousseux du Tonnerrois, département de l'Yonne ; enfin Pouilly et Fuissey, département de Saône-et-Loire.

Franche-Comté. — L'Étoile et Quintignil, département du Jura.

Bordelais. — Virelade, Arbanats, Budos, Pujols, llats, Langoiran, Cadillac et Montpriublanc, avec les quatrièmes crus de la contrée dite des *Graves*, département de la Gironde.

Périgord.—Bergerac, Sainte-Foy-les-Vignes, département de la Dordogne.

Forez. — Saint-Michel-sous-Condrieu, la Chapelle et Chuynes, département de la Loire.

Béarn. — Lès premiers crus de Conchez, Portet, Aydie, Aubous, Diusse, Jadousse, Cadillon, Usseau, Saint-Jean-Pougé, Ponts et Burosse, département des Basses-Pyrénées.

VINS BLANCS.

QUATRIÈME CLASSE.

Champagne. — Une bonne partie des crus cités dans la précédente classe, département de la Marne, et ceux des Riceys, département de l'Aube.

Alsace. — Les vins *secs* de Mutzig, de Neuwiller, d'Ernolsheim, d'Imbsheim et de Saverne, département du Bas-Rhin ; de Rixheim et d'Habsheim, département du Haut-Rhin.

Anjou, Maine. — Les vins des coteaux de Saumur, Parnay, Dampierre, Souzé, Turquant, Martigné-Briant, Foy, Bablay, Beaulieu, Saint-Luygne, Savenières, Saint-Aubin-de-Luygne et Rochefort, département de Maine-et-Loire.

Touraine. — Vouvray, département d'Indre-et-Loire.

Bourgogne. — Meursault, département de la Côte-d'Or, dans ses vins blancs dits de *seconde cuvée;* la côte Delchet, à Milly; la Fourchaume, à Maligny; une partie des côtes de Troëne, à Poinchy; de Vaucompin, à Chiché; de Blanchot, à Fiey, et de celle de Fontenay; Charloups, les Voutois, la Maison-Rouge et les Beauvais, à Tonnerre; les Bridennes à Épinal; les vignes dites Chapelot, Vauvilliens, la Preusse, Vaulovent, Lépinote, Montmain, Vossegros, les bas du Clos, et plusieurs autres, à Chablis; celles de la Poire, de Blamoy, de la Voie-Blanche et des Chaussans, à Saint-Bris et à Champ; enfin de la Gravière, à Vivier, département de l'Yonne; Chaintré, Solutré et Davayé, département de Saône-et-Loire.

Franche-Comté. — Montigny, département du Jura, et Millery, département du Doubs.

Berry, Nivernais. — Chavignol et Saint-Satur, département du Cher; Pouilly, département de la Nièvre.

Auvergne. — Corent, département du Puy-de-Dôme.

Dauphiné. — Les vins de Mercurol et ceux nommés *Clairette,* à Die, département de la Drôme; les meilleurs vins blancs de Vienne et de la côte Saint-André, département de l'Isère; enfin la Clairette de la Saulce, département des Hautes-Alpes.

Bordelais. — Les bonnes côtés de Cadillac, celles situées entre Bassens et Baurech, département de la Gironde.

Agenais. — Marmande et Sommensac, département de Lot-et-Garonne.

Gascogne. — Les meilleurs crus du Tursan, de la côte de Lénye, et de la Haute-Chalosse, département des Landes.

Périgord. — Les vins de deuxième qualité des vignobles cités dans la troisième classe du département de la Dordogne.

Languedoc. — Guillerand, département de l'Ardèche; Limoux et Magrie, département de l'Aude; Laudun et Calvisson, département du Gard; et Gaillac, département du Tarn.

Provence. — Fournit ici les vins de Cassis, département des Bouches-du-Rhône.

Béarn. — Les seconds crus de Conchez, Portet, Aydie et des autres vignobles du département des Hautes-Pyrénées, cités dans la troisième classe.

Roussillon. — Saint-André et Prépouille-de-Salces, département des Pyrénées-Orientales.

Bigorre. — Bouilh, Pereuilh, Castel-Vieilh et Périguières, département des Hautes-Pyrénées.

Ile de Corse. — Quelques-uns de ses vins blancs.

VINS BLANCS.

CINQUIÈME CLASSE.

Le grand nombre de crus qui entrent dans cette classe et la variété de leurs produits doivent être répartis en deux sections, dont la première comprend les vins d'ordinaire de deuxième et de troisième qualité, et la dernière ceux de quatrième qualité, avec les vins communs.

PREMIÈRE SECTION.

Champagne. — Chouilly, Montholon, Grauves, Mancy, Molins, Vinay, Maugrimaud, Beaumont et Villers-aux-Nœuds, département de la Marne.

Lorraine. — Bruley et Salival, département de la Meurthe, et Creué, département de la Meuse.

Alsace. — Les vignobles de l'arrondissement de Wissembourg et de celui de Schélestadt, département du Bas-Rhin.

Bretagne. — Varades, Montrelais, Valet, la Chapelle-Hullin, la Haye, le Loroux, le Palet, Maisdon, Saint-Fiacre, Saint-Géréon, Saint-Herblon et Riallé, département de la Loire-Inférieure.

Anjou, Maine. — Le clos des Jasnières, département de la Sarthe; Chaintré, Varrains, Chassé, Saint-Cyr-en-Bourg, Brezé, Courchamps, le Mihervé et Saumousset, département de Maine-et-Loire.

Touraine. — Rochecorbon, Vernon, Montlouis et Saint-Georges, département d'Indre-et-Loire.

Blaisois. — La Sologne, Muides, Saint-Dié, Meusne, Vimeuil, Saint-Claude, Moret et Montelivaut, département de Loir-et-Cher.

Bourgogne. — Les troisièmes cuvées de Meursault, département de la Côte-d'Or; Montagny, Chenôve, Buxy, Saint-Vallerin; Saules, Bouzeron et Givry, dans l'arrondissement de Châlon-sur-Saône; Vivier, Beru et Fley, département de l'Yonne; Vergisson, Vinzelle, Loché et Charnay, département de Saône-et-Loire.

Franche-Comté. — Poligny et Lons-le-Saulnier, département du Jura.

Bresse, Bugey, pays de Gex. — Seyssel, département de l'Ain.

Nivernais. — Pouilly-sur-Loire, département de la Nièvre.

Aunis, Saintonge, Angoumois.—Chérac et Surgères, département de la Charente-Inférieure, et Champagne, département de la Charente.

Limousin. — Argentat, département de la Corrèze.

Dauphiné, Lyonnais. — Chanos-Curson, département de la Drôme, et les crus inférieurs des autres vignobles.

Bordelais.— Les meilleurs vins du pays dits d'*Entre-deux-Mers*, de Lussac, de Sainte-Foy-la-Grande et de Castillon, département de la Gironde.

Périgord. — Plusieurs crus du département de la Dordogne.

Gascogne. — Montfort, Nousse, la Hosse, Baigt-Cau-penne et Gibret, département des Landes.

Provence. — Marseille, Gemenos, Aubagne, Allauch, la Treille, Saint-Julien, la Valentine, Saint-Marcel et le Plan-de-Cuges, département des Bouches-du-Rhône.

Béarn, Bigorre, Roussillon. — Les crus inférieurs des différents vignobles cités dans les précédentes classes.

DEUXIÈME SECTION.

Picardie, Ile-de-France. — Pargnant, Cussy, Châ-teau-Thierry, Charly, Essommes et Azy, département de l'Aisne; Mouchy-Saint-Éloy, département de l'Oise; Mignaux, Auteuil et Andresy, département de Seine-et-Oise; la côte des Vallées, à Chartrettes, département de Seine-et-Marne.-

Champagne. — Les environs d'Ancerville, de Vitry-sur-Marne et de Sézanne, département de la Marne; Bar-sur-Aube et Rigny-le-Féron, département de l'Aube.

Lorraine. — Quelques crus du département de la Moselle et des autres départements qui forment cette province.

Alsace. — Les vins de Treille des environs de Stras-bourg, département du Bas-Rhin, et les vignes les moins bien exposées du département du Haut-Rhin.

Bretagne. — La plus forte partie du produit des vignobles du département de la Loire-Inférieure, cités dans la première section de cette classe.

Anjou. — Trelazé, Saint-Barthélemy, Brain-sur-l'Authion, Distré, Antigné, le Bas-Nueil, Brion et tous les crus des arrondissements de Segré et de Beaugé, département de Maine-et-Loire; la Flotte, la Châtre, Sainte-Cécile, Marcon, Château-du-Loir, Mareil, Saint-Benoist, Saint-Georges et Champagne, département de la Sarthe.

Touraine. — Nozelles, Nozay, Lussault, Saint-Martin-le-Beau, Rougny, Chançay et Langeais, département d'Indre-et-Loire.

Orléanais. — Marigny, Rebrechien, Saint-Mesmin, Loury et quelques autres crus du département du Loiret.

Blaisois. — Mer-la-Ville, Troo, Artuis et Montoire, département de Loir-et-Cher.

Bourgogne. — Givry et quelques autres crus de l'arrondissement de Châlon-sur-Saône, Roffey, Sérigny, Tissé, Vezanne, Barnouille, Dié, Tanlay, Milly, Maligny, Poinchy, Villy, Cliché, Ligny-le-Châtel, Poily, Chemilly, Courgy, et plusieurs autres du département de l'Yonne; les Certaux, Saint-Vérand, Pierreclod, Bussière, Saint-Martin et quelques autres du département de Saône-et-Loire.

Franche-Comté. — Plusieurs crus des départements de la Haute-Saône, du Doubs et du Jura.

Bresse, Bugey, pays de Gex. — Pont-de-Veyle et Bourg, département de l'Ain.

Poitou. — Loudun, Trois-Moutiers et Châtellerault, département de la Vienne.

Berry, Nivernais. — Saint-Amand et Bourges, dé-

partement du Cher; plusieurs crus du département de
la Nièvre; Saint-Pourçain, la Chaize et les Creuziers,
département de l'Allier; Chabris et Reuilly, département de l'Indre.

Aunis, Saintonge, Angoumois. — Saint-Jean-d'Angély, département de la Charente-Inférieure, Cognac, etc., département de la Charente, produisent
des vins propres à la fabrication des eaux-de-vie.

Limousin. — Argentat, département de la Corrèze.

Auvergne. — Chauriat, département du Puy-de-
Dôme.

Bordelais. — Le pays d'Entre-deux-Mers, les environs de Libourne, de Bourg et de Blaye, département
de la Gironde.

Périgord. — La plupart des vignobles de la rive
gauche de la Dordogne.

Gascogne. — Mugron, Laurède, Saint-Géours et
Poyanne, département des Landes.

Provence. — Marseille, Gemenos, Aubagne, Allauch,
la Treille, Saint-Julien, la Valentine, Saint-Marcel et le
Plan-de-Cuges, département des Bouches-du-Rhône.

Languedoc. — Les vins blancs qui pourraient figurer
ici sont tous employés à la fabrication des eaux-de-vie.

*Béarn, Bigorre, Conserans, comté de Foix, Rous-
sillon.* — Les crus inférieurs de ces provinces.

Parmi les vignobles cités dans cette classe, ceux
de la Bourgogne, du Bordelais, du Nivernais et de la
Champagne fournissent les vins que l'on préfère pour
la consommation journalière; une partie de ceux de la

Touraine, de l'Anjou, du Blaisois et de la Bretagne, est employée dans les mélanges avec des vins rouges communs, auxquels ils donnent de la légèreté et de l'agrément en diminuant l'intensité de leur couleur; la plupart des autres sont convertis en eaux-de-vie ou consommés dans les pays qui les produisent.

VINS DE LIQUEUR.

La France, quoique généralement peu productive en vins de ce genre, en fournit cependant une assez grande quantité de fort bons, qui soutiennent la comparaison avec la plupart de ceux que nous tirons des pays étrangers. Il s'en fait de rouges et de blancs.

PREMIÈRE CLASSE.

Roussillon. — Le vin muscat de Rivesaltes, département des Pyrénées-Orientales.

Alsace. — Les meilleurs vins dits de *paille*, que l'on fait à Colmar, à Kaisersberg, à Ammerschwihr, à Olwillers, à Kientzheim et dans quelques autres vignobles du département du Haut-Rhin.

Dauphiné. — Le vin de *paille* que l'on fait dans les vignobles de l'Ermitage, département de la Drôme.

Languedoc. — Les meilleurs vins muscats de Frontignan et de Lunel, département de l'Hérault.

DEUXIÈME CLASSE.

Languedoc. — Produit beaucoup de vins muscats, parmi lesquels ceux de deuxième qualité de Frontignan et de Lunel, département de l'Hérault, occupent un rang distingué dans cette classe.

Roussillon. — Les vins rouges dits de *Grenache*, que l'on fait à Banyuls, à Cosperon, à Collioure et à Rodez, avec ceux dits *maccabeo*, à Salces, département des Pyrénées-Orientales.

TROISIÈME CLASSE.

Alsace. — Les vins muscats de Wolxheim et de Heiligenstein, département du Bas-Rhin.

Limousin. — Le vin de *paille* d'Argentat, département de la Corrèze.

Périgord. — Les vins muscats de Montbazillac et de Saint-Laurent-des-Vignes, département de la Dordogne.

Languedoc. — Les vins muscats des troisièmes crus de Frontignan et de Lunel, et ceux de Maraussan; les vins dits de *Picardan*, que l'on récolte à Marseillan et à Pomerols; enfin ceux dits de *Calabre*, de *Malaga*, de *Madère*, etc., fabriqués à Cette.

Comtat d'Avignon. — Les vins muscats de Beaune et ceux dits de *Grenache*, que l'on fait à Mazan, département de Vaucluse.

Provence. — Les vins muscats rouges et les blancs, de Roquevaire, de Cassis et de la Ciotat, le Malvoisie de Roquevaire, et les meilleurs vins cuits du département des Bouches-du-Rhône. Les vins muscats de Beaune et les vins de Grenache, de Mazan, département de Vaucluse.

Ilè de Corse. — Les vins de liqueur du Cap-Corse.

TABLE ALPHABÉTIQUE

TABLE DES MATIÈRES.

VILLE DE LYON

Bibl. du Palais des Arts

FIN DE LA TABLE DES MATIÈRES.

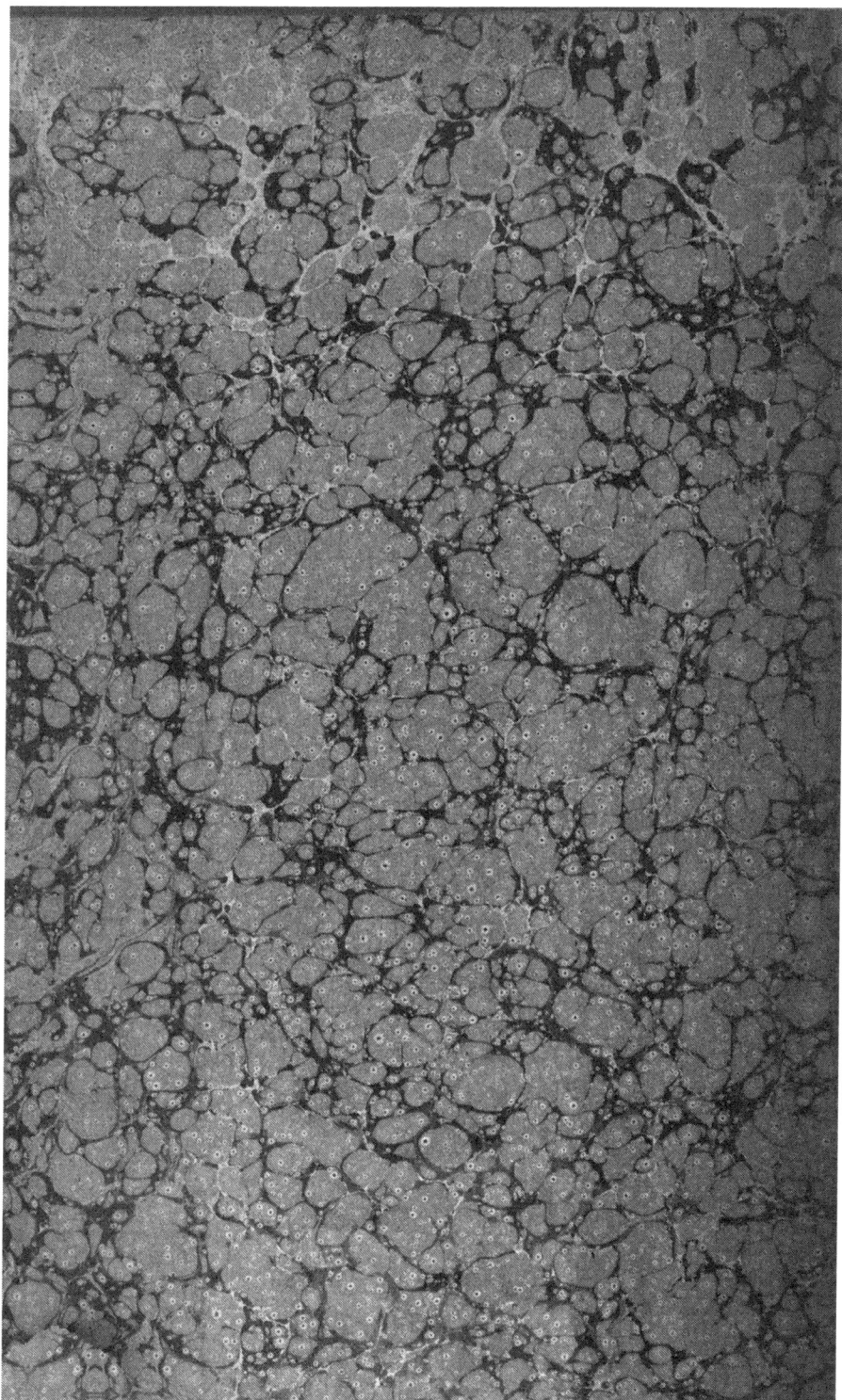

Milton Keynes UK
Ingram Content Group UK Ltd.
UKHW020944171124
2899UKWH00005B/210

9 780341 434511